Python
Quantitative
Investment

Python量化投资指南

基础、数据与实战

付志刚　沈慧娟　陈战波　编著

電子工業出版社
Publishing House of Electronics Industry
北京 • BEIJING

内 容 简 介

本书从普通投资者量化实战必经之路出发，系统地阐述了量化投资理论和 Python 编程实践，是一本可操作、可上手的量化投资实战指南，内容主要为量化投资基础（包括基本面、技术面和 Python 编程基础等）、金融数据获取（包括直接下载、Tushare 等 API 获取和 Python 爬虫常见金融数据网站）、Python 统计分析（包括实战中常用的数据整理与描述性统计分析方法）、量化分析与实战（包括巴菲特选股技巧等经典案例的 Python 实现）、量化投资回测框架与策略分析（包括 Backtesting 库、Backtrader 库和 Qlib 库）等。本书使用通俗易懂的语言进行阐述，避免了高深的数学公式及其推导，在注重普通投资者阅读体验的同时，保证了所有案例的实用性和可复制性。

本书适合普通投资者和量化投资专业人士，也适合统计和金融相关专业的学生，以及对 Python 编程感兴趣的读者阅读参考。

图书在版编目（CIP）数据

Python 量化投资指南：基础、数据与实战 / 付志刚等编著. —北京：电子工业出版社，2024.3
（大数据金融丛书）
ISBN 978-7-121-47286-2

Ⅰ. ①P… Ⅱ. ①付… Ⅲ. ①软件工具－程序设计－应用－投资－量化分析－指南 Ⅳ. ①F830.59-39

中国国家版本馆 CIP 数据核字（2024）第 024443 号

责任编辑：李　冰　　特约编辑：李松明
印　　刷：三河市兴达印务有限公司
装　　订：三河市兴达印务有限公司
出版发行：电子工业出版社
　　　　　北京市海淀区万寿路 173 信箱　　邮编：100036
开　　本：787×1 092　1/16　　印张：20.75　字数：531 千字
版　　次：2024 年 3 月第 1 版
印　　次：2024 年 3 月第 1 次印刷
定　　价：98.00 元

凡所购买电子工业出版社图书有缺损问题，请向购买书店调换。若书店售缺，请与本社发行部联系，联系及邮购电话：（010）88254888，88258888。

质量投诉请发邮件至 zlts@phei.com.cn，盗版侵权举报请发邮件至 dbqq@phei.com.cn。

本书咨询联系方式：libing@phei.com.cn。

前 言

随着 Python 的应用在业界已经排名第一，其统计分析的功能越来越丰富，量化投资工具箱也日渐成熟。与此同时，以 Python 量化投资为主题的图书也像雨后春笋般出现。虽然有大量的量化图书资料可供学习和参考，但仍存在以下两点不足。

第一，大篇幅 Python 知识性的介绍，忽视了量化投资才是主题。例如，大量图书重点描述了 Pandas、Numpy 和 MatPlotLib 库等模块与对应各种函数的用法，或者重点阐述量化投资过程中使用的某种特定平台或库，这些内容占据了图书 50%的内容甚至更多，关于量化投资的内容却相对欠缺。

量化投资图书不仅应该围绕量化主题，而且应该围绕这些主题探讨解决之道。例如，在获取量化数据过程中，经常涉及某个源的数据是否准确的疑问。此时解决之道应该是如何从统计的角度判断数据的可靠性、大致有哪些统计方法、如何运用 Python 编程实现等。

第二，碎片化的量化投资知识，缺乏切实可行的系统性操作指南。虽然大量图书中介绍了一些可供操作的策略（如双均线择时策略、海龟交易策略和因子选股策略等），或者某些原理（如资本资产定价原理和套利定价原理等），但在实现过程中要么一带而过，要么完全依赖上述提到的特定平台或库。

对于量化投资者而言，不仅不需要依赖任何特定平台或库的知识，还需要系统性的量化方法与技巧，具体包括量化投资全过程，即数据源、数据的描述性统计和模型分析、基本面选股方法、技术面选股择时方法与投资组合构建等各方面的内容。

为弥补上述遗憾，笔者从自身近 10 年的量化投资经历出发，在已出版的《量化投资基础、方法与策略——R 语言实战指南》一书基础上，把 R 语言升级到 Python 篇。之所以称为“升级”，不是单纯地把 R 语言用 Python 代替，而是随着笔者量化投资阅历不断丰富、教学经验总结和读者的反馈，进行了以下完善和优化。

第一，做相应的保留和删除，优化了章节内容。首先，根据读者的反馈，本书把好的内容保留，并用 Python 来实现，如第 2 章软件基础知识，大部分内容保持不变，只是运用了 Python 进行实现；在第 3 章，个股和行业板块相关性分析、通达信行业板块排行和均线策略等内容，读者反馈具有较强的实践性，因此保留。其次，删除了与量化投资相关性不是很高的内容，如数据转换等。

第二，增加了大量实用性和可操作性的内容，使逻辑结构更加系统化。如在第 1 章，大幅度增加了基本面、技术面和投资绩效等量化投资所需的基础知识；在第 3 章，增加了大篇幅金融数据爬虫的内容，从而解决了量化数据源之苦；在第 4 章量化分析与实战部分，在原先技术性投资基础上，大幅度增加了基本面财务指标分析及选股方法。通过一系列的内容补充，图书的系统性更强。

本书结构

本书共分为 5 章。

第 1 章为量化投资基础。主要在探讨基本面和技术面等知识的基础上，阐述了量化投资的基本概念、回测过程和实盘软件及其优劣，并对 Python 软件、Python 开发环境的基本安装和配置进行了介绍。

第 2 章为 Python 统计分析基础。主要以量化投资过程中遇到的数据读取、数据整理、数据分析为中心，讲述了 Python 的基本操作，避免了纯粹的 Python 编程介绍，同时增强了读者的数据处理能力。

第 3 章为网络爬虫与金融数据获取。本章主要介绍利用 Python 进行金融数据收集，具体包括利用 BS4 和 Selenium 等库系统性获取股票 K 线数据、股票财务数据和其他证券数据的过程，特别是利用 Selenium 抓取弹出框、菜单栏和下拉页面等不同形式的金融网页数据。

第 4 章为量化分析与实战。阐述使用 Python 进行描述性统计分析、构建技术面和基本面的选股方法，以及金融统计模型的应用。具体通过案例的形式，深入浅出阐述如何利用现有的数据源进行量化处理和分析。

第 5 章为回测框架及策略分析。在对大量量化投资回测框架比较的基础上，选择了最实用的 Backtesting、Backtrader 和微软的 Qlib 三大库进行阐述，介绍了如何使用这些库进行系统性的策略构建和投资组合优化分析。

本书特色

第一，围绕量化投资，循序渐进地介绍了需要掌握的技能。量化投资“打怪升级”路径为：基础知识→获取金融数据→构建系统性策略→策略绩效分析和优化。这对应本书的各个章节，均为笔者量化投资研究和实践的经验总结。

第二，以问题为导向，阐述了如何用 Python 进行分析。在量化投资过程中，投资者同样可能会遇到各种问题，例如，量化投资数据从哪里找？基本面大量的财务指标中哪些更重要？均线策略能不能赚钱，如何对策略进行修正和完善？大盘下跌 5 个点，后续会如何走？本书围绕这些问题，阐述了如何用 Python 编程进行定量分析，并提出了解决方案。经过多年的教学和实践，笔者发现这也是快速掌握知识和技能的方法之一。

第三，知识汇。这部分作为量化投资和 Python 等系统性知识的介绍，在每个章节中穿插了实际案例，例如，西蒙斯、巴菲特等人物及经营公司的绩效、Python 工具包 Pandas、Backtesting 库的功能、外汇平台等各方面及 Python 和投资相关知识的介绍。

本书适用群体

本书适用群体比较广泛，主要适用于以下三类人群。

第一，适用于入门量化投资和普通投资者，同时可作为金融机构及对投资感兴趣读者的实用指南。

第二，可作为 Python 统计分析入门和提高的指导书。

第三，适用于专业课程教材和参考书。本书是笔者讲授的“统计计算与应用软件”“量化投资学”“商务数据挖掘”和“金融数据挖掘实战”等课程自编教程总结，除上述几门课程，还可以作为“金融工程”“时间序列分析”和“证券投资分析”等统计与金融相关课程的辅助参考资料。

致谢

笔者深知，个人只是代码和方法的搬运工，在学习 Python 语言过程中，感激为 Python 做出贡献的团队和个人开发者，同时也感谢 Stack Overflow 和 GitHub 等网站，正是他们，我们对 Python 才有了更多的了解，并对我们深入研究特定问题给出了建设性参考意见。

同时还要感谢感谢景德镇陶瓷大学刘冰峰博士、宋俊杰老师、杨健仁博士、童敏慧博士、李小永博士和许剑雄老师的大力支持；感谢广西财经学院中国—东盟统计学院的鼎力支持，以及蒋瑜、彭红彩和谭丽东等同学帮忙修改问题语句和错别字，才使本书顺利出版。

当然还要感谢电子工业出版社的李冰和张梦菲等编辑，正是他们的认真付出，才使本书更加完善。

最后，希望本书能给读者带来实质性的启发与思考，在快乐中学习量化投资和编程。毫无疑问，本书编写过程中疏漏难免，恳请读者批评和指正。本书内容探讨、代码下载和运行等相关问题，请加 QQ 交流群：778545108 或邮箱：fwushi815@163.com，和笔者一起探讨，共同进步。

付志刚

目 录

第1章　量化投资基础

量化投资需要经济和金融类的基础理论和知识。这些内容可以在金融学和会计学专业系统性地获取。

此处，投资是指证券投资，即企业或个人购买有价证券，如股票、债券、基金、期货和外汇等产品，借以获得收益的行为。本章主要从价值投资、技术性投资和量化投资三个方面介绍量化投资所需的基础理论和知识。[①]

1.1　价值投资与基本面分析

1.1.1　价值投资与理论基础

价值投资是一种常见的投资方法。价值投资是对上市公司股票的价值进行全面科学的评估，得到一个合理估值，当市场价格低于估值时就有投资机会的方法。这种投资战略最早可以追溯到 20 世纪 30 年代，由哥伦比亚大学的本杰明·格雷厄姆创立，并经过沃伦·巴菲特完善和发展，随着巴菲特所持股票超常盈利和自身公司的价值快速扩张，价值投资战略在 1970—1980 年备受推崇。

价值投资基于有效市场假说和均值回归理论。其中，有效市场假说是指任何关于证券价格的信息都能够迅速地反映到证券的价格上，因此，投资者不可能通过这些信息获取超额收益。均值回归理论是指短期而言，价格会偏离均衡价格，但是长期来看，价格与均衡价格之间的距离会越来越小。在证券市场上，价格由于某个未知的原因与价值发生分离，但最终会向股票的内在价值进行回归。

一般而言，价值投资依赖于公司的估值。公司估值是指着眼于公司本身，对其内在价值进行的评估。一般来讲，公司的资产及获利能力取决于其内在价值。理论上，常见的上市公司股票估值方法有现金流贴现方法、零增长率方法、不变增长率方法和可变增长率方法，这些方法主要依赖于未来股息和折现率。下面简单介绍现金流贴现方法。

现金流贴现方法是指把上市公司未来特定期间内的预期现金流量还原为当前现

---

① 这些投资基础理论和知识并不全面，读者可自行从其他书籍获取相关的知识。

值，然后根据这种方法将得到的现值与股票价格进行比较，判定股票价格的高低。企业价值核心是未来盈利的能力，只有当企业具备这种能力时，它的价值才会被市场认同。把未来各期的回报现金流折现到目前的现值，具体公式如下。

$$V=\sum_{t=1}^{\infty}\frac{D_t}{(1+k)^t}$$

其中，V 表示股票在某期的内在价值；D_t 表示时期 t 末以现金形式表示的每股股息；k 表示一定风险程度下现金流的折现率。从上式可以看出，股票期初的内在价值只与未来收益率及折现率有关，而与该股票的投资者在未来是否中途转让无关。

从上可知，要得到股票的现值，需要对未来每期的股息进行估计，这种难度非常大。例如，一般假定相邻两个时期的股息 D_{t-1} 和 D_t 之间满足：

$$D_t=D_{t-1}(1+g_t)$$

$$g_t=\frac{D_t-D_{t-1}}{D_{t-1}}\times 100\%$$

其中，g_t 为增长率。进一步加上相关设定，即零增长率和不变增长率等方法。其中，零增长率是指 g_t 为零，不变增长率是指将 g_t 设置为某个固定值。不管哪种方式，这些假设都会与实际存在较大差异。

上述方法在分析师和象牙塔中非常流行，虽然它听上去很严谨，但实际预测时夹杂着太多主观因素。哪怕只看第二年的营业收入，连公司管理层和专业的分析师也都无法预测，普通投资者更无法预测未来 5～10 年的情况。

1.1.2　基本面指标

实际上，股票价格涨跌很大程度依赖于宏观经济状况、财政和货币政策，还有公司业绩、主力意图等各种因素，总结起来就是宏观基本面和微观基本面。[①]

其中，宏观基本面是一个国家经济的整体运行状况，包括其处于的经济周期阶段、国家实施的财政和货币政策，还有国家未来的发展规划等。微观基本面是指上市公司的基本运行状况。这些运行状况主要体现在利润表、资产负债表、现金流量表和所有者权益变动四大财务报表中。

在交易过程中，可通过结合宏观经济周期和国家政策来判定未来可能上涨的板块，在此基础上，对板块内上市公司的年度和季度财务报表进行详细的比较分析，判断公司未来的盈利状况及其发展趋势，对股票价值做出合理评估和预期，从而在板块内筛选合适的股票，并判断买入时机。

为了方便，此处把基本面分析常用的指标列举到表 1-1 中。其具体分为宏观层面和微观层面两大块。

---

① 其中，主力的意图也与微观基本面及宏观基本面有关。若股票业绩好，主力则愿意入场且拉升；少数盘子小，业绩差且大幅拉升的股票只能是短期投机行为，无法形成长期影响，如 2019 年年底的南宁百货走势。

宏观层面有 GDP（Gross Domestic Product，国内生产总值）、经济增速、CPI（Consumer Price Index，居民消费价格指数）、利率和存款准备金等指标，同时，产业政策、货币政策和财政政策等都会影响股市和板块股票的涨跌。

微观层面结合财务报表分析方法，分为每股指标、估值指标、盈利能力、营运能力、偿债能力和成长能力六大方面。

表 1-1 常用的基本面指标

指标	指标含义
宏观层面	
GDP	国内生产总值，是一个国家（或地区）所有常住单位在一定时期内生产活动的最终成果
经济增速	不变价 GDP 增长率
CPI	反映与居民生活有关的消费品及服务价格水平变动情况的宏观经济指标
利率	指借款、存入或借入金额（称为本金总额）中每个期间到期的利息金额与票面价值的比率，如房贷利率
存款准备金	金融机构为保证客户提取存款和资金清算需要而准备的在中央银行的存款，中央银行要求的存款准备金占其存款总额的比例就是存款准备金率
产业政策	国家制定的，引导国家产业发展方向、引导推动产业结构升级、协调国家产业结构、使国民经济健康可持续发展的政策
货币政策	中央银行为实现其特定的经济目标而采用的各种控制和调节货币供应量和信用量的方针、政策和措施的总称
财政政策	国家制定的指导财政分配活动和处理各种财政分配关系的基本准则
微观层面	
每股指标	
每股收益	税后利润（净利润）与股本总数的比率，综合反映公司获利能力的重要指标，是普通股股东每持有一股所能享有的企业净利润或需承担的企业净亏损
每股净资产	股东权益（净资产）与流通在外普通股股数的比率，反映每只普通股享有的净资产，代表理论上的每股最低价值
估值指标	
市盈率	每股价格与每股收益的比率，反映普通股股东愿意为每单位净利润支付的价格。投资者通常利用该比值估量某股票的投资价值，或者用该指标在不同公司的股票之间进行比较
市净率	每股价格与每股净资产的比率，反映普通股股东愿意为每单位净资产支付的价格，说明市场对公司资产质量的评价，是账面市值比的倒数
市销率	每股价格与每股销售额的比率，反映普通股股东愿意为每单位销售收入支付的价格，考察公司收益基础的稳定性、可靠性和质量水平
PEG	市盈率相对盈利增长的比率，即公司的市盈率除以公司的盈利增长速度
盈利能力	
总资产收益率	净利润与总资产的比率，衡量每单位资产创造净利润能力的指标
净资产收益率	净利润与净资产的比率，衡量每单位净资产创造净利润能力的指标

续表

指　　标	指 标 含 义
毛利率	销售毛利率是指毛利占销售收入的百分比，简称毛利率，其中，毛利是销售收入与销售成本的差额
净利率	经营所得的净利润占销货净额的比率，或者占投入资本额的比率
股息率	股息与股票买入价之比。衡量上市公司是否具有投资价值的重要指标之一
营运能力	
总资产周转率	企业一定时期的销售收入净额与平均资产总额之比，是衡量资产投资规模与销售水平之间配比情况的指标
现金流	企业现金流入和现金流出的差额，包括经营活动、投资活动和筹资活动的现金流
净现比	净利润现金含量，即经营现金流量净额/净利润，也就是企业实现 1 元净利润实际流入现金数量
偿债能力	
流动比率	流动资产与流动负债之比
速动比率	变现能力较强的速动资产与流动负债之比
现金比率	现金、可上市证券之和与流动负债之比
资产负债比	企业负债总额占企业资产总额的百分比
产权比率	债权人与股东提供的资本的相对比例，企业的资本结构是否合理、稳定。同时也表明债权人投入资本受到股东权益的保障程度
已获利息倍数	利息保障倍数，是指企业一定时期息税前利润与利息支出的比率，反映了获利能力对债务偿付的保障程度
成长能力	
净利润增长率	本期净利润额与上期净利润额的比率-1
净资产增长率	本期净资产总额与上期净资产总额的比率-1
每股收益增长率	本期每股收益与上期每股收益的比率-1
主营业务收入增长率	本期主营业务收入与上期主营业务收入的比率-1

1.1.3　宏观基本面分析

宏观基本面是指国家宏观经济运行的基本情况，如 GDP、消费、投资、货币供应量、就业率、通货膨胀和经济周期等。通过这些指标，了解国家宏观经济所处的位置。要真正掌握这些内容，需要系统学习“宏观经济学”的知识。在掌握宏观基本面的基础上，进一步了解经济政策，如财政政策、货币政策和产业政策。要系统了解这些内容，需要学习“金融学”“财政学”和“产业经济学”等课程内容。

为了方便读者学习，本节主要从影响市场中股票价格的因素角度，对宏观基本面进行阐述，主要包括以下几个方面。

1. 经济周期

经济周期一般以 GDP 为衡量指标，是指经济活动沿着经济发展的总体趋势所经历的有规律的扩张和收缩，是国民总产出、总收入和总就业的波动，是国民收入或总体经济活动扩张与紧缩的交替或周期性波动变化。经济周期可分为繁荣阶段、衰退阶段、萧条阶段和复苏阶段。在这 4 个阶段中，股价总随着经济周期的波动而变化，具体而言：

（1）繁荣阶段。此时，生产率增长不断放缓，产能受限，通货膨胀上升。政府通过紧缩的财政政策或货币政策，如加息、提升存款准备金等手段，使过热的经济回到可持续增长路径。GDP 增长仍保持在较高水平。此时债券表现较差，因为收益率曲线向上移动并平坦化。股票回报如何，取决于利润增长导致估值上升和利率上升导致估值下降两个方面。此时，大宗商品表现最好。

（2）衰退阶段。此时，GDP 增长率低于潜在经济增长率，但是通货膨胀率持续上升（通常部分来自石油价格冲击等），称为滞胀期。生产力下降，工资、价格螺旋式上升，公司提高价格以保护其利润边际。只有急速上升的失业率可以打破这种恶性循环。由于通胀太高，中央银行主要采用紧缩货币政策，债券表现较差。股票由于企业利润糟糕，表现也很差。此时，现金是最好的投资资产。

（3）萧条阶段。此时，GDP 增长缓慢，产能过剩和大宗商品价格下跌使得通胀率较低。利润微薄导致企业实际收益率下降。收益率曲线向下移动并陡峭，这是因为中央银行会降低短期利率，试图使经济回到其可持续增长道路。此时，债券是最好的投资配置。

（4）复苏阶段。在复苏中，宽松的货币政策逐步开始奏效，经济增长开始加速。然而，通货膨胀继续下降，因为多余的产能还没有完全被利用起来，周期性生产力增长强劲，利润开始边际修复。中央银行仍然保持政策松动，债券收益率曲线仍在较低位置。此时，最宜投资股票。

不难看出，股价不仅是伴随着经济周期的循环波动而起伏的，而且其变动往往在经济循环变化之前已经出现。两者间相互依存的关系为：复苏阶段—股价回升；繁荣阶段—股价上升；危机阶段—股价下跌；萧条阶段—股价稳定。

根据经济周期的特征，美林投资公司提出投资时钟理论，如图 1-1 所示。

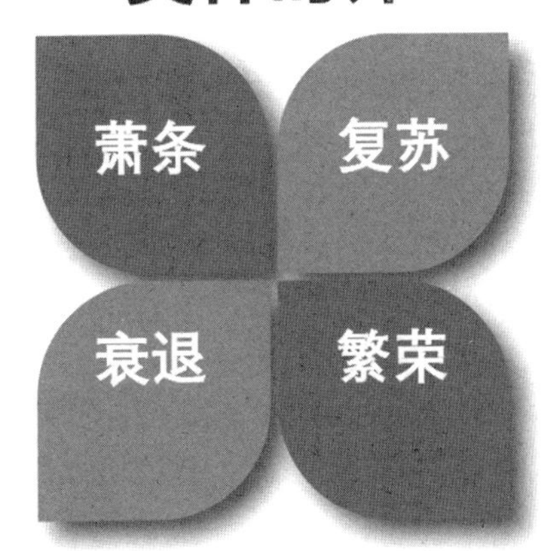

图 1-1　美林投资公司提出的投资时钟理论

随着经济周期的波动，板块之间存在轮动特征。具体不同板块随着经济周期轮动的变化趋势如图 1-2 所示。

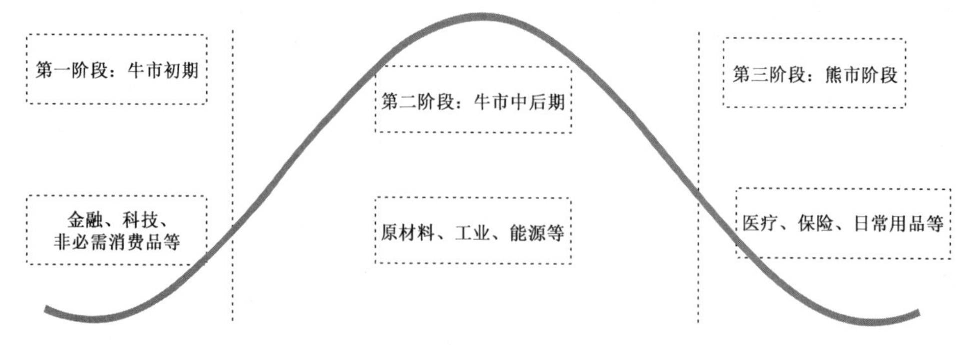

图 1-2　不同板块随着经济周期轮动的变化趋势

2. 国家发展规划和经济政策

1）国家发展规划

中国是一个发展中国家，宏观经济处于转型和升级的过程中，因此，不同阶段国家的发展规划（如“十二五”“十三五”和“十四五”规划）和重大发展战略等对实体经济会产生重要的影响，从而影响上市公司的股价。为了实现国家发展规划，政府会采用各种经济政策，如货币政策、财政政策和产业政策达到发展目标。

五年规划全称为中华人民共和国国民经济和社会发展五年计划纲要，是中国国民经济计划的重要部分，属长期计划。其主要是对国家重大建设项目、生产力分布和国民经济重要比例关系等作出规划，为国民经济发展远景规定目标和方向。

最新的五年规划为“十四五”规划，全称为《中华人民共和国国民经济和社会发展第十四个五年规划和 2035 年远景目标纲要（2021—2025 年）》。例如，其多次提到新能源汽车，在规划制造业核心竞争力中提出：“加快发展现代产业体系，巩固壮大实体经济根基——‘新能源汽车和智能（网联）汽车’，突破新能源汽车高安全动力电池、高效驱动电机、高性能动力系统等关键技术，加快研发智能（网联）汽车基础技术平台及软硬件系统、线控底盘和智能终端等关键部件”，从中可以看出，这对新能源汽车是一个重大的利好。

国家发展战略是筹划指导发展国家的实力和潜力，以实现国家发展目标的方略。例如，可持续发展战略、区域协调发展战略和乡村振兴战略等。

例如，雄安新区设立对雄安概念板块的具体影响，如图 1-3 所示。

2）经济政策

经济政策包括货币政策、财政政策、产业政策和对外经济政策四大块。下面仅论述前三个政策。

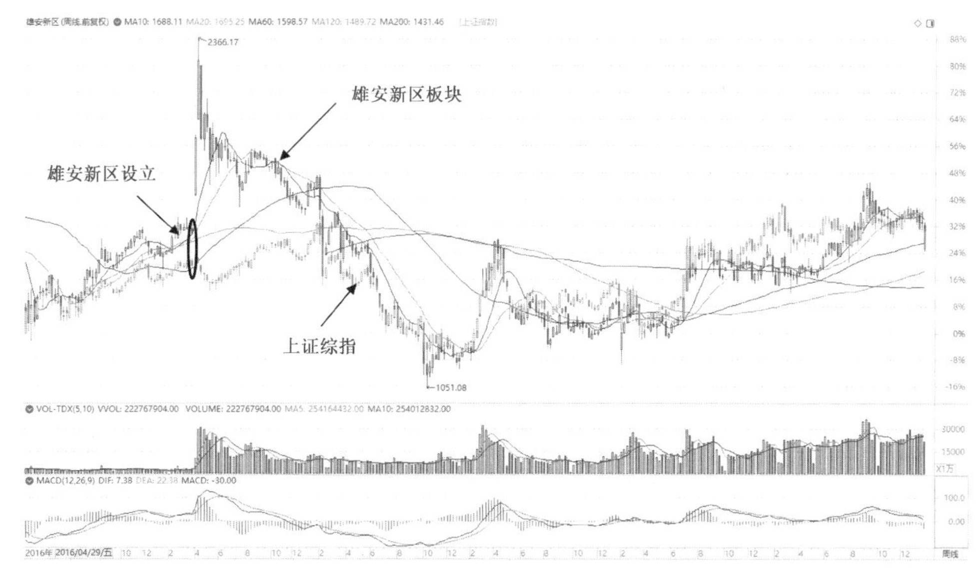

图 1-3 2017 年 4 月 1 日，雄安新区设立对应板块指数与上证综指周 K 线走势对比

（1）货币政策。货币政策是指中央银行为实现其特定的经济目标而采用各种控制和调节货币供应量与信用量的方针、政策和措施的总称。调节总需求的货币政策的四大工具为法定准备金率、公开市场业务、贴现政策和基准利率。

例如，利率升降对股价会产生实质性的影响，当利率下降时，股票价格上升，反之亦然。其主要有两方面原因：一方面，利率水平的变动直接影响公司的融资成本。利率降低，可以通过减少公司的利息负担以降低财务费用，直接增加公司盈利，这对于负债较多的公司尤为有利，因此利率下降促进股票价格上涨。另一方面，利率变化对社会存量资金及其结构起到很强的调控作用。利率降低，资金储蓄意愿减弱，会使部分资金从储蓄转向证券市场，从而推高股票价格。

（2）财政政策。财政政策是为了促进提高就业水平，减少经济波动，防止通货膨胀，实现稳定增长而对政府财政支出、税收和借债水平所进行的选择，或者对政府财政收入和支出水平所做的决策。财政政策的手段主要包括税收、预算、国债、购买性支出和财政转移支付等手段。

财政政策通过扩张和紧缩等方式对股市产生影响。例如，当实施紧缩财政政策时，政府财政在保证各种行政与国防开支外，并不从事大规模的投资。而当实施扩张性财政政策时，政府积极投资能源、交通和住宅等建设，从而刺激相关产业（如水泥、钢材、机械等行业）的发展。如果政府以发行公债方式增加投资，对经济的影响更为深远。

总体来说，紧缩财政政策将使过热的经济受到控制，证券市场则将走弱，因为这预示着未来经济将减速增长或走向衰退；而扩张性财政政策将刺激经济发展，证券市场则将走强，因为这预示着未来经济将加速增长或进入繁荣阶段。

如表 1-2 所示，当印花税上调时，沪指大幅下跌；相反，当印花税下调时，沪指上升幅度较大。

表 1-2　印花税调整对上证综指的影响

时　　间	印花税调整幅度	市 场 动 态
2018 年 5 月 1 日	免除部分印花税	沪指止跌回升，从 5 月 2 日的 3 081 点上涨到 21 日的 3 213 点，涨幅达 4.28%
2008 年 9 月 19 日	证券交易印花税单边征收	沪指当天创史上第三大涨幅，收盘暴涨 179.25 点，涨幅为 9.45%，超过 1 000 只股涨幅超 9%
2008 年 4 月 24 日	从 3‰调整为 1‰	沪指收报 3 583 点，暴涨 304 点，涨幅 9.29%，创 7 年来涨幅最高纪录，这也是历史上第二大涨幅
2007 年 5 月 30 日	从 1‰调整为 3‰	两市收盘跌幅均超 6%，跌停个股达 859 家，12 346 亿元市值在一日间蒸发
2005 年 1 月 23 日	从 2‰调整为 1‰	1 月 24 日沪指上涨 1.73%
2001 年 11 月 16 日	从 4‰调整为 2‰	股市产生一波 100 多点的波段行情
1999 年 6 月 1 日	B 股交易印花税从 4‰降低为 3‰	上证综指一个月内从 1 283 点升至最高 1 765 点，涨幅高达 37.6%
1998 年 6 月 12 日	从 5‰下调至 4‰	当日沪指小幅收涨 2.65%
1997 年 5 月 12 日	从 3‰上调至 5‰	当天形成大牛市顶峰，此后股指下跌 500 点，跌幅达到 30%
1992 年 6 月 12 日	按 3‰税率缴纳印花税	当天指数没有剧烈反应，盘整 1 个月后从 1 100 多点跌到 300 多点，跌幅超 70%
1991 年 10 月	深市调至 3‰，沪市开始双边征收 3‰	大牛市行情启动，半年后上证指数从 180 点飙升至 1 429 点，涨幅高达 694%

（3）产业政策。产业政策是政府为了实现特定的经济和社会目标而对产业的形成与发展进行干预的各种政策总和。产业政策能够弥补市场缺陷，有效配置资源，引导国家产业发展方向和推动产业结构升级、协调国家产业结构、使国民经济健康可持续发展。

产业政策工具主要有制订国民经济计划（包括指令性计划和指导性计划）、制订产业结构调整计划、制订产业扶持计划、财政投融资、货币手段和项目审批等。

例如，2020 年年末，国务院通过《新能源汽车产业发展规划（2021—2035 年）》，明确了未来 10 年我国新能源汽车的发展方向和发展目标：到 2025 年，我国新能源汽车市场竞争力明显增强，动力电池、驱动电机、车用操作系统等关键技术取得重大突破，安全水平全面提升。纯电动乘用车新车平均电耗降至 12.0kW•h/100km，新能源汽车新车销售量达到新车销售总量的 20%左右，高度自动驾驶汽车实现限定区域和特定场景商业化应用，充换电服务便利性显著提高。可以发现，从 2020 年年中以来，新能源汽车板块后续经历了较大幅的上涨，具体如图 1-4 所示。

除经济政策外，突发或意外事件（如战争和火山爆发等）也会对股票市场产生重要的影响。

3. 股债利差

股债利差出自美联储（Federal Reserve System，简称 Fed）的相关研究，称为 Fed 模型或美联储模型，由经济学家埃德·亚德尼于 1997 年提出，他根据多年数据经验分析发现，股票投资收益率与美国长期国债收益率之间存在显著的相关性。具体公式为

股债利差=股票的收益率-市场无风险利率（10 年期国债收益率）

股债利差在一定程度上能够衡量投资者在股票市场和债券市场上的投资或倾向。若股票市场的收益率高于债券市场收益率，则资金流向股票市场，反之亦然。图 1-4 显示了 A 股股债利差与沪深 300 指数走势图，大致可以发现，股债利差与 A 股整体估值大致呈负相关。当两者达到极端值时，容易出现反转现象。

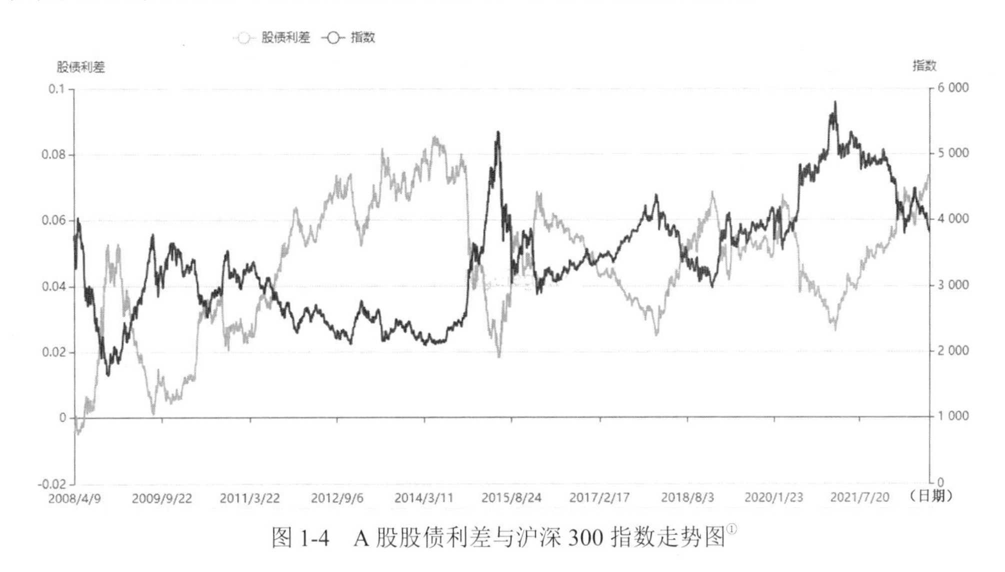

图 1-4　A 股股债利差与沪深 300 指数走势图[①]

4. 全市场等权 PE（PB）值

对于单个行业估值，可以查看行业指数的 PE（PB），对于整个市场的估值，最常使用的衡量指标就是全市场等权 PE（PB）。使用等权重方法进行计算，能够屏蔽大市值银行股对估值带来的影响。

一般而言，估值（市盈率）的底部，都是对应股价的底部，所以通过估值，看全市场等权 PE（PB），能够判断市场处于高位还是低位。一般来说，当估值比历史上 70%都便宜（即 PE 估值百分位小于 30%）时属于低估，可以大胆买入，越低越买；估值 PE 百分位水平介于 30%～70%时继续持有；高于 70%时属于高估，选择卖出。

图 1-5 显示了全部 A 股等权市盈率和中位数市盈率走势。可以发现，市场估值偏低。但这个估值指标也存在一个重要的缺陷，就是没有考虑中国市场 IPO（Initial Public Offering，首次公开募股）不断扩容的现象。在注册制背景下，增发股票已经

① 来自乐咕乐股网。

成为常态，采取优胜劣汰的形式淘汰劣质股票，优化金融市场环境。在这种影响下，股票市场的估值也会造成一定程度的下降。可能也正是这种原因，自 2018 年以来，A 股等权市盈率一直处于底部。

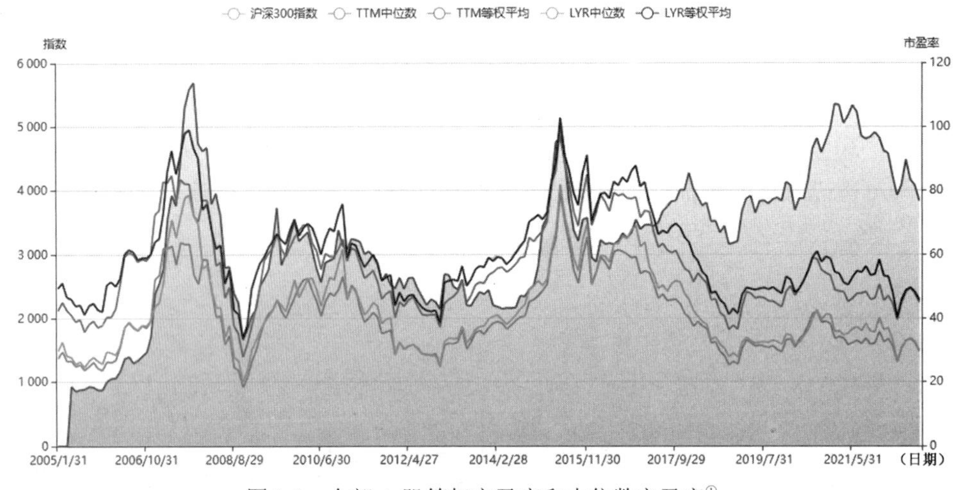

图 1-5　全部 A 股等权市盈率和中位数市盈率①

总体而言，股票内在价值的确定，不仅是科学，更是一门艺术。因为实际情况是，财务报表并不能完全反映公司的全貌，很多财务报表掩饰亏损情况，更有甚者存在造假的可能，如已退市的“欣泰电气”股票，在上市时就进行财务造假；再如“ST 獐子岛”，多次虚构扇贝死亡事件，掩饰业绩的亏损。因此，专业投资者特别是机构投资者还需要对上市公司实地调查，如考察股东和董事对公司的未来发展规划、定位，企业文化等可能影响股票未来走势的各个方面，从而对上市公司股票价值及未来趋势有一个合理的判断。

1.1.4　微观基本面能力分析

对于微观基本面的分析，最简单的方法就是：有哪些因素导致一个公司的价值持续上升，从而带动股价上涨？大致有以下几个因素。

第一，营业收入、营业利润和净利润持续不断增长，确保公司持续地赚钱。

第二，资产收益率和净资产收益率等投资回报率保持增长或稳定，即产生这些收入和利润需要投入多少资金。

第三，公司现金流量是否充足，能否满足企业正常的生产运营。

第四，公司的资金来源是股东投资、利润积累还是融资等。

从专业的角度看，这些因素都包含在公司“基本面”里，具体而言，就是反映在利润表、资产负债表、现金流量表和所有者权益等财务报表里。投资者可以在上市公

① 来自乐咕乐股网。

司官网的“投资者关系”栏中下载公司的定期报告，查看这四张表，但更方便的是从财经网站上直接查看这些内容。

根据实际分析需要，把四大财务报表的主要指标抽取出来，归纳出盈利能力、成长能力、偿债能力和营运能力，考虑到公司的估值水平，还有一个估值能力，以下进行具体阐述。

巴菲特曾说过，每只股票的背后是一家公司，买股票就是成为公司股东，与公司一起成长。这四张财务报表在公司的定期报告中，每季度更新一次。

财务报表通常有母公司口径和合并口径两种，母公司口径是指上市公司本身，合并口径除上市公司外，还包含其控股的子公司。由于它们本质上也属于上市公司的资产，所以我们只需要关注合并口径就可以了。

1. 盈利能力分析

盈利能力是指企业获取利润的能力，也称企业的资金或资本增值能力。通过对盈利能力的分析，可以发现经营管理环节出现的问题。

一般来说，公司的盈利能力是指正常的营业状况。非正常的营业状况也会给公司带来收益或损失（如公司利用剩余资金进行投资），但这只是特殊情况下的个别案例，不能说明公司的能力。

盈利能力指标主要包括净资产收益率（Return On Equity，ROE）、营业利润率、成本费用利润率、盈余现金保障倍数、总资产报酬率和资本收益率 6 项指标。

第一，最重要的一个指标为净资产收益率（ROE），具体为净利润除以净资产。这个指标反映了自有资金的利用效率。其中，ROE 为 10%～15%，属于一般公司；ROE 为 15%～20%，属于优秀公司；ROE 超过 20%，属于杰出公司。

一般而言，ROE 能够连续 10 年保持在 15%以上的上市公司，通常有两种情况：分红高增长慢，或者分红低增长快。不管是哪种情况的公司都是好公司，在价格合理或低于价值的情况下，长期持有可以大概率跑赢市场。

第二，毛利率与净利率。毛利率是指毛利与销售收入（或营业收入）的百分比，这个指标反映的是一家公司的赚钱能力。企业的毛利率高，证明该企业的产品特别有竞争力，或者在该行业竞争力很强，净利率与毛利率的判断方法一样，都是越高越好，但是净利率的含金量更高，如果一家企业毛利率高于 30%，净利率高于 15%，那么综合来说，这家企业非常优秀，如果可以每年稳定地保持将更加优秀。毛利率低于 15%，净利率低于 8%，这样的企业一般，爆发力相对较弱。

巴菲特还给这 3 个指标设定了标准，也就是毛利率要高于 40%，净利率要高于 5%，净资产收益率要高于 15%，这 3 个指标都达标的结果就是这家公司很赚钱，产品很好销售，而且销售成本不高，投资利用效率很高。往前看 2～3 年，如果其一直表现良好，这几个指标也都一直保持着很高的水平，那么这家公司肯定是值得信赖的。

2. 营运能力分析

营运能力反映了企业资产管理效率，企业各项资产周转速度越快，企业经营效率越高，资金需求越少，收益就越多。通过资产运营效率分析，有助于判断企业财务安全性及资产的收益能力，以进行相应的投资决策。

营运能力指标包括资产周转率、存货周转率、应收账款周转率和营业周期等。

资产周转率是衡量企业资产管理效率的重要财务比率，在财务分析指标体系中具有重要地位。根据资产的不同类型，资产周转率可以分为总资产周转率、流动资产周转率和固定资产周转率三种。在较快的周转速度下，资产会相对节约，在一定程度上增强了企业的盈利能力；而周转速度慢，则需要补充流动资金参加周转，会造成资金浪费，降低企业盈利能力。

存货周转率是对流动资产周转率的补充说明，也是反映企业购、产、销平衡效率的一种尺度。存货周转率越高，表明企业存货资产变现能力越强，存货及占用在存货上的资金周转速度越快。一般情况下在同行业中，较高的存货周转率（较低的存货周转天数）代表产品更受市场欢迎，该公司的产品更有市场竞争力。

应收账款周转率反映了企业的资金周转状况，能够评价企业应收账款变现的速度和管理的效率。应收账款周转率较高，能够在补充企业资金的同时，说明企业信用状况良好，不易发生坏账损失。如果应收账款周转率过低，表示大量资金被客户占用，可能会造成自身资金周转困难。

营业周期是指从外购承担付款义务到收回因销售商品或提供劳务而产生的应收账款的这段时间。营业周期的长短是决定公司流动资产需要量的重要因素。较短的营业周期表明对应收账款和存货的有效管理。营业周期反映了企业应收账款变现速度的快慢及管理效率的高低。

3. 现金流量表分析

现金流量表用来展示资产负债表货币资金科目中“现金及现金等价物”的变化过程，这是关系企业生死存亡的一张表。

现金流量表是公司现金流入、流出的反映，由于大部分公司采用权责发生制记账原则，也就是客户一旦签下合同承诺购买，就已确认计入了公司收入，但实际上资金的到账时间可能会很晚，公司的收入没有和现金流入同时发生，这就为某些公司操纵利润留下了空间，但现金不会说谎，因此现金流量表是检验公司真正健康程度的会计表。

现金流分为经营活动现金流、投资活动现金流和筹资活动现金流三部分。

经营活动现金流以收付实现制为基础，是指企业从经营活动中获取的利润除去成本后的现金流量。将经营活动现金流与营业收入、营业成本等结合起来分析能更好地了解企业的经营状况。其主要包括销售商品、提供劳务收到的现金、收到的税收返还、收到的其他与经营活动有关的现金。购买商品接受劳务支付的现金、支付的各项税费、支付的其他与经营活动有关的现金。此外，还包括支付给职工及为职工缴纳的工资和社保等。

经营活动中的现金流入持续大于流出。在实践中可能有以下 4 种情况。

（1）货币资金余额比短期负债小得多，可能代表存在短期偿债危机。

（2）货币资金充裕，却借了大量有息甚至高息债。

（3）定期存款多，其他货币资金也多，但流动外资金严重缺乏。

（4）其他货币资金数额巨大，但没有合理解释。

后三种意味着资金可能存在虚构、冻结，或者被大股东占用的情况。

投资活动现金流是指企业长期资产（通常指一年以上）的购建及其处置产生的现金流量，包括购建固定资产、长期投资现金流量和处置长期资产现金流量。反映公司对固定资产或金融工具等的投资活动所发生的现金流。投资性现金流，反映企业对固定资产和有价证券的买卖，以及对其他企业的并购，属于企业“向外输血”的功能。

筹资活动现金流是指导致企业资本及债务的规模和构成发生变化的活动所产生的现金流量。其包括偿还债务支付的现金；偿还各种长期借款、短期借款和债券所支付的现金；分配股利、利润或偿付利息支付的现金；支付卖出回购金融资产的现金；支付其他与筹资活动有关的现金。

以贵州茅台公司为例，公司通过销售酒产生的现金流入就是经营活动现金流，如果公司投资了一个酒庄，那么就是投资活动现金流；如果茅台公司发债融资，并且支付利息，那么就是融资活动现金流。一般来说，投资者只需要关注经营活动现金流是否为正，波动是否过大，与收入是否有显著差异即可。

清华大学肖星教授在财务分析公开课中，将现金流量类型分为以下 8 种。

第一种：“正—正—正”型。这种类型即经营活动产生的现金流量净额为正、投资活动产生的现金流量净额为正、筹资活动产生的现金流量净额为正（下同）。这类企业表面看很好，实际上不太正常。若企业的经营现金流这么充裕，则根本不需要融资。这类股票可能存在问题。

第二种：“正—正—负”型。这种类型是属于比较理想的，企业不缺钱，同时也不需要融资。这一类股票是投资者最喜欢的类型。但是要注意，这类企业的投资净额是正，代表企业投资的步伐减缓。

第三种：“正—负—正”型。很显然，这类企业把平时经营所得，再加上筹资得来的资金都用来投资了。这类企业是比较激进的，如果未来项目成功了，那么投资成功。相反，有很多科技型的初创企业，经营活动现金流为负，主要靠大笔的融资活动现金流来维持运营，风险相对较大。例如，京东决定自建京东物流，就属于这种情况。

第四种：“正—负—负”型。这类股票也是投资者比较喜欢的。企业经营活动有资金，同时再对外投资，未来可期；筹资活动为负说明也在分红回报股东或清偿债务。这种类型的企业就像奶牛一样，“吃的是草，挤的是奶”。

第五种：“负—正—正”型。这种类型的企业也存在问题，经营活动是流出的，就是把筹资的钱用于投资了，那万一投资失败了呢？这种类型不建议投资。

第六种："负—正—负"型。这种情况就更差一些了，正常的经营活动是亏钱的，同时还要还债（这种情况肯定不是分红）。幸亏投资活动还能产生回报。这种类型也不建议投资。

第七种："负—负—正"型。这种类型就是把筹资的钱投出去了，但是没有回报。

第八种："负—负—负"型。这种类型是最差的，就是"干啥啥不行"，可能马上就面临退市了。

现金类型及其风险特征如表 1-3 所示。

表 1-3　现金类型及其风险特征

序　号	经营活动现金流净额	投资活动现金流净额	筹资活动现金流净额	状　况
1	正	正	正	不正常
2	正	正	负	较理想
3	正	负	正	有风险
4	正	负	负	较理想
5	负	正	正	风险较大
6	负	正	负	风险非常大
7	负	负	正	风险极大
8	负	负	负	风险极大

经营活动中产生的现金流量净额与净利润之间存在密切联系。现金流量表描述的是与现金有关的流入和流出，即净额是经营活动中真正多出来的钱。利润表代表的是权责发生制，表示卖出了商品，对方是否支付货款，利润表中的利润是否收到，需要通过净现比衡量。净现比是把经营活动发生的现金流金额除以净利润得出的比例。

单从年度或者季度来看，净利润与经营活动现金流量净额差异可能很大，即净现比波动非常大。从长周期来看（10 年以上），净利润应该与经营活动现金流量净额相等或近似相等，即净现比约等于 1。如果净现比大于 1，说明含金量比较高；反之亦然，很多时候可以通过这个比例来判断这家公司到底有没有现金，从而判断财务报表是否存在造假的可能。

针对净现比低的企业，要看其原因是存货增加、折旧摊销，还是应收应付往来款增加，由往来款增加导致现金流差造假的可能性会大幅降低。

对企业来说，长期来看，随着企业规模的变动，折旧摊销均为企业前期投入的资金返还；而应收和应付则是对应上下游中产业链的议价能力，随着企业规模的增加，上下游议价能力应该变强，规模增长小于净利润增长；存货会成为占用资金的累赘，但是只要和规模对应就没有太大的影响。

收现比即销售商品和提供劳务收到的现金对营业收入的比率。在一般情况下，该比率是在剔除应收账款对公司带来风险的情况下，从现金流入角度反映销售收入的实际情况，该比率如果大于 1，说明不仅当期收入全部收到现金，而且收回了以前期间的应收账款，盈利质量较好；如果该比率小于 1，说明当期有部分收入没有收现，盈利质量不容乐观。涉及不同行业时，应考虑其特殊性。通常该比率大于 1，才为优质企业。

4. 偿债能力分析

偿债能力是指企业偿还到期债务的承受能力或保证程度，包括偿还短期债务和长期债务的能力。静态地看，就是用企业资产清偿企业债务的能力；动态地看，就是用企业资产和经营过程创造收益偿还债务的能力。

第一，短期指标包括流动比率、速动比率和现金比率，分别表示流动资产、速动资产和现金与流动负债的比率。

流动比率是变现能力较强的流动资产与偿还企业短期债务的比率，通常认为最低流动比率为 2。在一般情况下，营业周期、应收账款和存货的周转速度是影响流动比率的主要因素，该比率不能过高。过高则可能表明企业流动资产占用较多，会影响资金使用效率和企业获利能力；流动比率过高还可能是存货积压，应收账款过多且收账期延长，以及待摊费用增加所致，而真正可用来偿债的资金和存款却严重短缺。

在运用该指标分析公司短期偿债能力时，还应结合存货的规模、周转速度、变现能力和变现价值等指标进行综合分析。如果某公司虽然流动比率很高，但其存货规模大，周转速度慢，也有可能造成存货变现能力弱，变现价值低，那么该公司的实际短期偿债能力就要比指标反映得弱。

速动资产是指流动资产扣除存货之后的余额，有时还扣除待摊费用、预付货款等。在速动资产中扣除存货是因为存货的变现速度慢，可能还存在损坏、计价等问题；待摊费用、预付货款是已经发生的支出，本身并没有偿付能力，因此谨慎的投资者在计算速动比率时也可以将之从流动资产中扣除。影响速动比率的重要因素是应收账款的变现能力，投资者在分析时可结合应收账款周转率、坏账准备计提政策一起考虑。通常认为合理的速动比率为 1。

在一般情况下，速动比率越大，表明公司短期偿债能力越强，通常该指标在 1 左右比较好。

现金比率是指企业现金类资产与流动负债的比率，反映公司在不依靠存货销售及应收账款的情况下，支付当前债务的能力，显示企业立即偿还到期债务的能力。该指标数值越大，经营活动产生的净现金流越多，对企业按时偿还到期债务的保障越好。现金比率在 20%左右比较合适。如果指标过大，意味着流动类资产没有得到充分利用，机会成本高。

第二，长期指标包括资产负债率、利息保障倍数和权益乘数等。

对债权投资者而言，总是希望资产负债率越低越好，这样其债权更有保证；如果比率过高，其会提出更高的利息率补偿。股权投资者关心的主要是投资收益率的高低，如果企业总资产收益率大于企业负债所支付的利息率，那么借入资本为股权投资者带来正的杠杆效应，对股东权益最大化有利。合理的资产负债率通常在 40%～60%，规模大的企业适当大些；但金融业比较特殊，资产负债率在 90%以上也是正常现象。

由于长期负债会随着时间推移不断地转化为流动负债，流动资产除满足偿还流动负债的要求外，还必须有能力偿还到期的长期负债。一般来说，如果长期负债不超过营运资金，长期债权人和短期债权人都将有安全保障。

一般来说，企业的利息保障倍数至少大于 1。在进行分析时，通常与公司历史水平比较，这样才能评价长期偿债能力的稳定性。同时，从稳健性角度出发，通常应选择一个指标最低年度的数据作为标准。

5. 成长能力分析

成长能力是指企业扩大规模、壮大实力的潜在能力，又称发展能力。成长能力的主要作用在于发现企业价值和避免企业的短期行为，成长能力从业务历史发展情况、发展资金来源和资产技术储备情况等方面考察企业的发展能力。

分析成长能力主要考察营业收入增长率、营业利润增长率和总资产增长率三项指标。

总体来说，增长率大于 0，表示企业相应的收入和净利润较上一期增长了，但好企业不能只要求增长率为正，要选出成长能力优秀的企业，通常计算近 5 年的增长率，均值大于 30%就算很优秀的企业。一般衡量标准是增长率小于 10%为不及格；10%～20%为及格；20%～30%为良好；大于 30%为优秀。

主营业务收入决定广度，净利润决定深度。主营业务收入代表的是企业的规模，只有其不断增长才能代表公司在不断发展。一个主营业务收入不增长的股票说明其不够优秀，即该企业发展不好，没有扩张。净利润不增长则说明该公司自身经营得不够优秀。

三者同时增长的公司，毫无疑问值得拥有。但很多公司并不会三者一起增长，常见的有以下三种情况。

第一，营业收入增长明显，净利润、扣非净利润不增长。可能是企业生产成本上升或降价促销，从而导致收入增加而利润并没有增加；也可能是企业在研发新产品或开拓市场，从而导致三费大幅增加，进而导致增收不增利，相对而言，这种情况较好。

第二，净利润、扣非净利润增长明显，营业收入不增长。其原因可能是企业通过降低三费（包括销售费用、管理费用和财务费用），从而实现净利润增速提高而营业收入增幅不明显。

第三，营业收入、净利润增长明显，扣非净利润不增。这种情况通常是企业的非经常性损益大幅增长所致，非经常性损益与企业的经营无直接关系，因此，这种增长不能看作企业的增长。

上述原因还有其他多种复杂情况，需要具体问题具体分析，但分析方法是一样的，需要结合会计学专业知识，掌握营业收入、利润、三费及扣非净利润等项目的变动情况，再根据财报附注并结合自己的思考及新闻来分析具体的变动原因。

1.1.5 基本面估值分析

对上市公司的估值分析，通常有市盈率（Price-to-Earnings Ratio，P/E）、市净率（Price-to-Book Ratio，P/B）和市销率（Price-to-Sales Ratio，P/S）等指标。

1. 市盈率

市盈率是指股票价格除以每股收益（Earning Per Share，EPS）的比率，或者以公司市值除以年度净利润。它最早于 20 世纪初由高盛集团提出。

在实际业务中，收益会不断变化，公司盈利增长，需要较短的时间就能收回股价成本；反之亦然。因此，低市盈率的股票比高市盈率的股票更具吸引力。同样，对于市盈率相同的股票，业务增长较快的股票更具吸引力。但若公司亏损了，市盈率为负则没有意义。

当业务为周期性和难以预测（高科技、成长性等）时，市盈率有时会产生一些误导。彼得·林奇（Peter Lynch）指出，在景气循环型公司业务高峰时，它的利润率更高，收入也高，市盈率却较低。在市盈率较低时，买景气循环型公司的股票通常不是个好主意。对于这类公司，最好去看市销率。

市盈率也可能受到非经常性项目的影响，如出售部分业务或地产。在当年或当季度，其数值可能会大幅增加，但是这样的增长不能重复。此时，扣非市盈率更能准确地反映评估价值。

2. 市净率

市净率为每股股价与每股净资产的比率，是账面市值比的倒数。市净率衡量的是股票相对公司基础资产的估值。相比于市盈率使用利润指标，净资产受周期波动的影响更小，更加稳定，可比性也更强。但也会存在以下问题。

（1）市净率以企业账面资产价值为基础，忽略了资产创造盈利的能力高低对股权价值的影响。

（2）企业账面净资产是采用历史成本核算的，它与资产的真实价值可能相差很远。

（3）账面净资产无法反映企业运用财务杠杆的水平。

市净率比较适合利用资产赚取大部分利润的企业，如银行、保险、机械重工、汽车、建设机械和钢铁等行业。但是用来评估互联网、高新科技等企业不太合适，因为这类公司仍处于发展的萌芽期，资产较少，主要靠品牌和信誉获得利润。

3. 市销率

市销率为总市值除以主营业务收入，或者股价除以每股销售额。市销率能够说明营业收入对股价的贡献程度。对于成熟期的企业，通常使用市盈率来估值，而对于尚未盈利的高成长性企业，则使用市销率来估值更为可靠。此外，市销率是评估周期性企业的一个很好的工具，如果将股票的当前估值与其历史估值进行比较，市销率尤其有效。

运用市销率来选股可以剔除市盈率很低，但主营业务没有核心竞争力，而主要依靠非经营性损益来增加利润的上市公司。因此，该项指标既有助于考察公司收益基础的稳定性和可靠性，又能有效把握其收益的质量水平。

对于销售与季节联系密切的公司和行业，受季节的影响非常大，在销售低迷时，公司的季度报表可能出现销售收入下滑，市销率上涨，这并不代表企业的投资价值下降。要分析公司的实际情况，可以通过行业间的对比，看看该公司的该项指标是否相对于竞争对手下降得更明显，或者与历史同期进行对比，看该指标相对于前一年同期是否下降。

市销率应在同行业和同性质的公司间比较。只有在同行业进行比较，市销率的评估才更具意义。对于一些关联产品较多的企业，区分企业的营业收入是否为主营业务收入存在一定困难。

4. 市盈率类型

市盈率与市净率根据计算方式的不同一般可分为静态、动态和预测三种类型。其中以市盈率为例说明如下。

（1）静态市盈率，一般指 *LYR*（Last Year Ratio，去年率）市盈率，以去年年度指标进行计算，具体为

股票现价/当期每股收益（总市值/去年一年的总净利润）

（2）预测市盈率，为

股票现价÷未来每股收益的预测值

（3）动态市盈率，为

股价/［最新报表 *EPS*×（1/报表截止日占全年的比例）］

还有一个为滚动市盈率，即

TTM = 股价/过去 4 个季度的 *EPS*

因为同比数据的时效性不高，而季度环比数据的“噪音”又过大，虽然引入了连续两个季度的概念，但在时效性上，还是不能完全令人满意。而 *TTM* 的出现，加入了前 3 个季度，则使这种比较在一定程度上过滤了小波动，进而更加客观地反映了上市公司的真实情况。

图 1-6 显示了 2002 年以来贵州茅台的市盈率、市盈率 *TTM* 和市净率等指标走势，可以发现，其市盈率相对处于历史较高的点位。

应根据不同行业的特征，合理选择正确的估值指标。表 1-4 来源于齐鲁证券研究所对不同行业推荐的估值指标。

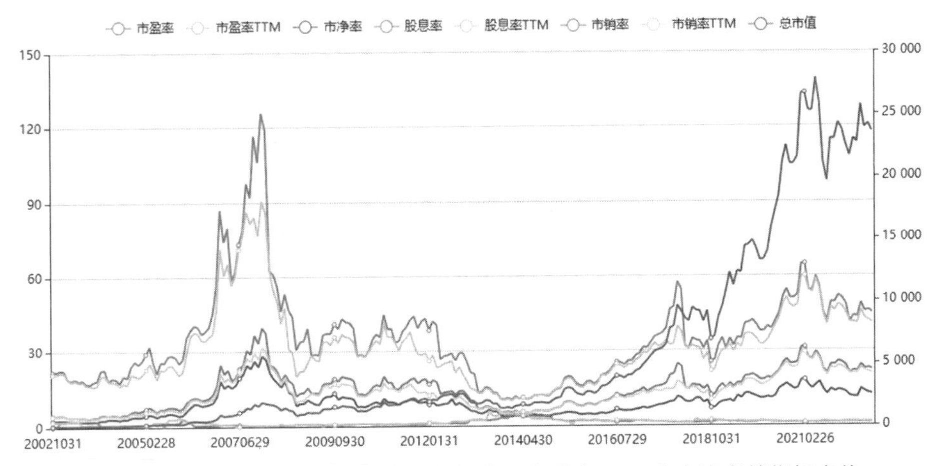

图 1-6　2002 年以来，贵州茅台的市盈率、市盈率 *TTM* 和市净率等指标走势

表 1-4　不同行业推荐的估值指标

行　　业	推荐估值指标	行　　业	推荐估值指标
农林牧渔	低 *PB*、高 *PEG*、低 *PS*	纺织服装	低 *PCF*、低 *PEG*
采掘	低 *PE*、低 *PCF*	轻工制造	低 *PEG*、低 *PS*
化工	低 *PEG*、低 *PCF*、低 *PS*	医药生物	低 *PEG*、低 *PB*
黑色金属	低 *PS*、低 *PE*	公用事业	低 *PCF*、低 *PB*、低 *PEG*
有色金属	低 *PEG*、低 *PE*	交通运输	低 *PCF*、低 *PB*
建筑建材	低 *PE*、低 *PS*	房地产	低 *PS*、低 *PEG*、低 *PCF*
机械设备	低 *PEG*、低 *PB*	金融服务	低 *PEG*
电子元器件	低 *PS*、低 *PB*、低 *PEG*	商业贸易	低 *PE*、低 *PB*
交运设备	低 *PB*、低 *PEG*	餐饮旅游	低 *PB*、低 *PEG*、低 *PS*
信息设备	低 *PCF*、低 *PB*	信息服务	低 *PE*、低 *PS*、低 *PB*
家用电器	低 *PS*、低 *PCF*、低 *PEG*	综合	低 *PB*、低 *PE*、低 *PCF*
食品饮料	低 *PB*、低 *PEG*	—	—

5. *PEG* 估值法

PEG 估值（市盈增长比率），是指公司的市盈率除以公司的盈利增长速度的比值，主要是在市盈率的基础之上弥补公司的成长性的估值。

该方法最先由英国投资大师史莱特提出，后来由美国投资大师彼得·林奇发扬光大。彼得·林奇指出，任何一家公司的股票如果定价合理，市盈率就会与收益增长率相等，因而 *PEG* 为公司的市盈率÷公司盈利增长速度的值，即

$$PEG = PE/\text{公司盈利增长率}$$

其进一步指出，*PEG* 值低于 0.5 时，是最理想的投资对象；0.5～1 时，是安全范围；1～2 时，是价值相对高估；大于 2 时，是高风险区。

彼得·林奇根据上述法则在 1977—1990 年，导致其管理的富达基金规模由 2 000

万美元做到 140 亿美元，基金的持有人超过 100 万人，成为当时全球资产管理金额最大的共同基金，年平均复利报酬率为 29%。正因为其骄人的业绩、平易近人的风格，彼得·林奇被美国《时代》杂志称为“第一理财家”，更有人赞誉其为“全球最佳选股者”。

公式看起来很简单，但事实上，精确的估算不容易，具体而言，市盈率有静态市盈率、预期市盈率和动态市盈率。不同的市盈率得到的结果存在差异。在实际中，常用滚动市盈率（*PETTM*）进行计算，公司盈利增速，一般指未来三年利润平均增长率，未来一般需要预测，因此也不容易获得。具体公式为

PETTM /公司盈利增长率（未来三年利润平均增长率）

这种方法主要适用于多年公司营业收入、扣非净利润增长比较稳定的成长型企业，增长型股票，如白酒行业、消费领域的家电行业等。不适用于利润波动大、成长不稳定的周期性企业，如银行、地产、保险和基建等行业。

彼得·林奇根据公司的增长速度和行业特征，将股票分为 6 种，分别为缓慢增长型、稳健增长型、快速增长型、周期型、困境反转型和隐蔽资产型，其对应的公司特点如下。

第一，缓慢增长型。公司通常规模巨大且历史悠久，增长速度一般与国家 GDP 增速相符，能够定期支付股息，但不建议买入。

第二，稳定增长型。公司利润年增长率为 10%～15%，属于白马股，投资稳定增长型公司能否盈利取决于买入时机和价格。彼得·林奇通常用稳定增长型股票作为防御品种，在经济下滑时保护组合收益。

第三，快速增长型。公司规模小，成立不久，成长性强，年平均增长率为 20%以上。快速增长型公司不一定只存在于快速增长的行业，彼得·林奇更喜欢缓慢增长行业中的快速增长企业，他认为一般快速增长企业规模发展得过大，就会遇到进一步发展的瓶颈。

第四，周期型。随着经济的繁荣和衰退，公司规模呈现扩大缩减反复循环的过程，投资周期型公司股票最重要的是时机选择。

第五，困境反转型。公司受到打击而一蹶不振，几乎要申请破产保护，但是某些危机中蕴藏着机会，还有可能是公司的利空并没有想象中那么严重。

第六，隐蔽资产型。公司拥有你注意到的而大众投资者没有注意到的价值非同一般的资产，这种隐蔽资产可能在金属、石油、报纸和专利药品中，甚至可能隐藏在公司的债务中。

1.1.6 基本面比较分析法

在量化投资过程中，直接对原始财务报表进行分析显然比较麻烦，在实际分析中，结合一系列方法，如杜邦分析、Z 计分分析和多因子方法对上市公司的财务报表进行统计分析，从而筛选出中意的股票。

同时，仅从个股自身分析可能不够，还需要与行业内其他公司进行比较。不同股票的市值规模和每股股本等各方面都存在差异，如贵州茅台流通股只有 12.6 亿股，每股价格为 1 000～2 000 元，而京东方流通股约 340 亿股，每股价格为 3～6 元，这个每股价格无法比较。因此，在实际中主要进行相对比较，如对比市盈率、净资产收益率等各项相对指标。具体在交易过程中运用较多的方法是比较简单的横向对比法与纵向对比法。

1. 横向对比法

横向对比法是与同时期行业或市场相比，判定市盈率、市净率、资产负债比和净资产收益率等各项指标的高低，依据这些指标的高低判定企业是否值得投资。例如，网易财经、新浪财经和东方财富等网站都可以获取相应的数据资料，以万华化学股票为例，说明其在各大网站的数据情况，具体如下[①]。

（1）网易财经源中万华化学股票的资料，与行业和整个市场对比的结果如表 1-5 所示。

表 1-5　网易财经源 2020 年三季度万华化学相关指标行业对比

排　名	名　称	市盈率	市净率	市现率	市销率
1	氯碱 B 股	6.60	0.70	4.35	0.72
2	三泰控股	10.10	2.16	14.82	1.59
3	浙江龙盛	10.68	1.71	10.46	2.86
4	赞宇科技	10.81	1.80	17.34	0.74
5	鸿达兴业	11.33	1.07	-8.72	1.59
114	**万华化学**	**36.08**	**6.22**	**13.16**	**3.98**
	行业平均	86.60	2.81	18.68	2.19

由表 1-5 可以看出与行业对比的结果。从行业平均来看，万华化学的市盈率比行业平均小，排名为 114 位，而市净率和市销率都比行业平均大。一般而言，在其他条件相差不多的情况下，这些数据越小代表越好，即未来价格上涨的可能性越大。

（2）另一个用得比较多的东方财富网源，提供的行业和全市场对比的排名结果如表 1-6 所示。

表 1-6　东方财富网源 2020 年三季度万华化学相关指标的行业和全市场对比

排　名	简　称	总市值/亿元	市盈率	市净率	ROE/%
1	**万华化学**	**2734.72**	**36.08**	**6.22**	**12.33**
2	宝丰能源	871.94	21.16	3.57	13.26

① 这些数据源都是免费的。在实际过程中，读者可以根据自己的偏好选择合适的数据源，或者根据需求选择多个数据源进行综合分析。

续表

排　　名	简　　称	总市值/亿元	市 盈 率	市 净 率	ROE/%
3	龙蟒佰利	641.10	25.87	4.56	13.10
4	天赐材料	545.97	122.78	16.57	17.05
5	天齐锂业	502.21	-6.95	8.58	-17.22
—	行业平均	102.45	132.14	4.74	1.87
—	市场平均	188.48	141.30	4.61	0.89

除上述数据，东方财富网源还提供了成长性、估值、杜邦分析和市场表现等各方面的比较（见图 1-7）。这些比较分析都具有十分重要的意义。

○ 成长性比较

排名	代码	简称	基本每股收益增长率(%)						营业收入增长率(%)					
			3年复合	19A	TTM	20E	21E	22E	3年复合	19A	TTM	20E	21E	22E
79	600309	万华化学	14.99	-34.88	3.21	-15.89	51.99	18.93	14.31	-6.57	1.97	0.76	29.15	14.79
	行业平均		28.43	-81.75	-1.73	16.17	43.36	25.24	18.86	-1.98	-0.41	19.31	20.75	16.21
	行业中值		29.93	-5.29	3.07	21.85	32.51	26.41	18.23	1.83	1.21	13.24	23.48	20.39
1	603378	亚士创能	79.99	96.67	43.05	180.53	45.49	42.88	36.90	45.89	10.62	38.30	38.14	34.31
2	605008	长鸿高科	77.63	—	9.58	31.06	102.84	110.84	60.13	13.39	7.76	21.23	85.17	82.91
3	300655	晶瑞股份	66.60	-38.18	93.48	153.55	39.29	30.92	33.41	-6.80	11.17	60.53	23.72	19.55
4	300910	瑞丰新材	63.50	63.49	65.22	102.62	65.08	30.67	41.21	23.80	22.57	39.26	60.30	26.14
5	300174	元力股份	61.71	-35.22	-6.44	127.31	36.12	36.67	17.78	-24.69	2.01	2.01	26.67	26.45

○ 估值比较

排名	代码	简称	PEG	市盈率					市销率				
				19A	TTM	20E	21E	22E	19A	TTM	20E	21E	22E
65	600309	万华化学	2.41	27.00	36.08	32.10	21.12	17.76	2.59	3.98	3.99	3.09	2.69
	行业平均		5.30	97.42	431.47	41.69	29.08	23.59	1.59	2.44	3.23	2.67	2.32
	行业中值		1.23	34.58	35.79	32.90	21.65	16.76	2.42	3.23	3.62	3.02	2.41
1	002637	赞宇科技	0.38	14.79	10.81	11.13	8.66	6.99	0.68	0.74	0.69	0.58	0.51
2	603378	亚士创能	0.40	76.04	32.02	27.10	18.63	13.04	1.79	2.86	2.59	1.87	1.40
3	002408	齐翔腾达	0.42	25.12	17.64	16.34	11.93	8.68	0.42	0.70	0.65	0.56	0.46
4	603867	新化股份	0.45	27.82	19.93	17.09	12.18	9.26	1.95	1.65	1.47	1.26	1.16
5	300610	晨化股份	0.49	25.89	19.91	16.91	11.76	9.35	2.32	2.99	2.51	1.84	1.47

注:具体计算方法见页尾(点击可直接跳转至页尾)

图 1-7　东方财富网源万华化学成长性比较和估值比较分析

（3）第三个是新浪财经源。新浪财经源提供了可视化模式，利用图形的形式提供对比资料，还可以比较所有的财务指标数据，如图 1-8 所示。

一般而言，结合上述数据源进行对比分析，能对某只股票在行业的地位进行大致判断。

2. 纵向对比法

纵向对比法是指将同一只股票不同时期的指标进行对比，以判定其各项指标的高低。通常比较市盈率、市净率、*PEG*、净资产收益率和利润增长率等指标。各源数据情况具体如下。

（1）网易财经源万华化学股票盈利能力等历史数据指标如图 1-9 所示。

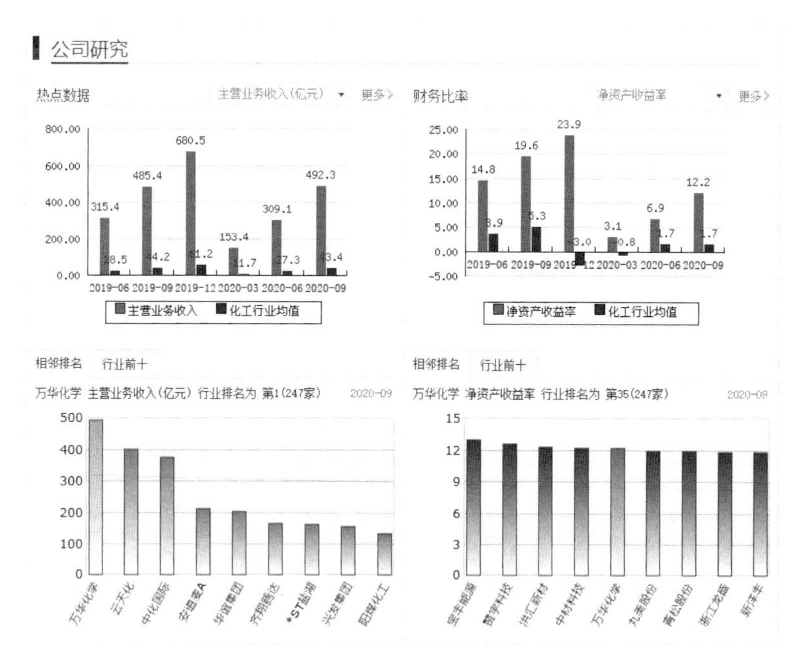

图 1-8 新浪财经源提供的横向和纵向财务指标对比

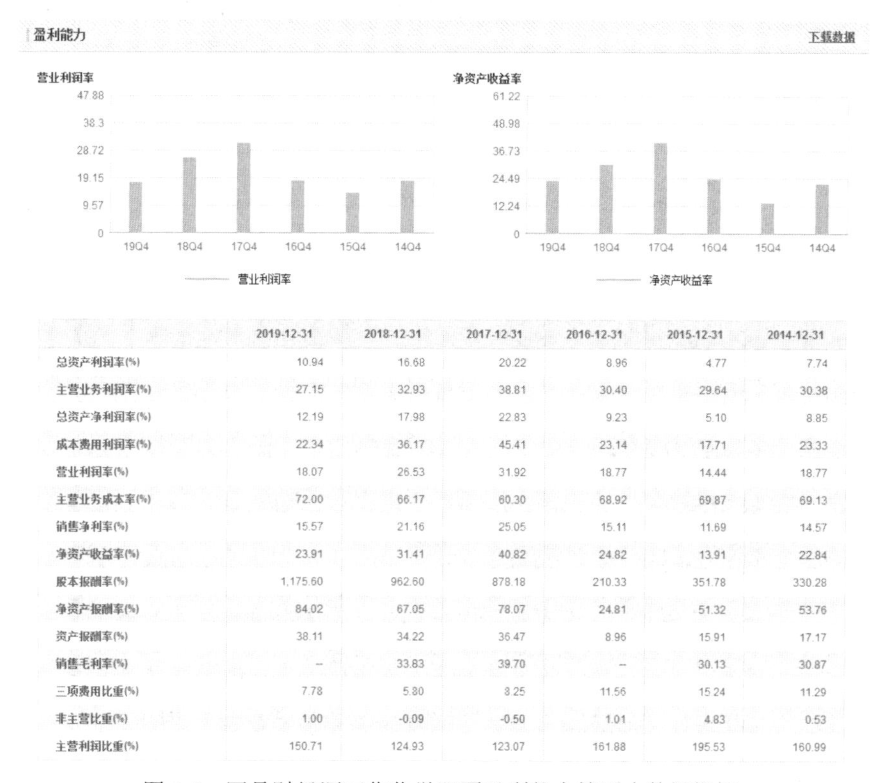

	2019-12-31	2018-12-31	2017-12-31	2016-12-31	2015-12-31	2014-12-31
总资产利润率(%)	10.94	16.68	20.22	8.96	4.77	7.74
主营业务利润率(%)	27.15	32.93	38.81	30.40	29.64	30.38
总资产净利润率(%)	12.19	17.98	22.83	9.23	5.10	8.85
成本费用利润率(%)	22.34	36.17	45.41	23.14	17.71	23.33
营业利润率(%)	18.07	26.53	31.92	18.77	14.44	18.77
主营业务成本率(%)	72.00	66.17	60.30	68.92	69.87	69.13
销售净利率(%)	15.57	21.16	25.05	15.11	11.69	14.57
净资产收益率(%)	23.91	31.41	40.82	24.82	13.91	22.84
股本报酬率(%)	1,175.60	962.60	878.18	210.33	351.78	330.28
净资产报酬率(%)	84.02	67.05	78.07	24.81	51.32	53.76
资产报酬率(%)	38.11	34.22	36.47	8.96	15.91	17.17
销售毛利率(%)	--	33.83	39.70	--	30.13	30.87
三项费用比重(%)	7.78	5.80	8.25	11.56	15.24	11.29
非主营比重(%)	1.00	-0.09	-0.50	1.01	4.83	0.53
主营利润比重(%)	150.71	124.93	123.07	161.88	195.53	160.99

图 1-9 网易财经源万华化学股票盈利能力等历史数据指标

从图 1-9 可以看出，万华化学的总资产利润率、净资产利润率和营业利润率总体呈上升趋势。

（2）东方财富网源数据万华化学股票的财务信息资料，如图 1-10 所示。

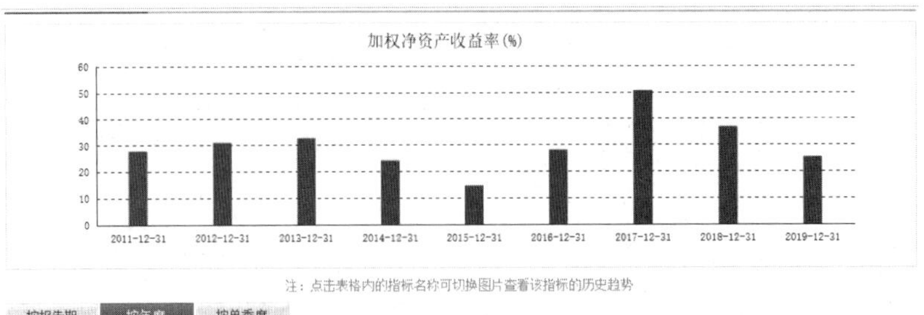

注：点击表格内的指标名称可切换图片查看该指标的历史趋势

按报告期　按年度　按单季度

实际税率(%)	13.60	19.70	20.34	19.55	22.84	22.81	14.91	15.31	14.90
盈利质量指标	**19-12-31**	**18-12-31**	**17-12-31**	**16-12-31**	**15-12-31**	**14-12-31**	**13-12-31**	**12-12-31**	**11-12-31**
预收款/营业收入	0.03	0.04	0.05	0.05	0.04	0.03	0.04	0.03	0.03
销售现金流/营业收入	1.31	1.28	1.16	1.23	1.33	1.35	1.26	1.17	1.17
经营现金流/营业收入	0.38	0.32	0.19	0.24	0.24	0.18	0.19	0.24	0.15
运营能力指标	**19-12-31**	**18-12-31**	**17-12-31**	**16-12-31**	**15-12-31**	**14-12-31**	**13-12-31**	**12-12-31**	**11-12-31**
总资产周转率(次)	0.78	0.85	0.91	0.61	0.44	0.61	0.75	0.80	0.90
应收账款周转天数(天)	18.45	15.96	15.41	17.51	23.60	19.59	17.89	17.60	16.06
存货周转天数(天)	60.24	66.45	63.70	74.02	95.21	62.18	56.45	57.78	47.54
财务风险指标	**19-12-31**	**18-12-31**	**17-12-31**	**16-12-31**	**15-12-31**	**14-12-31**	**13-12-31**	**12-12-31**	**11-12-31**
资产负债率(%)	54.65	48.97	53.28	63.88	68.99	68.06	62.17	56.33	52.83
流动负债/总负债(%)	84.63	87.57	79.32	69.69	58.44	46.75	53.93	64.79	73.42
流动比率	0.52	0.90	0.91	0.59	0.57	0.74	0.78	1.02	1.13
速动比率	0.33	0.67	0.65	0.39	0.35	0.51	0.57	0.77	0.93

图 1-10　东方财富网源数据万华化学财务信息资料

（3）新浪财经源除了提供上述指标数据，还提供了其他网站少有的历史市盈率和市净率资料，具体如图 1-11 所示。

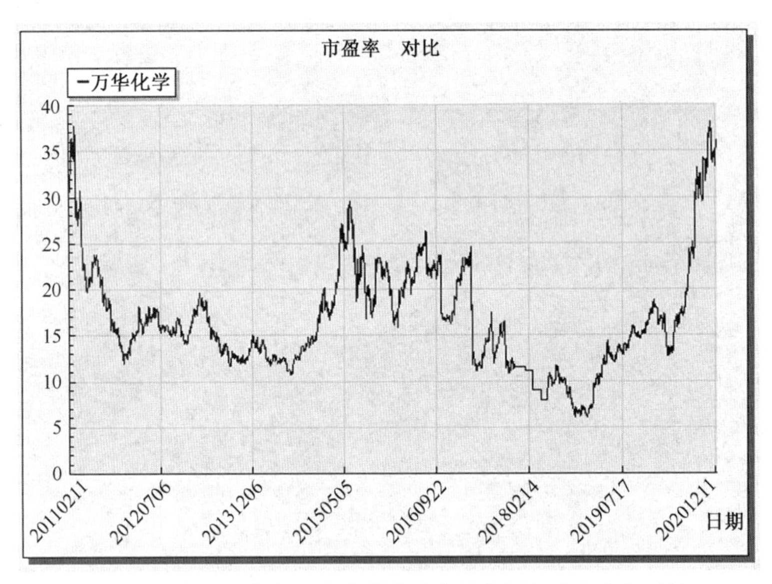

图 1-11　新浪财经源万华化学市盈率等指标历史走势与对比

虽然网站上的图美观度不高，但非常实用，能够看出股票在上市以来整个时间段的表现。

1.2 技术性投资与技术面分析

1.2.1 技术性投资与理论基础

技术性投资是第二种常见的投资方法，具体是以市场行为作为研究对象，以判断市场趋势和伴随的周期性变化对股票及其金融衍生物交易决策进行投资的方法。技术性投资的核心是技术面分析，即以股票价格涨跌作为主要研究对象，通过图表特征和技术性指标，对股票市场波动规律进行总结，对股价未来趋势进行预测。

技术性投资的起源可以追溯至 18 世纪。到 19 世纪，美国查尔斯·道（Charles Henry Dow，1851—1902 年）提出三大基础假设的雏形，创立了市场分析理论，“道氏理论”便是围绕这两个价格指数的走势总结而来的。艾略特（Ralph Nelson Elliott，1871—1948 年）和江恩（William D.Gann，1878—1955 年）对道氏理论进一步完善和发展。其中，艾略特将道氏理论形象化和具体化，并提出波浪理论，利用定量分析的方法（如费氏数列、黄金分割理论等）来研究市场，认为市场呈现波浪形的变化。江恩基于道氏理论的基础，认为投资市场中的规律可以进行数量化的研究，运用天文学、数学和几何学等知识创立了独特的技术分析理论，包括波动法则、周期理论、江恩角度线、江恩四方形、江恩六角形等。他对时间循环周期做了深入的研究，揭示了股市是按照某种数学比例关系与时间循环周期运作的，并阐明了价格与时间之间的关系，还把市场观测系统与交易系统区别对待。江恩认为，时间周期是第一位的，其次是比例关系，最后才是形态。

一般而言，技术面分析有三个前提假设。第一个是市场行为包容消化一切，就是任何的市场行为都包含在市场价格中，如突发战争，导致石油供给紧张，则石油价格或石油相关股票价格会上升；第二个是价格以趋势方式波动，价格围绕价值发生波动，这种波动具有趋势性和周期性，这种趋势性的原因很大程度上在于羊群效应等因素；第三个是历史会重演，说明股票价格会周期性波动，历史会重演的原因有很多，最重要的一点是投资者行为习惯的一致性，同时投资者更新换代，新的投资者只能亲身经历才会修正自己的行为。

常见的技术性分析分为 K 线特征、价格形态和统计指标三部分。

1.2.2 技术面分析——K 线特征

K 线特征是单个或多个 K 线显示出来的特征，通过这些 K 线特征，能够提示价格走向，是技术性投资重要的依据之一。常见的 K 线特征有十字星、流星线（Shooting Star）、锤子线（Hammer）、吞噬线、孕育线、红三兵和三只乌鸦等。

流星线可以是阴线或阳线，但实体比较短小，上影线越长越好，至少是实体的两倍，不存在下影线或者很短。这一 K 线的形成是由于开盘价比较低，多头组织力量向上攻，一度急升，但尾市空头加强，收盘价又回落至开盘价附近。若流星线出现明显上涨趋势，则可以认为是一种见顶信号。例如，USDCHF 货币对中，某天出现流星线后，货币对在后面半个月间都呈下跌的态势，如图 1-12 所示。

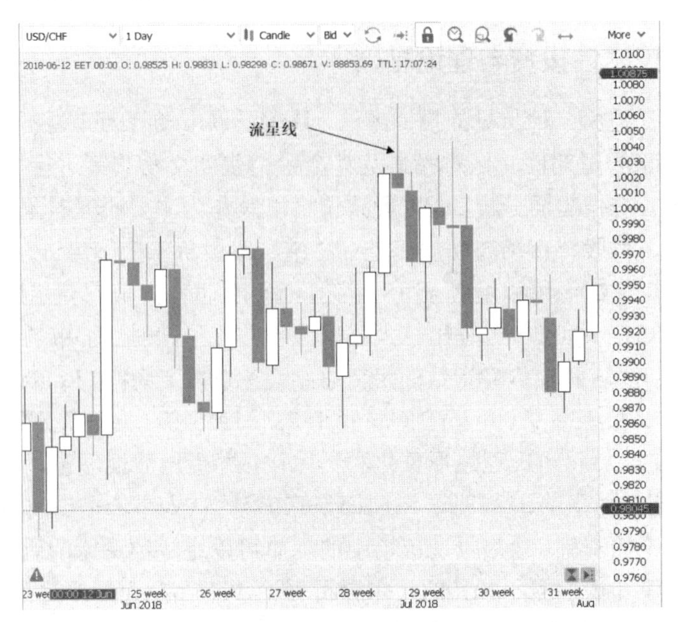

图 1-12　USDCHF 货币对流星线

锤子线与流星线的特征正好相反。其 K 线可以是阴线或阳线，实体比较短小，下影线越长越好，至少是实体线的两倍，不存在上影线或者很短。若锤子线处于明显下降趋势，则可以认为是一种见底信号。例如，在 AUDUSD 货币对中，2018 年 12 月 6 日呈现出非常明显的锤子线，后续货币对从 0.70 上升到 0.72，上升近 200 点，如图 1-13 所示。

1.2.3　技术面分析——价格形态

价格形态根据股票历史价格在图形（常见 K 线图）上的表现进行归纳，并通过形态反映股票价格未来可能的走势。具体形态可分为反转形态和整理形态等。

反转形态表示趋势有重要的反转现象，如上升趋势转变为下降趋势，或者下降趋势转变为上升趋势，常见的形态有头肩形、三重顶与底、双重顶与底、V 形顶与底、圆形、三角形、菱形、楔形和矩形等。例如，经典头肩顶意味着股票价格已经走到顶点，未来在很大程度上有下降的趋势；同时，经典头肩底意味着股票价格已经走到底端，未来在很大程度上有上升的趋势。

整理形态表示市场正逢盘整，价格在一定范围内波动，没有表现为明显向上或向下的趋势，整理后会沿着原方向继续前进。常见的整理形态有三角形、对称三角形、上升三角形、下降三角形、扩散三角形、菱形、旗形、楔形和矩形等。例如，矩形形态，股票价格在价格支撑位为矩形下边，价格阻力位为矩形上边，一段时间内价格都在这个范围内波动。

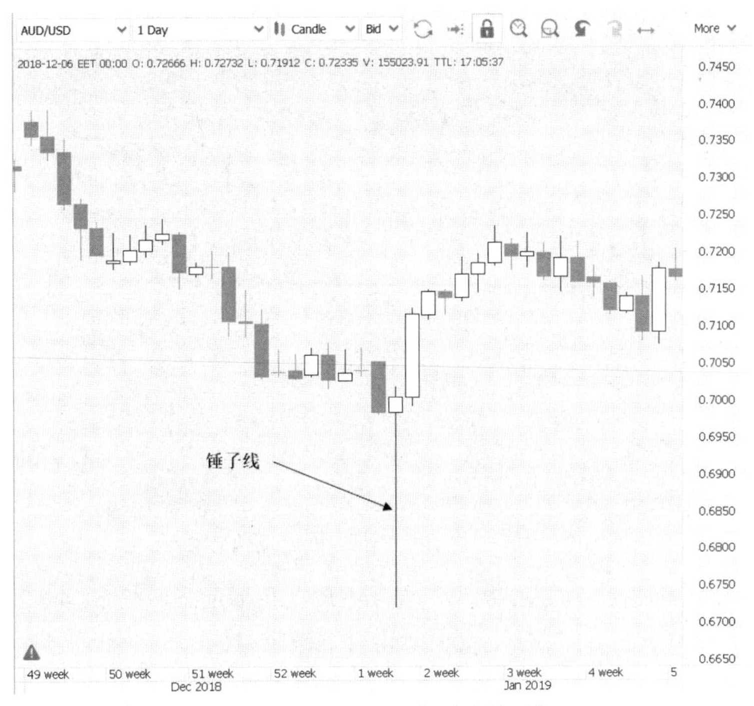

图 1-13　AUDUSD 货币对锤子线

双底（Double Bottoms）俗称 W 底。它是当价格在某时段内连续两次下跌至相约低点时，而形成的走势图形。当出现双底时，通常反映为向下移动的市况由熊市转为牛市。一旦形成双底图形，必须注意图形是否肯定穿破阻力线，若穿破阻力线，则示意有强烈的需求。成交量通常因回调而大幅增加。双底也可利用技术分析指标中的能量潮（On Balance Volume，OBV）作分析买卖强势之用。若价格穿破阻力线，则阻力线变为支撑线。

图 1-14 所示的 USDJPY 货币对，在 2017 年中期形成双底，而后一个大阳线突破阻力位，货币对盘整一段时间后快速向上，从 111 上升至 114。

上升三角形是由水平趋势线和上升趋势线构成的。一般认为是上升过程中经常出现的整理形态。这种形态整理时间较短，在快速上升的过程中经常出现形态，如 USDCAD 货币对周线图。可以看出，货币对存在两条趋势线，一条是水平趋势线，大致位于 1.36 水平；另一条处于上升趋势，其中，水平线和上升线是较多高点和低点的连线。两条趋势线合在一起，组成上升三角形形态。一般而言，上升三角形形态是一种持续形态，即保持原先的趋势，可以看出，在形成三角形形态之前，主要呈上升趋势，因此，随着三角形不断收缩，最后会选择一个方向突破，根据持续形态的特征，这里选择向上突破。

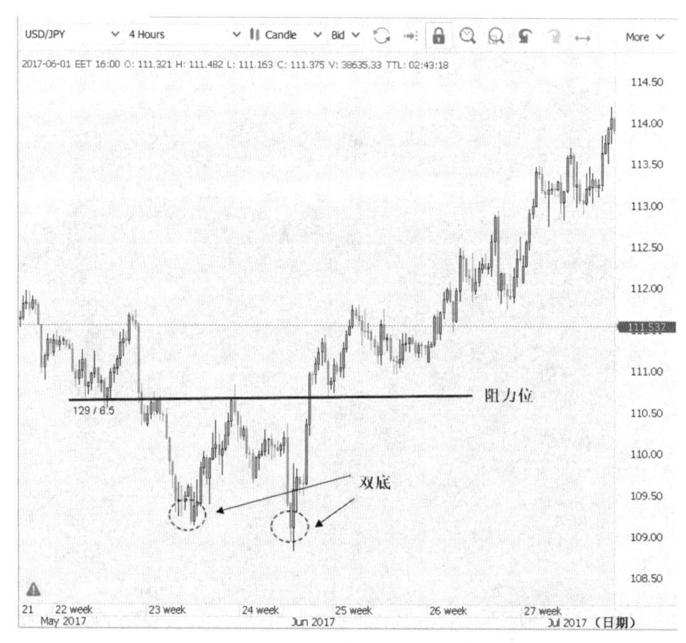

图 1-14　USDJPY 货币对双底反转形态

图 1-15 所示的是 USDCAD 货币对周线上升三角形形态，在 2014—2020 年年初形成了一个长时间的上升三角形，而后货币对突破阻力位，后期在较短时间内形成了较大的涨幅。

图 1-15　USDCAD 货币对周线上升三角形形态

所有这些形态内容都有相关书籍具体介绍，如《股市趋势技术分析》和《日本蜡烛图技术》等。笔者认为，只需要了解这些书籍的大致内容，并不必花大量的时间进行精读。原因有两点：第一，经典的、技术的精华内容早就有研究者进行了全面的总结，看总结能够节约时间并快速掌握核心内容；第二，完全精通上述形态并不代表股票投资就能获利，实际上，金融市场复杂多变，造成某种形态的原因非常复杂，市场未来并不会按照技术方法预测的方向走。简单的例子就是主力控制价格走势，故意做出一定的形态，欺骗个体投资者而达到获利的目的。投资过程中需要多方面考虑，才能生存下来。

1.2.4 技术面分析——统计指标

统计指标是指具体根据股票价格和成交量等历史信息建立起来的一系列指标（如 SMA、MACD、KDJ 等），根据这些指标和股价的关系，从而判断未来价格的走势。

以简单移动平均指标线（Simple Moving Average，SMA）为例，若收盘价一旦高于 10 日均线，则认为是买入信号，反之则认为是卖出信号；或者双 SMA 指标，SMA10 日线高于 SMA60 日线，则认为是买入信号，反之则认为是卖出信号。技术性指标大致分为趋势指标、波动指标、量能指标、量价指标、压力支撑指标和大盘指标六大类。这些指标具有不同的作用，如表 1-7 所示。

表 1-7 常见技术性分析指标[①]

指标类型	含 义	指 标 内 容
趋势指标	用于跟踪并预测股价的发展趋势，也称趋势跟踪类指标	移动平均线（MA）、平均线差（DMA）、指数平滑异同平均线（MACD）动力指标（动量线）（MTM）、趋向指标（DMI）、指数平滑移动平均线（EXPMA）、瀑布线（PBX）和宝塔线（TWR）等
波动指标	用于捕捉趋势的转折点，也称反趋势类指标	随机指标（KDJ）、乖离率（BIAS）、变动速率（ROC）、顺势指标（CCI）、威廉指标（W&R）、震荡量（变动速率）（OSC）、相对强弱指标（RSI）和动态买卖指标（ADTM）等
量能指标	通过成交量的大小和变化研判趋势变化	容量比率（VR）、量相对强弱（VRSI）、能量指标（CR）、量变动速率（VROC）、人气意愿指标（ARBR）和成交量标准差（VSTD）等
量价指标	通过成交量与股价变动关系分析未来趋势	震荡升降指标（ASI）、价量趋势（PVT）、能量潮（OBV）、量价趋势（VPT）、主力进出指标（ABV）和威廉变异离散量（WVAD）等
压力支撑指标	用于分析股价目前受到的压力和支撑	布林带（BOLL）、麦克指标（MIKE）、抛物转向（SAR）和薛斯通道（XS）等
大盘指标	通过涨跌家数研究大盘指数的走势	涨跌比率（ADR）、腾落指数（ADL）、绝对幅度指标（ABI）、广量冲力指标（BIT）、新三价率（TBR）和指数平滑广量（STIX）等
其他指标	…	AROON 等

① 以上分类没有绝对标准，如 MACD 指标可以多用，既可以当作趋势，也可以当作反转类指标。

上述指标并不是全部，只是众多指标中比较有代表性且非常经典的。实际投资过程中，可能还会使用其他指标，如 AROON 指标、Ichimoku 云指标和 John F. Ehlers 等提出的一系列指标。笔者认为，刚入门的读者只需要认真掌握并运用关键的几个指标，如 SMA 指标或 EMA 指标、MACD 指标和 BOLL 指标等，并且从统计的角度对这几个指标深入理解，同时在不同的市场环境下，理解这几个指标给出的参考价值。

总体而言，实际投资过程，往往是一个从有到无的过程。刚接触投资时，投资者会研究一系列指标，总是想办法把这些指标套到股票上，然而根据这些指标得到的买卖点并不一致，有时甚至是相互矛盾的，往往无所适从，犹豫后再做决定却错失良机，导致该买入时没有买入，不该卖出时又卖出了；另外，在投资过程中，亏损和盈利产生的心理效应导致买卖呈主观性，特别是亏损时，亏损一点能承受，亏损多一点，忍受不了割肉出来，谁知割肉点正是股价最低点。只有不断磨炼之后，投资者不再对指标及其固有用途过于执着，而是根据大盘走势、行业热点、基本面、量价和简单的指标对买卖点做出综合判断，并能坦然面对盈亏。

1.3　量化投资与自动化交易

1.3.1　理论起源与发展

很难想象，量化投资技术并非起源于华尔街，而是起源于学术象牙塔里的少数“怪才”。量化投资先驱是庞加莱（Henri Poincare）的得意门生，法国数学家路易斯•巴舍利尔（Louis Bachelier）。1900 年，他在巴黎大学的博士论文《投机的数学理论》（*Mathmatical Theory of Speculation*）中阐述了数学与金融学的逻辑联系，开始运用布朗运动（Brown Motion）关注股票和期货价格方差，也第一次给予布朗运动以严格的数学描述，但并没有引起学术界和投资界的关注。

1952 年，马科维茨发表了他的博士论文《投资组合选择》，并在《金融杂志》上发表题为《资产组合选择：投资的有效分散化》的论文，该论文最早给出风险和收益的精确定义，通过把收益和风险定义为均值与方差，通过均值与方差分析来确定最有效的证券组合，并在某些限定的约定条件下，确定并求解投资决策过程中资金在投资对象中的最优分配比例问题。该论文堪称现代金融理论史上的里程碑，标志着现代组合投资理论的开端，他也凭此论文获得 1990 年诺贝尔经济学奖。

1963 年 1 月，夏普在此基础上提出了“投资组合的简化模型”，一般称为“单一指数模型”。马科维茨模型费时 33 分钟的计算，简化模型只用 30 秒，并因此节省了计算机内存，可以处理相对前者 8 倍以上的标的证券。1964 年，夏普又发展出资本资产定价模型（Capital Asset Pricing Model，CAPM），这是他最重要的突破，该模型不仅可以作为预测风险和预期回报的工具，还可以衡量投资组合的绩效，以及衍生出在指数型基金、企业财务和企业投资、市场行为和资产评价等多领域的应用和理论创新。由于在金融领域的杰出贡献，他和马科维茨共同分享了 1990 年的诺贝尔经济学奖。

20 世纪 60 年代，投资实务研究的另一个具有重要影响的理论是萨缪尔森和法玛的有效市场假说，这个假说主要包括理性投资者、有效市场和随机游走三个方面，该假说的成立意味着在功能齐全、信息畅通的资本市场中，任何用历史价格及其他信息来预测证券价格的行为都是徒劳的。

1965 年，保罗·萨缪尔森把随机积分引入金融学的研究，他的得意弟子罗伯特·默顿在其影响下，于 1969 年开始，将连续随机积分和连续时间随机过程与金融学结合起来。1970 年，他提出了著名的“默顿模型”，被广泛应用于各种风险资产及金融衍生产品的定价工作，并为当今蓬勃发展的金融工程学奠定了基础。1973 年，他提出了多时间段资本资产定价模型，这个模型明确提出了投资者在不断变化的市场环境中，如何实现最佳投资组合的问题。默顿在资产组合领域的研究成果为现代金融理论做出了巨大贡献，指明了金融学术界的研究方向。

1976 年，罗斯在资本资产定价模型的基础上，提出“套利定价理论”（Arbitrage Price Theory，APT），提供了一个评估影响股价变化的多种经济因素的方法。布莱克和斯科尔斯提出了“期权定价理论”，莫顿则发明了“跨期的资本资产定价模型”。

20 世纪 70 年代，随着金融创新的不断发展，衍生品的定价成为理论研究的重点。1973 年，布莱克和斯科尔斯建立了期权定价模型，实现了金融理论的又一大突破，该模型迅速被应用于金融实践，使金融创新工具的品种和数量迅速增多，金融市场创新得到空前规模的发展，此后，罗斯建立了套利定价理论，在投资实务中，多因素定价模型可以看作 APT 理论最典型的代表。

20 世纪 90 年代，金融学家更加注重金融风险的管理。可以说，风险管理是 20 世纪 90 年代以来对金融机构管理的中心议题，在风险管理的诸多模型中，最著名的风险管理数据模型为风险价值（Value at Risk，VaR）模型，其中以 J.P.摩根的风险矩阵为主要代表，目前这种方法已被全球各主要银行、公司及金融监管机构所接受，并成为最重要的金融风险管理方法之一。

同时，在这一时期还形成了一种具有重要影响力的学术流派——行为金融学。有效市场理论在 20 世纪 70 年代的学术界达到其巅峰，是那个时期占统治地位的学术观点。但是进入 20 世纪 80 年代以后，股票市场一系列经验研究发现了与有效市场理论不相符合的异常现象，如日历效应、股权溢价之谜、期权微笑、封闭式基金折溢价之谜、小盘股效应等。面对这一系列金融市场的异常现象，一些学者开始从传统金融理论的最基本假设入手，放松关于投资者是完全理性的严格假设，吸收了心理学的研究成果，研究股票市场投资者行为、价格形成机制与价格表现斗争，取得了一系列有影响力的研究成果，形成了具有重要影响力的学术流派——行为金融学。

20 世纪末，非线性科学研究方法和理论在金融理论及其实践的运用中，极大地丰富了金融科学量化手段。无疑，这将开辟金融科学量化非线性的新范式的研究领域。

非线性科学的研究方法和理论，不仅在金融理论研究方面开辟了崭新的非线性范式的研究领域，而且在金融实践和金融经验上也硕果累累。其中最为著名的是桑塔菲研究所（The Santa Fe Institute）于 1991 年创立的预测公司，它是使用非线性技术最为著名的投资公司之一。其声名远扬，主要应归功于其创始人 Doyne Farmer 博士和 Norman Packard 博士。他们在系统地阐述李雅普洛夫指数对于混沌分类的重要性方面和重构相空间的延迟方面都有重要贡献，而且还使用一些不同的方法，如遗传算法、决策树、神经网络或其他非线性方法等建立模型。令人遗憾的是，根据专有合同，他们的技术属于瑞士银行集团。因此，他们的投资过程细节和业绩记录都是专有财产。

2004 年，伊曼纽尔•德曼在《宽客人生》（*My Life as A Quant*）中作为一个量化分析师而被非金融界人士熟知，同时把量化分析师简称为“宽客”（quant），此后“宽客”在量化投资界广为流传。

1.3.2 国内外发展概况

量化投资实践起源于 20 世纪 70 年代初期，巴克莱国际投资管理公司发布了世界上第一只被动管理的指数基金，后来被世人称作量化投资实践的鼻祖。

1973—1974 年，美国债券市场和股票市场全面崩盘，明星基金经理人销声匿迹，财富缩水堪比 20 世纪 30 年代大萧条。当时，颇有先见的投资顾问兼作家彼得•伯恩斯坦认为，必须采用更好的方法管理投资组合，并创办了《投资组合》（*Investment Portfolio*）杂志，出刊便获得成功。此后，随着 20 世纪 80 年代以来各类证券和期权类产品的丰富与交易量大增，量化投资光彩炫目，但也具有魔鬼般的力量。它时而风光无限，时而坠入深渊。

另外，随着金融投资技术首先被学者掌握，美国数量经济学教授巴尔•罗森伯格（Barr Rosenberg）于 1974 年成立了“地下室中的一人公司”——巴尔•罗森伯格联合公司（Barr Rosenberg Associates），他利用计算机分析大量的数据与资料，创建了投资组合业绩和风险管理模型，就是现在著名的 BARRA。1985 年，他和三位合作伙伴创立了 Rosenberg Institutional Equity Management（RIEM）公司，也就是后来著名的 AXA 罗森伯格。1990 年，AXA 罗森伯格突破了 100 亿美元的资产管理规模。公司主要依赖计算机管理股票投资组合。此后开发了多种量化分析模型，并创造出了著名的“综合阿尔法”模型。

20 世纪 80 年代以来，随着计算机与互联网等信息技术的飞速发展，各类证券和期权类产品不断丰富，金融交易量大幅增加，华尔街已发生翻天覆地的变化。传统的手工分析和交易模式已无法满足交易的要求，投资者别无选择，只能借助于计算机进行统计模型分析，导致使用计算机进行数理统计分析的量化投资方法开始逐渐被投资者接受。

量化投资最重要的里程碑就是基金经理人詹姆斯•哈里斯•西蒙斯（James Harris Simons）利用量化投资的方法，他在 20 年的时间里创造了年均回报率高达 60%的惊人神话，这个战绩将传统价值投资远远抛在了身后。西蒙斯的成功让广大量化投资者再一次燃起了希望。事实证明，量化投资方法的使用是需要不断深化和创造的，一成不变的量化模型和策略无法一直战胜市场，量化投资经理必须不断完善模型，只有创造更加严密、严谨的模型，才能战胜千变万化的市场。一次次的失败和金融危机，并没有击碎量化投资者的信心，反而更加锤炼了投资者的量化投资模型。在 2007 年的金融风暴中，有部分量化投资基金优化改进了投资模型，做到了及时止损，使广大投资者看到了量化投资的希望，从此，量化投资迎来了广阔的发展空间。

随着国内市场机制逐渐走向成熟，量化交易在国内也开始发展，目前已经初具规模。自 2008 年金融危机以来，随着华尔街华人宽客的回归，量化投资在股票市场成为热点，部分机构投资者开始尝试使用算法交易降低交易执行成本，并在 ETF（Exchange Traded Fund，交易所交易基金）、权证等产品上使用程序化交易进行套利。

自动化交易最早在国内证券市场起步，近两年也开始在期货市场被越来越多的投资者接受。特别是 2010 年 4 月中国沪深 300 股指期货的推出，为广大投资者提供了做空的投资手段。同时，各种软件供应商推出了期货自动化交易软件，为短线交易者提供了快捷的下单方式。此外，期货市场的自动化交易模型也正逐步由投资者编制自用，演变为由一定规模的投资咨询顾问组成的专业团队参与。据中国国际期货公司统计，2020 年，允许使用程序化交易的投资者已占该公司客户总数约为 10%。

然而，从 2012 年波士顿咨询机构艾特集团（Aite Group LLC）发布的统计结果来看，中国的程序化交易还处于起步阶段，程序化交易占全部交易比例不足 3%，远低于美国、英国和韩国。可见，在中国量化投资的理念并没有被国内更广大的投资者和机构投资者接受和认可。

量化投资的收益与 A 股行情存在较大的关系。在 2012 年 A 股市场“跌跌不休”的背景下，根据同花顺 iFind 的数据统计，虽然券商资管行业规模即将突破万亿元，但急剧膨胀的规模和业绩表现并不成正比。在 2012 年以前成立的 257 款老产品中，仅有 116 只产品取得正收益，占比 45.14%；2012 年以后成立的 138 款新产品，由于大部分成立时间较短，无法对其业绩做出评价，但一些上半年成立的产品净值已经出现大幅下跌，为投资者带来账面亏损。

尽管业绩不尽如人意，2012 年对于券商资管来说仍然是划时代的一年。特别是量化投资产品的推出，为中国对冲基金未来兴起向前迈出了重要的一步。在此背景下，国内量化投资基金也得到了较快的发展，主要包括光大量化基金、中海量化基金、上投摩根阿尔法、华商动态、富国沪深 300 增强、嘉实量化阿尔法基金、南方策略优化、长盛量化基金、友邦柏瑞量化、华富量子生命力基金、大摩华鑫多因子精选策略基金、申万菱信量化小盘基金。这 12 只量化投资基金在 2012 年的收益率超过 12%，超过主动管理型偏股基金收益率逾 4%。经过短短一年多的发展，量化投资基金已经崭露头角。

总体而言，量化投资最近一二十年在国内外呈指数发展态势。从起初 1970 年量化投资在国际市场的零占有比例，到 1998 年共有 21 只量化投资基金管理着 80 亿美元的资产，再到 2001 年约 200 只量化投资基金，其资产管理规模总额达 880 亿美元；截至 2008 年，量化投资基金的数量已经发展到 1 184 只，管理资金总额已超过 1 800 亿美元，7 年的时间，基金数量翻了 4 番，管理规模也扩大了 1 倍多。2020 年年末，我国管理的基金共 1 万多只，大多数都结合了统计和量化分析的方法。

1.3.3 量化投资类型与特征

量化投资是指结合数学、统计学和计算机等方法与技术，管理资产组合并进行投资的一种前沿的投资方法。量化投资在海外的发展已有 30 多年的历史，由于投资业绩稳定，市场规模和份额不断扩大，得到了越来越多机构和投资者的认可。如今，量化投资被金融机构和对冲基金广泛使用，这些交易规模庞大，涉及交易大额股票、期货和其他金融衍生品种。随着量化投资技术的流行，越来越多的专业化个体投资者也在利用量化投资进行获利。

量化投资依赖于自动化或半自动化方式进行交易。自动化交易主要是指基于数值计算和数据挖掘等方法，建立统计模型识别交易机会，从而通过计算机程序发出买卖指令，并获取以稳定收益为目的的交易方式。一般而言，自动化交易包括以下三种形式。

1. 程序化交易

程序化交易是指包含 15 只股票以上、成交额在 100 万美元以上的一篮子交易。[①]这种交易随着计算机的普及而出现。20 世纪 80 年代，程序化交易在标普 500 和期货市场上非常广泛。程序化交易的对象通常包括在纽约证券交易所上市的股票、在芝加哥期权交易所（Chicago Board Options Exchange，CBOE）和美国证券交易所（American Stock Exchange，AMEX）交易的与这些股票或股票价格指数相对应的期权，以及在芝加哥商业交易所（Chicago Mercantile Exchange，CME）交易的标普 500 股指期货合约等。这种交易方式完全基于投资品种（标的资产及相应的期货期权等衍生品）之间的相互定价关系。在交易执行方面，程序化交易从交易者的计算机下达指令直接进入市场的计算机系统并自动执行，主要被机构投资者用于大宗交易。

程序化软件是能够对设定的公式策略和价格进行自动跟踪，并按设定的条件进行自动下单交易的软件。

从简单的字面意思看，程序化交易意味着可以使用程序（program）进行交易。具体的交易时机、交易仓位、止损止盈获利标准可能包含在程序本身，也可能独立于程序之外，程序本身只是执行的方式。与程序化交易对应的是人工交易。一般使用程序化交易有几大优势，如较快的速度、脱离了人为情绪的影响、执行力有保证等。同时也应注意交易程序和交易系统的区别。交易系统是一个完整的系统，具体执行的程

① 根据纽约证券交易所（NYSE）的定义。

序可能只是其中的一部分。一个良好的交易系统应该还有风险控制、资金利用、仓位管理等方面的内容，而不仅仅是买卖信号的产生。

例如，市场上有 MultiCharts 平台、TradeStation 平台、文华财经、TB 交易开拓者等程序化交易软件。

2. 算法交易

算法交易是指使用计算机来确定订单最佳的执行路径、执行时间、执行价格及执行数量的交易方法。算法交易已在金融市场得到广泛运用，如养老基金、共同基金、对冲基金等机构投资者通常使用算法交易对大单指令进行分拆，寻找最佳路径和最有利的执行价格，以降低市场的冲击成本，提高执行效率和订单执行的隐蔽性。算法交易可运用于任何投资策略中，如做市、场内价差交易、套利及趋势跟随交易等。

当把大额订单提交到交易所时，冲击成本（Impact Cost）会使大订单的交易成本迅速提高，这时需要相应的算法分割订单，从而减少冲击成本。算法交易的作用主要体现在交易的执行方面，具体包括智能路由、降低冲击成本、提高执行效率、减少人力成本和增加投资组合收益等方面。国际市场上通常有三种主要类型的交易算法：一是时间表驱动算法，它遵循时间表，有固定的开始与结束时间，如交易量加权平均价格（Volume Weighted Average Price，VWAP）、交易时间加权平均价格（Time Weighted Average Price，TWAP）、比例成交（Percent of Volume，POV）等；二是动态市场驱动算法，它实时监控市场波动并做出反应，如执行落差（Implementation Shortfall，IS）、适应性差额（Adaptive Shortfall，AS）、收市（Market Close，MC）和基准价交易算法（Price Iline，PI）等；三是高自由度 Alpha 算法，如隐藏交易单（Hidden）等。

算法交易意味着你的交易决定是根据一条或多条算法（Algorithm）进行的，算法即投资者交易的基础（Trading Logic）。算法本身千差万别，难以一概而论，常见的有以均价为基准的 VWAP，通过固定时间间隔执行的 TWAP，趋势跟随的动量交易者（Momentum Trader）等。如果基于 MACD、RSI 指标产生的信号进行交易，也可以勉强称为算法交易。算法交易的执行可以是手工的，也可以是纯自动化的。如果利用交易程序来执行，就是程序化算法交易。现在大部分的算法交易都由程序化来实现。

3. 高频交易

高频交易（High Frequency Trading，HFT）是一类特殊的算法交易，它利用超级计算机以极快的速度处理市场上最新出现的快速传递的信息流（包括行情信息、公布经济数据和政策信息发布等），基于此进行短时快速交易。其中，高频交易市场份额有逐渐增大的趋势，图 1-16 为 2005—2016 年美国市场高频交易的市场份额占比。

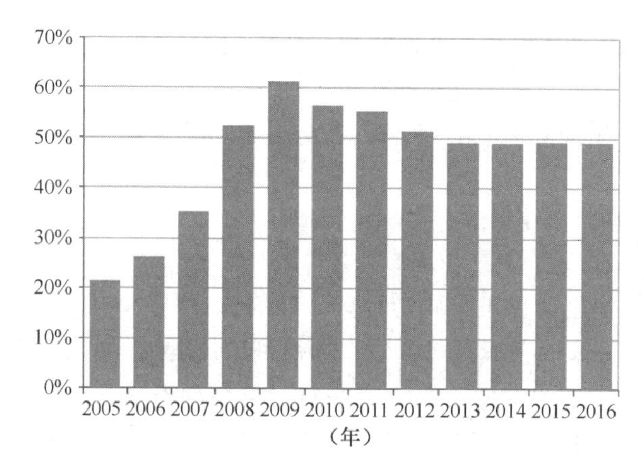

图 1-16　2005—2016 年美国市场高频交易的市场份额占比[①]

高频交易意味着每次交易从开仓到平仓只有很短的时间间隔，一般从几微秒到十几分钟不等，主要目的是通过市场短暂的价格波动获利。无论是趋势追随交易还是套利交易，只要速度达到了都可以被称为高频交易。人工达到高频交易的标准很难，所以一般都是通过程序化交易：设置好算法策略之后由下单软件执行。为了达到有竞争力的速度，还需要软硬件共同配合。现在，高频交易占美国市场电子交易的 60%～70%。这是一个赢者的游戏，所以到最后大家都在比拼硬件设施、比拼服务商提供的数据中心服务，以获得几微秒的优势。

程序化交易、算法交易和高频交易三者并不是完全独立的，它们之间的关系如图 1-17 所示。

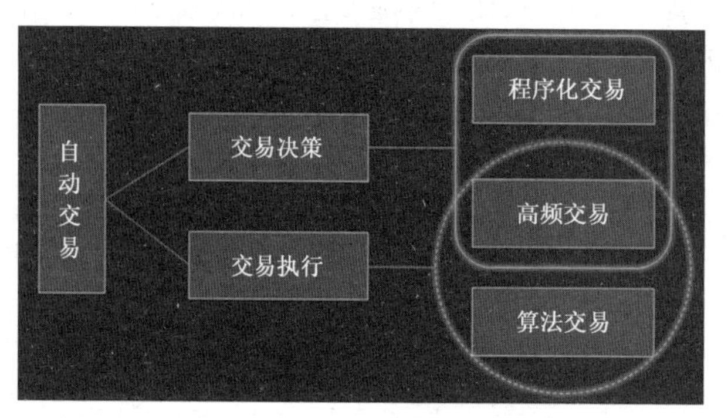

图 1-17　程序化交易、算法交易和高频交易的关系

1.3.4　量化投资方法

量化投资涉及很多数学和计算机方面的知识与技术，总体来说，主要有人工智能方法、数据挖掘方法、小波分析和分形理论等。

---

① 数据来源：塔布集团（TABB Group）官网。

1. 人工智能方法

人工智能是研究使用计算机来模拟人的某些思维过程和智能行为的学科，主要包括计算机实现智能的原理，制造类似于人脑智能的计算机，使计算机能实现更高层次的应用。人工智能将涉足计算机科学、心理学、哲学和语言学等学科，可以说几乎是自然科学和社会科学的所有学科，其范围已远远超出了计算机科学的范畴，人工智能与思维科学的关系是实践和理论的关系，人工智能处于思维科学的技术应用层次，是它的一个应用分支。

从思维观点看，人工智能不仅限于逻辑思维，还要考虑形象思维及灵感思维，才能促进人工智能的突破性发展，数学常被认为是多种学科的基础学科，因此，人工智能学科也必须借用数学工具。数学不仅在标准逻辑、模糊数学等范围发挥作用，进入人工智能学科也能促进其得到更快的发展。

金融投资是一项复杂的、综合了各种知识和技术的学科，对智能的要求非常高。因此，人工智能的很多技术可以应用于量化投资分析中，包括专家系统、机器学习和遗传算法等。特别是近年来，人工神经网络的深度神经网络不断发展，玻耳兹曼机和循环神经网络等方法在金融中的应用，能够用于金融中的图像识别和交易信号的判别。

2. 数据挖掘方法

数据挖掘是从大量、不完全、有噪声、模糊、随机的数据中提取隐含在其中的、人们事先不知道的，但又是潜在有价值的信息和知识的过程。

与数据挖掘相近的同义词有数据融合、数据分析和决策支持等。在量化投资中，数据挖掘的主要技术包括关联分析、分类/预测、聚类等。

关联分析是研究由两个或两个以上变量的取值之间存在某种规律性的方法。例如，研究股票的某些因子发生变化后，对未来一段时间股价之间的关系。关联分为简单关联、时序关联和因果关联。关联分析的目的是找出数据库中隐藏的关联网。一般用支持度和可信度两个值来度量关联规则相关性，还不断引入兴趣度、相关性等参数，使所挖掘的规则更符合需求。

分类是找出一个类别的概念描述，它代表这类数据的整体信息及内涵描述，并用这种描述来构造模型，一般用规则或决策树模型表示。分类是利用训练数据集通过一定的算法而获得分类规则，可用于规则描述和预测。

预测即利用历史数据找出变化规律，建立模型，并由此模型对未来数据的种类及特征进行预测。预测关心的是精度和不确定性，通常用预测方差来度量。

聚类即利用数据的相似性判断数据的聚合程度，使同一个类别中的数据尽可能相似，不同类别的数据尽可能不同。

3. 小波分析

小波就是小的波形，所谓“小”是指它具有衰减性，而“波”则指它的波动性，其振幅是正负相间的振荡形式。与傅里叶变换相比，小波变换是时间频率的局部化分析，它通过伸缩平移运算对信号逐步进行多制度细化，最终达到高频处时间细分，低频处频率细分，能自动适应时频信号分析的要求，从而可聚焦到信号的任意细节，解决了傅里叶变换的困难问题，成为继傅里叶变换以来在科学方法上的重大突破，因此有人把小波变换称为“数学显微镜”。

小波分析在量化投资中的主要作用是进行波形处理。任何投资品种的走势都可以看作一种波形，其中包含很多噪声信号。利用小波分析，可以进行波形的去噪、重构、诊断、识别等，从而实现对未来走势的判断。

4. 分形理论

分形理论是现代数学的一个新分支，但其本质却是一种新的世界观和方法论。它与动力系统的混沌理论交叉结合，相辅相成。理论认为世界的局部可能在一定条件下，在某一方面表现出与整体的相似性；同时认为空间维数的变化既可以是离散的，也可以是连续的，因而极大地拓宽了研究视野。自相似原则和迭代生成原则是分形理论的重要原则，它表示分形在通常的几何变换下具有不变性，即标度无关性，形体中的自相似性可以是完全相同的，也可以是统计意义上的相似，迭代生成原则是指可以从局部的分形通过某种递归方法生成更大的整体图形。

分形理论既是非线性科学的前沿和重要分支，又是一门新兴的横断学科。作为一种方法论和认识论，其启示是多方面的：一是分形整体与局部形态的相似性，启发人们通过认识部分来认识整体，从有限中认识无限；二是分形揭示了介于整体与部分、有序与无序、复杂与简单之间的新形态、新秩序；三是分形从特定层面揭示了世界普遍联系和统一的图景。由于这些特征，使分形理论在量化投资中得到了广泛的应用，主要可用于金融时序数列的分解和重构，并且在此基础上进行数列的预测。

以上方法是量化投资领域较前沿的方法，在研究和应用的过程中，可结合大数据，如利用网络爬虫和自然语言处理方法，对网络中某一只股票的评论和观点进行归纳总结，从而得出投资判断。

1.3.5 量化投资应用领域

量化投资技术几乎覆盖了投资决策的全过程，具体包括量化选股、量化择时、算法交易和统计套利等。

1. 量化选股

量化选股是采用统计和计量模型等方法判断某个股票是否值得买入的行为。例如，常见的量化选股方法有多因子选股方法，具体而言，利用市场因子、宏观因子、技术因子和盈利因子等指标，构建多因子模型，将因子得分排名在前列的股票放入股票池；若不满足条件，则从股票池中剔除。

当然，现在前沿的量化选股会结合人工神经网络、深度学习等数据挖掘方法对股票进行筛选，从而达到获利的目的。

2. 量化择时

量化择时是指针对某种金融投资品种选择合理的时机进行交易，从而获取利润。例如，根据股价阶段性波动的特征，利用 SMA 指标线，当收盘价超过 SMA 时，买入某只股票；当收盘价低于 SMA 时，卖出股票，从而通过选择不同的时机获利。

3. 算法交易

算法交易是指通过程序发出的指令进行交易的方法。投资者利用算法交易将订单拆成若干小单以减少冲击成本，提高盈利率。同时，算法交易可以达到交易者隐蔽交易、避免把交易目标、交易量暴露给竞争者的目的。国际上常用的算法交易包括以成交量加权平均价格和按时间加权平均价格成交两种方式。前者主要是指交易者的交易量提交比例要与市场成交比例尽可能吻合，在最小化对市场冲击的同时，获得市场成交均价。后者是根据特定的时间间隔，在每个时间点上平均下单的算法。在国际资本市场中，一般是大型投行的大宗经纪部门（Primary Brokerage）对基金公司及投行内部的自营等部门提供算法交易的服务，并根据交易量进行收费。这也是大型投行最主要的盈利方式之一。

4. 统计套利

统计套利是在对历史数据进行统计分析的基础之上，利用统计方法同时选择两种或以上金融品种进行交易，一般在买入某金融产品的同时，卖出另一金融产品。统计套利在方法上可以分为两类：一类是利用股票的收益率序列建模，目标是在组合的贝塔（beta）值等于零的前提下实现阿尔法（alpha）收益，称为 beta 中性策略；另一类是利用股票价格序列的协整关系建模，这种策略不仅可以用在股票市场，还可以用在期货、期权和外汇市场，同时还可以跨市场产品之间进行套利。

其中，期权套利交易是指同时买进和卖出同一相关期货，但敲定不同价格或到期月份的看涨（看跌）期权合约，希望在日后对冲交易部位或履约时获利的交易，在一定程度上可以认为是统计套利在期权产品中的应用。期权套利的交易策略和方式多种多样，是多种相关期权交易的组合，具体包括水平套利、垂直套利、转换套利、反向转换套利、跨市套利、蝶式套利和飞鹰式套利等。

一般而言，对于不同的量化投资者，实践过程中要求的能力存在差异。其中，对于将要进入机构的量化投资者，可以更多专注于量化选股、统计套利和大规模交易单对市场造成的冲击，掌握多因子选股和机器学习方法选股，并且重点学习机构大规模交易单的拆单方法。

对于即将走向个体化的专业投资者，也就是自由职业者，由于成交量比较小，对市场的冲击非常小，没必要学习拆单方法。由于投资的市场不同，对量化交易的要求也存在差异。如果是国内的股票和期货市场进行量化交易，重点关注量化选股和技术性投资方法的量化实现，如 MultiCharts 和 TradeStation 交易软件，这些软件在 C#语言基础上封装了简单的函数、指标和信号，通过这些公式能够进行系统性编程和自动化交易。如果读者想了解更高级的平台，建议直接与国际接轨，关注国外市场，直接接触前沿的交易软件，并基于此进行编程，这也是中国金融市场不断开放的背景下，迟早都要接触的内容。

1.4 量化投资工具

1.4.1 量化两阶段与影响因素

1. 量化两阶段

量化投资是一个系统性工程，一般包括回测（backtest）和实盘交易两个阶段。

第一阶段：回测。回测是基于历史相关数据，测试交易策略有效性的过程。具体根据历史数据结果表现出来的风险和收益等统计指标，验证策略的历史绩效和稳健性，从而判断策略在未来的可行性，类似于统计中的拟合。如果结果达到可以接受的标准，那么就可以认为此策略在未来表现良好的概率比较大；如果策略表现欠佳，那么就需要进一步完善、修改和优化，使策略达到相应的标准。

如今金融市场上计算机自动化交易已经非常普遍，回测已经成为自动化交易系统中的一个基本模块。大量的量化分析软件都具备了回测的功能。例如，MultiCharts、TradeStation 和 TWS 包括基于 K 线和分笔线的历史回测功能，可以模拟历史真实交易情形，外汇平台 JForex（杜高斯贝）和 MT4/MT5 都包含历史回测功能，用于测试不同策略的有效性。

第二阶段：实盘交易。实践是检验真理的唯一标准。实盘交易就是具体运用回测较好的策略，用真实的资金测试策略稳定性和收益状况，并从中获取稳定收益。

一般而言，好的回测并不代表实盘就能盈利，事实上，实盘盈利统计结果会与回测的结果存在差异，甚至往往会出现亏损，正如伟大的统计学家克来默•劳（C.R.Rao）所说的，未来是不可预测的，不管人们掌握多少信息，都不可能存在能做出正确决策的系统方法。

2000—2011 年 ALTVI 策略具有超额回报率，如图 1-18 所示，ALTVI 是一个阿尔法策略，在 2011 年构建，回测时间从 2000 年开始，具体由期货、商品、利率和外汇等 24 种不同产品构成。从图 1-18 中看出，这个组合策略大致有 7.2%的年度收益率，而此期间，SPX 指数（Standard & Poor Index，标准普尔指数）并没有发生根本性的改变。即便在比较糟糕的 2007—2008 年，SPX 指数收缩为近高位的一半，策略组合表现仍比较好。那是不是意味着此组合策略在未来的收益率也会非常漂亮？

图 1-18　2000—2011 年 ALTVI 策略具有超额回报率

事实并非如此。从图 1-19 可以看出，2012 年以后 ALTVI 的策略表现，这个策略组合出现大幅回撤，从 225%下降到 175%。

图 1-19　2012 年之后 ALTVI 的策略表现

正因如此，笔者建议在量化投资过程中，不管回测结果如何，在实盘初始阶段一定要切记，小资金尝试，在对策略的稳定性和盈利性进行考察的同时，可锻炼自己对市场的判断能力，并积累量化交易经验。因为策略在未来的有效性，与自己对趋势的判断存在很大关系。如果不考虑任何条件，盲目运用量化策略，那么结果可能并不理想。

2. 影响实盘盈利的因素

1）低估幸存者偏差

幸存者偏差（Survivorship Bias）也称生存者偏差或存活者偏差。例如，上证指数每隔一段时间会调整相应的成分股，淘汰绩效相对较差的成分股，上证综指这种成分股经常变化，从而导致幸存者偏差。

以美国标准普尔 500 指数（Standard & Poor’s 500 Index，SPX 500）指数为例，SPX 指数每隔一定周期会对成分股票进行调整，剔除代表性不高的，或者退市的股票，而选择当期有代表性的股票，因此，原来的成分股与现在的成分股发生变化，这种调整会导致幸存者偏差。

图 1-20 中，SPX 指数固定成分股与变化成分股的 SPX 收益表现，其中上面那条线是以 2014 年 9 月的成分股计算的收益率，可以看出，SPX 的指数收益率达到 400%以上；而实际的 SPX 指数（变化成分股）的收益率连 100%都不到。

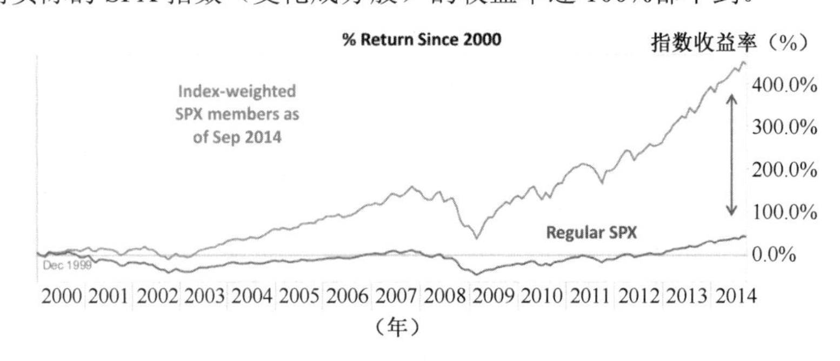

图 1-20　2000—2014 年 SPX 指数固定成分股与变化成分股的 SPX 收益表现

2）混淆相关与因果关系

研究者容易把现象间存在共同或反向相关关系，误认为存在因果关系，而忽略了内在机制。例如，在图 1-21 所示的案例中，运用基金流预测未来市场的表现，最简单的思路是：经理人获得资金流，然后投资，所以市场价格上升了。这种因果关系比较简单，看起来也好像没有问题，但事实是否如此？

图 1-21 是 MSCI 的全球市场指数（All Country World Index，ACWI）[①]与现在和未来季度市场资金流的拟合优度（R^2），其中，图 1-21（a）表示资金流与未来价格的拟合优度只有 0.0002，即统计意义上拒绝资金流是价格变动的原因；图 1-21（b）表示当前资金流与当前价格的拟合优度只有 0.26，解释度也不是非常强。

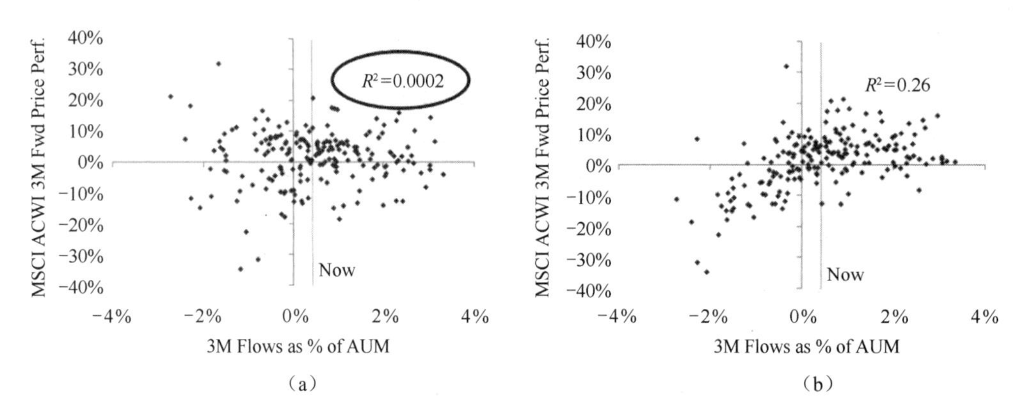

图 1-21　MSCI 的全球市场指数与现在和未来季度市场资金流的拟合优度（R^2）相关性与拟合优度

上述相关关系是否存在因果，与如图 1-22 所示的漫画内容相似。

① 测度全球证券市场表现的经自由流通市值调整的指数，截至 2017 年 6 月，该指数由 23 个发达国家及 24 个新兴市场国家（地区）组成。

图 1-22 相关与因果漫画

3）对异常值处理不当

不恰当地剔除具有代表性的异常值，或者不恰当地保留没有代表性的异常值，如大涨或大跌时的表现，都会导致对异常值处理不当的问题。

4）过度拟合问题

简单地说，为得到最优的样本拟合结果而使模型变得非常复杂，导致模型对未来的预测精度降低，这种现象称为过度拟合。例如，在实际过程中，利用机器算法对银行贷款识别进行处理，就构造了一个高精度分类器，能够 100%正确分类样本数据，也正是高精度对样本的分类，导致算法参数过多，规则太严格，从而对新的样本判别出现错误。

图 1-23 所示的简单均线策略，仅仅利用周数据进行分析，具体选择均线交叉，当移动平均线 MA（1）>MA（2）时买入，这种策略已经不能再简单，事实证明，与指数绩效相比，超额收益率达到 600%。

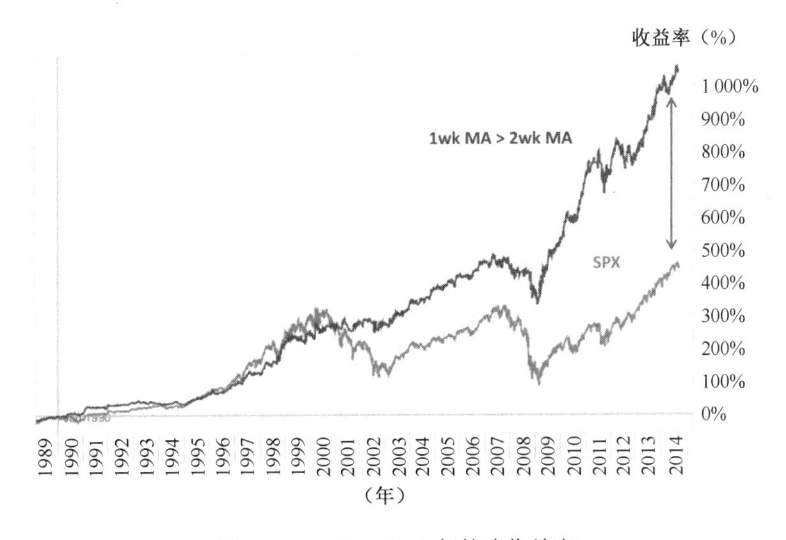

图 1-23 1989—2014 年策略收益率

5）未来函数问题

在策略构建的过程中，用到未来的数据，这样会使策略表现结果很好，但实盘中往往出现亏损。例如，利用 SMA 与收盘价的关系构建简单策略，当收盘价大于 SMA 均线时买入，反之则卖出，在实际交易时，不可能在刚好收盘时就执行交易，而只能等到第二天开盘时进行交易，若利用当日收盘价产生信号，则称为未来函数问题。避免未来函数问题的有效方法是借鉴别人的策略框架，否则自己搭建策略需要一个长期的测试过程。

未来函数的杀伤力在于，它会出现得不知不觉。正如一位著名的分析师所言："在熊市末期积极建仓，在牛市末期卖出股票。"看起来非常有道理，问题是熊市与牛市只有回头看才知道。又如，做量化投资时，对曲线的平滑、整体模型的估计、统计特征的提取等，都应该注意未来函数的出现。要控制它的出现，唯一要做的就是小心，因为逻辑中的错误比"算错了"更难检查出来。一般的经验是，在编制测试流程时严格按照时间顺序进行，只要是样本内的计算就强迫自己彻底屏蔽样本外的数据。

6）真实交易环境限制

在真实交易环境下，与模拟交易相比存在滑点、佣金和短时大幅波动等问题。滑点在实盘交易过程中会经常遇到，如挂单为 6 元，但在实际交易过程中可能是 6.05 元才能成交。这称为滑点问题，滑点可能会吞噬策略所有的利润。短时大幅波动也称为闪烁信号的问题，这种闪烁信号的时间非常短，当你买入但还来不及卖出时，价格又返回到原来的水平。

佣金也是影响交易的重要因素。在模拟环境中，一般是无佣金的模式，可以不计交易成本，所以频繁的小规模收益积少成多，但在实盘投资中，考虑到佣金因素，在模拟环境中，好的策略在实盘中可能表现并不好，甚至收益为负。

3. 回测基本原则

一般而言，只有正确运用回测，合理避免上面陈述的问题，才能真正对实盘交易有所帮助。回测的基本原则如下。

第一，回测的时间段应该足够长，能够包括上涨趋势、下降趋势和盘整各个阶段。"站在风口上，猪都会飞"，在趋势行情下，盘整策略会亏；在盘整行情下，趋势策略会亏。

第二，回测中的交易次数非常关键。如果在较长的回测区间内，交易次数太少，那么统计结果可能不显著；相反，如果交易次数过多，则导致某个趋势或盘整过程中盈利次数过多而掩盖了其他时间段的亏损，这种方式也可能做出错误的结论。

以上更多的是从工程师角度出发的，即选择参数不断进行回测，从中选择最好的结果。笔者更愿意从统计的角度出发，即具体研究某只金融品种的统计特征。合理计算长期以来行情处于震荡的次数，处于趋势的次数等特征。一般而言，震荡次数大于趋势次数，则采用震荡行情的相关策略，反之采用趋势行情的相关策略。然后在此基础上加上一定的止损方法，策略应该会有比较好的表现。

1.4.2 回测工具及选择

在回测分析中，讨论最多的就是 Python、R 语言和 MATLAB。虽然很多交易平台集成了回测功能，但整体上统计模型的选择存在很大的不便利性。在实际投资过程中，更常见的是把回测工具和实盘工具分离处理。下面简单介绍三种语言及其在量化投资方面的优劣。

1. Python

Python 是一种面向对象的解释型计算机程序设计语言，能够快速有效地与其他系统进行整合，也称为胶水语言，可用于 Web 开发、支持简单的 GUI 开发，同时也是很多操作系统（如 Linux 和 Mac OS X）中的标准系统组件。由荷兰人 Guido van Rossum 于 1989 年发明，并于 1991 年公开发行，其源代码和解释器 CPython 遵循 GPL 协议（GNU General Public License），是自由免费的软件。

由于其标准库功能有限，Python 社区提供了大量的第三方模块，其使用方式与标准库类似。其功能覆盖科学计算、Web 开发、数据库接口、图形系统等多个领域。常见的第三方库有 Web 框架（Django、Flask 和 Tornado 等），用于量化分析的库有图形库（Matplotlib），数据分析建模和可视化库（Pandas），以及科学计算扩展库（Numpy）等。

Python 在所有编程语言中占据非常重要的地位，图 1-24 所示为 2022 年电气与电子工程师协会（Institute of Electrical and Electronics Engineers，IEEE）对所有编程语言综合排名前十位的软件，Python 位居第一，也是连续 6 年稳居排行榜首位。

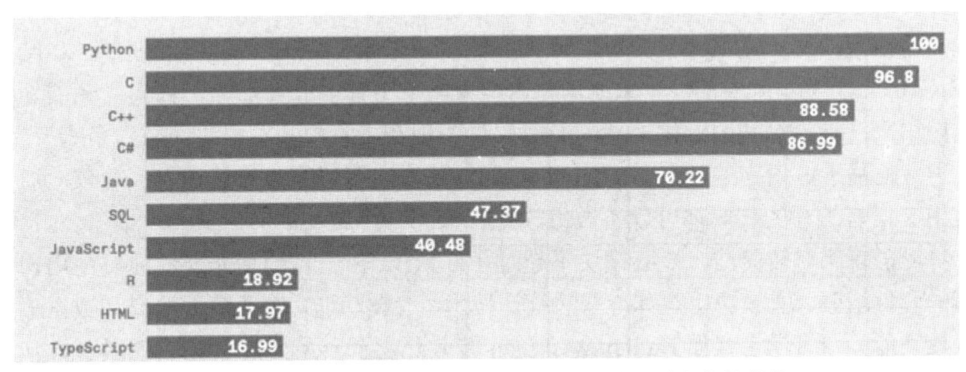

图 1-24　2022 年 IEEE 对编程语言的综合排名前十位的软件

需要指出的是，Python 并不是为统计而生的，因此，不论是做一些简单的统计分析还是复杂的统计分析，一开始就得加载相应的工具包（在 Python 里面称为库），如 Numpy 和 Pandas 等库。同样，R 语言自带的一些数据库，如 iris 数据集等，在 Python 领域中都需要加载库才能得到。

总体而言，因为 Python 强大的生态链，特别是有些 R 语言的使用者也渐渐转移到了 Python 领域，所以 Python 的生态链越来越完善，能够做的统计方面的工作也越来越多。

另一个比较著名的排名是 TIOBE（The Importance of Being Earnest）编程语言排

行榜。TIOBE 公司成立于 2000 年 10 月 1 日，由瑞士的 Synspace 公司和一些独立的投资人创建并进行维护，这个指数将程序设计语言以排名列表的形式提供，并且每月更新一次，用来表示程序设计语言的流行度。TIOBE 指数的评估是通过统计该编程语言在主流搜索引擎上被搜索的次数来计算的。搜索包括在搜索引擎、新闻组及博客上的搜索等，主流搜索引擎由网站上的排名来决定。

图 1-25 为各种语言在 TIOBE 指数上的排名，可以看出 Python 也稳居排行榜首位。

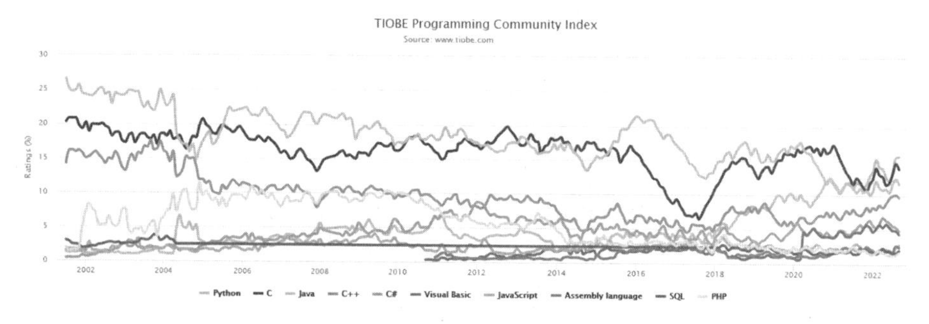

图 1-25　2002—2022 年各种语言在 TIOBE 指数上的应用趋势[①]

2. R 语言

R 语言是一种自由软件编程语言与操作环境，主要用于统计分析、绘图、数据挖掘，是由新西兰奥克兰大学的罗伯特•杰特曼（Robert Gentleman）和罗斯•伊哈卡（Ross Ihaka）为主开发的一个系统，并以两人的名字首字母 R 命名，称为 R 语言，是一门用来统计计算和图形化处理的专业软件。现在由“R 开发核心团队”负责开发。R 语言是基于 S 语言的一个 GNU 计划项目，所以也可以当作 S 语言的一种实现，通常用 S 语言编写的代码都可以不做修改地在 R 环境下运行。

R 语言相对较简洁，核心模块不超过 100 MB，R 语言的功能能够通过由用户撰写的套件增强。增加的功能有特殊的统计技术、绘图功能，以及编程接口和数据输出输入功能。众多学者（如 Hadley Wickman 等）开发了一系列的 R 语言工具包，从而方便使用。

3. MATLAB

MATLAB 是美国 MathWorks 公司出品的商业软件，是一种用于算法开发、数据可视化、数据分析及数值计算的高级技术计算语言和交互式环境。除了矩阵运算、绘制函数数据图像等常用功能，MATLAB 还可以用来创建用户界面及调用其他语言（包括 C、C++、Java、Python 和 FORTRAN）编写的程序。

尽管 MATLAB 主要用于数值运算，但利用为数众多的附加工具箱（Toolbox），

① 资料来源于 TIOBE 网。

它也适合不同领域的应用，如控制系统设计与分析、图像处理、信号处理与通信、金融建模和分析等。另外还有一个配套软件包 Simulink，提供了一个可视化开发环境，常用于系统模拟、动态嵌入式系统开发等方面。

对于投资者个人而言，使用哪种语言并不重要，重要的是真正利用了每种语言的特性，做了它们最适合做的事情。

总体而言，三种语言在一定程度上都具有可替代性，重要的区别在于，MATLAB 用于科学计算；Python 用于与其他语言交互；R 语言用于统计分析和图形化显示。关于各种语言的主要功能，网络上都有大量的资料介绍，此处主要从量化投资的角度来分析三种语言及其特征。

需要指出的是，上述软件只是构建策略利用历史数据进行回测，回测与真实盘肯定有差异，如佣金、滑点和持续数据流问题，对应的策略到实盘去运行会产生误差。但 Python 有一个优势，就是能实现实盘的自动化。不过考虑到在真正实盘的过程中，软件平台和运行速度等各方面原因，Python 并不是首选，要完全量化及其自动化，只有更多地依赖 Java 和 C++等语言，才能解放劳动力，在量化投资中走得更远。

据统计，个体量化投资人群中，更多的是工程（计算机）出身，统计出身占比较少。

1.4.3 实盘工具及选择

对于股票、期货和外汇，不同的金融品种，实盘交易软件存在差异，比较知名的量化实盘交易软件都来自国外，如 IBrokers、JForex、MultiCharts、MetaTrader、TradeStation 和 MT4（MT5）等。其中，IBrokers 能够进行境外所有发达市场的金融品种操作，包括外汇、期货和股票，国内沪股通的股票也可以在此软件上交易。JForex 是瑞士杜高斯贝银行（Dukascopy Bank）独有的外汇交易平台，支持外汇交易，MultiCharts 也支持外汇交易。MetaTrader 支持外汇、外盘期货和股票交易等。毫无疑问，这些都是国外知名的交易软件。国内的交易软件有交易开拓者、文华财经、易盛和金字塔等，国内也引进了 MultiCharts 和 TradeStation 平台。

下面就股票、期货和外汇不同品种交易平台进行简单的描述。

1. 股票实盘量化交易平台

股票量化实盘工具，现有 API 类和平台类等。例如，API 类有万得 IWind 和 vnpy 等，平台集成形式为掘金量化和天勤量化等，但笔者试用后都觉得不满意，主要原因如下。

第一，股票相对期货和外汇而言，操作频率较低，可以放半年甚至一年不动，最多也只是 T+0 的方式，不需要在日内频繁交易。实际过程中，只需要用 R 语言或 Python 获取数据并进行回测，选择合适的股票和合适的时机，大致在某个时间段交易相应股票即可。

第二，国内量化交易软件还处于起步阶段，总体不是很成熟。要么软件界面美观度不够高，要么功能上的可选择性不多，要么按键式操作，要么可以编程但局限性较大，软件功能的完善还有一大段路要走。

第三，国内量化市场没有完全开放。在国内量化市场开放后，国外成熟的量化软件会进入国内市场进行竞争，国内肯定有一大批软件会被淘汰，重新去学习和接受新的软件，机会成本很高。

总体而言，国内量化交易平台的接口不友好，且平台对应的方法和模型相对比较简单，在实际投资过程中，更多的是只利用平台下载数据，导入相应回测软件进行分析后，在开户券商的交易平台手动交易即可。

如果想为长期交易做准备，笔者觉得首选国外的软件（如 IBrokers 和 JForex 等），等待这些软件进入国内股票和期货市场。其次可以选择 TradeStation 和 MultiCharts，整个框架及其扩展性让人放心，且编程的易语言（Easy Language）容易上手，以后应该会是主流的量化交易软件之一。

2. 国内期货实盘量化平台

对期货实盘交易平台来说，由于国内量化交易受到限制，国外的交易平台也是无法进入的，国内的交易软件有金之塔、文华财经（包括 wh8、wh9 等平台）和开拓者等。还有从国外引进的 MultiCharts 平台。笔者认为 MultiCharts 平台是国内期货量化投资者首选的平台，原因如下。

（1）MultiCharts 平台是 TradeStation 团队为解决投资组合相关问题，基于 TradeStation 平台的基础上于 2005 年开发的，现由艾扬公司从国外引进，使用近 20 年，平台已经非常成熟，这是国内任何量化平台无法比拟的。

（2）费用相对低。对普通投资者而言，平台采用的是交易所费用加 20%的方式，而国内的其他平台都是按年费（根据需求不同）的形式收取，毫无疑问，这对普通投资者具有极大的吸引力。

（3）平台编程语言为 Power Language，是基于 C#语言封装后的结果，编程相对简单，方便没有编程基础的投资者，国内很多平台（如文华财经、通达信）的编程语言都借鉴了这种封装模式形成了新的编程语言。

当然，MultiCharts 平台的不足之处就是编程的灵活性较低，同时，高深的策略（如机器学习相关的策略）也无法实现。

3. 外汇及外盘实盘量化平台

比较著名且首选的外汇和外盘交易平台为盈透，其次为 JForex 和 MT4（MT5）。

1）盈透

盈透（Interactive Brokers Group，Inc.，IBrokers）是由董事长兼首席执行官的 Thomas Peterffy 创建的，总部设于 Greenwich Connecticut（美国康涅狄格州的格林尼治），公司在美国、瑞士、加拿大、中国、英国、澳大利亚、匈牙利、俄国、日本、印度、中国香港和爱沙尼亚等国家和地区共有 1 100 多名员工。盈透受美国证券交易监督委员会（U.S. Securities and Exchange Commission，SEC）、美国金融业监管局（The Financial Industry Regulatory Authority，FINRA）、纽约股票交易所（New York Stock Exchange，NYSE）、英国金融服务监管局（Financial Services Authority，FCA）和世界其他监管机构的监管。在全球 100 多个市场中心开展经纪、交易和自营交易业务。目前，盈透及其附属公司每天执行约 10 万宗交易。

盈透具有以下优势。

第一，盈透可以投资的市场非常广泛，可以做包括外汇市场在内的大部分市场的产品，这些电子交易产品包括全球范围内的股票、期权、期货、外汇、债券、差价合约和基金。由于国内市场没有放开，只有港股通的国内股票可以交易。

第二，高度程序化软件交易工作站（Trade WorkStation，TWS），其定位主要为程序化服务的软件，推出一系列的应用程序编程接口（Application Programming Interface，API），如 Java、C、MATLAB、Python 和 R 语言等。这些接口能方便不同语言爱好者与盈透 TWS 平台交互式连接，并实现自动化策略。正因如此，TWS 界面非常简单，图形化模式可能并不友好；反观国内交易软件都有超强的可视化功能，敢于不重视图形交易能力的软件估计也仅有此一家。

第三，点差和佣金低。盈透收费为 1 亿美元以下 0.2 %，最低 2 美元。主要货币的交易点差都在 1 %以下，对比一般的外汇交易平台的点差都要 3 %～4 %，更不用说银行的外汇买卖点差 300 %以上。对于股票佣金，例如美股市场，每股 0.005 美元，最高千分之五，最低 1.00 美元；港股的佣金为万分之八，最低 18 港币，10 万美元以下每月最低佣金 10 美元。

但对于个体投资者而言，盈透具有以下劣势。

第一，初始入金规模大，需要 10 000 美元，对于一个刚入市场的投资者来说，不建议大规模资金进入，毕竟入门交学费的概率远远大于赚钱的概率。资金量越多，亏损越大。慢慢积累经验再进行大规模投资比较合适。

第二，实盘语言需要重新学习，如 C++、Java 和 Python 等。对于一个计算机出身的投资者来说，学 Java、C++等语言可能容易得多，但不见得有优势，因为统计和策略设计方面的知识相对比较欠缺；对于一个统计出身的投资者来说，学习语言比较困难，但对数据的敏感性和策略的感觉会比计算机出身的投资者更有优势。

第三，不提供免费的量化模拟账户，只有免费的可视化平台 TWS。免费账户只有入金后才能申请。

第四，学习曲线比较陡峭。直接利用 Java 或 C 语言进行策略开发和测试，需要很扎实的计算机基本功，否则没有三五年搭建一个成熟框架，则不能根据自己的思路开发相应的策略。

2）JForex

正由于盈透存在上述缺陷，可以先选择瑞士杜高斯贝银行的外汇平台入门。杜高斯贝银行是 1998 年成立的，其交易软件为 JForex（Java Foreign Exchange），在银行成立后的第二年问世，经过 20 多年的发展，现在非常成熟稳定。JForex 外汇平台是全球范围内屈指可数的拥有银行牌照的专业外汇经纪商，是受瑞士金融市场监管局（FINMA）监管的瑞士金融机构，2010 年 6 月 7 日获得瑞士银行牌照，是全球唯一拥有银行牌照的电子自动撮合成交模式（Electronic Communications Network，ECN）外汇经纪商，客户投资资本受瑞士金融市场监督管理局监管和保护。

JForex 平台为自动交易平台，基于 Java 语言开发和测试交易策略，与此同时，平台提供跨平台界面自定义交易策略和编程代码。进一步综合技术分析工具，可以方便用户在图表跟踪交易仓位和进行交易。

JForex 平台是 Java 语言的量化投资者入门首选软件，其主要有以下特点。

第一，专业的 JForex 平台基于 Java 语言，通过此平台可以方便使用 Java 编程并对策略进行调试，策略模块本身自带标准化的程序模板，不需要自己搭建策略框架，同时可以基于模板进行自定义修改策略，且具有可视化的调试功能，从而使初学 Java 和量化投资的难度大幅度降低。

第二，只交易外汇，佣金和点差相对较低。虽然佣金和点差比盈透略高，但在所有其他外汇平台中，佣金和点差也算屈指可数得低。

第三，初始入金量能够接受，只需要 1 000 美元（欧洲平台只需要 100 美元即可），这是个体投资者能够承受的范围，同时可以不断申请免费的模拟账户进行回测，并基于 JForex 平台进行调试，这比盈透的 TWS 调试方便和直观得多。

第四，可靠。在外汇市场受到国家管制的条件下，少数不良企业或组织私下搭建假平台，吸引刚入门的外汇投资者，从而导致一些投资者蒙受损失。JForex 平台为瑞士杜高斯贝银行提供的交易服务平台可靠性非常高。

在实际操作过程中，很多投资者往往使用 JForex 平台进行策略开发和调试，并使用小资金不断测试策略的稳定性，当策略成熟后，再基于盈透平台进行大规模交易。

1.4.4 绩效评价常见指标

1. 贝塔值

贝塔值（也称为 β 系数，beta Coefficient）是量度投资系统风险的指标。所谓系统风险，是指股票投资中没有办法通过分散投资来降低的风险，即由整体经济状况和整体市场因素造成的风险（如利率变动、战争等），与个别公司没有直接的关系。与之相对的是非系统风险，即由个股的个别因素（如会计丑闻、业绩涨跌）所造成的风险，非系统风险是可以通过分散投资来消除的。金融学运用了贝塔系数来计算在一只股票上投资者可期望的合理风险回报率，即

$$E(r_i) = r_f + \beta_{im}[E(r_m) - r_f]$$

其中，$E(r_i)$ 是资产 i 的预期回报率；r_f 是无风险利率；β_{im} 是贝塔系数，即资产

i 的系统性风险；$E(r_m)$ 是市场 m 的预期市场回报率；$E(r_m)-r_f$ 是市场风险溢价（Market Risk Premium），即预期市场回报率与无风险回报率之差。

β_{im} 表示了资产的回报率对市场变动的敏感程度（Sensitivity），可以衡量该资产的不可分散风险。

股票的 β 系数，在资本资产定价的单指数模型中被表述为证券市场特征线的斜率，称为股票市场的系统风险系数。如果用股票市场价格指数的收益率来代表市场组合的收益率，β 系数就是股票对市场系统性风险的量度，反映股票收益率变化对市场指数收益率变化的敏感度。

β 越大，股票的市场风险越高，但股票的预期收益也越高，反之亦然。其中，$\beta=1$ 表示股票的系统性风险与市场组合的风险相同，即股票的市场价格波动与市场价格指数的波动幅度大体一致。

2. 阿尔法值

阿尔法值（也称为 α 系数，Alpha Coefficient），是 Jensen（1968）以投资组合的异常报酬（Abnormal Return）为绩效的判断标准，异常报酬为实际报酬率高于应计报酬率（Required Rate of Return）的部分，其中，应计报酬率是由 CAPM 估计而得的，用公式表示为

$$\alpha=E(r_p)-r_f-\beta_{im}[E(r_m)-r_f]$$

其中，$E(r_p)$ 为投资组合预期回报率，其他各符号含义同上。

股票的阿尔法系数，在单指数模型中被表述为证券市场特征线与纵轴的截距，称为股票投资的特殊收益率，用于表示当市场组合的收益率为零时，股票的收益率是多少。阿尔法系数为选择股票提供了一种指南，使投资者在卖出与买进股票时有利可图。正阿尔法系数代表投资组合业绩表现优于市场基准组合，反之亦然。根据阿尔法系数的大小，可以对不同投资组合（基金）进行业绩排序。

3. Sharpe Ratio

1990 年度诺贝尔经济学奖得主威廉·夏普（William Sharpe）以投资学最重要的理论基础 CAPM 为出发点，用以衡量金融资产的绩效表现，具体公式为

$$SR=\frac{E(R_p)-R_f}{\sigma_p}$$

其中，$E(R_p)$ 为投资组合预期回报率；R_f 为无风险利率；σ_p 为投资组合的标准差。

Sharpe Ratio（SR，夏普比率）理论的核心思想是：理性的投资者将选择并持有有效的投资组合，即在给定的风险水平下，使期望回报最大化的投资组合，或者在给定期望回报率的水平上，使风险最小化的投资组合。解释起来非常简单，夏普认为，投资者在建立有风险的投资组合时，至少应该要求投资回报达到无风险投资的回报，或者更多。

4. VaR 与 CVaR

1995 年，J.P. Morgan 公开了不同资产组合之间的方差和协方差数据，并且允许软件开发者通过开发软件来计算风险值。风险价值（VaR）是指给定置信水平（$1-\alpha$）的一个持有期内潜在最大的损失，表达式为

$$P(X \leqslant \text{VaR}) = \alpha$$

VaR 值是对未来损失风险的事前预测，考虑不同的风险因素、不同投资组合（产品）之间风险分散化效应，其具有传统统计量方法不具备的特性和优势。

从统计的角度看，VaR 就是一个拒绝域。从标准正态分布的角度看，具体如图 1-26 所示，其中，横轴表示潜在的损失，也就是风险价值，纵轴表示对应的密度分布函数，阴影面积表示出现的概率（5%），也就是在特定时间内，有 95%（设 $\alpha = 0.05$）的概率不会超过-1.65（VaR）。

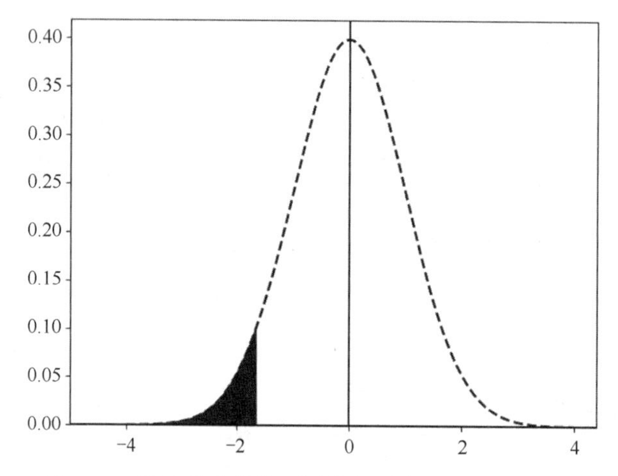

图 1-26　正态分布条件下置信水平为 95%的风险价值

CVaR（Conditional VaR，条件风险价值），是由 RockafeUar 和 Uryasev 等人于 1997 年在 VaR 基础上提出的，具体为在投资组合的损失超过某个给定 VaR 值的条件下，该投资组合的平均损失值，表达式为

$$\text{CVaR} = E(X \mid X \leqslant \text{VaR})$$

从统计的角度看，就是给定置信水平下拒绝域的均值。

上述公式看起来非常简单，但要精确计算 VaR 和 CVaR，需要掌握收益率的分布。实际中，常用的方法有历史模拟方法、正态方法、蒙特卡罗方法和压力测试法等。

5. Calmar Ratio

Calmar 比率于 1991 年由美国加州基金管理人 Terry W. Young 提出。计算方式为年化收益率与历史最大回撤之间的比率，对应表达式如下。

$$\mathrm{CR}=\frac{E(r_p)}{\mathrm{MaximumDrawDown}}$$

Calmar 比率数值越大，投资组合的业绩表现越好。反之，表现越差。

Calmar 比率与夏普比率相比，用最大回撤代替标准差，从而更关注损失。特别是在基金选择过程中，若投资者对回撤比较敏感，此时应该选择最大回撤小、风险可控的基金，用 Calmar 比率衡量更合适。

实际中，还有其他衡量绩效的指标，如 Sortino Ratio 和 System Quality Number 等，感兴趣的读者可自行查找资料学习。

1.5 Python 与集成开发环境

1.5.1 Python 及其安装

1. Python 的产生与发展

1989 年的圣诞节期间，为了打发在阿姆斯特丹的时间，吉多·范罗苏姆（Guido van Rossum）开发了介于 C 和 Shell 之间、功能全面、易学易用、可拓展的脚本解释程序，作为 ABC 语言的一种继承，并从自己挚爱的电视剧 *Monty Python's Flying Circus*（《巨蟒剧团之飞翔的马戏团》）中取 Python 为软件命名。

像 R 语言一样，Python 源代码同样遵循 GPL 协议。

随着版本的不断更新和语言新功能的增加，最初的自动化脚本，逐渐被用于独立的、大型项目的开发。目前，Python 是一个高层次的，结合了解释性、编译性、互动性和面向对象的跨平台脚本语言。

Python 是这些库的 API Binding，使用 Python 是因为 CPython 的胶水语言特性，要开发一个其他语言到 C/C++的跨语言接口，Python 是最容易的，比其他语言的门槛低不少，尤其是使用 CPython 时。

2. Python 的功能

Python 用途广泛，最常见的功能有以下几种。

（1）Web 开发。Python 的诞生比 Web 早，由于 Python 是一种解释型的脚本语言，开发效率高，所以非常适合用于做 Web 开发。

业界常用的 Web 开发框架有 Django、Flask 和 Tornado 等。其中 Django 和 Flask 等基于 Python 的 Web 框架在 Web 开发中非常流行，其不但开发效率高，而且运行速度快，如图 1-27 所示。大量知名的互联网企业将 Python 作为主要开发语言，如 NASA、YouTube、Facebook、Quora、豆瓣、知乎和果壳网等。由于后台服务器的通用性，所以除了狭义的网站，很多 App 和游戏的服务器端也同样用 Python 来实现。

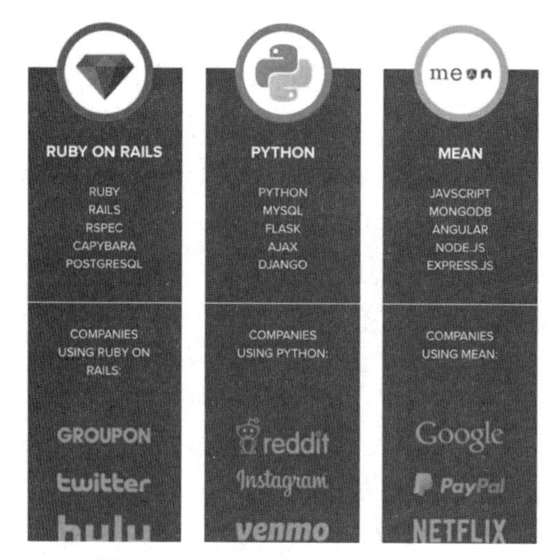

图 1-27　Web 开发的三大软件平台

（2）网络爬虫。网络爬虫是利用 Python 编辑脚本文件，抓取网页信息。国际上，Google 在早期大量使用 Python 作为网络爬虫的基础，从而带动了整个 Python 语言的应用发展。Python 常用的爬虫库有 Selenium、BS4、Requests 和 Urlib 等，利用这些库从各大网站爬取各种信息，例如，商品折扣信息，比较获取最优选择；对社交软件发言进行收集分类，生成情绪地图，分析语言习惯；爬取音乐网站中歌曲的评论，生成词云；筛选豆瓣的电影书籍信息并生成表格等。可以说，只要你想得到，Python 就能做到。

（3）数据科学。Python 有很完备的生态环境，从分布式计算、数据可视化、数据库操作和机器学习等方面，Python 中都有成熟的模块可以选择完成其功能。

数据分析：如 Statsmodels 能够进行时间序列等各项数据处理，金融领域量化主要用 Pandas、Scipy 等工具进行分析，量化回测库有 Backtesting 和 Backtrader 等进行策略构建和绩效分析。

图形处理：由 Seaborn、Matplotlib、Bokeh 和 Pyecharts 等一系列图形库支持，能方便进行各种图像处理，如常见的直方图、柱状图和饼图，还有其他如词云图、统计地图和股票 K 线图等。

大数据和机器学习：对于大数据处理的库有 Hadoop-MapReduce 和 Spark，同时，机器学习中有两个最热门的库是 Scikit-learn 和 TensorFlow，这些库已经成为大数据和机器学习领域中主流的库，得到广泛的支持和应用。毫无疑问，无论对于从事统计分析还是数据开发，都是非常便利的。

（4）自动化服务。运用 Python 进行自动化管理和服务，从而解放劳动力，提高生产力。例如，录入自动化，将大量信息录入系统，可以利用 Python 编写脚本实行自动化处理；邮件发送自动化，对于店铺访问数，商品浏览数和下单数等周期性的数据需求，可以编写程序进行自动化搜集处理并发送邮件；一键清理垃圾，编制 Python

脚本，清理计算机中某文件夹或者某种格式所有的信息；还可以自动回复信息，如 QQ 群机器人。

3. Python 的安装

（1）打开 Python 官网下载相应的版本，单击 Downloads 按钮，进入下载界面，如图 1-28 所示。可以根据自己的需求选择下载版本。一般而言，如果后续涉及大量工具包的安装，建议不要安装最新的版本，因为有些库暂不支持。

（2）下载 Python 安装包后直接安装，操作过程比较简单，此处省略。安装后，启动界面为 Cmd 形式（见图 1-29）：虽然现在能够进行简单的分析，但这种界面非常不友好，交互性也非常差。因此进行编程和开发，还需要集成开发环境。后面介绍常用的开发环境，包括 Anaconda、Jupyter Notebook 和 PyCharm 等。

Python version	Maintenance status	First released	End of support
3.9	bugfix	2020-10-05	2025-10
3.8	bugfix	2019-10-14	2024-10
3.7	security	2018-06-27	2023-06-27
3.6	security	2016-12-23	2021-12-23
2.7	end-of-life	2010-07-03	2020-01-01

Looking for a specific release?

Python releases by version number:

Release version	Release date		Click for mo
Python 3.9.2	Feb. 19, 2021	Download	Release Note
Python 3.8.8	Feb. 19, 2021	Download	Release Note
Python 3.6.13	Feb. 15, 2021	Download	Release Note
Python 3.7.10	Feb. 15, 2021	Download	Release Note
Python 3.8.7	Dec. 21, 2020	Download	Release Note
Python 3.9.1	Dec. 7, 2020	Download	Release Note
Python 3.9.0	Oct. 5, 2020	Download	Release Note

View older releases

图 1-28 Python 官网不同版本

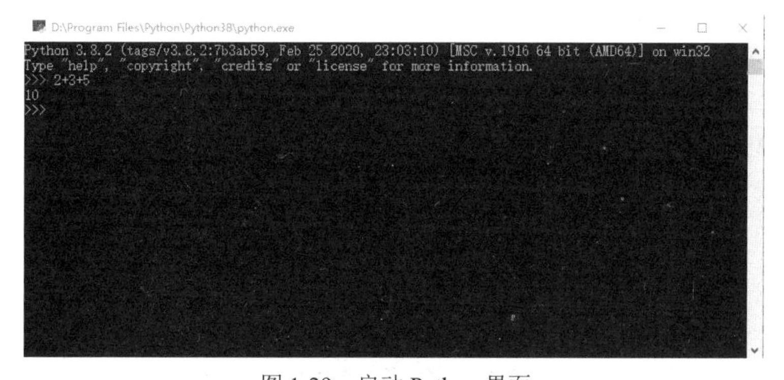

图 1-29 启动 Python 界面

1.5.2 Anaconda 及其安装

Anaconda 中文为“蟒蛇”，是一个开源 Python 发行版本，包含 Python、Conda、Numpy、Pandas 和 Matplotlib 等 180 多个科学计算包及其依赖库，从而省去了安装包的麻烦。也正如此，Anaconda 的下载文件比较大（约 520MB）。如果只需要部分包，或者需要节省存储空间，也可以使用 Miniconda 这个较小的发行版(仅包含 Conda 和 Python)。

Anaconda 的安装非常简单。首先进入 Anaconda 官网，选择 Products→Anaconda Disitribution 选项，在弹出的页面中单击 Download 按钮即可下载 Anaconda，如图 1-30 所示。

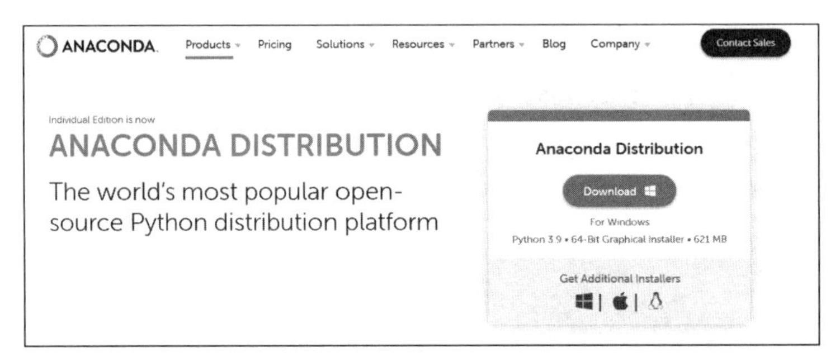

图 1-30　Anaconda 下载界面

下载 Anaconda 后直接安装即可。需要注意的是，中间有一个环境变量需要增加（见图 1-31），请勾选第一个选项：Add Anaconda to the system PATH environment variable。

安装完毕后，在计算机的开始菜单中会出现 Anaconda 文件夹，如图 1-32 所示。

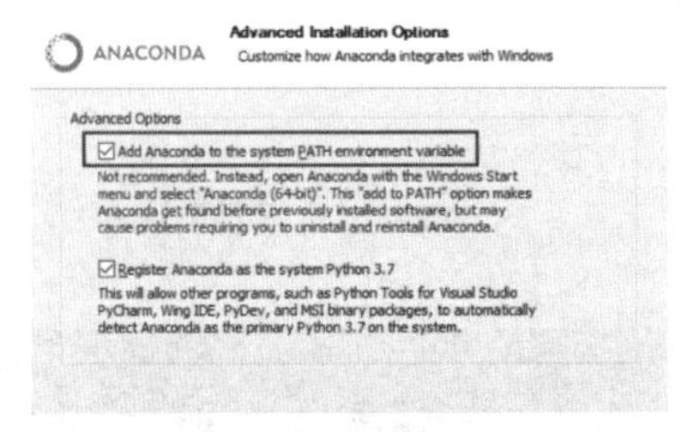

图 1-31　系统增加 Anaconda 环境变量

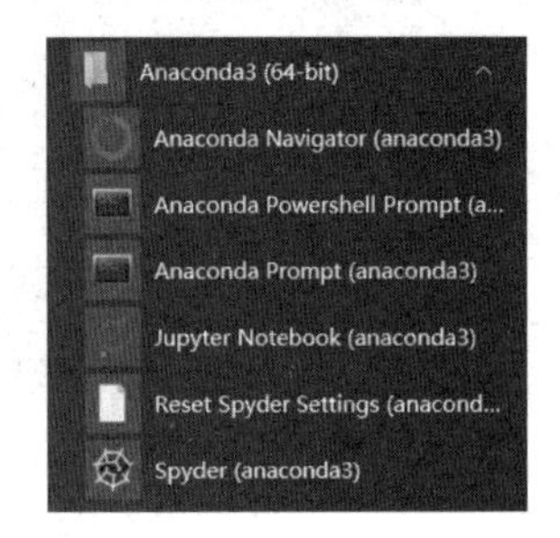

图 1-32　开始菜单中的 Anaconda 文件夹

打开 Anaconda Navigator（导航），出现如图 1-33 所示的界面。

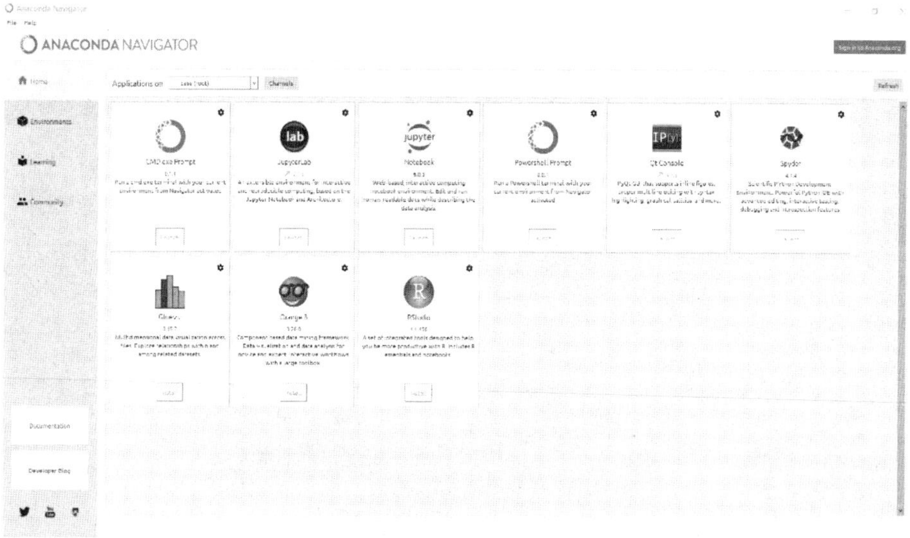

图 1-33 Anaconda 导航界面

从上可以看出，Anaconda 自带 Spyder 和 Jupyter Notebook/Lab 等各种开发环境。一般而言，Python 与 R 语言相似，都需要相应的开发环境进行脚本编写与开发。Anaconda 自带的 Spyder 开发环境如图 1-34 所示。Spyder 开发环境类似于 RStudio，因此，建议从 R 语言转过来的读者优先选择此开发环境[①]。在 Spyder 的界面中，左侧为脚本开发环境，右上侧为帮助、图表和环境变量等内容，右下侧为控制台，即结果展示等输出内容。

代码编写完成后，直接按 F5 键运行，或者选择部分代码按 F9 键运行，则在界面右下侧会出现输出内容。

1.5.3 Jupyter Notebook/Lab

Jupyter Notebook 是一款以网页为基础的交互计算环境，可以创建 Jupyter 的文档，支持多种语言，包括 Python、R 语言和 Julia 等，广泛用于数据分析、数据可视化、交互的数据探索计算中。随着 Jupyter Notebook 的不断完善与更新，下一个版本更名为 JupyterLab，两者都有模块化的界面，可以在同一个窗口同时打开多个窗口或文件（html、txt 和 Markdown 等），方便管理和编程。Jupyter Notebook/Lab 可以方便地分段执行代码，并且以类似 PPT 的形式展示内容结果，同时还能够部署在云端，让其他人轻松访问。

① 当然，现在 RStudio 也支持 Python，读者可以直接使用。不过笔者使用不习惯，因为只用一个软件编写 R 语言的同时还需要编写 Python，容易混淆代码。

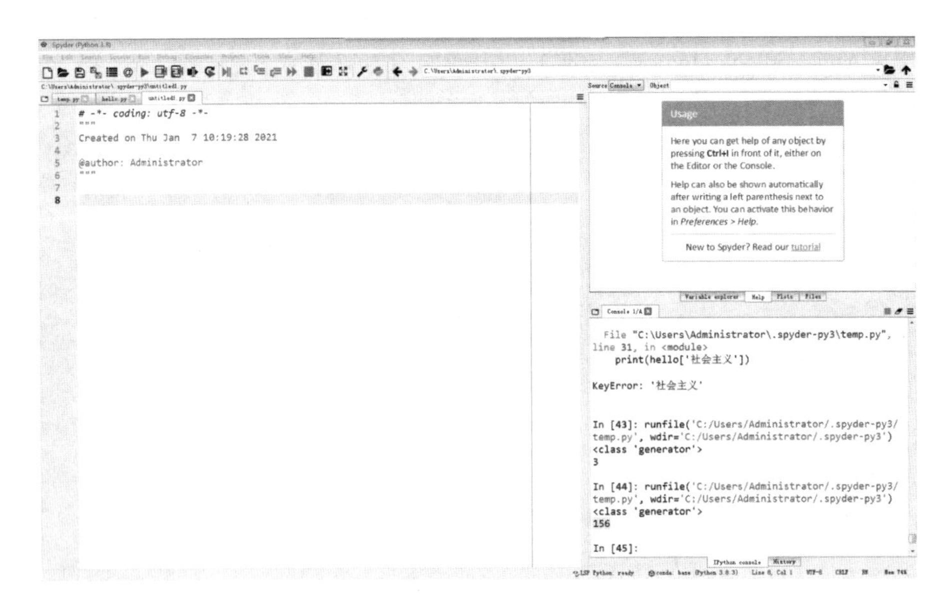

图 1-34　Anaconda 自带的 Spyder 开发环境

对于安装了 Anaconda 的读者，可以直接启动 Jupyter Notebook/Lab。对于没有安装 Anaconda 但是安装了 Python 和 PyCharm 的读者，需要先行安装 JupyterLab，安装方法为，在 PyCharm terminal 窗口中输入：

```
Jupyterlab
```

安装后在 terminal 窗口中输入：

```
jupyter lab
```

则启动 JupyterLab。

启动 JupyterLab 后可得到如图 1-35 所示的界面。

JupyterLab 界面窗口分为三部分：左侧为脚本结构，可以在其中创建文件夹和文件，方便管理；中间是脚本编辑和结果展示窗口，用来编辑代码和显示分析结果；右侧是属性查看窗口，一般情况为隐藏，单击右上角的齿轮状按钮可以将其隐藏项打开。

1.5.4　PyCharm

PyCharm 是一款功能强大的 Python 编辑器，是 JetBrains 公司的系列产品之一。JetBrains 开发了各种软件的编辑器，包括 Java 编辑器（IntelliJ IDEA）、JavaScript 编辑器（WebStorm）、PHP 编辑器（PHPStorm）、Ruby 编辑器（RubyMine）、C 和 C++ 编辑器（CLion）、.Net 编辑器（Rider）、iOS/macOS 编辑器（AppCode），这些编辑器在对应的编程语言中使用非常广泛。

一般而言，JetBrains 系列产品分为不同的版本。例如，PyCharm 有专业版和社区版，前者采用收费模式，版本功能非常强大，主要是为 Python 和 Web 开发者而准备的；后者为轻量级压缩版，主要是为 Python 和数据分析而准备的，功能相对较少。一般开发者下载专业版比较合适。

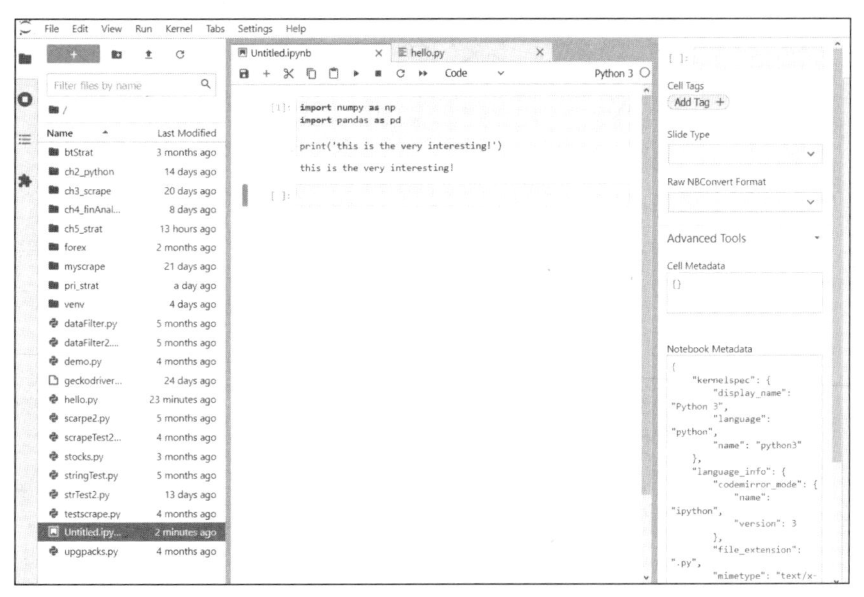

图 1-35　Jupyter Lab 的界面

PyCharm 的 Windows 版本下载地址见 JetBrains 官网，其中，有两款 Windows 版本可供下载，如图 1-36 所示。

图 1-36　PyCharm 的 Windows 版本下载界面

读者可自行选择合适的版本下载并安装，其安装过程比较简单，但配置相对复杂。PyCharm 只是一个开发环境，还需要安装 Python。PyCharm 正确配置后，可进行编程与开发，PyCharm 的运行界面如图 1-37 所示。其中，界面左侧为目录部分，可以创建文件夹和文件；界面中间为编程部分；界面右侧为显示图和数据的部分。下面分别对应 Run、ToDo、Python Console 和 Terminal 四部分，每个部分的用途请读者自行查看和测试。

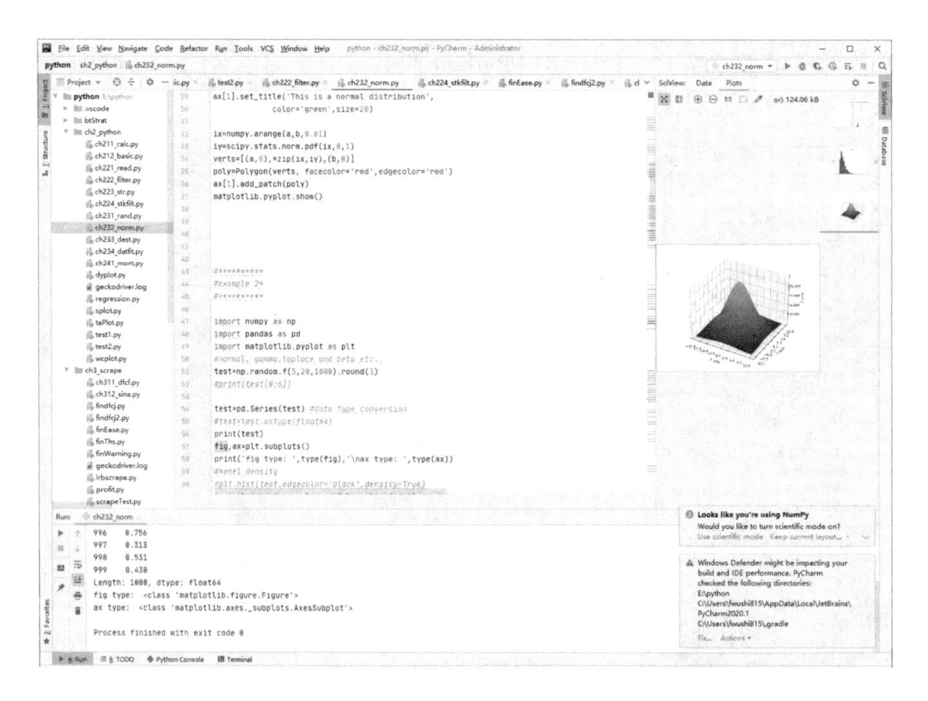

图 1-37　PyCharm 的运行界面

一般而言，教学演示使用 Jupyter Notebook 较方便，进行系统性或大规模的程序开发运用 PyCharm 较方便。在实际过程中，读者可根据自己的爱好选择相应的开发环境进行编程。

1.5.5　安装工具包常用命令

1. 工具包的安装方法

工具包（Packages，也称库）是进行开发和编程的基础。因为 Python 本身比较小，若要进行数据分析，则必须安装工具包。结合不同的开发环境，主要有以下安装方式。

1）基于 Anaconda 导航界面升级或安装

操作步骤为：执行“Windows 开始菜单→Anaconda 3→Anaconda navigator”选项，启动 Anaconda navigator 后，选择如图 1-38 左侧所示的 Environment 项，然后在右上角输入框中输入要安装的库（如 pandas），则会出现与 pandas 相关的库，选择对应的库后，界面最下方会出现 Apply 与 Clear 按钮，单击 Apply 按钮即可安装相应的库（见图 1-38）。也可以通过这种方式对库进行升级，其中，没有升级的库会有一个蓝色的斜向上的箭头，单击箭头即可升级对应的库。

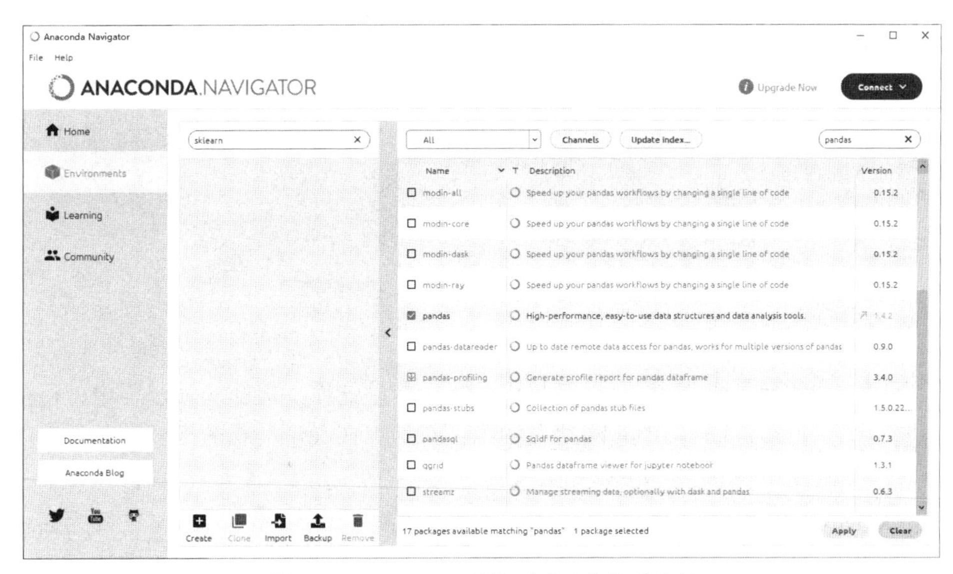

图 1-38 Anaconda 环境下手动安装或升级

2）基于 Anaconda 命令安装

操作步骤为：执行“Windows 开始菜单→Anaconda→Anaconda Prompt 或 Anaconda Powershell Prompt”选项，打开类似 Cmd 的黑色窗口后，在里面输入命令进行安装或升级，如安装爬虫用的 Selenium 库，则输入命令：

```
pip install selenium
```

也可以使用命令：

```
conda install selenium
```

在 Anaconda 环境下，使用命令方式安装 Selenium 库，如图 1-39 所示。

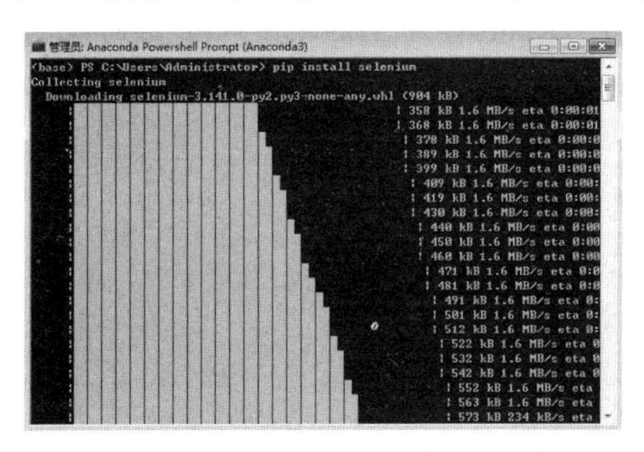

图 1-39 在 Anaconda 环境下，使用命令方式安装 Selenium 库

当然，使用这种方式进行安装时，根据各个计算机配置的差异，可能会出现一些错误。请读者根据错误提示，自行上网搜索解决方法。

3）基于 PyCharm 界面安装或升级

单击界面左下角的按钮，弹出 TODO、Python Console 和 Terminal 选项，选择 Terminal 后单击，得到一个小窗口，输入命令，如安装 Pandas 库，对应的具体命令如图 1-40 所示。

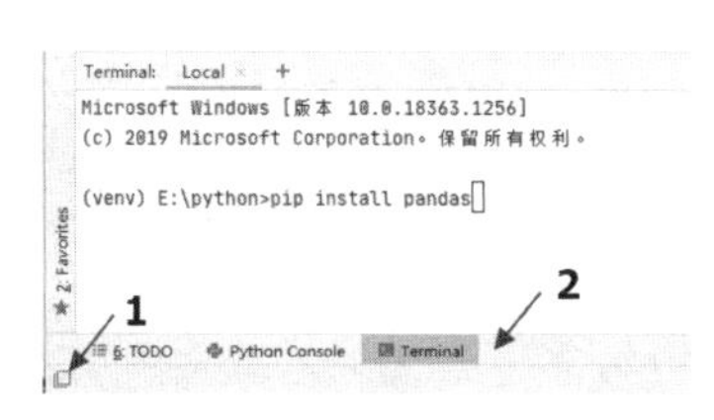

图 1-40　在 PyCharm 环境下安装库

4）安装第三方库

上述安装的库是指 PyPI 官网及其相关镜像网站的库，但在实际过程中，可能还需要安装第三方库，如 GitHub 网站上的库；网站存在大量共享的不同软件的库，如 R 语言、C 语言和 Python 等。

一般而言，Python 的库有两种格式：一种是源（Source），以 tar.gz 格式为后缀；另一种是 Wheel，以 whl 格式为后缀。在实际过程中，可以选择合适的格式进行安装。

若安装微软公司编制的量化投资库 Pyqlib，则涉及 scs 库的安装，可以使用两种方式，一种是直接安装，如输入命令：

```
pip install scs
```

还有一种方式是下载不同的源，如到 GitHub 或者 PyPI 官网下载源文件格式 scs-2.1.2.tar.gz 库保存到 D 盘根目录后，再使用以下安装命令：

```
pip install file:///D:/scs-2.1.2.tar.gz
```

同理，安装 Pyqlib 库的 Cvxpy 依赖库，先到网站下载 cvxpy-1.1.7-cp38-cp38-win_amd64.whl 文件保存到 D 盘根目录，对应的安装命令如下：

```
pip install D:/cvxpy-1.1.7-cp38-cp38-win_amd64.whl
```

安装过程中，当出现 Double requirement given 错误时，可运用--no-build-isolation 命令进行安装：

```
pip3 install pandas --no-build-isolation
```

2. 工具包管理与升级

需要指出的是，上述 pip 在 Anaconda 安装的情况下，可以换成 Conda 命令：

```
conda install pandas
```

如果发现下载网速非常慢，那么需要更换镜像，Python 库常见的中国镜像有清华大学、阿里云等。

例如，安装 Pyecharts 库，如果下载过程非常慢，连接出现问题，那么可以选择以下镜像。

```
pip install -i https://pypi.tuna.tsinghua.edu.cn/simple pyecharts
```

表 1-8 为工具包管理和升级常用命令。

表 1-8 工具包管理和升级常用命令

操　　作	命　　令
安装	pip install <包名> [-i https://mirrors.aliyun.com/pypi/simple]
安装特定版本	pip install numpy==1.14.5
卸载包	pip uninstall <包名>
升级包	pip install -U <包名> 或 pip install <包名> --upgrade
查看已安装包	pip list pip freeze 或 pip list
显示包所在的目录	pip show -f <包名>
搜索包	pip search <搜索关键字>
查询可升级的包	pip list -o
pip 升级出错	python -m ensurepip
更新包	pip install － upgrade **
强制更新 pip	（1）python -m pip install --upgrade pip （2）python -m pip install -U --force-reinstall pip （3）pip install --user --upgrade pip

3. 查看 Python 版本

在 PyCharm 环境中，使用 Terminal（终端）查看版本和安装：通常使用 Python --version 或 Python -V 命令进行查看，如：

```
>Python --version
```

也可以在 PyCharm 的控制台（Console）窗口查看版本，此时则使用命令：

```
>>>import sys
>>>sys.version
```

对应结果如下：

```
'3.9.1 (tags/v3.9.1:1e5d33e, Dec  7 2020, 17:08:21) [MSC v.1927 64 bit (AMD64)]'
```

第 2 章　Python 统计分析基础

基本的统计分析主要包括数据整理和统计作图。其中，数据整理，特别是金融类数据主要依赖 Pandas 库，统计作图主要依赖 Matplotlib 库，若需要高度美化的统计图，则依赖 Bokeh 库。但统计分析只是 Python 的部分功能，因此，首先有必要了解 Python 的基本语法和对象。

2.1　语法简介

2.1.1　初识 Python 统计

Python 可以做数学和统计分析，具体通过下述案例进行展示。

案例 2-1：计算 1+2+…+100。

这是最简单的加减法计算。此时可运用自带的 range 函数进行计算，具体如下。

```
#method 1:
print(sum(range(101)))
```

运行结果：5050。

学习 Python 的过程中，最让人困惑的是运行过程中，输出窗口并不直接显示具体结果。例如，在 PyCharm 开发环境中，要查看结果必须用 print 命令。

上述是最简单的做法，在实际过程中，也可以用 for 循环的方法进行分析：

```
#method 2
a=0
for i in range(101):
    a+=i
print('a= ',a)
```

运行结果：

```
a=5050
```

需要注意的是，冒号下面一行存在缩进，这种缩进是 Python 的一种语法规则，一般而言，缩进默认是 4 个空格或 Tab 键，虽然有些编辑器或某些版本对这种缩进已经放宽，但编程过程中最好严格遵守这种规则。

同理，下面是计算：1+3+5+…+99 的结果，利用循环方式进行计算，具体如下：

```
b=0
for i in range(1,51):
    b+=2*(i-1)
print('b= ',b)
```

其中，在 range 函数中，其实对应的是前闭后开区间的数据，这是 Python 软件中的规范用法（与 R 语言不同）。

在实际过程中，很多人还需要了解 range 函数和用法，在 Spyder 开发环境中按 Ctrl+I 键获取帮助，得到求助结果，如图 2-1 所示。

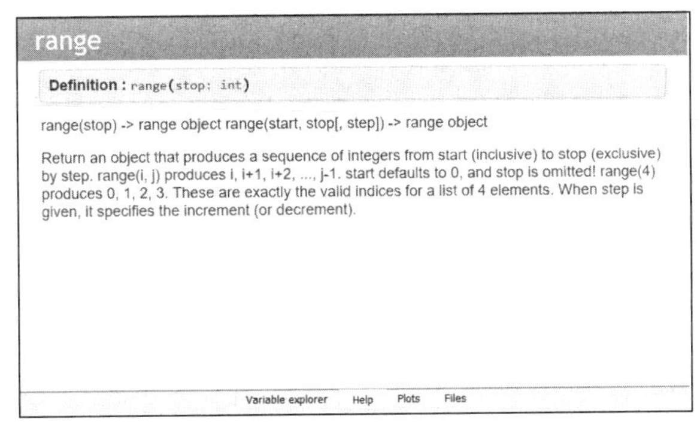

图 2-1　Spyder 环境中 range 的帮助说明

可以发现，range 函数中还存在步长参数，可以利用步长进行分析，结果如下：

```
e=0
for i in range(1,100,2):
    e+=i
print('e= ',e)
```

两者结果均为 2 500。

上述是基本的加减法计算，能够直接编程得到结果；若要进行其他分析，如三角函数计算、解方程（组）和积分，则需要使用加载库（也称包）。

案例 2-2：带有三角函数的混合运算：$1+\cos(5)*\exp(-2)$。

Python 无法直接进行三角函数相关运算，此时必须使用加载库，如自带的 Math 库，具体如下：

```
import math
a=1+math.cos(5)*math.exp(-2)
print(round(a,3))
```

运行结果：

```
1.038
```

案例 2-3：解方程： $f(x)=x^2+5x-3$。

同理，Python 无法直接进行解方程的运算，需要依赖 Sympy 库，具体如下：

```
import sympy
x=sympy.Symbol('x')
fx=x**2+x*5-3
print(sympy.solve(fx,x))
```

运行结果：

```
[-5/2 + sqrt(37)/2, -sqrt(37)/2 - 5/2]
```

案例 2-4：解线性方程组： $\begin{cases} x+2y+3z=9 \\ 2x-y+z=8 \\ 3x-z=3 \end{cases}$ 。

解线性方程组需要利用 Numpy 库，具体如下：

```
import numpy as np
# A = np.mat('1 2 3;2 -1 1;3 0 -1')
A = np.array([[1, 2, 3], [2, -1, 1], [3, 0, -1]])
b = np.array([9, 8, 3])
x = np.linalg.solve(A, b)
print(x)
```

运行结果：

```
[ 2. -1.  3.]
```

需要指出的是，导入库后利用 as，这是别名或简写的意思，利用后面的 np 代表 numpy，从而方便后续的输入。当导入的库名特别长时，用这种简写更方便。

上述方法不仅能对线性方程进行求解，还能对方阵求逆。

当然，对方阵求逆也可以直接用函数进行求解，具体如下所示：

```
#reversion!
A = np.array([[1, 2], [3, 4]])
A_I = np.linalg.inv(A)
print(A_I)
```

运行结果：

```
        [[-2.   1. ]
         [ 1.5 -0.5]]
```

案例 2-5：计算积分： $\int_0^{\infty} \mathrm{e}^{-x^2/2}\mathrm{d}x$ 。

除进行上述运算，Python 还能进行积分计算，主要依赖 Sympy 库，具体如下：

```
import sympy
x=sympy.Symbol('x')
print(sympy.integrate(sympy.exp(-x**2/2),(x,0,sympy.oo)))
```

运行结果：

```
sqrt(2)*sqrt(pi)/2
```

案例 2-6：简单作图，绘制 $\tan x / x$ 曲线。

Python 还具有强大的作图功能，如需要绘制一个简单的三角函数相关图形，具体如下（见图 2-2）：

```
import numpy as np
import matplotlib.pyplot as plt
x=np.linspace(np.pi,2*np.pi,100)
y=np.tan(x)/x
plt.plot(x,y)
plt.show()
```

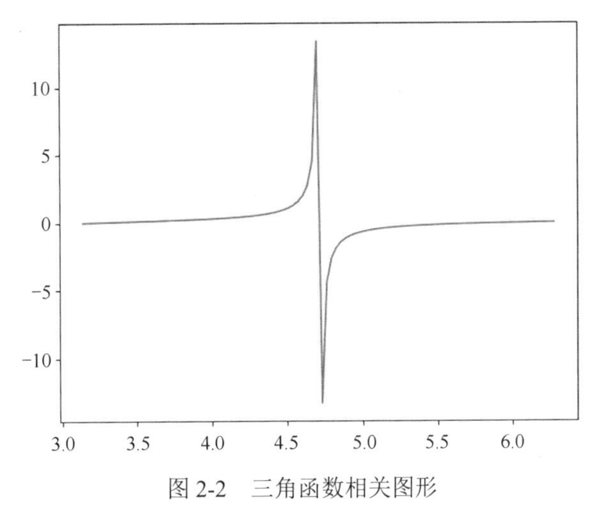

图 2-2　三角函数相关图形

从上面简单的计算可以看出，Python 在进行统计分析时，离不开 Sympy 和 Numpy 等统计相关库。而使用 R 语言进行上述操作时，不需要加载任何库（包）就可以直接运行。这也可以反映出 Python 设计的初衷并不是为统计分析服务，由于后续需要才进一步开发了统计分析的模块。特别是随着人工智能的发展，Python 率先开发了 sklearn 等机器学习库，因此，大量统计相关的使用者都从 R 语言和 MATLAB 转移到 Python 的队伍中，Python 的生态链越来越完善。

2.1.2 四种基础数据结构

数据结构是存储数据的结构，是一个空间概念，指的是可存放多个值的连续内存空间，这些值按一定顺序排列，可通过每个值所在位置的编号（称为索引）访问。Python 包括元组（Tuple）、列表（List）、字典（Dict）和集合（Set）4 种基础数据结构，是不需要加载库就存在，可容纳多个元素的容器对象。

1. 元组

元组可以简单理解为不可变的元素集合。

1）创建元组

创建元组通常有加括号和不加括号两种方式，其中加括号方式如下：

```
aa=(1,2,3,4)
```

实际中，创建元组也可以省略括号，对应的结果完全一致：

```
aa=1,2,3,4
```

查看结果命令：

```
print(aa)
```

运行结果：

```
(1, 2, 3, 4)
```

进一步，还可以使用 tuple 函数生成简单的元组：

```
aaa=tuple(range(1,101))
print(aaa)
```

可以看出，生成了 1～100 的元组。

上述生成的元组均为数值型，实际中元组可以是不同类型元素的组合：

```
cc=(1,'2',3,'hello')
print(cc)
```

运行结果：

```
(1, '2', 3, 'hello')
```

2）查看元组

查看对象类型，可使用 type 函数：

```
print(type(aa))
```

运行结果：

```
<class 'tuple'>
```

查看对象长度，可使用 len 函数：

```
print(len(aa))
```

运行结果：

```
4
```

从 aa 中取其中的第 3 个元素，由于默认排序起始从 0 开始，具体位置为 2：

```
print(aa[2])
```

运行结果：

```
3
```

查看元组的最大值和最小值：

```
print(max(aa));print(min(aa))
```

运行结果：

```
7    1
```

查看某个元素是否在元组中，可使用 in 函数，具体有如下几种方式：

```
print(1 in aa)
print((1,2) in aa)
print((1 and 2) in aa) #(1 or 2)
print((1 in aa) or (2 in aa))
```

请读者自行查看结果。从输出结果可以看出，上述只能查看单个元素，无法查看小元组是否在大元组中。

请思考：如何查看小元组是否在大元组中？

3）元组不能替换

需要注意的是，元组具有不可变性，这意味着对应的元素不能被替换。例如，运用下列替换命令，把其中某个元素变成 5：

```
aa[2]=5
```

会得到如下错误：

```
Traceback (most recent call last):
  File "<input>", line 1, in <module>
TypeError: 'tuple' object does not support item assignment
```

上述错误的大致意思是元组类型不支持元素的赋值。

同理，也不能进行这样的运算：

```
bb=aa[:]-(4,)
```

会得到类似的错误：

```
Traceback (most recent call last):
  File "E:/Python/strTest2.py", line 28, in <module>
    bb=aa[:]-(4,) #not support
TypeError: unsupported operand type(s) for -: 'tuple' and 'tuple'
```

但可通过以下方式添加元素：

```
aa=aa[:]+(5,6)
```

查看结果：

```
print(aa)
```

运行结果：

```
(1, 2, 3, 4, 5, 6)
```

这意味着原元组加上一个元素后，替换原来的元组。此时是元组对象重新被赋值，而不是某个元素被替换。

若增加一个元素：

```
aa=aa+(7)
```

则出现如下错误：

```
Traceback (most recent call last):
  File "<input>", line 1, in <module>
TypeError: can only concatenate tuple (not "int") to tuple
```

这也意味着后面被当作整数型数据，而不是元组方式。

应采用如下方式：

```
aa=aa+(7,)
print(aa)
```

运行结果：

```
(1, 2, 3, 4, 5, 6, 7)
```

上述结果说明元组虽然不能进行减法运算，但能够进行加法运算：

```
bb=aa[:2]+aa[3:]
print(bb)
```

运行结果：

```
(1, 2, 4, 5, 6, 7)
```

总体而言，元组是一种不可变的类型结构，无法对数据进行替换和更换，也正因为如此，其效率比较高，运算速度非常快。

2. 列表

上述元组类型数据无法进行替换，在实际编程过程中，特别是在数据处理过程中，涉及数据筛选和替换之类的操作，需要依赖列表（List）来实现。

列表是处理一组有序项目的数据结构，包含在方括号中，可以添加、删除，或者搜索项目。由于可以添加或删除项目，列表可以包含不同种类、任意类型的对象，甚至可以嵌套列表，这种特征称为异构性。

列表非常灵活，可以在项目中的任何地方使用，还可以保存各种数据，如整数、字符串和自定义类实例。此外，它是可变的，允许根据需要添加项或删除项。

1）创建列表

例如，创建 1～10 的列表对象：

```
x=[1,2,3,4,5,6,7,8,9,10]
print(x)
```

运行结果：

```
[1, 2, 3, 4, 5, 6, 7, 8, 9, 10]
```

可以看出，列表用方括号“[ ]”表示，而元组用圆括号“( )”表示。

2）查看列表

对列表进行不同形式的筛选。筛选前两个元素：

```
print(x[:2])
```

运行结果：

```
[1, 2]
```

非常有意思的是，列表还可以进行倒数筛选，如筛选倒数第 2 个和第 3 个元素：

```
print(x[-3:-1])
```

运行结果：

```
[8, 9]
```

进一步，列表还可以每隔两个元素进行筛选：

```
print(x[::2])
```

运行结果：

```
[1, 3, 5, 7, 9]
```

上述筛选方法，对于元组同样适用，请读者自行练习。

当然，列表和元组一样，可以创建不同元素类型的列表，如原先的元组可以直接换成列表：

```
aa=[1,2,3,'hello']
print(aa)
```

运行结果：

```
[1, 2, 3, 'hello']
```

同样，可以采用和元组相同的方式来查看某元素是否在列表中，请读者自行完成。

3）列表增减元素

列表可以通过不同形式增加元素，具体有 append、extend 和 insert 等命令。例如，使用 append 函数在 aa 后面增加 x，命令如下：

```
aa.append(x)
print(aa)
```

运行结果：

```
[1, 2, 3, 'hello', [1, 2, 3, 4, 5, 6, 7, 8, 9, 10]]
```

需要注意的是，如果把上述两行命令合二为一，却存在问题：

```
print(aa.append(x))
```

运行结果：

```
None
```

也可以使用 extend 函数增加元素，对应命令如下：

```
aa.extend(x)
print(aa)
```

运行结果：

```
[1, 2, 3, 'hello', 1, 2, 3, 4, 5, 6, 7, 8, 9, 10]
```

两者结果存在区别，前者生成的是嵌套列表，后者生成的是普通列表，请读者仔细分辨。

进一步，请读者自行查看如何使用 insert 命令。

列表还可以直接删减元素，具体有 pop、remove 和 del 等命令。

例如，使用 pop 命令删除第 6 个元素：

```
aa.pop(5)
print(aa)
```

运行结果：

```
[1, 2, 3, 'hello', 1, 3, 4, 5, 6, 7, 8, 9, 10]
```

使用 remove 命令删除元素中的 1：

```
aa.remove(1)
print(aa)
```

运行结果：

```
[2, 3, 'hello', 1, 3, 4, 5, 6, 7, 8, 9, 10]
```

可以看出，只能删除前面的元素 1。

请思考：如果删除所有的元素 1，则应该输入什么命令？

读者自行练习如何用 del 命令删除元素。另外，练习上述方法能否运用于元组类型。

正是因为列表可增加和删除的特征，在统计分析中，经常会使用列表。

4）列表循环用法

列表中有一个常见的 for 命令，能够进行循环分析。例如，从 1～20 中间隔取数，并把得到的数乘以 2，构建新列表：

```
bbb=[y*2 for y in range(1,20,2)]
print(bbb)
```

运行结果：

```
[2, 6, 10, 14, 18, 22, 26, 30, 34, 38]
```

还有如下有意思的例子：

```
ccc=[['x','o']*x for x in range(1,5,2)]
print(ccc)
```

运行结果：

```
[['x', 'o'], ['x', 'o', 'x', 'o', 'x', 'o']]
```

通过上述两个例子可以发现，for 的含义是从 in 中提取元素，然后对元素进行运算得到列表，这种方法能够大大简化编程。

进一步利用上述方法生成嵌套序列：

```
eee=list(range(1,10,2))
kkk=[[eee[i]]*(i+1) for i in range(0,5)]
```

```
print(kkk)
```

运行结果：

```
[[1], [3, 3], [5, 5, 5], [7, 7, 7, 7], [9, 9, 9, 9, 9]]
```

在数据分析过程中，用得更多的是把嵌套序列变成普通序列，或者把普通序列变成相同长度的嵌套序列。例如，在网络爬虫抓取表格数据的过程中，需要把字符串数据整理成表格形式，则依赖这两种操作。

例如，把普通列表 1～20 转换成按 5 个数划分的嵌套列表，具体操作如下：

```
item=list(range(20))
nestlist=[item[i:i+5] for i in range(0,20,5)]
print(nestlist)
```

运行结果：

```
[[0, 1, 2, 3, 4], [5, 6, 7, 8, 9], [10, 11, 12, 13, 14], [15, 16, 17, 18, 19]]
```

进一步，把上述嵌套列表变成普通列表，此时需要运用两个 for 命令，具体操作如下：

```
flatlist=[item for items in nestlist for item in items]
print(flatlist)
```

运行结果：

```
[0, 1, 2, 3, 4, 5, 6, 7, 8, 9, 10, 11, 12, 13, 14, 15, 16, 17, 18, 19]
```

此处的两个 for 命令，可以理解为先从段落里取句子，再从句子里取词语。先后顺序不能出错，否则不能得到正确结果，如：

```
flatlist=[item for item in items for items in nestlist]
Print(flatlist)
```

则运行结果显示如下错误：

```
Traceback (most recent call last):
  File "E:/Python/strTest2.py", line 60, in <module>
    flatlist=[item for item in items for items in nestlist]
NameError: name 'items' is not defined
```

5）组装列表

在实际过程中，与列表相关的函数还有 zip 和 enumerate，这两个函数有非常广泛的用途，例如，zip 函数可以把两个列表组装起来，然后进行格式化输出：

```
for l1, l2 in zip(['windrivder', 21], ['jack', 22]):    # zip 同时遍历两个列表
    print('{} --> {}'.format(l1, l2))
```

运行结果：

```
windrivder --> jack
21 --> 22
```

总体而言，列表可以替换和增加，是统计分析中最常用的类型之一。

需要注意的是，R 语言中也有列表的概念，更多用于不同数据类型的集合，索引时需要用两个方括号“[[]]”，而 Python 索引一般用一个方括号。

3. 字典

字典是 Python 中的另一个可变数据类型，基于现实生活中的字典原型，生活中使用“名称—内容”对数据进行构建，能够分析一一对应关系，对应格式为：{key1: value1, key2 :value2, key3 :value3}，具体用“{}”表示，字典中的键（key）必须是不可变的数据类型，如布尔型（bool）、整数型（int）和字符型（str）[①]；而值（value）的数据类型可以任意。

字典的好处在于，存在某种函数映射和关联，通过键和值能够把不同类型的变量通过字典直接关联起来。例如，在统计图绘制中，不同颜色的对应关系可运用字典类型。

1）创建字典

通常创建字典的方法如下：

```
dict1 = {"a" : "apple", "b" : "banana", "g" : "grape", "o" : "orange"}
print(dict1)
```

运行结果：

```
{'a': 'apple', 'b': 'banana', 'g': 'grape', 'o': 'orange'}
```

在实际编程过程中，若有些字典比较复杂，则可利用上述提出的 zip 函数创建，如：

```
key_list=['a','b','c']
value_list=[11,22,33]
dicts=dict(zip(key_list,value_list))
print(dicts)
```

运行结果：

```
{'a': 11, 'b': 22, 'c': 33}
```

这种创建方式在统计分析中比较常见，具体可以运用到变量数据类型转换，如把金融数据中的最高、最低、开盘、收盘、成交量与成交额等变量系列全部转换为浮点型，则运用字典形式，具体如下：

```
logic={'open':'float','high':'float','low':'float',
      'close':'float','volume':'float','turnover':'float'}
```

上述命令写起来太烦琐了，也可以使用 zip 函数简写方法，具体如下：

```
logic=dict(zip(['open','high','low','close','volume',  'turnover'],['float']*6))
print(logic)
```

可以发现，得到完全一致的运行结果，具体如下：

---

① 可变数据类型包括字典（Dict）、列表（List）和集合（Set）等。

```
{'open': 'float', 'high': 'float', 'low': 'float', 'close': 'float', 'volume':
'float', 'turnover': 'float'}
```

2）查看字典

查看字典里面的内容，可以使用 keys、items 和 values 等函数，如查看 keys 函数：

```
print(dict1.keys())#items,values
```

运行结果：

```
dict_keys(['a', 'b', 'g', 'o', 'w'])
```

其他两个函数请读者自行练习。

进一步查找字典中的某个内容，如获取 dict2 中键为 2 的值，可使用 get 命令：

```
print(dict2.get(2))
```

运行结果：

```
banana
```

字典只能通过键查看值，在实际过程中，可能涉及通过值查看键。但字典中没有相关的函数进行处理。在实际操作过程中，如通过值 banana 查看键 b，可以采用如下两种方法。

第一种方法，生成新的字典，把键值互换，然后通过 get 方法查看，具体如下：

```
new_dict = {v : k for k, v in dict1.items()}#very interesting!
print(new_dict.get('banana'))
```

运行结果：

```
b
```

第二种方法，强制转换成列表，然后利用列表索引方式进行，具体如下：

```
print(list(dict1.keys())[list(dict1.values()).index('banana')])
print(list(dict1.keys())[list(dict1.values())=='banana'])
```

两者结果不一样，请读者并自行分析哪种结果正确。

3）字典增减元素

字典可以增加元素：

```
dict1["w"] = "watermelon"
print(dict1)
```

运行结果：

```
{'a': 'apple', 'b': 'banana', 'g': 'grape', 'o': 'orange', 'w': 'watermelon'}
```

上述的键可以用字符形式表示，也可以用数字 1、2 等表示，具体如下：

```
dict2 = {1 : "apple", 2 : "banana", 3 : "grape", 4 : "orange"}
dict2[5] = "watermelon"
print(dict2)
```

运行结果：

```
{1: 'apple', 2: 'banana', 3: 'grape', 4: 'orange', 5: 'watermelon'}
```

从 dict2 中提取键为 4 的值，且删除：

```
print(dict2.pop(4))
```

运行结果：

```
orange
```

进一步查看 dict2 的结果：

```
print(dict2)
```

运行结果：

```
{1: 'apple', 2: 'banana', 3: 'grape', 5: 'watermelon'}
```

可以发现，已经删除键为 4 的值。

总体而言，字典是一种具有一一对应关系的集合，其查看方式与元组和列表存在差异。一般而言，小数据用列表比较方便，而数据量比较大时，则使用字典，索引会非常快。

4. 集合

集合是一个无序性且不重复元素的集，可以用来消除重复元素和关系测试，包括计算交集、并集、差集和反交集等逻辑运算。

1）集合创建

生成如下集合：

```
set1 = {1,2,2,1,3,5,4,6,5,4}
print(set1)
```

运行结果：

```
{1, 2, 3, 4, 5, 6}
```

可以看出，集合用大括号表示，且能够自动剔除重复项，如果用列表显示：

```
list1=[1,2,2,1,3,5,4,6,5,4]
print(list1)
```

运行结果：

```
[1, 2, 2, 1, 3, 5, 4, 6, 5, 4]
```

发现重复项仍然存在。正因如此，在很多情况下，通常把列表转换成集合，从而实现对重复项的剔除。

2）集合不能查看子元素

集合无法用列表之类的索引访问对应的元素，如：

```
print(set1[0])
```

错误结果如下：

```
Traceback (most recent call last):
```

```
  File "E:/Python/strTest2.py", line 17, in <module>
    print(set1[0])
TypeError: 'set' object is not subscriptable
```

以上操作无法进行索引，如下操作也无法进行索引：

```
print(set1[:2])
```

若非要进行索引，则可以通过列表中提到过的 enumerate 函数，具体如下：

```
for idex,i in enumerate(set1):
    print(idex,i)
```

运行结果：

```
0 1
1 2
2 3
3 4
4 5
5 6
```

3）集合运算

实际中，经常遇到集合之间的关系处理。此时建立一个新集合 set2，并在此基础上进行集合运算：

```
set2={1,4,5,6,9,10}
print(set2)
```

运行结果：

```
{1, 4, 5, 6, 9, 10}
```

取两集合的交集、并集和余集，可以采用两种方法。

一种是直接用函数，如：

```
print(set1.difference(set2))
```

运行结果：

```
{2, 3}
```

这表示从 set1 剔除 set2 中存在的元素。

```
print(set1.intersection(set2))
```

运行结果：

```
{1, 4, 5, 6}
```

这表示两者共同存在的元素，即交集。

另一种是直接利用运算符“&”“|”和“-”等（注：没有加号“+”），对应的用法如下：

```
print(set1 & set2)
print(set1 | set2)
```

```
print(set1 - set2)
```

请读者自行查看结果。

在实际应用中，列表可以重复和排序，而集合主要是删除重复项，不关心出现的次数。

使用集合而不是列表，不仅能让我们编写更少的代码，而且还能获得更具可读性和高性能的代码。同时，集合是无序的，因此无法保证转换回列表时，元素的顺序不变。

5. 比较分析

总体而言，元组、列表、字典和集合作为 Python 的四大基本数据结构，用法相对比较简单。不过并不能满足于此，要进一步思考 Python 的数据结构，进一步思考为什么用元组、列表、字典和集合作为 Python 的四大基本数据结构，而不是其他？

笔者仅从统计的角度进行比较。毫无疑问，作为基础的数据结构，这些肯定是最常用的。而对于统计分析而言，更多涉及的是数组（Array）、序列（Series）和数据框（DataFrame，表格型数据）等。也就是说，Python 的基础数据结构离我们的统计分析还非常远。这也意味着 Python 在设计之初根本就不是为统计分析服务的。而 R 语言在设计之初就是为统计服务的，因此，其基础结构类型就是向量、数组、数据框和列表（注：与 Python 列表含义不同）等，不需要加载任何包就可以直接进行常规的统计分析。而 Python 必须加载 Numpy 或 Pandas 等库才能进行基础的统计分析。

正因如此，大多数 Python 类的图书，如《Python 程序设计基础》和《Python 编程——从入门到实践》等，更适合 Web 开发和程序设计等相关方向的读者，而对于需要进行统计分析的读者，最好选择与统计相关的图书阅读，会更有针对性。

2.2 数据操作基础

2.2.1 数据读取与保存

在统计分析中，最常见的就是数据的处理，第一步是进行数据读取（也称数据导入）。一般而言，在数据处理过程中，常用的数据格式为 txt 或者 csv，具体处理方法如下。

案例 2-7：读取平安银行股票数据。

首先做好准备工作，下载历史交易数据，并保存到本地文件夹。依次选择“资金流向→历史交易数据”选项，再单击右上角的“下载数据”选项，即得到 csv 格式的数据。

一般而言，将数据导入 Python 大致有三种方法：使用 Pandas 库、使用 Numpy 库、基于最原始的 open 命令，具体操作如下。

1. 使用 Pandas 库导入数据

Pandas 库是统计分析中最常用的库之一，里面有读取不同格式的多种函数，如 read_csv 和 read_excel 等，其中，前者用来读取 txt 和 csv 格式的文档，后者用来读取 xls 和 xlsx 格式的文档，如上述下载的数据为 csv 格式，可使用 read_csv 函数读取，对应命令如下：

```
import pandas as pd
payh=pd.read_csv(r'C:\Users\fwushi815\Downloads\000001.csv',
                 delimiter=',',encoding='gb2312')
```

前面是文件的路径，路径前面加一个字母 r（raw），表示原始方式，具体而言，对应路径中的“\”表示路径分隔符，而不是正则表达式中的意思；delimiter 为分隔符，常见的分隔符有逗号“,”或者制表符“\t”；encoding 为读取的编码，一般中文的编码是 gb2312、gbk、utf-8 及 utf-8-sig 4 种方式。

为了验证导入的数据结果是否正确，查看前 5 行数据：

```
print(payh.head())
```

运行结果：

```
          日期      股票代码    名称  ...      成交金额          总市值          流通市值
0  2020-11-06  '000001  平安银行  ...  1.486492e+09  3.423204e+11  3.423176e+11
1  2020-11-05  '000001  平安银行  ...  2.558562e+09  3.434848e+11  3.434820e+11
2  2020-11-04  '000001  平安银行  ...  2.275825e+09  3.555164e+11  3.555136e+11
3  2020-11-03  '000001  平安银行  ...  1.727488e+09  3.485303e+11  3.485275e+11
4  2020-11-02  '000001  平安银行  ...  1.702741e+09  3.421263e+11  3.421236e+11

[5 rows x 15 columns]
```

由此看出，数据与文档内容保持一致。在实际统计分析过程中，可能会涉及数据信息的查看，如查看数据维度、各变量名称和类型等，可以利用 shape、ndim 和 info 等函数进行查看，如：

```
print(payh.info())
```

运行结果：

```
<class 'pandas.core.frame.DataFrame'>
RangeIndex: 7272 entries, 0 to 7271
Data columns (total 15 columns):
 #   Column  Non-Null Count  Dtype
---  ------  --------------  -----
 0   日期      7272 non-null   object
 1   股票代码    7272 non-null   object
 2   名称      7272 non-null   object
 3   收盘价     7272 non-null   float64
 4   最高价     7272 non-null   float64
```

```
 5   最低价      7272 non-null   float64
 6   开盘价      7272 non-null   float64
 7   前收盘      7272 non-null   float64
 8   涨跌额      7272 non-null   object
 9   涨跌幅      7272 non-null   object
 10  换手率      7272 non-null   float64
 11  成交量      7272 non-null   int64
 12  成交金额     7272 non-null   float64
 13  总市值      7272 non-null   float64
 14  流通市值     7272 non-null   float64
dtypes: float64(9), int64(1), object(5)
memory usage: 852.3+ KB
None
```

由此可见，上述函数显示较全面的数据信息，包括数据类型、数据维度、各变量类型和内存使用情况等。

在实际过程中，还可以在读取时对数据设置索引列，数据对应的索引列应该为日期，对应的命令如下：

```
payh=pd.read_csv(r'C:\Users\fwushi815\Downloads\000001.csv',
                 delimiter=',',encoding='gb2312',index_col='日期')
```

运行结果：

```
             股票代码     名称    收盘价  ...        成交金额        总市值        流通市值
日期                                  ...
2020-11-06 '000001  平安银行 17.64  ... 1.486492e+09 3.423204e+11 3.423176e+11
2020-11-05 '000001  平安银行 17.70  ... 2.558562e+09 3.434848e+11 3.434820e+11
2020-11-04 '000001  平安银行 18.32  ... 2.275825e+09 3.555164e+11 3.555136e+11
2020-11-03 '000001  平安银行 17.96  ... 1.727488e+09 3.485303e+11 3.485275e+11
2020-11-02 '000001  平安银行 17.63  ... 1.702741e+09 3.421263e+11 3.421236e+11

[5 rows x 14 columns]
```

可以看出，日期列的名称不与正常列名在同一行，而是在下一行。

进一步，可以把此数据保存到当地文件夹，具体可使用 to_csv 函数，如保存为 txt 格式：

```
pd.DataFrame.to_csv(payh,path_or_buf=r'e:/payh.txt',sep=' ,')
```

打开 e 盘根目录，发现有一个名为 payh.txt 的新文件。

当然，也可以采用下列更简单的方法，如保存为 csv 格式：

```
payh.to_csv(r'e:/payh.csv',encoding='utf-8-sig')
```

需要注意的是，在保存 csv 格式中，需要设置编码类型，运用 signed 格式，否则上述提到的编码格式会出现乱码。

2. 使用 NumPy 库导入数据

NumPy 库也是统计分析中常用的库。不过 NumPy 读取的结果不像 Pandas 库的表格形式，而是类似嵌套列表的数组形式。这其中同样有很多函数对数据进行读取，如 loadtxt 和 genfromtxt 函数等。使用 loadtxt 函数读取数据的方法如下：

```
import numpy as np
payh_np=np.loadtxt(r'C:\Users\fwushi815\Downloads\000001.csv',
                  delimiter=',',dtype=np)
```

其中，dtype 为设置数据类型，此处为 np，即 NumPy 类型。

查看数据方式与列表类似，如查看前 5 行的数据：

```
print(payh_np[:5])
```

运行结果：

```
[['日期' '股票代码' '名称' '收盘价' '最高价' '最低价' '开盘价' '前收盘' '涨跌额' '涨跌
幅' '换手率' '成交量' '成交金额' '总市值' '流通市值']
 ['2020-11-06' "'000001" '平安银行' '17.64' '17.75' '17.22' '17.71' '17.7'
  '-0.06' '-0.339' '0.4374' '84878153' '1486492208.37'
  '3.42320397013e+11' '3.42317642615e+11']
 ['2020-11-05' "'000001" '平安银行' '17.7' '18.5' '17.54' '18.37' '18.32'
  '-0.62' '-3.3843' '0.7366' '142946944' '2558562453.18'
  '3.43484752105e+11' '3.43481988338e+11']
 ['2020-11-04' "'000001" '平安银行' '18.32' '18.48' '17.96' '18.35' '17.96'
  '0.36' '2.0045' '0.6429' '124763640' '2275824963.43'
  '3.55516421387e+11' '3.55513560811e+11']
 ['2020-11-03' "'000001" '平安银行' '17.96' '18.34' '17.7' '17.71' '17.63'
  '0.33' '1.8718' '0.4936' '95786863' '1727488481.5' '3.48530290836e+11'
  '3.48527486472e+11']]
```

由此发现，数据以类似嵌套列表的形式展示，且数据能够全部显示，但形式没有 Pandas 库友好，最后发现数据全部用引号显示。查看数据类型：

```
print(type(payh_np))
```

运行结果：

```
<class 'Numpy.ndarray'>
```

数据为 NumPy 中的 ndarray 类型，即多维数组。

进一步查看其中某行的数据类型：

```
print(type(payh_np[1]))
```

结果如下：

```
<class 'Numpy.ndarray'>
```

类型也是一样的。

考虑到读取结果全都有引号，说明数据应该都以字符的形式呈现，这种方式的数据不利于后续的统计分析。因此，实际中可以分别对每列数据格式进行设置后读取。对 dtype 参数进行设置，利用字典类型（Dict），其中，names 是指对应的列名，formats

是指每列数据类型（顺便指出的是，里面的中括号，可以用小括号表示，即列表换成元组）。具体如下：

```
payh_np=np.loadtxt(r'C:\Users\fwushi815\Downloads\000001.csv',
                   delimiter=',',skiprows=1,
                   dtype={'names':['日期','股票代码','名称','收盘价','最高价',
                                   '最低价','开盘价','成交量'],
                    'formats':[np.object,np.object,np.object,np.float,np.float,
                                  np.float,np.float,np.float]})
```

查看读取结果：

```
print(payh_np[:5])
```

运行结果：

```
[('2020-11-06', "'000001", '平安银行', 17.64, 17.75, 17.22, 17.71, 17.7 )
 ('2020-11-05', "'000001", '平安银行', 17.7 , 18.5 , 17.54, 18.37, 18.32)
 ('2020-11-04', "'000001", '平安银行', 18.32, 18.48, 17.96, 18.35, 17.96)
 ('2020-11-03', "'000001", '平安银行', 17.96, 18.34, 17.7 , 17.71, 17.63)
 ('2020-11-02', "'000001", '平安银行', 17.63, 18.05, 17.33, 17.65, 17.75)]
```

可以看出，数值型数据没有引号，说明已经是数值型数据，后续能够方便应用。为了验证是否如此，查看数据类型：

```
print(payh_np.dtype)
```

运行结果：

```
[('日期', 'O'), ('股票代码', 'O'), ('名称', 'O'), ('收盘价', '<f8'), ('最高价',
'<f8'), ('最低价', '<f8'), ('开盘价', '<f8'), ('成交量', '<f8')]
```

其中，O 是指 Object 类型，<f8 是指 float 相关类型数据。

当然，也可以使用 genfromtxt 方法读取。不过这个读取 csv 格式的数据较麻烦，此处可使用 txt 格式的数据。例如，上述保存为 payh.txt 数据，具体如下：

```
payh_np=np.genfromtxt(r'e:/payh.txt',delimiter=', ',
                      skip_header=1,encoding='utf-8')#dtype=None
```

其中，skip_header=1 是指忽略第 1 行，因为这行数据与后面的数据类型不一致，因此省略。

```
print(payh_np[:1])
```

运行结果：

```
[[            nan             nan             nan  1.76400000e+01
   1.77500000e+01  1.72200000e+01  1.77100000e+01  1.77000000e+01
  -6.00000000e-02 -3.39000000e-01  4.37400000e-01  8.48781530e+07
   1.48649221e+09  3.42320397e+11  3.42317643e+11]]
```

可以发现，前 3 个数据中出现了 nan 值，分别对应日期、股票代码和名称列，这些列是对象型，默认读取是数值型，因此进一步也需要设置数据读取的类型，请读者自行尝试。

这种排除表头的数据具有一致性，在一定程度上可以保存到本地文件夹，具体如下：

```
np.savetxt(r'd:/testResult/test.txt',payh_np,delimiter=',')
```

可以发现，d 盘的 testResult 文件夹中多了一个 test 文件。

在实际过程中，还可以保存为 npy 格式，具体如下：

```
np.savetxt(r'd:/testResult/test.npy',payh_np,delimiter=',')
```

##

NumPy 库及其数据类型

NumPy（Numeric Python）的前身为 Numeric，最早由 Jim Hugunin 与其他协作者共同开发。2005 年，Travis Oliphant 在 Numeric 中结合了另一个同性质的程序库 Numarray，并在其他扩展的基础上开发了 NumPy。NumPy 具有强大的多维数组对象，能够进行实用的线性代数、傅里叶变换和随机数生成函数等各种运算。

NumPy 通常与 SciPy（Scientific Python）和 MatPlotLib（绘图库）一起使用。这种组合广泛用于替代 MATLAB，是一个流行的技术计算平台。Python 作为 MATLAB 的替代方案，现在被视为一种更加现代和完整的编程语言。

NumPy 中定义的最重要的对象是 ndarray 的多维数组类型。它描述相同类型的元素集合。可以使用基于零的索引访问集合中的项目。ndarray 中的每个元素在内存中使用相同大小的块。ndarray 中的每个元素是数据类型对象的对象（称为 dtype）。

NumPy 类型与 List 和 Array 看起来相似，但存在区别，具体如下。

Python 中的列表（List）模块可以当作数组使用，但列表中的元素可以是任何对象，因此，列表中保存的是对象的指针，这样一来，为了保存一个简单的列表[1,2,3]。就需要 3 个指针和 3 个整数对象。对于数值运算来说，这种结构显然不够高效。

Python 中的 Array 模块只支持一维数组，不支持多维数组，也没有各种运算函数，因此不适合数值运算。

NumPy 的出现弥补了这些不足。对于统计分析而言，NumPy 库是在机器学习过程中导入和处理数据较常用的库。NumPy 变量数据有较多类型，具体如表 2-1 所示。

表 2-1 NumPy 库 dtype 类型[①]

代码	内容	代码	内容
'?'	boolean	'm'	timedelta
'b'	(signed) byte	'M'	datetime
'B'	unsigned byte	'O'	(Python) objects
'i'	(signed) integer	'S', 'a'	zero-terminated bytes (not recommended)
'u'	unsigned integer	'U'	Unicode string
'f'	floating-point	'V'	raw data (void)
'c'	complex-floating point	—	—

① 资料来源于 NumPy 官网。

另外，NumPy 的数据存储模式包括大于号和小于号，具体含义如表 2-2 所示。

表 2-2　数据存储模式

符　　号	含　　义
<	Little endian 小端存储
>	Big endian 大端存储

大端存储模式是指数据的低位（就是权值较小的后面那几位）保存在内存的高地址中，而数据的高位保存在内存的低地址中，这样的存储模式类似于把数据当作字符串顺序处理：地址由小向大增加，而数据从高位向低位放。

小端存储模式是指数据的低位保存在内存的低地址中，而数据的高位保存在内存的高地址中，这种存储模式将地址的高低和数据位权有效地结合起来，高地址部分权值高，低地址部分权值低，和我们的逻辑方法一致。

两者的区别以 16 进制 0x0A0B0C0D 为例。对于小端存储，低位是 0x0D，应存入低位地址，所以存入的顺序是 0x0D 0x0C 0x0B 0x0A；对于大端存储，则为 0x0A 0x0B 0x0C 0x0D，可以看出，两者存储方式恰好相反。

##

3. 基于最原始的 open 命令导入数据

这种方法是 Python 自带的读取方法，不需要导入任何库，通常读取函数有 read、readline 和 readlines 等。在实际中，为了使数据便于阅读和分析，使用 readlines 函数较多。例如，使用 readlines 函数读取数据时，以整体方式进行读取，需要对数据进行分割，一般事先创建空列表，具体如下：

```
data=[]
with open(r'C:\Users\fwushi815\Downloads\000001.csv') as file:
    for line in file.readlines():
        data.append(line.strip().split(','))
print(data[:2])
```

运行结果：

```
[['日期', '股票代码', '名称', '收盘价', '最高价', '最低价', '开盘价', '前收盘', '涨跌额', '涨跌幅', '换手率', '成交量', '成交金额', '总市值', '流通市值'], ['2020-11-06', "'000001", '平安银行', '17.64', '17.75', '17.22', '17.71', '17.7', '-0.06', '-0.339', '0.4374', '84878153', '1486492208.37', '3.42320397013e+11', '3.42317642615e+ 11']]
```

这种方法读取的数据结果为列表型，数据呈现嵌套列表形式。

也可以使用 read 函数读取，具体如下：

```
with open(r'C:\Users\fwushi815\Downloads\000001.csv') as file:
    data=file.read()
print(data[:100])
```

运行结果：

```
日期,股票代码,名称,收盘价,最高价,最低价,开盘价,前收盘,涨跌额,涨跌幅,换手率,成交量,成交金额,总市值,流通市值
2020-11-06,'000001,平安银行,17.64,17.75,17.
```

可以发现，这种方法读取的数据结果为字符型。

进一步，使用 readline 读取数据，具体如下：

```
with open(r'C:\Users\fwushi815\Downloads\000001.csv') as file:
    data=file.readline()
print(data[:100])
```

运行结果：

```
日期,股票代码,名称,收盘价,最高价,最低价,开盘价,前收盘,涨跌额,涨跌幅,换手率,成交量,成交金额,总市值,流通市值
```

可以发现，这种方法读取的数据结果也为字符型，而且只读一行，请读者自行测试读取多行的方法。

在实际过程中，也可以利用这种方法保存数据，如把上述 data 数据保存到当地文件夹，可先设置好文件路径，然后在后面加 w 即可，具体如下：

```
#write in different mode:'a','w+' etc
with open(r'e:/payh2.txt','w') as file:
    file.write(data)
```

则在 e 盘根目录下新增一个名为 payh2.txt 的文档。

在实际过程中，还可以分行写入数据，如：

```
with open(r'e:/payh2.txt','w') as file:
    for item in data:
        file.writelines(item)
```

这种方法虽然能够写数据，但写入后的数据发现没有任何分隔符，感兴趣的读者可以进一步思考如何处理成表格形式。

需要指出的是，使用不同类型读取的数据，需要使用同样的方法对应写入，否则会出错。例如，Pandas 库数据类型，使用 open 方法写入：

```
with open(r'e:/payh2.txt','w') as file:
    file.write(payh)
```

则出现如下错误：

```
TypeError: write() argument must be str, not DataFrame
```

同理，把 Numpy 数据类型用 open 方法保存，也会出现如下错误：

```
TypeError: write() argument must be str, not Numpy.ndarray
```

从而可以看出，Python 拥有比较强的数据类型，不同数据类型的结果在一定程度上不能用其他的命令进行分析，即 Pandas 库数据类型最好用 Pandas 库的相关函数进行分析；NumPy 数据类型最好用 NumPy 库的相关函数进行分析；open 中的数据，最好直接用字符的方法处理，如果需要用其他库的函数进行处理，最好先将数据进行转换。

在实际过程中，也可能遇到 xls 等格式，处理方法基本类似，此时需要使用 Pandas 库的 read_excel 函数，函数中很多参数与上述类似，请读者自行研究。

2.2.2 数据筛选与整理

在简单的统计分析中，最常见的是运用 Excel 对数据进行筛选和查询类的工作（Python 的术语称为切片）。这些工作完全可以用 Python 进行处理，此时大幅度依赖 Pandas 库中的函数进行分析。以下从数值型数据处理、文本型数据处理和表格合并三方面进行分析。

1. 数值型数据处理

案例 2-8：对在网易财经下载的平安银行 K 线数据进行如下处理。

① 删除不重要的列，包括“股票代码”“名称”“前收盘”“涨跌额”“换手率”“总市值”和“流通市值”共 7 列；② 将剩下的列命名为英文；③ 将数据按时间先后排序；④ 新增每日的收益率列，将列命名为 ret；⑤ 筛选出 ret 大于 5%的行；⑥ 筛选出开盘价大于收盘价的行；⑦ 筛选出最高价大于 20 且 ret 小于-5%的行。

根据上述要求，先导入原先的平安银行股票数据，具体如下：

```
import pandas as pd
payh=pd.read_csv(r'C:\Users\fwushi815\Downloads\000001.csv',delimiter=',',
          encoding='gb2312',index_col=0)
print(payh.head())
```

运行结果：

```
           股票代码   名称   收盘价  ...      成交金额        总市值        流通市值
日期                            ...
2020-11-06 '000001 平安银行 17.64 ... 1.486492e+09 3.423204e+11 3.423176e+11
2020-11-05 '000001 平安银行 17.70 ... 2.558562e+09 3.434848e+11 3.434820e+11
2020-11-04 '000001 平安银行 18.32 ... 2.275825e+09 3.555164e+11 3.555136e+11
2020-11-03 '000001 平安银行 17.96 ... 1.727488e+09 3.485303e+11 3.485275e+11
2020-11-02 '000001 平安银行 17.63 ... 1.702741e+09 3.421263e+11 3.421236e+11
```

（1）考虑到数据列太多，有部分列对于后续分析不需要，此时删除相关的列，可使用 drop 函数，具体如下：

```
#drop unuseless columns
payh.drop(columns=['股票代码','名称','前收盘','涨跌额','换手率',
      '总市值','流通市值'],inplace=True)
print(payh.head())
```

运行结果：

```
              收盘价   最高价   最低价   开盘价   涨跌幅      成交量       成交金额
日期
2020-11-06  17.64  17.75  17.22  17.71  -0.339   84878153 1.486492e+09
2020-11-05  17.70  18.50  17.54  18.37  -3.3843 142946944  2.558562e+09
```

```
2020-11-04  18.32  18.48  17.96  18.35   2.0045  124763640  2.275825e+09
2020-11-03  17.96  18.34  17.70  17.71   1.8718   95786863  1.727488e+09
2020-11-02  17.63  18.05  17.33  17.65  -0.6761   96845277  1.702741e+09
```

（2）为方便进一步分析，对剩余的中文列重新命名为英文，可使用 rename 或 columns 函数，其中，rename 函数使用字典形式修改名称，具体如下：

```
#rename columns
payh.rename(columns={'收盘价':'close','最高价':'high','最低价':'low',
          '开盘价':'open','成交量':'volume','成交金额':'turnover'},inplace=True)
print(payh.head())
```

运行结果：

```
             close   high    low   open   涨跌幅      volume     turnover
日期
2020-11-06  17.64  17.75  17.22  17.71  -0.339     84878153  1.486492e+09
2020-11-05  17.70  18.50  17.54  18.37  -3.3843   142946944  2.558562e+09
2020-11-04  18.32  18.48  17.96  18.35   2.0045   124763640  2.275825e+09
2020-11-03  17.96  18.34  17.70  17.71   1.8718    95786863  1.727488e+09
2020-11-02  17.63  18.05  17.33  17.65  -0.6761    96845277  1.702741e+09
```

读者自行测试使用 columns 方法进行重新命名。

（3）从上可以看出，数据按时间排序恰好相反，为使数据具有先后顺序，将索引项变成 datetime 类型（即日期时间类型，相当于时间序列），具体如下：

```
#set index to datetime
payh.index=pd.to_datetime(payh.index)
```

进一步对索引项排序：

```
#sort index for calculation
payh.sort_index(ascending=True,inplace=True)
print(payh.head())
```

查看数据，发现时间顺序已经正确。

（4）计算每日收益率，此时可以采用 3 种方法进行计算。为了结果显示美观，使用 round 函数并保留两位有效数字。

方法一：直接根据收益率公式计算，使用今日收盘价减去昨日收盘价的差除以昨日收盘价，对应如下，并把计算结果保存到 ret 列中，可使用 shift 函数（漂移项），具体如下：

```
#adding ret column
payh['ret']=round((payh['close']-payh['close'].shift())/payh['close'].shift()*100,2)
```

方法二：仍基于公式，此时使用差分函数 diff，具体如下：

```
payh['ret']=round(payh['close'].diff()/payh['close'].shift()*100,2)
```

方法三：直接使用百分比变化函数，对应如下：

```
payh['ret']=payh['close'].pct_change()
```

查看数据结果，可以发现这 3 种方法都使 payh 的数据多了 ret 列。

（5）筛选出收益率大于 5%的行，具体如下：

```
#fiter ratio>5
test=payh[payh['ret']>=5]
```

（6）筛选开盘价大于收盘价的行，常用两种筛选方式。

第一种是原始方式，最直接的方法是数据指定两列之间的比较，具体如下：

```
test1=payh[payh['open']>payh['close']]
```

第二种是省略中括号，用句号“.”代替，相当于运用函数一样，具体如下：

```
test1=payh[payh.open>payh.close]
```

（7）筛选涨幅大于 5 且开盘价大于 20 的行，结合上述两种方法，筛选方式如下：

```
test2=payh[(payh.ret>5) & (payh.open>20)]
```

或

```
test2=payh[(payh['ret']>5) &(payh['open']>20)]
```

这两种方法需要方括号引用列，并重复出现变量名称 payh，代码烦琐，Pandas 库开发者也意识到这个问题，因此增加了 query 函数，具体方式如下：

```
test2=payh.query('ret>5 and open>20') #the most frequency usage
```

毫无疑问，query 函数用法简洁，因此在筛选过程中是使用最多的一种方法。请读者自行练习，从而进一步熟悉 query 函数。

##

函数的运用

在编程过程中，很多函数及其用法不容易记忆，特别是刚学习时，往往把函数的某个字母输入错，此时可以充分利用代码的提示功能。在 Python 环境下，Spyder、PyCharm 和 Jupyter 等都有代码补全的提示功能。笔者主要运用 PyCharm 进行程序开发，在 PyCharm 中，如输入 pd.（注：后面一定要有点）时，代码提示如图 2-3 所示。

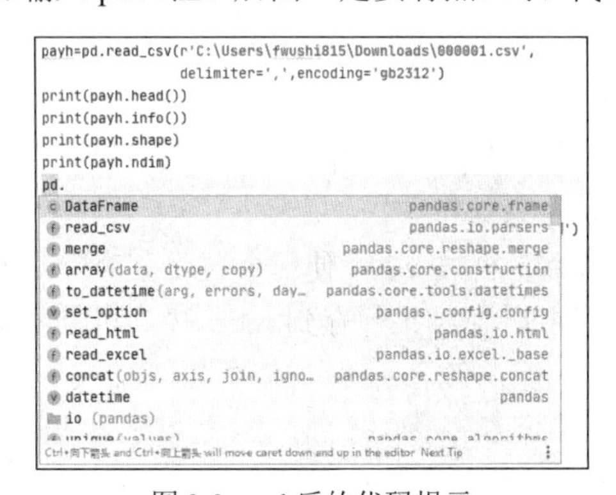

图 2-3　pd.后的代码提示

由此可见，Pandas 库里面存在大量的方法（或函数），如 DataFrame、read_csv 等。这种提示有以下几种用法。

第一，判断代码是否出错。知道函数前面部分内容，如图 2-4 所示，输入 rea 后，read_csv 正是我们要用的函数，此时只要按回车键就可以，避免了后续的代码出错。

也可以用来判定代码是否输错，如输入过程中，字母输错，敲成 pd.rad，并没有代码提示，则意味代码输入错了，马上利用后退键删除相应的字母重新输入。

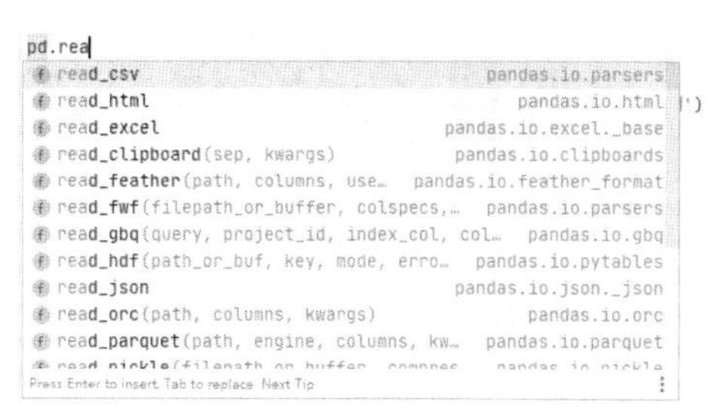

图 2-4　PyCharm 中 read 相关函数下拉菜单

第二，找到相关的新函数。例如，Pandas 库有没有什么其他的数据读取方法？特别是遇到新的问题时，想了解这个库里面有没有其他函数时比较有效。又如 read 相关的函数有“read_csv”“read_html”“read_excel”和“read_clipbroad”等，则分别对应读取不同数据源的内容。

第三，了解具体函数的用法。当正确输入某个函数后，进一步可以得到函数的具体用法，根据提示选择相应的参数进行判断。例如，函数中的 filepath_or_buffer，应该是读取路径或数据缓冲（见图 2-5）。

图 2-5　pd.read_csv 函数用法提示

在编程学习中，应该熟练运用代码补全功能，达到从入门到精通的目的。学习过程中应避免按照工具书从头到尾把所有函数浏览或者输入一遍，这样其实处理不了任何问题。而应该以实战为中心，即对于某个问题，现在要读取数据，应该用什么函数，若不知道可直接用必应或百度搜索。例如，在读取数据过程中，出现千分位逗号的数据该怎么处理，网上搜索即可。这样不但提高了解决问题的能力，而且能对经常出现的问题加深记忆。

##

2. 文本型数据处理

案例 2-9：深圳证券交易所（简称深交所）主板 A 股筛选与处理。

上述案例中的数据主要是浮点类型数据，在实际过程中，还涉及某些列为文字类型，因此，有必要对这种类型数据的处理方式进行了解。具体以深交所上市的股票列表为例，获取深交所主板所有上市的股票列表代码，并下载到本地文件夹。根据上述数据进行如下处理。

① 使用正确读取方法，将股票代码对应列的数据变成 6 位数，前者自动补充 0；② 筛选包含 ST 或*ST 股票；③ 筛选只有 3 个字符的股票名称；④ 筛选包含“20”的股票代码，筛选以“000”结束的股票代码；⑤ 筛选上市时间早于 2020 年的股票；⑥ 筛选来自广西地区，且不是来自主板和创业板的股票；⑦ 计算不同行业板块股票个数，计算来自各地区的总股本和流通股本。

下载后，发现数据呈 Excel 格式，具体使用 read_excel 函数读取数据。

（1）读取数据，选择合适的列，所有类型都设置为 str 型，同时考虑总股本和流通股本为数值型数据，且数据用逗号分隔，采用下列读取方法：

```
import pandas as pd
stocklist=pd.read_excel(r'D:\datasets\A股列表.xlsx', thousands=',',
                        dtype=str,usecols=[0,1,2,3,4,5,6,7,8,14,15,16,17],
                        converters={'A股总股本':float,'A股流通股本':float})
```

在后续分析过程中，大量使用 pandas.Series.str 相关的方法。

首先在处理数据过程中，发现列名称无法使用，原来列名称中存在空格，删除空格和多余的名称，具体如下：

```
#replace columns names
stocklist.columns=stocklist.columns.str.replace('A股| ','') #| is useful!
#stocklist['简称']=stocklist['简称'].astype(str)
```

查看数据信息：

```
print(stocklist.info())
```

运行结果：

```
<class 'pandas.core.frame.DataFrame'>
RangeIndex: 2332 entries, 0 to 2331
Data columns (total 13 columns):
 #   Column  Non-Null Count  Dtype
---  ------  --------------  -----
 0   板块      2332 non-null   object
 1   公司全称    2332 non-null   object
 2   英文名称    2332 non-null   object
 3   注册地址    2332 non-null   object
 4   代码      2332 non-null   object
 5   简称      2332 non-null   object
 6   上市日期    2332 non-null   object
 7   总股本     2332 non-null   float64
```

```
 8   流通股本    2332 non-null   float64
 9   地区       2332 non-null   object
 10  省份       2332 non-null   object
 11  城市       2332 non-null   object
 12  所属行业    2332 non-null   object
dtypes: float64(2), object(11)
memory usage: 237.0+ KB
```

可以发现，除两个设定为浮点型数据，其他数据都是 object 类型。

（2）进一步查看包含 ST 或*ST 的股票，使用 contains 函数，具体如下：

```
dummy1=stocklist['简称'].str.contains('st')
#print(stocklist[dummy1])
```

（3）筛选股票代码中包含“020”的股票。需要指出的是，这里筛选的是字符型数据中包含的部分或全部内容，同样使用字符处理的相关用法如下。

```
#filter column contains '20'
dummy=stocklist['代码'].str.contains('020')
print(stocklist[dummy])
```

运行结果：

```
          代码      简称
15    000020    深华发A
459   002001    新和成
460   002002    鸿达兴业
461   002003    伟星股份
462   002004    华邦健康
...      ...      ...
1647  300205    天喻信息
1648  300206    理邦仪器
1649  300207    欣旺达
1650  300208    青岛中程
1651  300209    天泽信息

[110 rows x 2 columns]
```

（4）筛选名称只有 3 个字符的结果，此时使用长度函数：

```
#filter stockName length==3
dummy2=stocklist['简称'].str.len()==3 #OK now!
print(stocklist[dummy2].head())
```

Pandas 库中的字符系列是筛选过程中比较常用的方法，其中相关常见的函数方法如表 2-3 所示。

表 2-3　Pandas.Series.str 系列常用函数[①]

函　　数	用　　法	函　　数	用　　法
Series.str.contains	包含	Series.str.join	连接
Series.str.count	计数	Series.str.len	长度
Series.str.endswith	以什么结尾	Series.str.lower	大小写
Series.str.find	查找	Series.str.match	匹配开头
Series.str.findall	查找所有	Series.str.replace	替换
Series.str.get	位置	Series.str.split	分割
Series.str.index	索引	Series.str.zfill	零值补充

（5）进一步筛选上市日期早于 2020 年的股票。由于 object 类型无法进行大小比较，需要将其类型转换成日期型：

```
stocklist['上市日期']=pd.to_datetime(stocklist['上市日期'])
```

在此基础上进行筛选，同样采用以下两种方法，第一种是原始方法，用特定列数据大于内容，具体如下：

```
test=stocklist[stocklist['上市日期']>'2020-01-01']
```

第二种采用“.”引用的方法，具体如下：

```
test=stocklist[stocklist.上市日期>'2020-01-01']
```

（6）上述两种方法都需要方括号引用列，并重复出现变量名称 stocklist，但其代码烦琐，因此常用 query 方法进行筛选，如筛选来自广西地区的股票：

```
df_filter=stocklist.query('省份=="广西"')#note:different comma
```

进一步筛选不在创业板和主板的股票，用运算符：

```
df_filter1=stocklist.query('板块 != ["主板","创业板"]')
```

或者用逻辑运算符：

```
df_filter1=stocklist.query('板块 not in ["主板","创业板"]')
```

（7）进一步对所属行业的股票数量进行统计，此时用 groupby 分组函数，将分组结果进行合并可使用 agg 函数（groupby 通常搭配的是 agg 函数，当然也可以使用 apply 函数），具体如下：

```
df_group=stocklist.groupby('所属行业').agg('count')
```

对总股本和流通股本按省份进行统计：

```
df_group1=stocklist.groupby('省份').agg({'总股本':['sum','count'],'流通股本':'max'})
df_group=stocklist.groupby('地区')
print(df_group.size(), len(df_group))
```

结果如下：

```
地区
东北      77
华东     918
华中     202
```

① 数据来源于 Pandas 库的参考资料，str 相关用法的全部函数请参考 Pandas 官网。

```
华北    288
华南    596
西北     89
西南    162
dtype: int64 7
```

##

PyCharm 开发环境函数提示说明

PyCharm 是 Python 中最实用的工具之一。在编程开发过程中，通常会遇到某些函数用法不清楚,或者函数参数遗忘等问题,此时可以充分使用 PyCharm 的相关功能。

第一种方法，使用 Ctrl+P 查看函数的用法。例如，Pandas 库的读取数据 read_csv 函数，对应的弹出窗口显示如图 2-6 所示。其内容使用 BNF 范式显示所有参数及其用法。

其中，巴科斯范式（BNF，Backus-Naur Form）是一种定义语法规则的语法，是由美国人巴科斯（Backus）和丹麦人诺尔（Naur）的名字命名的一种形式化的语法表示方法，用来描述语法的一种形式体系，是一种典型的元语言，Python 的官方文档都使用这个语言范式，如 read_csv 函数的显示结果如图 2-6 所示。

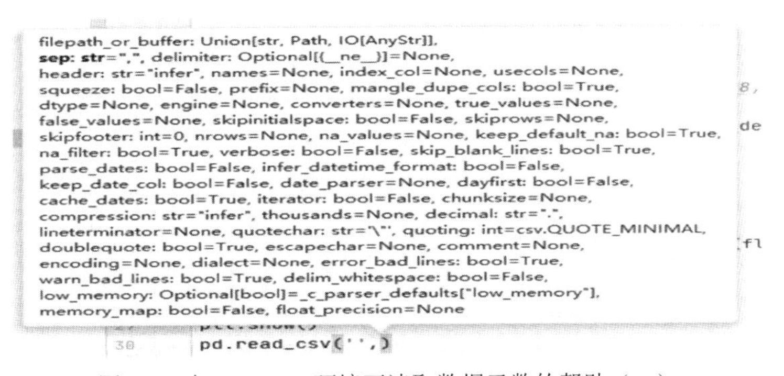

图 2-6 在 PyCharm 环境下读取数据函数的帮助（一）

在 read_csv 中，第一个参数为 filepath_or_buffer，这个参数对应的范式为：Union[str,path,IO(AnyStr)]，其中，Union 表示联合类型，如后面是字符串、路径或 IO 类型中的一种；[]表示可选项，意味着 str、path 和 IO 选择其中一个即可。

Python 中常见的巴科斯范式主要规则如表 2-4 所示。

表 2-4 Python 常见巴科斯范式主要规则

符号	含义	参数	含义
< >	必选项	Any	所有类型
[ ]	可选项	Callable	可调用类型，用来注解方法
{ }	可重复 0 至无数次的项	Generator	生成器类型

续表

符　　号	含　　义	参　　数	含　　义
|	左右两边任选一项，相当于 OR	newType	声明一些具有特殊含义的类型
:: =	被定义为	Optional	可以为空或已经声明的类型
"..."	术语符号	TypeVar	自定义兼容特定类型的变量
[...]	选项，最多出现一次	Union	联合类型
{...}	重复项，任意次数，包括 0 次	—	—
(...)	分组	—	—
|	并列选项，只能选一个	—	—
斜体字	参数，在其他地方有解释	—	—

第二种方法，使用 Ctrl+Shift+I 键求助具体参数及用法，对应的读取数据函数如图 2-7 所示。可以发现，使用这种方式得到的结果更人性化，能够分别看出每个参数的用途。

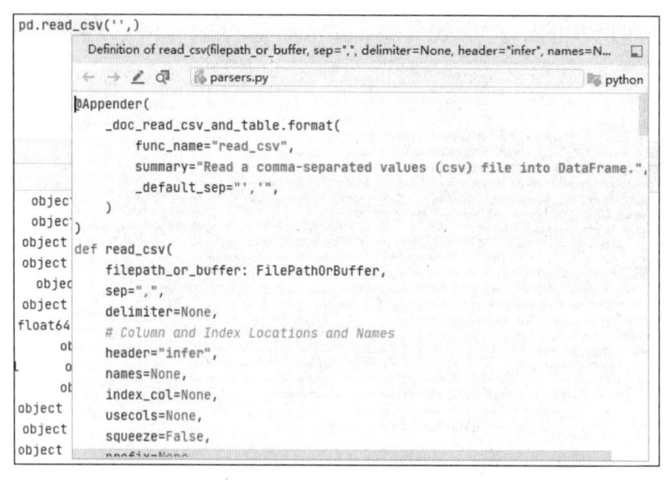

图 2-7　在 PyCharm 环境下读取数据函数的帮助（二）

##

3. 表格合并

案例 2-10：使用通达信软件的本地相关文件，整理通达信行业各板块及其对应的股票。

通达信是普通投资者用得非常多的软件之一，在分析中经常涉及板块投资分析，特别是对板块股票进行统计时，大量投资者都对相应板块感兴趣。图 2-8 所示是通达信行业板块的代码和名称。但量化交易投资者需要进一步了解，某个板块（如有色板块）中具体包含多少只股票，这些股票代码分别为哪些。若能够整理出相应的板块及其对应的股票，则能够为后续的量化分析提供基础性的工作。

代码	名称
880324	有色
880390	汽车类
880459	运输服务
880497	综合类
880447	工程机械
880446	电气设备
880318	钢铁
880453	公共交通
880301	煤炭
880430	航空
880455	供气供热
880437	通用机械
880399	家居用品
880350	造纸
880398	医疗保健
880380	酿酒
880440	工业机械
880372	食品饮料
880418	传媒娱乐

代码	名称
880355	日用化工
880330	化纤
880465	交通设施
880335	化工
880424	旅游
880351	矿物制品
880456	环境保护
880400	医药
880406	商业连锁
880344	建材
880305	电力
880423	酒店餐饮
880432	运输设备
880421	广告包装
880492	元器件
880493	软件服务
880489	IT设备
880448	电器仪表
880472	证券

代码	名称
880310	石油
880367	纺织服饰
880476	建筑
880422	文教休闲
880414	商贸代理
880490	通信设备
880452	电信运营
880454	水务
880360	农林牧渔
880474	多元金融
880482	房地产
880494	互联网
880471	银行
880491	半导体
880387	家用电器
880464	仓储物流
880431	船舶
880473	保险

图 2-8 通达信行业板块代码和名称

经过笔者比较研究和结合网络资料发现，通达信相关的行业板块资料在如下文档中①具体为 tdxhy.cfg、tdxzs.cfg 与 tdxzs2.cfg。这 3 个文件都能用 txt 记事本的方式打开，打开后另存为记事本，分别命名为 txghy.txt、tdxzs.txt 和 tdxzs2.txt。其中，tdxzs 对应的是通达信行业板块分类结果，tdxzs2 是申万行业分类结果。②对应 3 个文件位置如图 2-9 所示。

(D:) › Program Files › new_tdx › T0002 › hq_cache   搜索"hq_

名称	修改日期	类型	大小
szm.tnf	2020-11-7 17:25	TNF 文件	3,649
szqqcode.txt	2020-11-7 17:26	文本文档	22
tdxadr.cfg	2020-11-6 17:28	CFG 文件	1
tdxdszs.cfg	2020-11-6 17:44	CFG 文件	8
tdxhy.cfg	2020-11-7 17:25	CFG 文件	132
tdxmgag.cfg	2020-11-6 17:28	CFG 文件	7
tdxpkmore.cfg	2020-11-6 17:18	CFG 文件	9
tdxsbzs.cfg	2020-11-6 17:38	CFG 文件	1
tdxstat.cfg	2020-11-6 17:19	CFG 文件	681
tdxzs.cfg	2020-11-6 17:44	CFG 文件	16
tdxzs2.cfg	2020-11-6 17:44	CFG 文件	20
tdxzsbase.cfg	2020-11-7 17:25	CFG 文件	84
tend_std.cfg	2020-11-6 17:26	CFG 文件	16
tipinfo.dat	2020-11-6 17:55	KMPlayer.dat	302
xgsg.cfg	2020-11-6 17:28	CFG 文件	5
zd.zip	2020-11-5 9:32	压缩(zipped)文件...	256
zhb.zip	2020-11-7 17:25	压缩(zipped)文件...	470
zszdcomte.dat	2020-11-6 10:57	KMPlayer.dat	7
zxsscomte.dat	2020-11-6 10:57	KMPlayer.dat	1

图 2-9 通达信安装文件夹中对应行业板块文件

① 具体位于×××/new_tdx/T0002/hq_cache 文件夹中，其中，×××为计算机中通达信的安装路径。

② 需要指出的是，后者分类结果与万得数据库和新浪中的申万结果略有差异，感兴趣的读者可自行比较。

此处只分析通达信行业板块股票，申万板块对应股票请读者自行研究。两个文档分别为 tdxhy 与 tdxzs，对比发现，左边文档包括地区和行业板块等名称和代码，如煤炭行业板块对应 880302 与 T0101，其中，前者数字（880302）恰好对应通达信看盘软件中的行业代码，而后者 T0101 经过比较发现，正好与 tdxhy 文档中的中间一列相对应，如 000552 为靖远煤电，正好属于煤炭板块。而右边文档中间有些股票为 4 位数（如 T1004），有些为 6 位数（T010101），进一步研究发现，4 位数为二级板块分类，6 位数为三级板块分类（即细分行业板块分类），且 6 位数的前 4 位对应二级行业分类，如图 2-10 所示。

根据上述特征，可以把两个文档合并，从而获取各股票对应的通达信二级行业板块分类，如图 2-10 所示。

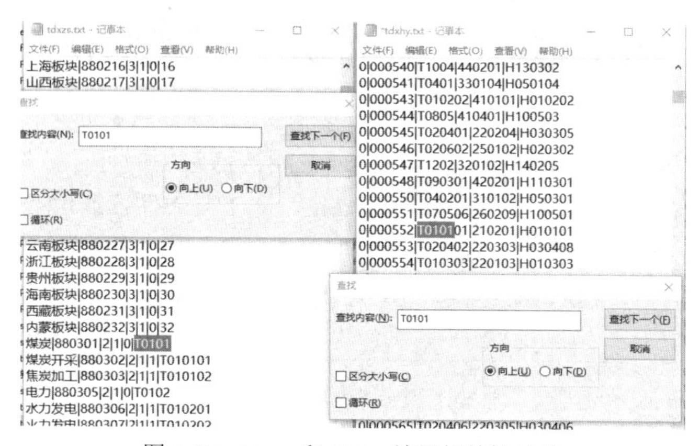

图 2-10　tdxzs 和 tdxhy 结果相关性比较

根据上述分析对文件进行处理和合并，最终进行通达信行业板块分类结果。具体步骤如下。

（1）导入 Pandas 库。

```
import pandas as pd
```

后续为更好地显示内容结果，设置显示方式，具体如下：

```
pd.set_option('display.max_rows',600)
```

读取两个文档数据。读取过程中需要注意的是：一方面，文档没有列名称，此时设置 header=None；另一方面，数据分隔符为“|”，同时考虑股票代码有 0，dtype 设置为 str，具体如下：

```
#reading txt file
tdxhy=pd.read_csv(r'E:\datasets\tdxhy.txt',delimiter='|',encoding='gb2312',
                  header=None,dtype=str)
tdxzs=pd.read_csv(r'E:\datasets/tdxzs.txt',delimiter='|',encoding='gb2312',
                  header=None,dtype=str)
```

（2）考虑到有些列没有用，因此删除，并对列进行命名。需要注意的是，因为后续要合并，两个文档中相同的列必须保持名称一致，具体如下：

```
#rename same columns with the same names and drop unrelated columns
tdxhy.drop(columns=[0,3,4],inplace=True)
tdxzs.drop(columns=[2,3,4],inplace=True)
tdxhy.columns=['stockcode','corrcode']
tdxzs.columns=['indname','indcode','corrcode']
```

（3）筛选行业板块内容。考虑到 tdxzs 包含了行业板块和地区板块，只需要行业板块代码，具体对应 32～163 行，此处运用 iloc 函数筛选，具体如下：

```
#filter 32-163 rows
tdxzs=tdxzs.iloc[32:164]
```

与此相关的筛选函数还有 loc、at 和 iat，请读者自行测试其用法。

（4）合并两个文档，可以用 merge、join 和 concat 等函数，此处用 merge 函数，具体如下：

```
#test=pd.merge(tdxhy,tdxzs,on='corrcode')
test=tdxhy.merge(tdxzs)
```

其他两个函数的用法，请读者自行测试。

为方便查看，根据股票代码进行排序：

```
test.sort_values(by='stockcode',inplace=True)
print(test.head())
```

结果如下：

```
    stockcode corrcode indname indcode
0     000001    T1001     银行       880471
37    000002    T110201   全国地产   880483
74    000004    T1206     互联网     880494
158   000005    T0805     环境保护   880456
251   000006    T110202   区域地产   880484
```

需要指出的是，上面的全国地产和区域地产属于三级行业分类。若取前面 5 位 T1102，则对应二级行业分类，也就是房地产行业分类。读者可以自行测试。

表格合并通常使用的 4 大函数及其用法如表 2-5 所示。

表 2-5　4 大函数及其用法

函　　数	操　　作	数 据 类 型
concat()	行或列合并，支持内和外合并	数据框或序列
merge()	列合并，支持左、右、内和外 4 种合并	数据框
append()	行合并，往后加行	数据框或序列
join()	列合并，支持左、右、内和外 4 种合并	数据框或序列

一般而言，最常用的方法是：

```
pandas.merge(df1,df2)
```

或者

```
df1.merge(df2)
```

当这两种方法满足不了要求时，则试一下其他函数，看看哪种方法能达到自己的目的。例如，对于某些情况下，需要保持 df1 数据框所有的行，并把 df2 数据框相同的合并进来，此时则使用 df1.join(df2)等函数。各函数不同之处请读者自行练习。

2.2.3 不同周期 K 线数据转换

量化交易特别是在回测过程中，需要经常对不同时间周期的 K 线进行转换，如把日线转换为周线或月线，从而方便对同一策略在不同时间周期下的绩效进行测试，以期获得最佳的绩效。

案例 2-11：以来源于通达信的吉比特股票数据为例，要求将股票的日线数据转换为周线数据。

一般而言，数据转换可以采用 resample 函数和 groupby 函数两种方法，下面分别进行描述。

1. 使用 resample 函数结合 apply 进行处理

resample 函数，顾名思义为重新抽样，即基于原始数据的筛选或处理工作。

（1）导入数据库并读取通达信源的 K 线数据。

```
import pandas as pd
```

其中，在通达信股票数据中，前面一行和最后一行不是 K 线数据，需要删除，对应添加 skiprows 和 skipfooter 参数，具体命令如下：

```
jbt=pd.read_csv(r'E:\datasets\Stocks\weighted\tdx\603444.txt',
              encoding='gb2312',delimiter='\t',skipfooter=1,
              skiprows=1,index_col=0)
```

（2）为方便更改列名称和索引名称，具体命令如下：

```
jbt.columns=['open','high','low','close','volume','turnover']
jbt.index.rename('date',inplace=True)
jbt.index=pd.to_datetime(jbt.index)
#print(jbt)
print(jbt.tail(10))
#print(jbt.head())
```

运行结果：

```
              open    high     low   close   volume     turnover
date
2020-11-30  368.00  381.08  356.00  375.81  1689437  629318144.0
2020-12-01  374.16  404.30  371.00  396.00  2035179  799351040.0
2020-12-02  399.79  410.66  390.20  401.87  1605466  642778688.0
2020-12-03  399.58  410.96  399.54  406.90  1156299  469661376.0
2020-12-04  405.02  409.19  397.77  401.80   967732  388560352.0
2020-12-07  401.48  404.26  396.00  401.00   698541  279973344.0
```

```
2020-12-08  401.32  416.87  399.32  410.30  1468405  603634880.0
2020-12-09  410.26  413.86  403.00  404.60   800034  325445312.0
2020-12-10  400.00  406.62  393.06  401.00   862129  344638112.0
2020-12-11  402.34  404.50  389.02  396.21   971057  385300896.0
```

从上可知，K 线数据包括 7 列：日期、开盘价、最高价、最低价、收盘价、成交量和成交金额。将日线转换成高阶的周线或月线过程中，最高价（最低价）就是此时间段的最高价（最低价），开盘价就是此时间段最开始一天的开盘价，收盘价则是此时间段最末一天的收盘价，成交量和成交金额是此时间段的数据加总。

（3）设置不同价格的转换逻辑。其中，开盘价为 first、最高价为 max、最低价为 min、收盘价为 last、成交量和成交额则为总和为 sum，此时需要利用字典方式转换，具体如下：

```
logic = {'open' : 'first','high': 'max','low' : 'min',
         'close' : 'last','volume': 'sum', 'turnover':'sum'}
```

（4）在此基础上，利用 resample 函数和 apply 函数进行逻辑转换，具体如下：

```
test=jbt.resample(rule='W',closed='left',convention='end').apply(logic)
```

其中，rule 为转换的周期，W 为周线（Weekly），M 为月线（Monthly），Q 为季线（Quarterly）。

```
print(test.tail())
```

运行结果：

```
              open    high     low   close   volume      turnover
date
2020-11-15  462.98  475.80  428.94  434.86  5713335  2.582501e+09
2020-11-22  432.63  435.00  396.24  408.65  4829688  1.996561e+09
2020-11-29  410.65  412.00  362.11  366.69  5716583  2.193834e+09
2020-12-06  368.00  410.96  356.00  401.80  7454113  2.929670e+09
2020-12-13  401.48  416.87  389.02  396.21  4800166  1.938993e+09
```

结果完全正确。请读者自行分析 closed 和 convention 参数的含义。

其中，resample 函数的具体用法如下：

```
DataFrame.resample (rule, axis=0, closed=None, label=None, convention='start',
kind=None, loffset=None, base=None, on=None, level=None, origin='start_day', offset=None)
```

resample 函数常用参数及说明如表 2-6 所示。

表 2-6 resample 函数常用参数及说明

参　数	说　明
Rule	表示抽样频率，如 3W、M、Q 和 2D 等
axis = 0	默认是抽取行，抽取列设置 axis=1
Label = 'right'	在降采样时，设置标签。例如，9：30—9：35 会被标记成 9：30 还是 9：35，默认为 9：35
closed = 'right'	在抽样时，各时间段的哪一段是闭合的，right 或 left，为默认 left，但对于 M、A、Q、BM、BA、BQ 和 W，默认为 right

续表

参 数	说 明
loffset = None	面元标签的时间校正值，如'-1s'或 Second(-1)用于将时间调早 1s
convention = None	当重采样时期时，将低频率转换到高频率所采用的约定（start 或 end），默认为 end
kind = None	聚合到时期 period 或时间戳 timestamp，默认为抽样到时间序列的索引类型

需要指出的是，运用 resample 函数后，对应的结果为 DatetimeIndexResampler 类型，要获得对应的结果，还需要进一步重整，即在后续增加相关的函数。若需要增加抽样频率，将年度数据变成季度数据，则可以在后面增加 interpolate、pad 和 bfill 等函数。若降低抽样频率，将日线数据转换成周线数据，则可以增加 last、first、sum、mean、np.max 和 ohlc 等函数。在实际编程中，可能遇到对不同列采用不同方式处理的情形，则出现上文所说的方法。请读者自行尝试各种用法的结果。

2. 使用 groupby 和 agg 函数组合

groupby 函数是根据某一列进行分组，类似 excel 函数的“数据→筛选”功能，但 groubpy 函数的功能更强大。可以根据单元格的全部或部分内容进行筛选或分组，还可以根据多列进行筛选或分组。

（1）同样读取数据，此时采用不设置索引项的方法，具体如下：

```
import pandas as pd
jbt=pd.read_csv(r'e:/datasets/stocks/weighted/tdx/603444.txt',
                encoding='gb2312',delimiter='\t',skipfooter=1, skiprows=1)
jbt.columns=['date','open','high','low','close','volume','turnover']
jbt ['date']=pd.to_datetime(jbt['date'])
jbt.sort_index(inplace=True)
jbt ['ret']= jbt ['close'].pct_change()
print(jbt.head())
```

运行结果：

```
        date   open   high    low  close  volume   turnover       ret
0 2017-01-04  56.06  56.06  56.06  56.06    8800   684288.0       NaN
1 2017-01-05  63.84  63.84  63.84  63.84    4400   376376.0  0.138780
2 2017-01-06  72.39  72.39  72.39  72.39    4000   376360.0  0.133929
3 2017-01-09  81.80  81.80  81.80  81.80   10326  1068741.0  0.129990
4 2017-01-10  92.15  92.15  92.15  92.15   16600  1889910.0  0.126528
```

（2）在编程过程中，groupby 也是筛选过程中常用的函数，具体根据某列或多列中相同的内容进行分组。此处需要把数据转换成周线数据，考虑到某周内的数据中，相同的项为对应的周，因此先提取周，并重新生成一列，命名为 week_number，具体如下：

```
jbt['week_number'] = jbt['date'].dt.isocalendar().week
```

进一步设置相同的年份：

```
jbt['year'] = jbt['date'].dt.isocalendar().year
```

在此基础上，根据年份和周进行分组：

```
df2 = jbt.groupby(['year','week_number'])
print(df2)
```

运行结果：

```
<pandas.core.groupby.generic.DataFrameGroupBy object at 0x000001D3D8551760>
```

可以看出，结果为 DataFrameGroupBy 对象，并不是 DataFrame 对象。

可以通过 head 查看：

```
print(df2.head())
```

运行结果：

```
           date    open    high  ...       ret  week_number  year
0    2017-01-04   56.06   56.06  ...       NaN            1  2017
1    2017-01-05   63.84   63.84  ...  0.138780            1  2017
2    2017-01-06   72.39   72.39  ...  0.133929            1  2017
3    2017-01-09   81.80   81.80  ...  0.129990            2  2017
4    2017-01-10   92.15   92.15  ...  0.126528            2  2017
...         ...     ...     ...  ...       ...          ...   ...
1009 2021-03-02  333.29  337.00  ...  0.011018            9  2021
1010 2021-03-03  337.00  367.34  ...  0.097006            9  2021
1011 2021-03-04  364.99  371.88  ...  0.001638            9  2021
1012 2021-03-05  364.25  381.93  ...  0.024741            9  2021
1013 2021-03-08  380.01  396.62  ...  0.000718           10  2021

[1014 rows x 10 columns]
```

（3）进一步使用 agg 函数进行处理。同样考虑到不同列需要进行不同的处理，因此设置转换逻辑，具体如下：

```
logic={'open':'first', 'high':'max', 'low':'min', 'close':'last',
       'volume':'sum','turnover':'sum','ret':'sum'}
# Grouping based on required values
```

运用 agg 函数进行分析：

```
df2 = jbt.groupby(['year','week_number']).agg(logic)
print(df2.head())
```

运行结果：

```
                    open   high    low  close    volume      turnover       ret
year week_number
2016 52             7.34  10.01   7.34  10.01     26395  4.166383e+05  0.223333
2017 1             11.11  15.13  11.11  15.13     25992  6.270625e+05  0.435182
     2             16.74  24.97  16.74  24.97  24788711  9.745161e+08  0.526956
     3             23.54  25.64  21.84  25.64  73747023  2.931260e+09  0.033691
     4             26.69  29.31  25.93  27.63  46775906  2.104443e+09  0.075715
```

可以看出，结果基本一致，只是此处分组的形式，索引为多种，而前者直接采用抽样的方法，索引直接对应时间。相对而言，前一种方法更方便后续使用。

在某种程度上，groupby 函数类似于 resample 函数，前者为分组，后者为重新抽样（筛选），根据某种相同的内容进行筛选，两者就能得到一样的结果，如上述所示。

##

Pandas 库介绍

Pandas（Python Data Analysis Library）库是基于 NumPy 库的一种工具，于 2008 年由 Wes McKinney 开发，并于 2009 年底开源。目前，Pandas 库由 PyData 开发团队继续开发和维护，属于 PyData 项目的一部分。

Pandas 库开发时借鉴了 R 语言的数据结构。具体基于 NumPy 库搭建，支持 NumPy 库中定义的大部分计算，含有使数据分析工作更简单高效的高级数据结构和操作工具，底层用 Cython 和 C 语言进行速度优化，极大地提高了执行效率。由于 Pandas 库最初被作为金融数据分析工具而开发出来，因此，Pandas 库对时间序列分析提供了很好的支持。同时，库支持面板数据（Panel Data）的处理，这种数据就是常见的表格类型数据。

Pandas 库常见的数据结构有如下三大类。

（1）Series：用于存储序列的一维数据，与 NumPy 库中的一维 Array 类似。二者与 Python 基本的数据结构 List 也很相近。Series 能够保存不同种类的数据类型，如字符串、boolean 值和数字等。

（2）DataFrame：二维表格型数据结构，与 R 语言中的 data.frame 类似。DataFrame 是一个带有索引的二维数据结构，每列都有名称，并且有不同的数据类型。类似 Excel 表格或数据库中的一张表，是最常用的对象。

（3）Time-Series：以时间戳（Time Stamp）为 index 元素的 Series 类型，用来进行时间序列分析处理。

虽然这些数据结构不能解决所有问题，但为大多数应用提供了有效和强大的工具，且理解和使用起来比较简单。

##

2.2.4 字符串处理与人机互动

大量图书在关于数据和字符处理的讲解中，都称为字符或数据的切片，这是计算机的专业术语。在统计中，称作数据的整理或筛选更合适。本节将介绍字符串的处理，并且通过键盘或鼠标控制方式动态选择。

1. 字符串及其格式化输出

一般而言，字符串的用法与元组和列表的用法有很多相同之处，特别是索引。当然，字符串还有自身的不同用法。与此同时，为了使结果的可视化更强、更美观，需要进行字符串及其数字的格式化输出。

（1）字符串用法。例如，量化投资（Quantitative Investment）英文字符串，对应如下：

```
sample_str = 'Quantitative Investment'
```

对字符串的索引，与元组和列表的索引方式相似，如：

```
print (sample_str[3:5])
```

运行结果：

```
nt
```

字符串查询：

```
print (sample_str[7:-4])
```

运行结果：

```
ative Invest
```

反过来排列：

```
print(sample_str[::-1])
```

运行结果：

```
tnemtsevnI evitatitnauQ
```

字符串进一步可以分割，如对下列字符串：

```
strings = 'Quantitative Investment with Python'
```

进行分割，利用 split 函数：

```
print (strings.split())
```

运行结果：

```
['Quantitative', 'Investment', 'with', 'Python']
```

发现结果是一个列表类型。

进一步可以设置分割几次，如分割两次：

```
print (strings.split(' ', 2))
```

运行结果：

```
['Quantitative', 'Investment', 'with Python']
```

当然，字符串还有其他用法，如替换：

```
print (strings.replace('Python','R'))
```

运行结果：

```
Quantitative Investment with R
```

总的来说，字符串的很多用法都被 Pandas.Series.str 吸收了，因此能够很好地处理数据框中变量列的筛选等统计分析问题。

字符串的连接：

```
seq=('Quantitative','with','Python')
print(' '.join(seq))
```

运行结果：

```
Quantitative with Python
```

（2）在实际过程中，经常要对数值进行格式化输出，最常用的是用 format 函数，具体如下：

```
{[<name>][!<conversion>][:<format_spec>]}
```

其中，“name”指变量名称；“!<conversion>”指转换字符类型，分别为"!s"（表示 str()）、"!r"（表示 repr()）和"!a"（表示 ascii()）；“:<format_spec>”表示具体输出设定。

这 3 个参数中，“!<conversion>”在实际编程过程中使用得非常少，在此不做介绍。

根据巴克斯范式规则可知，中括号为可选项，即里面可以全部省略：

```
# default arguments
print("Holding stock {}, the current P&L is {}.".format("601138", 23000.2346))
```

可以看出，省略了中括号内容，运行结果如下：

```
Holding stock 601138, the current P&L is 23000.2346
```

可以利用[<name>]进行格式化输出：

```
# keyword arguments
print("Holding stock {symbol}, the current P&L is {pl}.".format(
    symbol="601138", pl=23000.2346))
```

还可以对后面的位置进行格式化：

```
# positional arguments
print("Holding stock {0}, the current P&L is {1}.".format("601138", 23000.2346))
```

其中，{0}表示后面的第 0 个索引，即对应“601138”。

当然，也可以将位置和参数混合使用：

```
# mixed arguments
print("Holding stock {0}, the current P&L is {pl}.".format(
    "601138", pl=23000.2346))
```

查看结果发现，上述几种方法得到的结果完全一致。

在实际编程中，除了用 format 函数进行格式化，还可以使用“f'string'”和“%”等各种形式，其中最好用的还是 format 形式。

（3）涉及对数值的格式化，特别是小数点相关的格式化内容。

若对整数格式化，则采用的是 format 格式中的[:<format_spec>]，具体如下：

```
# integer arguments
print("Portfolio P&L is:{:d}".format(12345))
```

运行结果：

```
Portfolio P&L is:12345
```

其中在替换字段中，格式说明符前面有一个冒号“：”，具体为“:格式说明符”的形式。此时表示需要转换字符。

对于小数形式，可在括号中加上“:.3f”，表示原字符输出的形式为小数点加 3，意思是小数点后保留 3 位，如：

```
print("Portfolio P&L is:{:.3f}".format(12345.6789))
```

运行结果：

```
Portfolio P&L is:12345.679
```

也可以在前面增加其他内容，如总计保留 10 位，其中小数点后两位有效数字，具体如下：

```
print("Portfolio P&L is:{:10.2f}".format(12345.6789))
```

运行结果：

```
Portfolio P&L is:  12345.68
```

保留位数不够用空格凑，空格保留在前面。还可以在前面增加其他内容，如：

```
print('{:G=12.1f}'.format(12345.6789))
```

请读者自行分析结果。

（4）动态接收来看键盘的信息。脚本运行，很多时候需要动态接收来自键盘的信息，此时可以使用 input 函数进行处理，如：

```
s=input('please input number:\n')
print('result is:', s)
```

在运行窗口输出如下内容：

```
please input number:
```

随着光标闪烁，意味着可以在输出窗口输入内容，如输入 10 后，运行结果：

```
please input number:
10
result is: 10
```

##

转义字符与字符格式化输出

在编程过程中，经常会遇到与转义符相关的字符（串）。一般而言，ASCII 编码为每个字符都分配了唯一的编号，称为编码值。在 Python 中，一个 ASCII 字符除了可以用它的实体（也就是真正的字符）表示，还可以用它的编码值表示。这种使用编码值来间接表示字符的方式称为转义字符（Escape Character）。通俗地说，转义字符是指把原来的字符转换成其他含义，一般前面都加一个反斜杠“\”。如果要得到制表符，无法用直接的英文 tab 表示，此时需要加一个反斜杠接字母 t（“\t”）。常用转义字符如表 2-7 所示。

表 2-7 常用转义字符

符　号	含　义
\（行尾）	续行符，即本行与下一行连在一起
\\	两个反斜杠表示反斜杠本身
\”	引号
\b	退格符

续表

符　　号	含　　义
\cx or \Cx	Control-x
\f	换页
\n	换行
\N{name}	Name 用 Unicode 编码显示
\r	返回，将光标位置移到本行开头
\t	水平制表
\v	垂直制表
\ooo	空格

在实际过程中，经常遇到对字符型数据格式化输出。例如，把字符型数据按 3 位数输出，需要用 f 表示。常见的字符数据格式化输出如表 2-8 所示。

表 2-8　字符数据格式化输出

符　　号	含　　义
c	字符
s	字符串
i	整数
d	十进制整数
u	正整数
o	八进制整数
x	十六进制整数
X	十六进制整数大写
e	指数化格式数据如 1.00e+5
E	大写指数化格式数据
f	常见的带小数点的数值型数据
F	除 'inf' as 'INF' and 'nan' as 'NAN'带小数点的数据
g	%f and %e 的缩写
G	the shorter of %f and %E

###

2. 键盘交互

案例 2-12：交互式生成网页字符串。

在网络爬虫过程中，经常涉及网址的变换，以新浪财经源数据为例，其中界面左侧的“财务分析”中包括“盈利能力”“营运能力”和“成长能力”等类型，如图 2-11 所示。

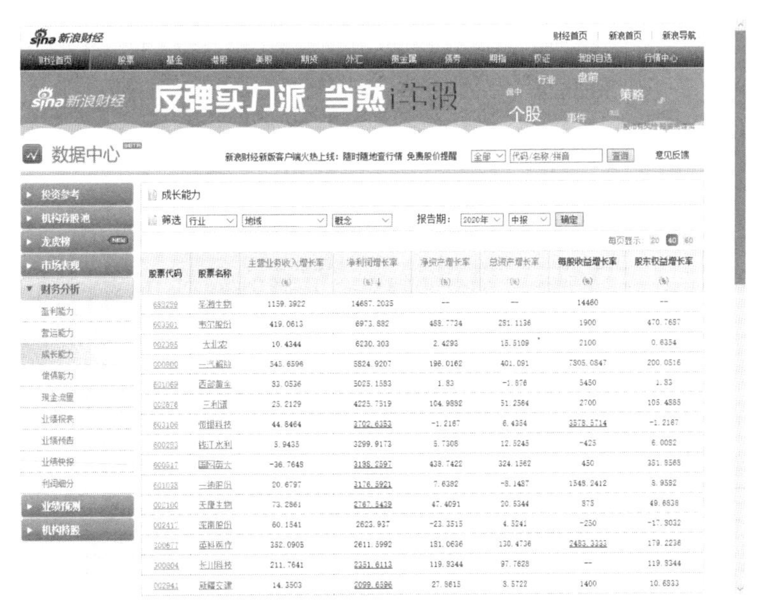

图 2-11 新浪财经各种财务指标界面截图

由此可见，两个不同的财务数据，网址大部分相同，只有 profit 和 grow 部分不同。同时，可以把其中内容变换成 operation 或 debtpaying，则得到营运能力和偿债能力的财务分析网址。

现在进行如下操作：通过与键盘交互的方式，手动输入数字 1～9，分别表示对应不同的财务网址，如手动输入 1，表示盈利能力网址；输入 2，表示营运能力网址，从而为后面章节的网络爬虫做铺垫工作，其中各数字对应的财务报表如表 2-9 所示。

表 2-9 交互式数字与对应的财务报表

输 入 数 字	内　容	对 应 网 页	输 入 数 字	内　容	对 应 网 页
1	profit	盈利能力	6	mainindex	业绩报表
2	operation	营运能力	7	performance	业绩预告
3	grow	成长能力	8	news	业绩快报
4	debtpaying	偿债能力	9	incomedetail	利润细分
5	cashflow	现金流量			

具体编程如下。

（1）根据上述对应关系构建一个字典。

```
tab_dict={1:'profit',2:'operation',3:'grow',4:'debtpaying',5:'cashflow',
         6:'mainindex',7:'performance',8:'news',9:'incomedetail'}
```

（2）为增强可视化和操作性，使编程者能够意识到数字 1、2 和 3 分别对应何种网页，此时使用格式化输出 print。

```
print('-----------------------table types-----------------------')
```

```
print('|1.profit(盈利能力)  |2.operation(营运能力)  |3.grow(成长能力)|')
print('------|4.debtpaying(偿债能力)  |5.cashflow(现金流量)   |-----')
print('----|6.mainindex(业绩报表) |7.performance(业绩预告)    |-----')
print('-----|8.news(业绩快报)    |9.incomedetail(利润细分)   |------')
print('-----------------------------------------------------------')
```

运行上述代码，输出结果如图 2-12 所示。

```
E:\python\venv\Scripts\python.exe E:/python/strTest2.py
------------------------table types-----------------------
|1.profit(盈利能力)  |2.operation(营运能力)  |3.grow(成长能力)|
------|4.debtpaying(偿债能力)  |5.cashflow(现金流量)   |-----
----|6.mainindex(业绩报表) |7.performance(业绩预告)    |-----
-----|8.news(业绩快报)    |9.incomedetail(利润细分)   |------
----------------------------------------------------------
```

图 2-12　PyCharm 部分运行结果

可以观察到每个数字分别对应的表格，从而便于后续输入。

（3）使用 input 函数进行交互输入设置。

```
table=int(input('please input the table number:(1-9)\n'))
```

其中，引号中是提示符，即请输入（1～9）的数字，运行代码后，会发现在控制台界面可以输入相应的数字。需要注意的是，输入的数据格式为字符，为了转换成数字，前面用 int 函数转换数据类型。

（4）为避免输入出错，设置一个简单的 while 条件，当输入出现问题时，可以重新输入。

```
#set while condition for wrong input
while table<1 or table>9:
    table=int(input('please input the correct table:\n'))
```

也就是说，当输入结果小于 1 或大于 9 时，需重新输入。

（5）设置相应的网页字符串并进行格式化。

```
#set url and get result
url='http://vip.stock.finance.sina.com.cn/q/go.php/vFinanceAnalyze/'
url+='kind/{}/index.phtml'
url=url.format(tab_dict[table])
```

显示网页结果：

```
print(url)
```

运行上述代码，测试输入错误的 0 后，再输入 1，对应在控制台出现如图 2-13 所示的结果。

单击输出的网址可以发现，在浏览器中正好对应新浪财经源盈利能力的网页，验证了输出结果的正确性。

```
E:\python\venv\Scripts\python.exe E:/python/strTest2.py
-----------------------table types-----------------------
|1.profit(盈利能力)  |2.operation(营运能力)  |3.grow(成长能力)|
------|4.debtpaying(偿债能力)  |5.cashflow(现金流量)    |-----
----|6.mainindex(业绩报表) |7.performance(业绩预告)    |-----
-----|8.news(业绩快报)     |9.incomedetail(利润细分)   |------
---------------------------------------------------------
please input the table number:(1-9)
0
please input the correct table:
1
http://vip.stock.finance.sina.com.cn/q/go.php/vFinanceAnalyze/kind/profit/index.phtml

Process finished with exit code 0
```

图 2-13　PyCharm 运行结果展示

3. 字符数据转换

案例 2-13：字符型数据转换成数据框，并保存到当地文件夹。

在统计分析过程中，经常涉及网络数据的处理。有时为了方便，采用复制和粘贴的形式将数据粘贴到脚本中，并以字符串的形式呈现，无法直接进行统计分析。下面以天天基金网（华夏成长混合 000001）上季股票投资明细为例进行分析（见图 2-14）。

现在进行如下操作：复制上季度（如 2020 年二季度）内容到编辑器中，把数据转换成 Pandas 库数据框后，保存到本地文件夹。

华夏成长混合 2020年2季度股票投资明细　　来源：天天基金　截止至：2020-06-30

序号	股票代码	股票名称	相关资讯	占净值比例	持股数（万股）	持仓市值（万元）
1	002127	南极电商	股吧 行情	7.99%	1,907.79	40,387.93
2	002384	东山精密	股吧 行情	5.50%	929.10	27,826.66
3	002475	立讯精密	股吧 行情	4.58%	450.47	23,131.72
4	002271	东方雨虹	股吧 行情	4.41%	548.52	22,286.30
5	300142	沃森生物	股吧 行情	4.18%	403.11	21,106.90
6	000975	银泰黄金	股吧 行情	3.69%	1,188.39	18,633.93
7	000858	五粮液	股吧 行情	3.17%	93.59	16,015.14
8	300253	卫宁健康	股吧 行情	3.03%	667.05	15,302.06
9	300750	宁德时代	股吧 行情	2.98%	86.47	15,077.54
10	000547	航天发展	股吧 行情	2.82%	1,041.56	14,238.15

显示全部持仓明细>>

华夏成长混合 2020年1季度股票投资明细　　来源：天天基金　截止至：2020-03-31

序号	股票代码	股票名称	相关资讯	占净值比例	持股数（万股）	持仓市值（万元）
1	002127	南极电商	股吧 行情	6.92%	2,619.88	30,390.62
2	600048	保利地产	股吧 行情	5.07%	1,498.44	22,281.86
3	002271	东方雨虹	股吧 行情	5.05%	651.22	22,160.86

图 2-14　天天基金网 2020 年二季度股票投资明细

（1）导入 Pandas 库包，并复制内容到开发环境，命令为 fund。

```
import pandas as pd
fund='''
1  002127 南极电商   股吧行情   7.99%  1,907.79 40,387.93
2  002384 东山精密   股吧行情   5.50%  929.10    27,826.66
3  002475 立讯精密   股吧行情   4.58%  450.47    23,131.72
4  002271 东方雨虹   股吧行情   4.41%  548.52    22,286.30
5  300142 沃森生物   股吧行情   4.18%  403.11    21,106.90
```

```
6  000975 银泰黄金   股吧行情   3.69%  1,188.39 18,633.93
7  000858 五粮液     股吧行情   3.17%  93.59    16,015.14
8  300253 卫宁健康   股吧行情   3.03%  667.05   15,302.06
9  300750 宁德时代   股吧行情   2.98%  86.47    15,077.54
10 000547 航天发展   股吧行情   2.82%  1,041.56 14,238.15
'''
```

需要注意的是，分行的字符串必须用 3 个引号括起来，否则会出错。

（2）运用字符串函数进行初次分割。由于中间的空格不知是制表符还是空格，需要分别测试一下，经过测试发现其为制表符，则使用“'\t'”进行分割如下。

```
data=fund.strip().split('\t')
print(data[:20])
```

运行结果：

```
['1', '002127', '南极电商', '股吧行情', '7.99%', '1,907.79', '40,387.93\n2',
'002384', '东山精密', '股吧行情', '5.50%', '929.10', '27,826.66\n3', '002475', '立
讯精密', '股吧行情', '4.58%', '450.47', '23,131.72\n4', '002271']
```

可以看出，内容基本分割完毕，但问题是每行刚开始还有回车键，如第 2 行的 2 与上行的最后数据在一起：“'40,387.93\n2'”，因此，还需要进一步分割。

（3）对结果进行再次分割。考虑到上述结果已经是列表形式，不能直接分割，而只能对列表中的字符进行分割，因此列表中的 for 表达式具体如下。

```
tmp=[item.split('\n') for item in data]
print(tmp[:20])
```

运行结果：

```
['1', '002127', '南极电商', '股吧行情', '7.99%', '1,907.79', '40,387.93\n2',
'002384', '东山精密', '股吧行情', '5.50%', '929.10', '27,826.66\n3', '002475', '立
讯精密', '股吧行情', '4.58%', '450.47', '23,131.72\n4', '002271']
```

可以发现，虽然已将所有的内容分割完毕，但得到的是嵌套列表形式。此时需要将嵌套列表变成普通列表。

（4）将嵌套列表变成普通列表，可使用两个 for 表达式。

```
tmp=[item for items in tmp for item in items]
print(tmp[:20])
```

运行结果：

```
['1', '002127', '南极电商', '股吧行情', '7.99%', '1,907.79', '40,387.93', '2',
'002384', '东山精密', '股吧行情', '5.50%', '929.10', '27,826.66', '3', '002475',
'立讯精密', '股吧行情', '4.58%', '450.47']
```

（5）为了将上述列表类型的数据变成 Pandas 数据框类型，还需要将上述普通列表转换成规则的二维嵌套列表。

```
funddata=[tmp[i:i+7] for i in range(0,len(tmp),7)]
print(funddata[:5])
```

运行结果：

```
[['1', '002127', '南极电商', '股吧行情', '7.99%', '1,907.79', '40,387.93'], ['2',
'002384', '东山精密', '股吧行情', '5.50%', '929.10', '27,826.66'], ['3', '002475',
'立讯精密', '股吧行情', '4.58%', '450.47', '23,131.72'], ['4', '002271', '东方雨虹',
'股吧行情', '4.41%', '548.52', '22,286.30'], ['5', '300142', '沃森生物', '股吧行情',
'4.18%', '403.11', '21,106.90']]
```

（6）将结果转换成数据框并保存到本地文件夹。

```
stockhold=pd.DataFrame(funddata)
print(stockhold.head())
```

运行结果：

```
   0  1       2       3      4          5          6
0  1  002127  南极电商  股吧行情  7.99%  1,907.79  40,387.93
1  2  002384  东山精密  股吧行情  5.50%    929.10  27,826.66
2  3  002475  立讯精密  股吧行情  4.58%    450.47  23,131.72
3  4  002271  东方雨虹  股吧行情  4.41%    548.52  22,286.30
4  5  300142  沃森生物  股吧行情  4.18%    403.11  21,106.90
```

把数据保存到本地文件夹，具体如下：

```
stockhold.to_csv(r'd:/stockhold.csv',index=0,encoding='utf-8-sig')
```

2.3 描述性统计分析

2.3.1 分布函数及分布图

统计分析离不开分布，如最常见四大分布为正态分布、t 分布、卡方分布和 F 分布。除这些常见的分布，还有威布尔分布、beta 分布和拉普拉斯分布等。

在 Python 中，不同随机数的生成、不同分布的分位数或分位点对应的概率来自不同的库（包），刚开始学的读者不容易记得这些方法到底来自 NumPy、Pandas 或 SciPy 中的哪个库，但在 R 语言中，只要使用 p、q、r 和 d 加上相应的分布名称就能方便地得出，这正是基于统计语言的魅力所在。

案例 2-14：获取正态分布的分位点、概率、分布值和随机数。

与统计分布相关的库有 NumPy 和 SciPy 库。首先，导入所有用到的库。

```
from scipy import stats
import numpy as np
import pandas as pd
import matplotlib.pyplot as plt
```

（1）查看分位点。使用 SciPy 库的 stats 模块中相关的分布函数，计算分位点，使用 ppf 函数（percent point function）。

```
aa=stats.norm.ppf(0.5)
```

```
print(aa)
```

运行结果：

```
0.0
```

在此基础上，可以猜测 t 分布、F 分布和卡方分布的分位点函数，应该只需要把 norm 改成其他即可。例如，对应 t 分布中，考虑到需要增加自由度参数（设置为 10）。

```
aa=stats.t.ppf(0.5,10)
print(aa)
```

运行结果：

```
6.80574793290978e-17
```

结果仍为 0，说明用法正确。

（2）查看在分位点确定下对应的概率。此时用 pdf 函数（probability density function），正态分布对应的函数。

```
bb=stats.norm.pdf(0)
print(bb)
```

运行结果：

```
0.3989422804014327
```

此结果是指正态分布密度的最高点，即 $\frac{1}{\sqrt{2\pi}}$，读者可自行验证两者是否一致。

若是非标准正态分布，则可以加上对应的均值和标准差（或方差），如设置均值为 1，标准差为 1，对应分位数为 1 的结果应该与上面一致。

```
print(stats.norm.pdf(1,1,1))
```

运行结果：

```
0.3989422804014327
```

说明判断正确，函数用法也正确。

其他三大函数请读者自行测试结果。

进一步分析多个 x 对应的函数值，先生成 x 序列：

```
x = np.linspace(1, 10, 10)
print(x)
```

得到的是等差数列，运行结果：

```
[ 1.  2.  3.  4.  5.  6.  7.  8.  9. 10.]
```

生成对数正态分布和卡方分布对应的序列，具体如下：

```
lnorm=stats.lognorm.pdf(x,s=1)
chi2=stats.chi2.pdf(x,df=5)
print(lnorm)
print(chi2)
```

请自行查看结果。

（3）查看分位点下对应的累积分布，可使用 cdf 函数（cumulative distribution function），标准正态分布对应的函数。

```
cc=stats.norm.cdf(0)
```

```
print(cc)
```

运行结果：

```
0.5
```

实际上，很多读者对上述 3 个函数的结果容易混淆，以图 2-15 正态分布为例，其中，cdf 指对应 x 值下得到的面积，ppf 指对应面积已知条件下求 x 值，pdf 是对应 x 值求 y 值，由此可知，cdf 与 ppf 互为反函数。

（4）在此基础上生成 10 个随机数。

```
print(stats.norm.rvs(size=10))
```

运行结果：

```
[-1.2076632   0.72308771  0.38963465  0.248474    1.51262545  1.25377713
 -0.34625044  0.62049142  1.39202739 -2.0221148 ]
```

在实际过程中，有时需要使每次生成的随机数保持一致，可使用 random_state 参数：

```
print(stats.norm.rvs(size=10,random_state=1000))
```

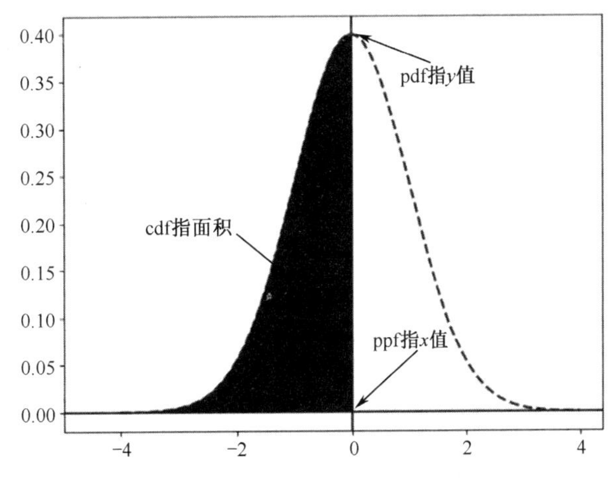

图 2-15　正态分布 pdf、cdf 与 ppf 函数对应值

运行结果：

```
[-0.8044583   0.32093155 -0.02548288  0.64432383 -0.30079667  0.38947455
 -0.1074373  -0.47998308  0.5950355  -0.46466753]
```

##

Python 库函数求助

在实际过程中，经常会遇到函数具体用法不熟悉或遗忘，此时，最好能够直接获取函数的用法才行。一般而言，获取函数的用法有如下 3 种。

第一种是直接使用 print 查看函数内置 doc 文档，如上述函数求助命令：

```
print(stats.norm.__doc__)
```

显示帮助结果如图 2-16 所示。

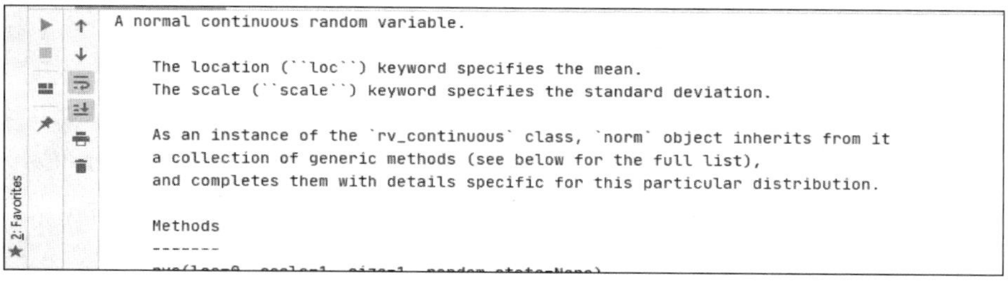

A normal continuous random variable.
The location (``loc``) keyword specifies the mean.
The scale (``scale``) keyword specifies the standard deviation.
As an instance of the `rv_continuous` class, `norm` object inherits from it
a collection of generic methods (see below for the full list),
and completes them with details specific for this particular distribution.
Methods

2: Favorites

图 2-16　在 PyCharm 开发环境下显示函数的帮助结果

从上可以发现，函数包括两个参数：一个是位置参数（loc），对应的是均值；另一个是尺度参数（scale），对应的是标准差。这应该是最简单的函数查看方法。但实际上，不是所有的库都提供这种 doc 文档，特别是库正在开发中，开发者还没有时间来完成 doc 文档。

第二种是下载面向软件开发人员的离线文档浏览器 ZEAL。安装后自行下载相关的库，具体操作为选择 Tools→Docssets→Available 选项，在其中搜索 Scipy 后单击 Download 按钮下载，然后在 Installed 中出现安装后的库。图 2-17 中出现了安装 MatPlotLib、NumPy、Pandas、Python 3 和 SciPy 库。

Docsets
Installed
Available
MatPlotLib
Update available
NumPy
Update available
Pandas
Update available
Python 3
Update available
SciPy
Update available
Add feed
Update
Update all
Remove
Close

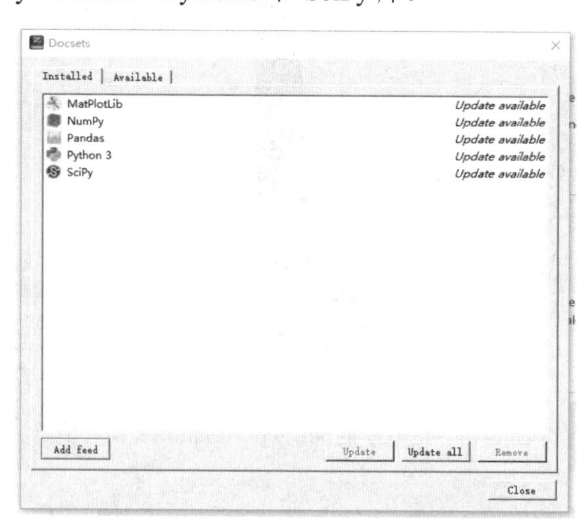

图 2-17　安装后的库

在此基础上要查看某个函数，如上述的 norm 函数，可以在左边的输入框中输入 scipy.stats.norm，得到的结果如图 2-18 所示。

上述离线查看方式非常方便，但也存在缺陷，即对那些用得比较少的库，如后续用到的量化投资框架 Backtrader 库，并没有制作离线文档，因此无法查询。

第三种是直接在线查看帮助。例如，SciPy 库用必应搜索并找到其官网进入后，发现主页提供了不同的浏览方式（pdf 和 html），可以分别单击不同方式查看结果。图 2-19 是网页版的帮助结果。

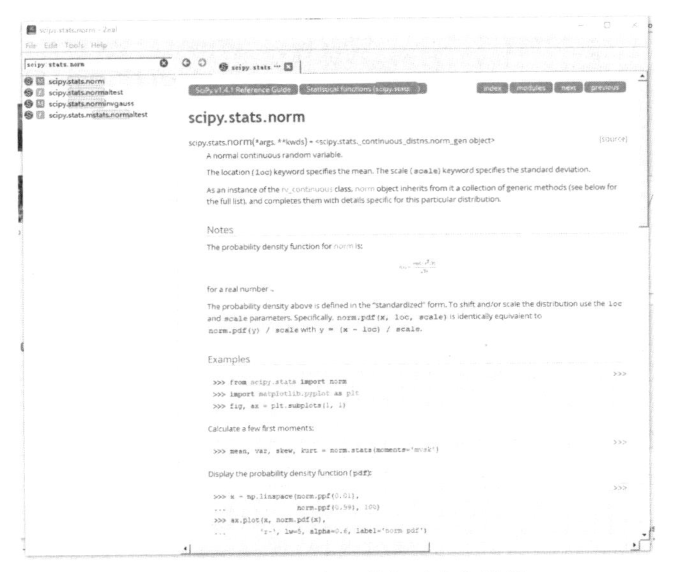

图 2-18　正态分布函数帮助查询结果

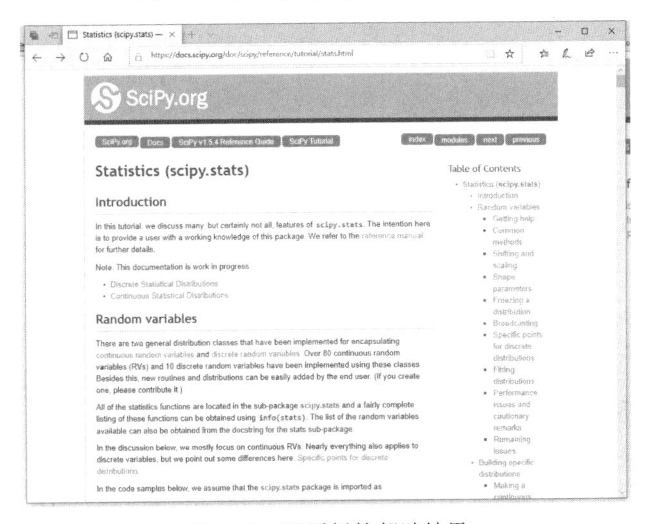

图 2-19　网页版的帮助结果

如果是 Spyder 开发环境，可以使用 Ctrl+I 键获取相应的帮助信息。图 2-20 是 Pandas.DataFrame.append 的帮助信息。

需要指出的是，不管使用哪种求助方法，都是英文形式。因此，学好英文是敲代码的基础。当然，实际上也有离散的中文帮助结果，那就是通过百度搜索各种论坛和博客等相关内容，如 csdn 网站，但得到的内容不一定很全面，且与贡献者的能力和水平相关，内容参差不齐。

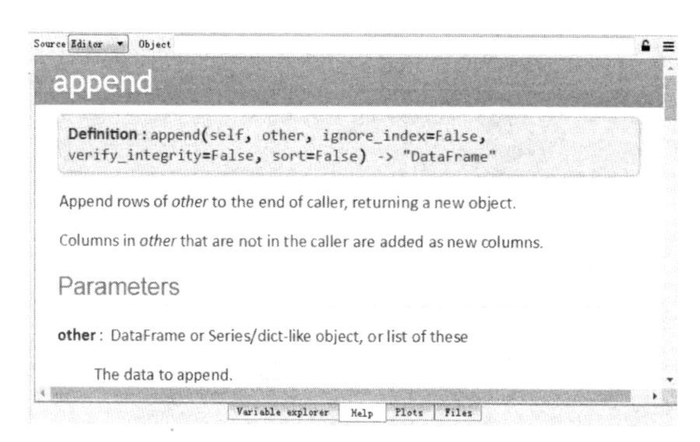

图 2-20　在 Spyder 开发环境下使用 Ctrl+I 键获取帮助信息

在实际过程中，读者可能对某个函数或方法到底是什么或者里面包含什么内容感兴趣，此时可用 dir 命令查看，如查看 ppf 函数：

```
print(dir(stats.norm.ppf))
```

得到的结果如下：

```
['__call__', '__class__', '__delattr__', '__dir__', '__doc__', '__eq__', '__format__', '__func__', '__ge__', '__get__', '__getattribute__', '__gt__', '__hash__', '__init__', '__init_subclass__', '__le__', '__lt__', '__ne__', '__new__', '__reduce__', '__reduce_ex__', '__repr__', '__self__', '__setattr__', '__sizeof__', '__str__', '__subclasshook__']
```

这些是内置函数，前后用双下画线“__”包裹，代表 Python 里特殊方法专用的标识，不可以修改，表示特殊用途，自定义变量一般不用这种形式表示。例如，上述__doc__表示文档注释，__init__表示类构建函数（初始化函数）。

##

进一步查看 NumPy 库中的相关内容。其中，NumPy 库中并没有分布函数，只有不同分布下的随机数。

```
np.random.seed(100)
aa=np.random.normal(size=[2,3])
print(aa)
```

运行结果：

```
[[-1.74976547  0.3426804   1.1530358 ]
 [-0.25243604  0.98132079  0.51421884]]
```

由此可见，生成的是维度为(2, 3)的数组，这个数组可以与线性代数中的矩阵相联系，即表示 2 行 3 列的矩阵数据。

其中也可以用另一个函数来表示，具体如下：

```
np.random.randn(2,3)
```

不过查看其 API，发现这个函数已经弃用了。而上面的函数 np.random.normal 则可以使用，如 F 分布为 np.random.f，对应如下：

```
bb=np.random.f(5,10,size=10)
```

```
print(bb)
```

运行结果：

```
[0.42508216 0.40613867 1.24949706 0.70015548 0.71890936 0.37020715
 4.70371284 0.86726338 5.12146941 0.12848202]
```

其他分布（如 t 分布、卡方分布和对数正态分布等）请读者自行测试。

（5）分位数相关。上述只是得到概率已知条件下的分位点，在实际过程中，可能还涉及一系列数对应的分位数。此时，可以通过 NumPy 库和 Pandas 库相关函数实现结果，具体如下：

```
print(np.percentile(bb,50))
print(pd.Series.quantile(bb,0.5))
```

运行结果：

```
-0.06646009108148444
```

案例 2-15：绘制随着自由度（分别为 2，5，10）的增加，t 分布与正态分布的关系，如图 2-21 所示。具体操作步骤如下。

（1）加载相应库。

```
import numpy as np
import matplotlib.pyplot as plt
from scipy import stats
```

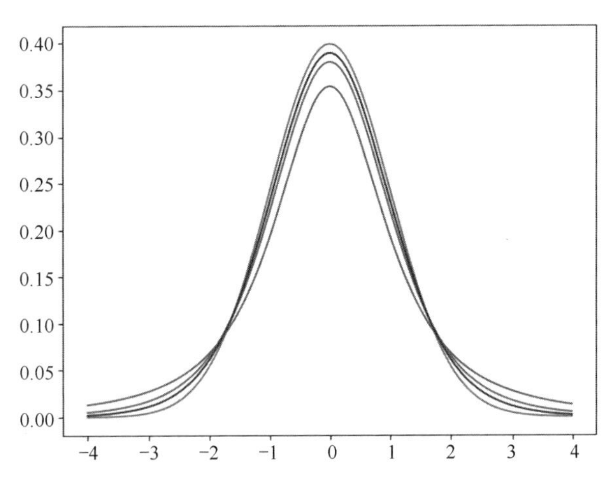

图 2-21　不同自由度的 t 分布与正态分布关系

（2）设置不同分布函数。

```
x=np.arange(-4,4,0.01)
y=stats.norm.pdf(x)
y1=stats.t.pdf(x,2)
y2=stats.t.pdf(x,5)
y3=stats.t.pdf(x,10)
```

（3）分别在同一画板上绘制图形。

```
fig,ax=plt.subplots()
ax.plot(x,y)
ax.plot(x,y1)
ax.plot(x,y2)
ax.plot(x,y3)
#ax.legend(['norm','t(2)','t(5)','t(10)'],loc=0)
#ax.set_title('this is t-dist VS norm dist')
plt.show()
```

可以看出，这种图形虽然没有问题，但毫无疑问，不具有任何美观性，基于此，需要进一步对图形进行美化，从而使图形可视化更强。这也是图形绘制的基本功。

要绘制更美观的统计图，需要增加很多参数（属性），如增加线型、颜色、图例和线条粗细等各方面特征。

例如，常见的线型有“-”（负号）“--”（两个负号）“-.”（负号点号）和“:”（冒号）。常见的 marker 标记有“.”“,”“v”“^”“<”“>”“1”“2”“3”“4”“8”“s”“p”“P”“*”“h”“H”“+”“x”“X”“d”“D”和“_”等各种符号[1]。

分别使用上述线型和颜色等属性对图形进行美化，参考代码如下：

```
x=np.arange(-4,4,0.01)
y=stats.norm.pdf(x)
y1=stats.t.pdf(x,2)
y2=stats.t.pdf(x,5)
y3=stats.t.pdf(x,10)
fig,ax=plt.subplots()
ax.plot(x,y,color='red',linestyle='-')
ax.plot(x,y1,color='green',linestyle='--')
ax.plot(x,y2,color='blue',linestyle='-.')
ax.plot(x,y3,color='black',linestyle=':')
ax.legend(['norm','t(2)','t(5)','t(10)'],loc=0)
ax.set_title('this is t-dist VS norm dist')
plt.show()
```

得到的展示如图 2-22 所示。可以看出，虽然只是简单的美化，却大大增加了图形的可视化效果。在实际展示过程中，可以选择其他参数对图形进一步美化，请读者自行练习，从而对各个属性进行了解。

① 其他全部标记符号见 MatPlotLib 官网的 Marker reference 部分。

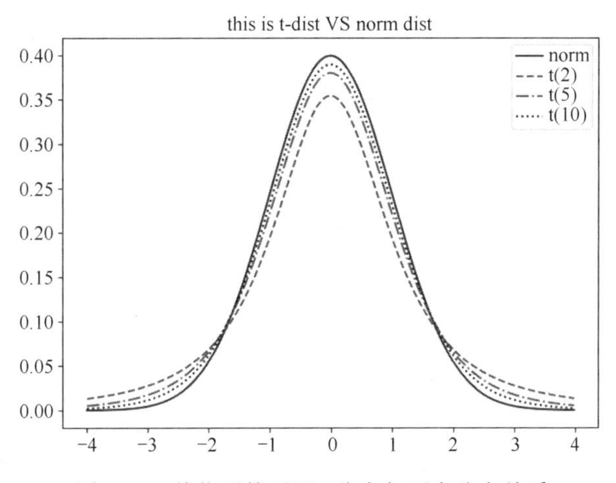

图 2-22　美化后的不同 t 分布与正态分布关系

案例 2-16：正态分布拒绝域图。

绘制正态分布拒绝域，其为标准正态分布，拒绝域为(−∞, −2)，如图 2-23 所示。

先导入相关库。其中，左侧填充区域运用到 polygon 库，这个库函数正好与 R 语言的 polygon 多边形填充函数一致。具体加载库如下。

```
import numpy as np
import matplotlib.pyplot as plt
from scipy import stats
from matplotlib.patches import Polygon
```

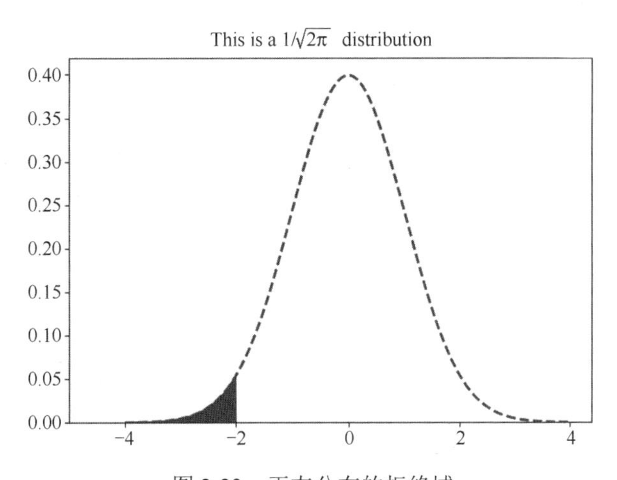

图 2-23　正态分布的拒绝域

需要指出的是，拒绝域区域为(−∞, −2)，即下限为负无穷大，如果直接设置为负无穷大，绘制图形就会出现问题（读者可以自行测试），在实际中可以看出，当达到−4 时，基本上就非常小了，因此，实际设置区间为(−4, −2)即可。

```
a,b=-4,-2
```

```
x=np.arange(-4,4,0.01)
y=stats.norm.pdf(x,0,1)
fig,ax=plt.subplots()
ax.plot(x,y,color='red',linewidth=2,linestyle='--')
```

为使图形比较美观，设置 y 轴 bottom 为零。

```
ax.set_ylim(bottom=0) #set bottom !
ax.set_xlim(left=-5)
ax.set_title(r'This is a $2\pi / exp$ distribution', color='green',size=20)
```

进一步设置填充区域，对应的方法如下。

```
ix=np.arange(a,b,0.01)
iy=stats.norm.pdf(ix,0,1)
verts=[(a,0),*zip(ix,iy),(b,0)]
poly=Polygon(verts, facecolor='red',edgecolor='red')
ax.add_patch(poly)
plt.show()
```

上述设置阴影区间比较复杂，还有一种更简单的方法，具体如下。

```
i=(x>a) &(x<b)
verts=[(a,0),*zip(x[i],y[i]),(b,0)]
```

由此可见，这种方法更加简洁。在数据处理过程中，存在多种方法都能得到相同结果的情况，建议读者在学习过程中，不能仅满足于书中描述的方法，需要多思考和多练习，增强自身的编程和数据分析能力。

2.3.2 行业板块统计分析

在投资过程中，板块分析是一个重要内容。例如，在同一板块中，如何选择龙头股。在构建投资组合中，实现分散化投资，股票最好分布在不同的板块。因此，有必要掌握板块及其特征。一般而言，板块可分为地区板块、行业板块和概念板块。其中，概念板块会随着时间的变化而变化，如特斯拉、锂电池和绿色电力等是当前比较重要的。行业板块是根据公司主营业务的行业特征进行分类，相对固定。下面重点介绍行业板块分类及其对应的股票数量。

在实际过程中，行业板块也存在不同的分类，不同来源的分类结果存在一定差异，如证监会的分类、证券公司的分类（申万宏源证券和中信证券等）、看盘软件提供公司的分类（如通达信和同花顺等），还有数据库提供商的分类（万得）。业界用得最多的是申万宏源证券和中信证券的分类标准。也正因为如此，很多看盘软件和数据提供商，除提供自身的板块分类外，也经常会提供这两种分类标准。

案例 2-17：根据申万宏源证券行业分类数据，绘制申万宏源行业板块分类条形图结果（见图 2-24）。

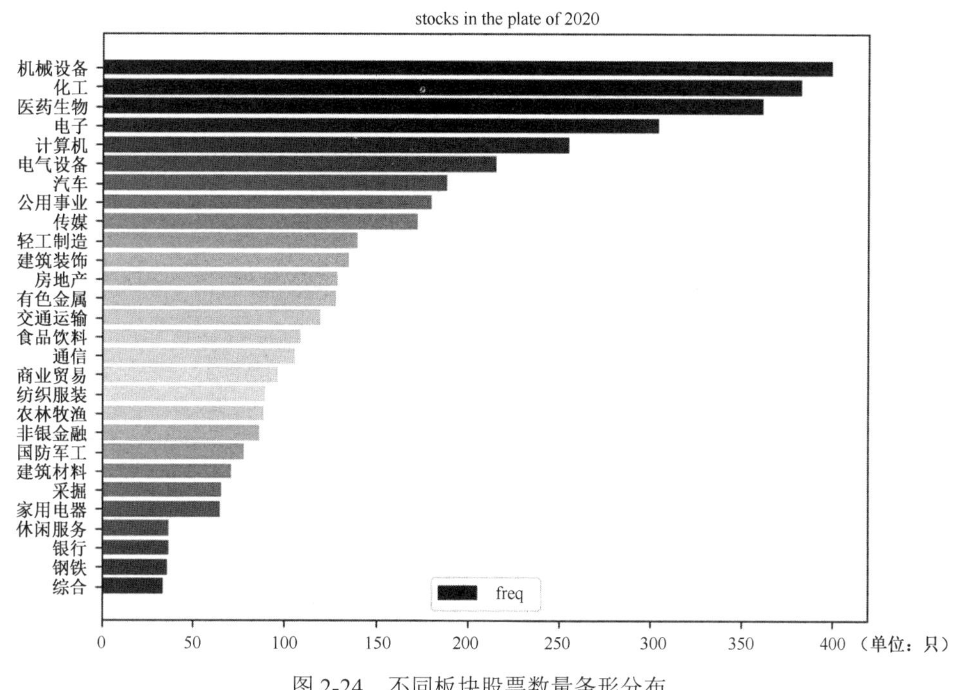

图 2-24　不同板块股票数量条形分布

具体操作如下。

（1）获取申万宏源行业板块分类数据。可在申万宏源证券研究官网下载数据，保存到本地文件夹。可以发现为 xls 格式文件，具体包括 5 列，分别对应行业名称、股票代码、股票名称、起始日期和结束日期（见图 2-25）。

行业名称	股票代码	股票名称	起始日期	结束日期
采掘	000552	靖远煤电	2008-6-2 0:00	
采掘	000571	*ST大洲	2011-10-10 0:00	
采掘	000629	攀钢钒钛	2015-10-31 0:00	
采掘	000655	金岭矿业	2015-10-31 0:00	
采掘	000723	美锦能源	2008-6-2 0:00	
采掘	000762	西藏矿业	2008-6-2 0:00	
采掘	000780	*ST平能	2016-9-14 0:00	
采掘	000833	粤桂股份	2019-7-24 0:00	
采掘	000923	河钢资源	2019-7-24 0:00	
采掘	000937	冀中能源	2016-9-14 0:00	
采掘	000968	蓝焰控股	2016-9-14 0:00	
采掘	000983	山西焦煤	2016-9-14 0:00	
采掘	002128	露天煤业	2008-6-2 0:00	
采掘	002207	准油股份	2016-4-14 0:00	
采掘	002554	惠博普	2015-1-30 0:07	
采掘	002629	ST仁智	2011-10-26 0:00	
采掘	002828	贝肯能源	2016-12-5 11:30	
采掘	002978	安宁股份	2020-3-15 20:43	
采掘	300157	恒泰艾普	2016-4-14 0:00	
采掘	300164	通源石油	2016-4-14 0:00	
采掘	300191	潜能恒信	2016-4-14 0:00	
采掘	600121	郑州煤电	2008-6-2 0:00	
采掘	600123	兰花科创	2008-6-2 0:00	
采掘	600157	*ST永泰	2016-9-20 9:23	
采掘	600188	兖州煤业	2016-9-14 0:00	
采掘	600295	鄂尔多斯	2016-8-15 0:00	
采掘	600339	中油工程	2017-6-29 0:00	
采掘	600348	阳泉煤业	2016-9-14 0:00	
采掘	600395	盘江股份	2016-9-14 0:00	
采掘	600397	安源煤业	2015-10-16 0:00	
采掘	600403	大有能源	2015-10-16 0:00	
采掘	600408	ST安泰	2008-6-2 0:00	
采掘	600508	上海能源	2008-6-2 0:00	
采掘	600532	宏达矿业	2011-10-10 0:00	
采掘	600546	山煤国际	2016-9-14 0:00	
采掘	600583	海油工程	2015-8-14 0:00	
采掘	600725	ST云维	2017-6-29 0:00	
采掘	600740	山西焦化	2008-6-2 0:00	
采掘	600758	辽宁能源	2017-6-29 0:00	

图 2-25　申万宏源行业板块 Excel 打开显示内容

（2）初次读取数据。利用 Pandas 库导入文件，考虑到原始数据有 xls 格式，因此使用 read_excel 方法打开。

```
swind=pd.read_excel(r'E:\datasets\swClass.xls')
```

但发现存在错误，最后一行错误如下。

```
xlrd.biffh.XLRDError: Unsupported format, or corrupt file: Expected BOF record;
found b'<meta ht'
```

在读取 Excel 文件（包括 xls 和 xlsx 格式）时经常会出现错误。因此，为了使数据能正常导入 Python 中，需要掌握多种读取方法。此处把上述 xls 格式文件另存为 csv 格式，利用下述命令进行读取。

```
swind=pd.read_csv(r'E:\datasets\swClass.csv',delimiter=',')
```

也出现错误，具体如下。

```
UnicodeDecodeError: 'utf-8' codec can't decode byte 0xd0 in position 0: invalid
continuation byte
```

意味着默认编码'utf-8'出错。在此基础上运用不同的编码（如 gbk 和 gb2312 等）进行测试，最后发现，采用 gbk 编码成功。

```
swind=pd.read_csv(r'E:\datasets\swClass.csv',delimiter=',',encoding='gbk')
print(swind.head())
```

结果显示：

```
   行业名称   股票代码   股票名称           起始日期   结束日期
0   采掘   552.0     靖远煤电   2008-06-02   0:00   NaN
1   采掘   571.0     *ST 大洲   2011-10-10   0:00   NaN
2   采掘   629.0     攀钢钒钛   2015-10-31   0:00   NaN
3   采掘   655.0     金岭矿业   2015-10-31   0:00   NaN
4   采掘   723.0     美锦能源   2008-06-02   0:00   NaN
```

（3）正确读取数据。上述内容导入没有出现问题，但数据出现问题，即股票代码变量中，靖远煤电的股票代码应该为 000552，但是上述显示为 552.0，应该将变量变成数值型，省略前面的 0，因此，设置 dtype 参数，并设定只读取前 4 列，具体代码如下。

```
swind=pd.read_csv(r'E:\datasets\swClass.csv',delimiter=',',encoding='gbk',
                  dtype={'股票代码':str},usecols=range(4))
```

为了方便起见，命名列名称为英文，对应如下。

```
swind.columns=['indName','stockCode','stockName','startDate']
```

（4）统计分组。下面有用的就是“行业名称”对应的列，目的是要把 indName 列各板块出现的频数进行统计，可使用 groupby 函数，具体如下。

```
table=swind.groupby('indName').size().reset_index(name='freq') #dataframe
print(table.head())
```

上述函数具体在 groupby 分组的基础上计算规模，然后把结果列命名为 freq。结果如下。

```
  indName  freq
0    交通运输   120
1    休闲服务   37
2    传媒       171
3    公用事业   182
4    农林牧渔   89
int64
<class 'pandas.core.frame.DataFrame'>
```

分组也可以采用以下两种方法。

第一种：使用 values_counts 计数函数。

```
table1=swind.indName.value_counts(ascending=True) #series
print(table1.dtypes)
```

第二种：使用 groupby 结合 agg 函数。

```
df=swind.groupby('indName').agg({'indName':'count'})
print(type(df))
```

可以看出，这些方法得到的结果完全相同。

（5）使用 MatPlotLib 库，初次绘制条形图。

```
plt.bar(x=table['indName'],height=table['freq'],color='blue') #dataframe plot
```

得到的结果如图 2-26 所示。毫无疑问，横坐标字符重叠，颜色单一，需要继续探索，直到做出的图形满足规范性和美观性。

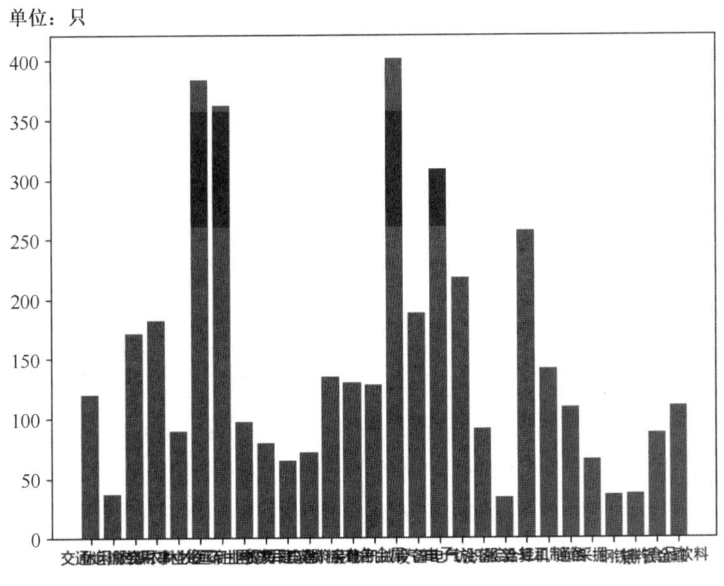

图 2-26 板块分布条形图

（6）对上述图形进行优化，可以采用两种方式：一种是尽量减少横坐标的内容，即上面 27 个，减少到 5～6 个进行显示，则能够完整显示字符内容；或者将横坐标倾斜角度显示全部内容。另一种是将整个图旋转 90°，横向显示结果，如图 2-27 所示。毫无疑问，后面这种更能达到显示的目的。

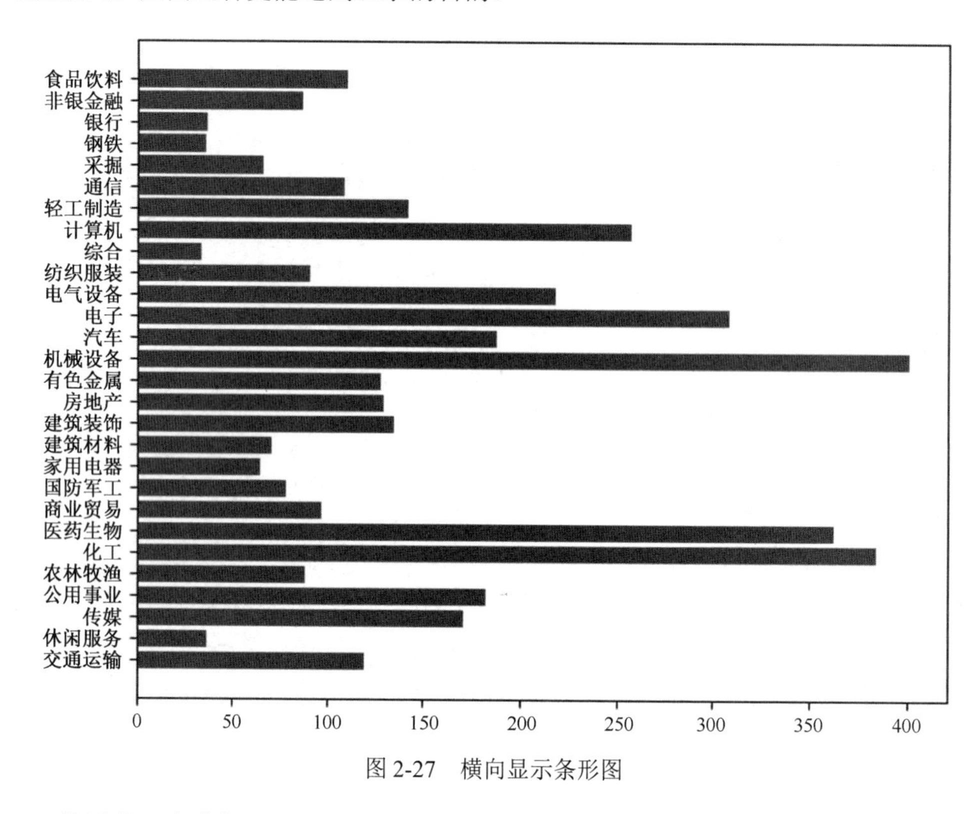

图 2-27　横向显示条形图

基于此，命令如下：

```
plt.barh(y=table['indName'],width=table['freq'],color='blue') #dataframe plot
```

（7）进一步优化。可以看出，字符都显示出来了，颜色仍然单一化，而且板块数量大小呈现无序性，最好进行排序，再绘图会得到更好的结果。

需要指出的是，上述正确显示需要设置中文字体，否则中文字体显示会出现问题。具体加上下述两行命令。其中，前者用来设置中文字体，后者用来设置负号。

```
plt.rcParams['font.sans-serif']=['SimHei'] #chinese font
plt.rcParams['axes.unicode_minus']=False #negative symbols
```

其中，rcParams 表示运行时的配置参数（Run Configuration Parameters），'font.sans-serif'表示无衬线体，设置为简体中文的黑体（'SimHei'）。

字体显示中，负值默认用 unicode minus (U+2212)中对应的负号“－1”，而不是 ASCII hyphen (U+002D)中对应的负号“-1”。只有 ASCII 类型才能正常显示。

除上述字体和符号的设置外，还可以设置线条、横轴、纵轴和画布等各项属性，如表 2-10 所示。

表 2-10 rcParams 属性特征

属　　性	说　　明	属　　性	说　　明
中文字体			
plt.rcParams['font.sans-serif ']	字体（simhei）		
线条样式：lines			
plt.rcParams['lines.linestyle']	线条样式（‘-.’）	plt.rcParams['lines.marker']	默认标记（p）
plt.rcParams['lines.linewidth']	线条宽度（3）	plt.rcParams['lines.markersize']	标记大小（5）
plt.rcParams['lines.color']	线条颜色（blue）	plt.rcParams['lines.markeredgewidth']	标记附近的线宽（2）
横、纵轴：xtick、ytick			
plt.rcParams['xtick.labelsize']	横轴字体大小（4）	plt.rcParams['ytick.major.size']	*y* 轴最大刻度
plt.rcParams['ytick.labelsize']	纵轴字体大小（2）	plt.rcParams['axes.unicode_minus']	字符显示（False）
plt.rcParams['xtick.major.size']	*x* 轴最大刻度		
figure 中的子图：axes			
plt.rcParams['axes.titlesize']	子图的标题大小	plt.rcParams['axes.labelsize']	子图的标签大小
图像、图片：figure、savefig			
plt.rcParams['figure.dpi']	图像分辨率	plt.rcParams['savefig.dpi']	图片像素
plt.rcParams['figure.figsize']	图像显示大小		

为了更方便显示结果，对数据进行排序：

```
table1=swind.indName.value_counts(ascending=True) #series
```

并对颜色、图例和标题进行设置，同时把图形颠倒 90°，具体如下：

```
#set different colors
color=cm.jet(np.linspace(0,1,len(table1))) #rainbow,terrain
plt.barh(y=table1.index,width=table1.values,color=color) #series plot
#[] important,otherwise legend show the first letter!!
plt.legend(['freq'],loc='lower center') #or loc=1,2,3
plt.title('stocks in the plate of '+r'$\bf{'+str(2020)+'}$',color='red')
#table.hist()
plt.show()
```

需要指出的是，标题中 2020 为粗体字，注意代码的写法。其中，“$”为 Tex 中的写法[①]。如果标题中需要涉及数学表达式，可以参考 MatPlotLib 库官网中查找 Writing mathematical expressions 部分，如果读者对图中增加各种文字和箭头感兴趣，可以进一步查看 Text in MatPlotLib Plots 部分。

表 2-11 展示了常见数字字体表达式，如上文中使用 mathtext.bf 方法对字体进行

① TeX 为计算机科学家 Donald E. Knuth 发明的排版系统，中文称为“基于宏的流行的文本格式化程序”，利用它可以很容易地生成高质量的 dvi 文件，打印输出。例如，学术中常用的 latex 软件便是基于 TeX 编写的。

了粗体和斜体处理。

表 2-11　常见数字字体表达式

表达式	含　义	表达式	含　义
mathtext.it	\mathit{} 斜体	mathtext.bf	\mathbf{} 粗体且斜体
mathtext.rm	\mathrm{} Roman (upright)	mathtext.cal	\mathcal{} 书写体
mathtext.tt	\mathtt{} Typewriter (monospace)	mathtext.sf	\mathsf{} 无衬线体

2.3.3 浦发银行特征分析

众所周知，股票、期货和外汇等金融产品的波动非常大，走势总让人捉摸不定。想要在市场中获取稳定的利润，需要专业的知识和持续的研究学习，否则很容易导致投资者出现亏损和爆仓。

走势的不确定说明金融产品的收益率难以用普通方法进行预测。如何从简单的统计分析角度发现这样的特征，是作为一个统计专业出身的投资者需要思考的问题。

案例 2-18：以浦发银行股票 K 线数据为例，从简单的描述性统计探讨股票的基本特征。

（1）导入需要的库。首先加载 Pandas 库和 MatPlotLib 库，后续分析过程中需要运用到其他库，此处一并导入。

```
import pandas as pd
import numpy as np
import matplotlib.pyplot as plt
from scipy import stats
import statsmodels.api as sm
```

（2）加载数据。此处运用的是通达信来源的数据。一般而言，任何免费源的数据都不可能百分之百准确，可以通过统计方法验证其准确性[①]。基于上述思路进行如下操作。

读取通达信股票前复权数据[②]，结合数据特征，剔除第一行和最后一行，并设置第一列为索引列，将列名称转变成英文，同时按照先后排序：

```
pfyh=pd.read_csv(r'E:\datasets\Stocks\weighted\tdx\600000.txt',
                encoding='gb2312',delimiter='\t',skipfooter=1,
                index_col=0,skiprows=1,engine='Python')
pfyh.columns=['open','high','low','close','volume','turnover']
pfyh.index.rename('date',inplace=True)
pfyh.index=pd.to_datetime(pfyh.index)
pfyh.sort_index(ascending=True,inplace=True)
```

① 例如，利用图示法查看是否存在异常数据，利用涨跌率查看是否在正负 10%之内。

② 数据来源方法具体见第 3 章。

计算股票涨跌率，并命名为 ret：

```
pfyh['ret']=pfyh['close'].pct_change()*100
```

进一步查看数据：

```
print(pfyh.head())
```

可以发现，ret 列存在 na 值，为方便后续分析，将其删除：

```
pfyh=pfyh.dropna()
```

对数据进行描述性统计，查看数据特征：

```
print(pfyh.describe())
```

部分对应结果如下：

```
               open         high          low        close        volume
count   4956.000000  4956.000000  4956.000000  4956.000000  4.956000e+03
mean       4.142688     4.241261     4.054873     4.147889  5.612195e+07
std        4.868222     4.910706     4.828431     4.869988  8.915113e+07
min       -2.330000    -2.290000    -2.330000    -2.320000  2.711000e+05
25%       -1.160000    -1.130000    -1.180000    -1.160000  9.465744e+06
50%        3.855000     3.955000     3.765000     3.865000  2.829833e+07
75%        9.330000     9.432500     9.190000     9.320000  6.500817e+07
max       12.640000    12.970000    12.480000    12.710000  1.198024e+09
```

可以看出，描述性统计主要由八大变量构成，分别为计数、均值、标准差、最大最小值，还有 25%、50%和 75%的分位数。其中让人疑惑的是，在前复权数据中，数据出现负值。经过与通达信软件数据对比发现，很早以前的数据确实为负。

这种负值会不会对回测等分析造成影响是交易分析中最关心的问题。经过分析发现，这种负值不会对回测造成太大的影响，主要是时间久远，对于股票回测，一般 2010 年后的数据已经足够，且其数据都是正值；最重要的是，股票收益率是合理的，即从图表上看，时间序列数据前后具有可比性。

（3）为了后续的数据分析，查看数据的合理性。完全分析数据合理性非常困难，为方便起见，此处仅根据涨跌率是否在正负 10% 之外进行判断。先查看存在多少不合理值。

```
outliers=pfyh['ret'][(pfyh.ret>10)|(pfyh.ret<-10)]
print(outliers)
```

结果如下：

```
date
2000-01-06   -14.754098
2000-01-07   -19.230769
2000-01-11    31.578947
2000-01-12    26.000000
2000-01-14    12.307692
                 ...
2014-12-09   -10.714286
2015-01-19   -12.208068
```

```
2015-07-08   -10.541045
2015-08-24   -11.217184
2017-05-25    11.028037
Name: ret, Length: 238, dtype: float64
```

由此发现，存在 238 项异常值。这种异常值可能是由分红和拆分等原因造成的，因此需要处理。合理的处理方法是找到上述对应时间点，与不同数据源对应，研究真实值的情况。

为方便起见，此处当收益率小于-10.5 时，设置为-10；大于 10.5 时，设置为 10，具体处理如下：

```
pfyh['ret'][pfyh.ret<-10.5]=-10
pfyh['ret'][pfyh.ret> 10.5]=10
```

（4）查看收益率的分布情况。此处使用直方图，并加上拟合线，对应如下：

```
pfyh['ret'].plot.hist(color='blue',grid=False,
                bins=20,xlim=[-11,11],density=True)
```

在此基础上增加拟合线：

```
pfyh['ret'].plot.kde(color='black')
```

得到的结果如图 2-28 所示。

为进一步查看是否服从正态分布，在此基础上增加正态分布线进行对比，具体可使用 SciPy 中的 stats 相关方法。为保证与原始数据的拟合性，保持对应的均值和方差及收益率一致。

```
x=np.arange(min(pfyh['ret']),max(pfyh['ret']),0.01)
y=stats.norm.pdf(x,loc=pfyh['ret'].mean(),scale=pfyh['ret'].std())
plt.plot(x,y,color='red')
```

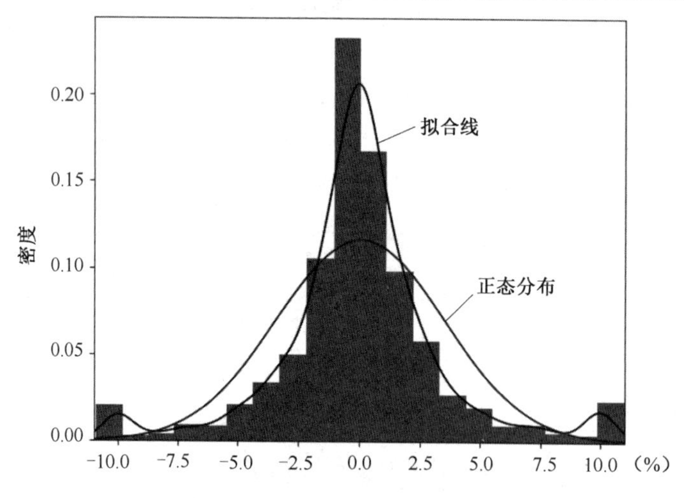

图 2-28　浦发银行收益率直方图、拟合线与正态分布对比

与正态分布相比，发现数据有尖峰厚尾的特征，这是金融数据最常见的特征之一。经进一步研究发现，这种尖峰厚尾的特征，对应的可能是拉普拉斯分布，并不是很多

人认为的正态分布或对数正态分布。

（5）利用 QQ 图（Quantile-Quantile plot）进行查看。其中，QQ 图是理论分位数和经验分位数得到的结果，若服从正态分布，则呈直线形式，否则不是直线，可以使用 statsmodel 中的 qqplot 函数。

```
sm.qqplot(pfyh['ret'],line='45')
#stats.probplot(test,dist='norm',plot=plt)  #more dist fitting
plt.show()
```

结果如图 2-29 所示。若是正态分布，则细线与粗线基本重叠。从图中可以发现两者并不重叠，因此判定不是正态分布。还可以进一步分析是何种分布，读者可以使用 probplot 相关命令自行测试。

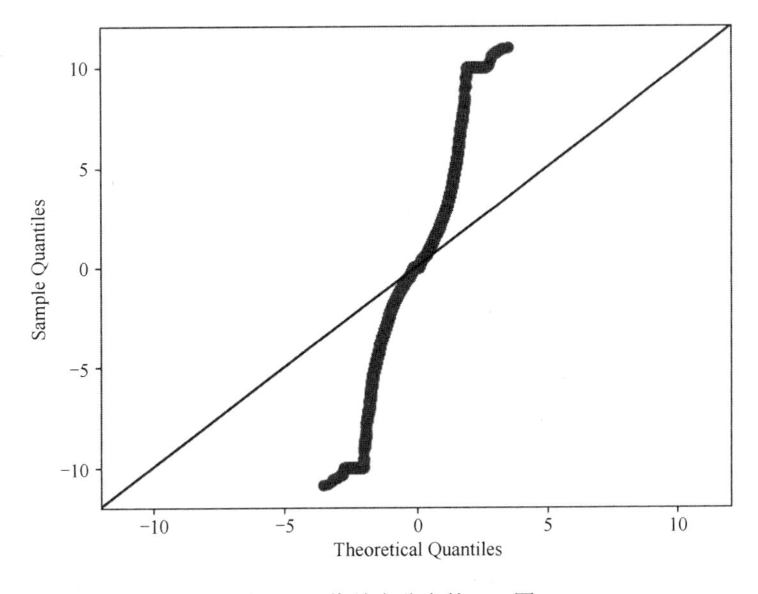

图 2-29 收益率分布的 QQ 图

这种非正态分布是导致无法用传统模型预测的重要原因之一。例如，经典的线性回归模型中，经典假定认为服从正态分布，上述分析发现并非如此。另外，进一步从相关性的角度进行分析。

（6）上述仅了解收益率的分布，在实际交易中，还关心收益率能否进行预测，或者收益率是否与其他变量相关。

首先，查看收益率与成交量是否存在相关性。一般而言，相关性是指线性相关，实际上其他类型的相关可以用 kendall 和 spearman 相关进行查看。不同相关性命令具体如下：

```
print('**************kendall corr************')
print(pfyh[['ret','volume']].corr(method='kendall'))
print('***********spearman corr**************')
print(pfyh[['ret','volume']].corr(method='spearman'))
```

```
print('**************pearson***************')
print(pfyh[['ret','volume']].corr(method='pearson'))
```

结果如下：

```
**************kendall corr************
          ret   volume
ret     1.00000  0.00422
volume  0.00422  1.00000
***********spearman corr**************
           ret    volume
ret     1.000000  0.010687
volume  0.010687  1.000000
**************pearson***************
           ret    volume
ret     1.000000  0.089348
volume  0.089348  1.000000
```

数据显示，不论是何种相关，相关系数都小于 0.1，特别是 kendall 相关性只有 0.004。根据经典模型理论可知，模型分析的前提是必须有相关性，没有相关性是无法建立模型进行分析的①。另外，成交量与收益率没有关系，即意味着无法利用成交量预测收益率。

（7）从时间角度查看是否能够用过去收益率预测未来收益率的情况。首先，绘制收益率的曲线图。

```
pfyh['ret'].plot(color='blue',linewidth=0.1)
plt.show()
```

结果如图 2-30 所示。

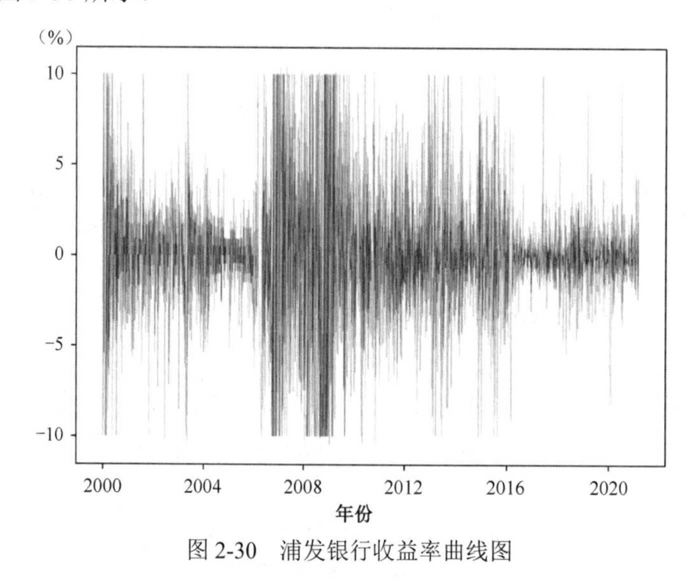

图 2-30　浦发银行收益率曲线图

① 在实际过程中，可能会在某时间段存在一定相关性，需要不断测试才行。

（8）运用相关性进行分析。此时为自相关，分别选择滞后 1、2 和 3 期结果进行分析：

```
print('auto correlation(1): ',pfyh['ret'].autocorr(lag=1))
print('auto correlation(2): ',pfyh['ret'].autocorr(lag=2))
print('auto correlation(3): ',pfyh['ret'].autocorr(lag=3))
```

得到结果如下：

```
auto correlation(1):  0.0035358197176953866
auto correlation(2):  -0.013979185997247717
auto correlation(3):  -0.004253615815647732
```

自相关性系数仍显示没有相关性。

从上可知，不管是用其他变量（如成交量），还是收益率的过去数据，都无法对收益率进行预测，这种简单的统计分析方法已经说明了一切①。

2.4 金融统计分析初探

线性回归模型是统计中的入门模型之一。重点分析的是两个或多个变量之间的定量关系研究。与 R 语言不同的是，Python 标准库中并没有回归分析相关的函数。因此，在处理相关的统计问题时，往往需要加载相应的库才能进行分析。

2.4.1 个股与大盘的回归分析

在选股过程中，大量交易者对某只股票与大盘或者板块行情的相关性非常感兴趣。

案例 2-20：以中信特钢（000708）为例，分析股票价格和收益率与上证指数（999999）的相关性特征。

比较简单的方法是使用已经编制好的库进行线性分析，如 Statsmodels 和 Sklearn 等库。具体操作步骤如下。

（1）导入库，其中后者为自编脚本文件（pri_strat.py），里面包含量化分析过程中常用的函数。

```
import statsmodels.api as sm
import pri_strat.cst_fun as cf
```

（2）使用自定义函数读取数据。

```
zxtg=cf.Custom().read_local_xts(symbol='000708', startdate='2019-01-01')
sh=cf.Custom().read_local_xts(symbol='999999', startdate='2019-01-01')
print(zxtg.head())
```

---

① 实际上，很少有人使用模型来预测收益率大小，但有很多人使用模型来预测涨跌（正负），读者也可以使用这种方法验证其合理性。

对应结果如下：

```
            open  high   low  close   volume    turnover       ret    cumret
date
2019-01-04  4.14  4.28  4.10   4.22  5485018  49003600.0 -0.016317 -0.016317
2019-01-07  4.22  4.35  4.18   4.29  4282320  38858540.0  0.016588  0.000000
2019-01-08  4.28  4.31  4.24   4.27  2916672  26461926.0 -0.004662 -0.004662
2019-01-09  4.28  4.38  4.26   4.35  3278572  30133824.0  0.018735  0.013986
2019-01-10  4.35  4.36  4.29   4.34  2354991  21570644.0 -0.002299  0.011655
```

要分析两者收益率的关系，而不是收盘价的关系。

（3）数据预处理。为后续的相关分析，必须将两者数据对齐，因为股票经常出现停牌的情况，因此，虽然是同一时间段，里面的数据量仍可能不一致。此时，利用merge方法，将收益率项ret合并。

```
data=pd.merge(sh['ret'],zxtg['ret'],on='date')
```

查看发现，这种方法能够自动剔除停牌时间①。读者可以自行查看停牌时间段，看看结果是否正确。为后续分析方便，命名如下：

```
data.columns=['sh','zxtg']
print(data.head())
```

查看结果如下：

```
                  sh      zxtg
date
2019-01-04  0.020496 -0.016317
2019-01-07  0.007245  0.016588
2019-01-08 -0.002617 -0.004662
2019-01-09  0.007081  0.018735
2019-01-10 -0.003636 -0.002299
```

（4）查看相关性：

```
print (data.cor())
```

对应结果如下：

```
            sh      zxtg
sh    1.000000  0.502237
zxtg  0.502237  1.000000
```

可以发现，两者相关性达到 0.5，具有一定的相关性，因此可以进行回归分析。

（5）回归分析。使用 OLS（Ordinary Least Squares，普通最小二乘法）进行回归。

先增加模型的常数项：

---

① 在编程过程中，不需要完全了解某函数的所有用法，在实际中也很难做到。一般是反过来根据问题选择函数。如要对齐，最好将两个变量合并，合并的函数是 merge、join 和 concat 等。这些函数能否达到要求，测试一下便可知道，如果不能达到要求，那么很大程度上是因为其中某个参数设置存在问题。

```
mod=sm.OLS(data.zxtg,sm.add_constant(data.sh))
```

再对模型进行拟合：

```
res=mod.fit()
```

查看结果：

```
print(res.summary())
```

需要指出的是，这种模型估计和拟合的过程与一般统计软件的步骤存在差异。通常是确定好公式，再进行拟合。这个公式是直接利用 add.constant 的方法，不符合统计习惯。有一种较好的类似 R 语言的写法，对应如下：

```
import statsmodels.formula.api as smf
reg=smf.ols('zxtg~sh',data=data).fit()
print(reg.summary())
```

得到的结果与 sm.OLS 方法完全一致。

利用最小二乘法进行回归，可得到图 2-31 所示的结果。该图大致分 3 个表，其中上面两个表与其他软件结果基本类似，只有下面的表有所不同。

```
                            OLS Regression Results
==============================================================================
Dep. Variable:     [被解释变量]      zxtg   R-squared:      [两个拟合优度]   0.252
Model:                               OLS   Adj. R-squared:                 0.251
Method:                    Least Squares   F-statistic:                    157.9
Date:                   Sat, 09 Jan 2021   Prob (F-statistic):          2.10e-31
Time:                           09:41:25   Log-Likelihood:      [检验准则]  1092.0
No. Observations:  [观测值个数]       470   AIC:                           -2180.
Df Residuals:      [两个自由度]       468   BIC:                           -2172.
Df Model:                              1
Covariance Type:               nonrobust [稳健性估计协方差类型]
==============================================================================
                 coef    std err          t      P>|t|      [0.025      0.975]
-------------[回归系数]----[标准误差]----[t值]--[概率]-----------[置信区间]-----
const          0.0030      0.001      2.707      0.007       0.001       0.005
sh             1.1144      0.089     12.565      0.000       0.940       1.289
==============================================================================
Omnibus:           [正态性检验1]   75.477   Durbin-Watson:  [自相关检验]     2.016
Prob(Omnibus):                     0.000   Jarque-Bera (JB) [正态性检验2] 130.562
Skew:                              0.953   Prob(JB):                    4.45e-29
Kurtosis:                          4.741   Cond. No.  [多重共线性检验]       81.0
==============================================================================
```

图 2-31 stats 库线性回归结果截图

第一个表中拟合优度比较重要，数值为 0～1，数值越大表示模型拟合程度越高；后面的对数似然、AIC 和 BIC 值与残差相关，一般越小越好，主要用于不同模型之间的比较。

中间的表是估计结果。其中，估计参数对应的显著性分别为 0.007 和 0.000，表示高度显著。后面两个表示 95%水平的置信区间下限和上限。

最后一个表，对回归模型进行检验，判断回归模型的有效性。主要分析残差是否满足经典的高斯-马尔可夫假定，如正态性、自相关性和多重共线性等，缺一个方差齐性检验。在第一个表中，编程过程中可以选择不同的 covariance type 进行分析。例如，正态性检验中，偏度为 0.953（大于 0），峰度为 4.741（大于 3，有的是减 3 变成 0）[①]，基于峰度和偏度得到的 JB 检验（Jarque-Bera 检验）统计量为 130.562，拒绝原假设，则表示模型误差非正态分布，模型有改进的余地。

（6）绘图分析。绘制真实值与拟合线的关系图。

```
fig=sm.graphics.plot_fit(res,exog_idx=1,ax=ax)
```

结果如图 2-32 所示。

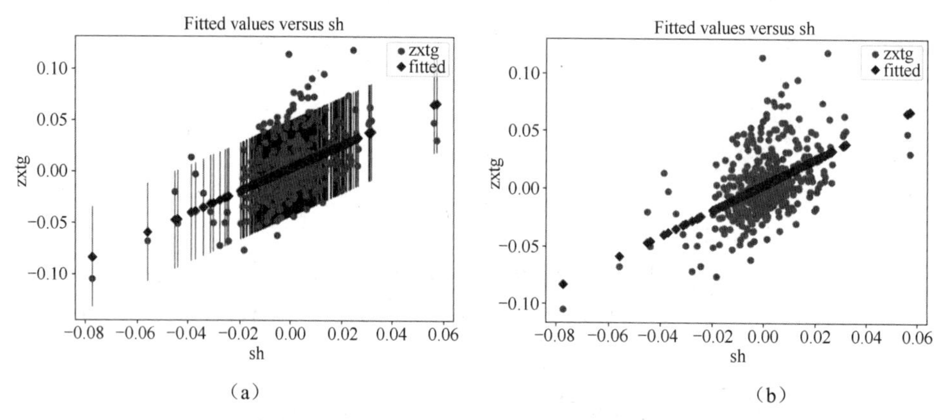

图 2-32　线性回归拟合

图 2-32（a）不符合统计者的习惯，还是要返回熟悉的拟合线图，去掉难看的竖线：

```
fig=sm.graphics.plot_fit(res,exog_idx=1,ax=ax,vlines=False)
```

但仍觉得缺少拟合线，再增加拟合直线：

```
ax.plot(data['sh'],res.params.const+res.params.sh*data['sh'],color='black')
```

从而得到与其他统计软件一致的结果，如图 2-33 所示。

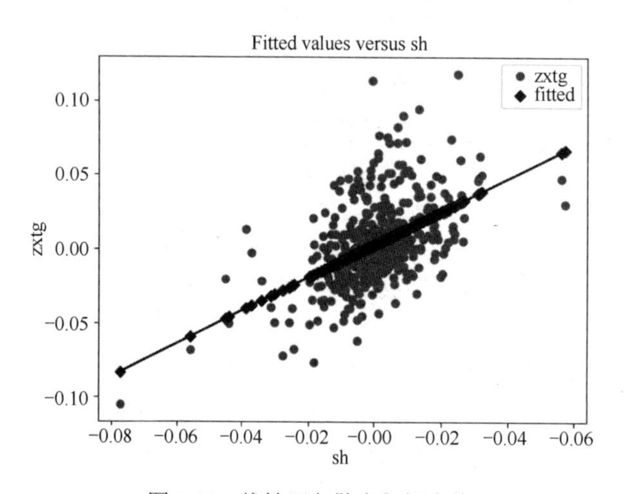

图 2-33　线性回归散点与拟合线

① 查看原代码，发现如果是正态分布，峰度是 3，而不是 0。

其实，从散点图及拟合线分布情况也可以看出，拟合效果差强人意。

（7）使用机器学习库 Sklearn 分析回归结果。

```
from sklearn import linear_model

model=linear_model.LinearRegression().fit(data[['sh']],data[['zxtg']])
print(model.intercept_,model.coef_)
```

结果如下：

```
[0.00296988] [[1.11435238]]
```

在实际过程中，还需要知道 model 对象的内容，从而方便了解和查看。对应方法如下：

```
print(dir(model))
```

得到结果如下：

```
['__abstractmethods__', '__class__', '__delattr__', '__dict__', '__dir__',
'__doc__', '__eq__', '__format__', '__ge__', '__getattribute__', '__getstate__',
'__gt__', '__hash__', '__init__', '__init_subclass__', '__le__', '__lt__',
'__module__', '__ne__', '__new__', '__reduce__', '__reduce_ex__', '__repr__',
'__setattr__', '__setstate__', '__sizeof__', '__str__', '__subclasshook__',
'__weakref__', '_abc_impl', '_check_n_features', '_decision_function',
'_estimator_type', '_get_param_names', '_get_tags', '_more_tags',
'_preprocess_data', '_repr_html_', '_repr_html_inner', '_repr_mimebundle_',
'_residues', '_set_intercept', '_validate_data', 'coef_', 'copy_X', 'fit',
'fit_intercept', 'get_params', 'intercept_', 'n_features_in_', 'n_jobs',
'normalize', 'predict', 'rank_', 'score', 'set_params', 'singular_']
```

请读者自行了解上述各项方法的含义。

需要指出的是，这里没有像图 2-31 一样的表格结果。因为机器学习方法更多的是进行分类和识别之类的分析。这种统计分析没有正态分布之类的经典假定，所以无法进行相应的统计检验。此时，分析拟合优度的方法是将原始数据分为训练样本和测试样本两部分，前者对数据进行拟合，后者对拟合模型的好坏进行识别。因此，此处的线性回归更多的是用来分类，不是用来经典预测的。

在统计学科中，有计量经济学、时间序列分析、多元统计分析和数据挖掘等科目，其中，计量经济学和时间序列分析有相对严格的假定，可以进行相应的显著性检验，而多元统计分析和数据挖掘没有严格的假定，在一定程度上相似。

2.4.2 财务指标关系定量分析

在实际编程中，有时会遇到自己的想法并没有合适的库或函数来实现，此时只能自编函数进行分析。

案例 2-21：以一元线性回归为例，分析财务盈利能力中净资产收益率与净利润率的关系。

在实际分析过程中，为进一步熟悉函数的构建，可以自建回归系数函数进行分析，如自建函数对一元线性回归模型的斜率进行求解。要自建函数，首先必须掌握算法，即系数是怎么计算的。其中，一元线性回归模型 $y_t = \hat{\beta}_0 + \hat{\beta}_1 x_t$，对应的参数估计如下。

$$\hat{\beta}_1 = \frac{n\sum_{i=1}^{n} x_i y_i - \sum_{i=1}^{n} x_i \sum_{i=1}^{n} y_i}{n\sum_{i=1}^{n} x_i^2 - \left(\sum_{i=1}^{n} y_i\right)} = \frac{\sum_{i=1}^{n}(x_i - \overline{x})(y_i - \overline{y})}{\sum_{i=1}^{n}(x_i - \overline{x})^2}$$

$$\hat{\beta}_0 = \overline{y} - \hat{\beta}_1 \overline{x}$$

不过为得到与 R 语言、Eviews 等软件类似的结果，还需要标准误差估计。具体公式如下：

$$\hat{\sigma}^2 = \frac{\sum_{i=1}^{n}(y_i - \hat{\beta}_0 - \hat{\beta}_1 x_i)^2}{n-2}$$

$$\mathrm{se}(\hat{\beta}_0) = \sqrt{\frac{\hat{\sigma}^2 \sum x_i^2}{n\sum (x_i - \overline{x})^2}}$$

$$\mathrm{se}(\hat{\beta}_1) = \sqrt{\frac{\hat{\sigma}^2}{\sum (x_i - \overline{x})^2}}$$

然后，根据标准误差分别计算两个参数的 t 统计量和显著性 P 值①。

（1）在此基础上自编函数，具体命名为 regression，同时，后续为显示成表格的形式，将输出结果格式化，具体如下：

```
def regression(x,y):
    x,y=pd.Series(x),pd.Series(y)
    meanx,meany=x.mean(),y.mean()
    covxy=(x-meanx).dot(y-meany)
    covxx=((x-meanx)**2).sum()
    beta1=covxy/covxx
    beta0=meany-beta1*meanx
    rss=(y-beta0-beta1*x).dot(y-beta0-beta1*x)
    se1=rss/covxx/(len(x)-2)
    se0=x.dot(x)*rss/(covxx*len(x)*(len(x)-2))
    t0,t1=beta0/se0,beta1/se1
    p0=(1-Stats.t.cdf(t0,len(x)-2))*2
    p1=(1-Stats.t.cdf(t1,len(x)-2))*2
    out=pd.DataFrame([[beta0,se0,t0,p0],[beta1,se1,t1,p1]])
    out.index=['beta0','beta1']
    out.columns=['coefficients','std-error','t-value','P-value']
    return out
```

① 上述各符号代表的含义请读者自行查看相关书籍，此处不做说明。

（2）导入库。

```
import pandas as pd
import scipy.stats as Stats
pd.set_option('display.max_columns',None)
```

（3）读取数据。运用季度报表数据，分析财务盈利能力中的净资产收益率与净利润率的关系[①]。考虑到使用 read_excel 的方法存在问题，可使用简单的 read_clipboard 函数，具体如下：

```
data=pd.read_clipboard(sep='\t')

data=data[['净资产收益率(%)','净利润率(%)']]
data.columns=['roe','profit']
data.dropna(inplace=True)
print(data.info())
```

结果如下：

```
Int64Index: 492 entries, 0 to 503
Data columns (total 2 columns):
 #   Column  Non-Null Count  Dtype
---  ------  --------------  -----
 0   roe     492 non-null    float64
 1   profit  492 non-null    float64
dtypes: float64(2)
memory usage: 11.5 KB
None
```

（4）使用自编函数进行回归。

```
result=regression(data['profit'],data.roe)
print(result)
```

结果如下：

```
       coefficients   std-error   t-value   P-value
beta0    -15.159742  337.950532 -0.044858  1.035761
beta1      0.061811    0.033187  1.862496  0.063131
```

结果指出，净利润率对净资产收益率有正向促进作用，而且在 10% 的水平上显著。

在实际过程中，还需要检验编程结果的正确性，此时可以使用 Statsmodels 库的线性回归方法进行验证，请读者自行完成。

从上述自编函数可以发现，对于 Python 自编函数主要有以下几个要点。

第一，自建函数依赖 def 函数，小括号内为函数的输入变量（具体对应解释变量和被解释变量）。后续只能依赖输入变量构建算法，而不能增加其他变量。例如，样本容量 n 需要用 len (x)表示，否则会报错。

第二，函数命名。其中，regression 为函数的名称，后续直接使用这个函数进行

① 数据来自巨潮资讯网。

处理，即能得到相关结果。在命名过程中，名称应该能够识别，如 regression 就是回归的意思①。

第三，冒号后面有缩进符的行表示算法的具体内容，即回归系数、标准误差、t 值和 P 值的计算。这个计算依赖于上述回归分析的基本原理，即计算 beta1 时，先计算变量的相乘加总，并命名为 covxy（协方差），再计算解释变量 x 的协方差 covxx，两者相除得到 beta1。输出结果需要用 return 返回，同时，为了使 out 方便查看，对 out 进行命名。

2.4.3 常见投资绩效指标统计分析

在绩效分析中，经常要用到不同的指标进行衡量，如收益率、标准差和夏普比等。这些指标其实已经有工具包开发了相关函数，但在实际过程中，为了更好地了解这些指标的特征，最好自己编制，熟悉一下自定义函数。

案例 2-22：以平安银行、乐普医疗、老板电器、德赛电池 4 只股票为例，分析各只股票的 Sharpe 比（年度夏普比）、sortnor 指标和 calmar 指标等结果。

（1）导入库。

```
import pri_strat.cst_fun as cf
import numpy as np
import pandas as pd
import matplotlib.pyplot as plt
```

（2）使用自定义函数读取本地数据。分别读取平安银行、乐普医疗、老板电器、德赛电池和上证综指 K 线数据，并筛选出收益率数据。

```
payh=cf.Custom().read_local_xts(symbol='600000',startdate='2015-01-01',
                                enddate='2020-12-31')
payh=payh[['ret']]
lpyl=cf.Custom().read_local_xts(symbol='300003',startdate='2015-01-01',
                                enddate='2020-12-31')
lpyl=lpyl[['ret']]
lbdq=cf.Custom().read_local_xts(symbol='002508',startdate='2015-01-01',
                                enddate='2020-12-31')
lbdq=lbdq[['ret']]
dsdc=cf.Custom().read_local_xts(symbol='000049',startdate='2015-01-01',
                                enddate='2020-12-31')
dsdc=dsdc[['ret']]
sh=cf.Custom().read_local_xts(symbol='999999',startdate='2015-01-01',
                              enddate='2020-12-31')
sh=sh[['ret']]
```

考虑到停牌等因素，对数据进行对齐，从而方便后续的分析。

---

① 禁止用 abc 之类没有意义的命名。

```
data=payh.merge(lpyl,on='date').merge(lbdq,on='date').merge(
    dsdc,on='date').merge(sh['ret'],on='date')
data.columns=['payh','lpyl','lbdq','dsdc','sh']
```

（3）计算夏普比。根据定义，夏普比为均值与标准差之比，一般计算年度收益率，此时，N=255，无风险收益率默认为 2%。假定数据服从独立同分布，则可知年度收益率为日度收益率的 N 倍，标准差为日度收益率标准差的根号 N 倍。

```
def sharpe_ratio(ret,N=255,rf=0.02):
    mean=ret.mean()*N-rf
    sigma=ret.std()*np.sqrt(N)
    return mean/sigma
sharpes=data.apply(sharpe_ratio ,axis=0)
print(sharpes)
```

结果计算如下：

```
payh    0.070998
lpyl    0.320216
lbdq    0.677278
dsdc    0.486886
dtype: float64
```

（4）计算信息比率。信息比率一般用于衡量主动投资的收益，对比的基准为上证综指或沪深 300（HS300）指数，计算方法如下。

```
def info_ratio(ret,bench=sh['sh'],N=255):
    retnew=(ret-bench)
    mean=retnew.mean()*N
    sigma=retnew.std()*np.sqrt(N)
    return mean/sigma
infos=data.apply(info_ratio,axis=0)
print(infos)
```

结果如下：

```
payh    0.040722
lpyl    0.352222
lbdq    0.780276
dsdc    0.550226
dtype: float64
```

（5）计算索提诺比。指标的标准差是收益率为负部分的标准差，其他与夏普比一致。

```
def sortino_ratio(ret,N=255,rf=0.02):
    mean=ret.mean()*N-rf
    std_neg=ret[ret<0].std()*np.sqrt(N)
    return mean/std_neg
sortinos=sortino_ratio(data)
```

```
print(sortinos)
```

计算结果如下：

```
payh    0.096495
lpyl    0.439375
lbdq    1.059298
dsdc    0.725510
dtype: float64
```

（6）计算最大回撤。

```
def max_drawdown(ret):
    cumret=(ret+1).cumprod()
    peak=cumret.expanding(min_periods=1).max()
    dd=cumret/peak-1
    return dd.min()
mds=max_drawdown(data)
print(calmars)
```

结果如下：

```
payh   -0.382606
lpyl   -0.653344
lbdq   -0.661509
dsdc   -0.711962
dtype: float64
```

（7）计算卡尔马比率。卡尔马比率是基于最大回撤基础上的指标。

```
calmars=data.mean()/abs(max_drawdown(data))
print(calmars)
```

结果如下：

```
payh    0.000414
lpyl    0.000996
lbdq    0.001888
dsdc    0.001471
dtype: float64
```

（8）计算莫迪利阿尼比率，*m*2 比率指标。

```
def m2_ratio(ret,bench=sh['sh'],rf=0.02,N=255):
    sharpe=sharpe_ratio(ret,N,rf)
    sigmash=bench.std()*np.sqrt(N)
    return sharpe*sigmash+rf
m2rs=m2_ratio(data)
print(m2rs)
```

结果如下：

```
payh    0.036074
lpyl    0.092497
lbdq    0.173336
```

```
dsdc    0.130231
dtype: float64
```

（9）进一步将上述指标整理成表格形式。

```
result=pd.DataFrame()
result['sortino']=sortinos
result['sharpe']=sharpes
result['info']=infos
result['maxdd']=mds
result['clamar']=calmars
result['m2_ratio']=m2rs
print(result)
```

对应结果如下：

```
      sortino    sharpe     info     maxdd    clamar  m2_ratio
payh  0.096495  0.070998  0.040722 -0.382606  0.000414  0.036074
lpyl  0.439375  0.320216  0.352222 -0.653344  0.000996  0.092497
lbdq  1.059298  0.677278  0.780276 -0.661509  0.001888  0.173336
dsdc  0.725510  0.486886  0.550226 -0.711962  0.001471  0.130231
```

（10）为方便起见，进一步用图示法输出表格和对应的累计收益率曲线图。

```
(data+1).cumprod().plot(figsize=(8,5))
plt.table(cellText=np.round(result.values,2),colLabels=result.columns,
        rowLabels=result.index,rowLoc='center',cellLoc='center',
        loc='top',colWidths=[0.2]*len(result.columns))
plt.tight_layout()
plt.show()
```

结果如图 2-34 所示。

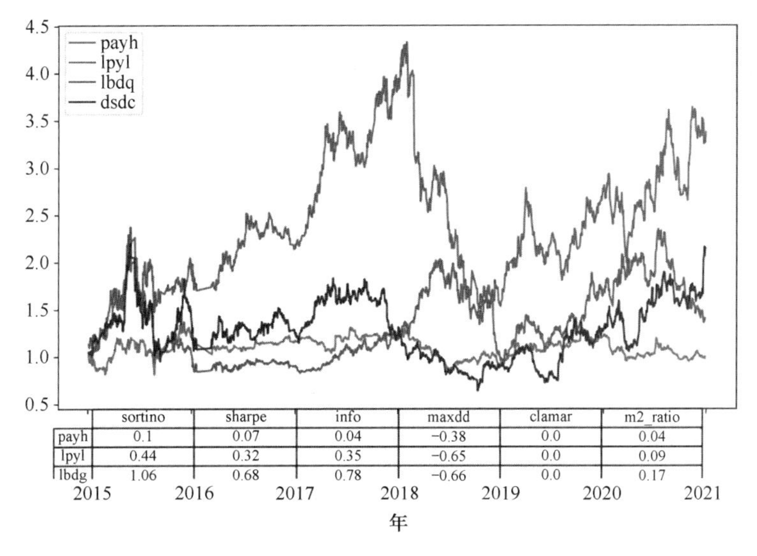

图 2-34　累计收益率及其绩效指标表展示

2.4.4 蒙特卡罗模拟

蒙特卡罗模拟，名字来源于驰名世界的赌城 Monte Carlo，看其名称觉得高深莫测，其实是一种基于随机数来解决计算问题的方法，可简单称为随机模拟，即将求解的问题同一定的概率模型相联系，用电子计算机实现统计模拟或抽样，以获得问题的近似解。

随机模拟在现实中有着广泛的用途，如根据物理粒子的特征，模拟粒子的产生和运动；根据空气动力学原理，模拟火箭发射和回收的过程；根据新冠疫情的传播特征，模拟传播速度和收敛路径；根据分子扩散原理，模拟污染物的扩散过程；根据投资组合原理，模拟不同投资组合下的收益率及其波动，并确定最优投资组合。

为后续对金融投资组合的随机模拟，此处以模拟经典的投针实验为例，分析利用随机模拟方法求圆周率。

在 1777 年，法国 Buffon 提出用投针实验的方法求圆周率，这被认为是蒙特卡罗方法的起源。根据公式 $S=\pi r^2$ 可知，$\pi = S/r^2$。现向边长为 2 的正方形（内接半径为 1 的圆）内随机撒大量的点，这些点均匀地分布在正方形内，随着点越来越多，这些点等价于正方形的面积，而位于圆内的点则意味着为圆的面积。因此，圆的面积为正方形面积×圆内点数/总点数。

为了方便，这里仅分析第一象限的部分，即圆面积的 1/4，也即 π 的 1/4，然后乘以 4 即得到 π 的值。

案例 2-23：根据蒙特卡罗随机模拟原理，绘制蒙特卡罗随机投点图（见图 2-35），并进一步编程，计算圆周率。

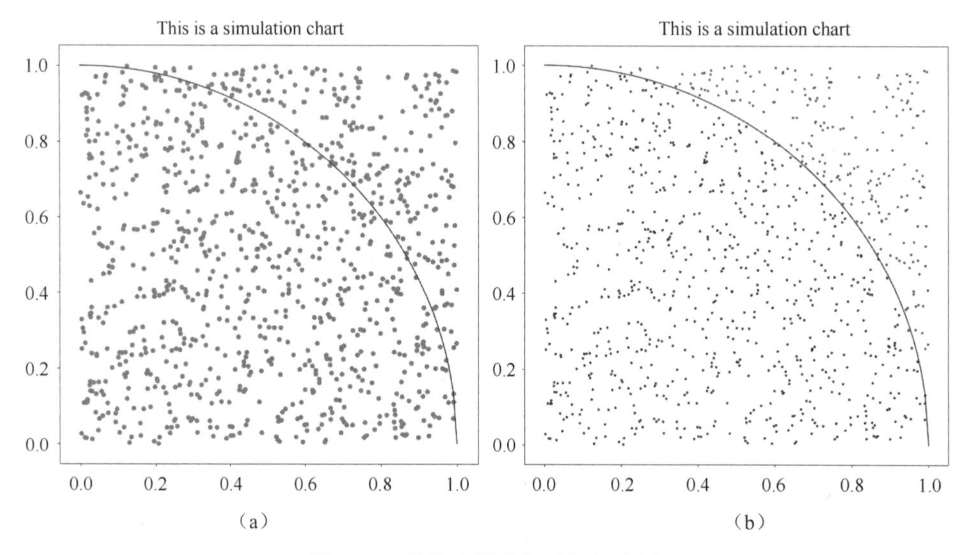

图 2-35　蒙特卡罗模拟随机投点图

蒙特卡罗模拟程序如下。

（1）绘制图随机投点图，先导入库。

```
import numpy as np
import matplotlib.pyplot as plt
```

（2）生成圆所需要的点，使用 linspace 函数方法。

```
x=np.linspace(0, 1,num=101,endpoint=True)
y=np.sqrt(1-x**2)
#print(y)
```

（3）画圆。考虑到上述图是先画圆，再把点加上去，所以使用 subplots 的方法。

```
fig,ax=plt.subplots(figsize=(9,9))
ax.plot(x, y,color='red')
ax.set_title('This is a simulation chart', color='blue')
```

（4）增加 1 000 个随机点，这些点的范围是从 0～1 均匀分布的随机点。

```
n=1000
r=1
x0,y0=0,0
xmin,xmax=0,1
ymin,ymax=0,1

a=np.random.uniform(xmin,xmax,size=n)
b=np.random.uniform(ymin,ymax,size=n)
```

（5）绘制散点图，对应命令为：

```
ax.scatter(a, b)
```

得到如图 2-35（a）所示的结果，毫无疑问，这不是我们需要的。我们需要的是可视化的如图 2-35（b）所示的结果：圆内为红色，圆外为绿色。看起来就是一个颜色的问题，但其实绘图 2/3 的时间都花在这里了。

（6）设置颜色。最初想到的是简单方法，如 color='red' else if dist<1 'green'。但这种方法不可行。为进一步了解颜色设置，查看帮助文件。

```
print(ax.scatter.__doc__)
```

对应颜色部分参数如图 2-36 所示。

```
c : color, sequence, or sequence of color, optional
    The marker color. Possible values:

    - A single color format string.
    - A sequence of color specifications of length n.
    - A sequence of n numbers to be mapped to colors using *cmap* and
      *norm*.
    - A 2-D array in which the rows are RGB or RGBA.

    Note that *c* should not be a single numeric RGB or RGBA sequence
    because that is indistinguishable from an array of values to be
    colormapped. If you want to specify the same RGB or RGBA value for
    all points, use a 2-D array with a single row.  Otherwise, value-
```

图 2-36　在 PyCharm 环境下，scatter 函数颜色参数帮助

由此可见，颜色属性可能存在 4 种情况，其中要达到上述要求的两种颜色，用第二种和第四种比较合适，但第四种情况设置颜色比较麻烦，因此还是第二种合适，即直接生成['red', 'red', 'green']之类的序列。

生成序列主要是使用列表或 NumPy 数组，此处使用数组进行分析。具体先设置颜色：

```
colormap=np.array(['red','green'])
```

然后设置对应的点，根据距离进行判断，具体如下：

```
dist=np.array([a**2+b**2>=1])+0
```

其中，加 0 非常重要。不加 0 数据为逻辑型，即 True、False 类，加 0 后变成 0、1 数值型。查看发现结果为嵌套数组形式，进一步变成普通数组，使用 flatten 方法。

```
dist=dist.flatten()
color=colormap[dist]
```

在此基础上得到一系列颜色序列，查看前 10 个结果如下：

```
['red' 'red' 'red' 'red' 'red' 'green' 'red' 'red' 'red' 'red']
```

进一步绘制散点图：

```
ax.scatter(a, b,linestyle='dotted',s=10,c=color)
plt.show()
```

接下来计算圆周率。其基本思路是计算圆内点的个数与总随机数的比例，然后乘 4 就得到圆周率。使用三种方法，分别自定义函数进行计算，并比较运行效率。

（7）第一种方法。一次性使用 NumPy 库中的随机方法生成 n 个随机数，然后进行计算。

```
n=100000000
#method 1. using np method-shortest time
def cal_pi(n):
    x=np.random.uniform(0,1,size=n)
    y=np.random.uniform(0,1,size=n)
    dist=np.array([x**2+y**2<=1]).sum()
    return 4*dist/n
```

设置计算开始时间，也就是当前系统时间。

```
begin=time()
print('simulation results: ',cal_pi(n))
```

同样，设置结束时间。

```
end=time()
print('last time of np method: {} seconds'.format(end-begin))
```

两者的结果分别为：

```
simulation results:  3.14176868
last time of np method: 3.367981195449829 seconds
```

可以看出，计算结果比较接近，所用的时间大致为 3.37 s，速度比较快。

（8）第二种方法。使用自带的 random 函数，分别重复 *n* 次，设置初始数为 0，若距离小于 1 则加 1，循环后得到小于 1 的数量，对应如下。

```
#method 2. using for-loop--spending longer time
def cal_pi1(start=0,end=1000):
    value=0
    for i in range(start,end):
        x,y=random.random(),random.random()
        start+=1
        value+=int(x**2+y**2<=1)
    return 4*value/end
begin=time()
print('simulation results: ',cal_pi1(end=n))
end=time()
print('last time of random method: {} seconds'.format(end-begin))
```

对应结果分别为：

```
simulation results:  3.14159392
last time of random: 61.67441201210022 seconds
```

结果也非常接近，但从计算效果上看，花了近 62 s，说明一次次循环相加计算浪费了大量时间。

（9）第三种方法。使用关键字 yeild。

```
#method 3.yield method-longest runtime,there may have simple way!
#?yield from?
def cal_iter(start=0,end=1000):
    while start<=end:
        x,y=random.random(),random.random()
        start+=1
        dist=int(x**2+y**2<=1)
        yield start,dist
value =0
begin=time()
for k,v in cal_iter(end=n):
    value+=v
#   print(value)
print(4*value/n)
end=time()
print('last time of yield method: {} seconds'.format(end-begin))
```

结果为：

```
3.14153432
last time of yield: 79.45544409751892 seconds
```

以上可以看出，第一种方法所需的时间最短，效率最高；第二种方法花费的时间近 62 s；第三种方法花费的时间近 79 s，看来还是一次性生成所有的随机数来得最快。

2.5 高级可视化统计图

2.5.1 投资者提问文本词云图

“词云”概念由美国西北大学新媒体专业主任里奇・戈登（Rich Gordon）提出，是指对新闻、报告、论文或诗词等文本中出现频率较高的“关键词”予以视觉上的突出，形成关键词“云层”或“渲染”，过滤掉大量不重要的文本信息，从而快速获取文本的主旨。

投资者特别是个人投资者，在对公司基本面分析和调研的过程中，往往存在一些疑虑，从而与上市公司进行沟通。由于大多数散户无法像机构投资者一样进行实地调研和电话调研，更多的是通过与投资者互动的形式，即通过上海证券交易所（简称上交所）和深圳证券交易所（简称深交所）提供的交流平台“e 互动”和“互动易”进行沟通交流。通过对投资者提问的文本绘制词云图，可以分析出投资者关心的核心问题。

案例 2-24：在深交所互动易中汇川技术（300124）投资者互动的问答环节中，以投资者提问为例，绘制出的词云图结果如图 2-37 所示。

图 2-37　汇川技术投资者提问词云图

首先需要获取文本数据。在投资者问答环节中，随着时间的推移，问答会不断增加，如果从 2011 年年初开始，到 2021 年年底已经积累了 8 800 余项的资料，因此需以网络爬虫的方式进行处理。抓取后保存到当地文件夹并命名为 hcjs.txt。

后续具体操作步骤如下。

（1）导入库，分别包括 wordcloud、jieba 和 plot 库。

```
from wordcloud import WordCloud
import jieba.analyse
import matplotlib.pyplot as plt
```

（2）读取文本数据。考虑到这个文件为文字型数据，不是表格型的，不便使用 Pandas 库读取，因此，使用最原始的 with open 方法读取数据。

```
with open(r'f:\hcjs.txt') as file:
    text = file.read()
```

查看前面 100 个字符的内容。

```
print(text[:100])
```

结果为：

```
马斯克说除了火箭一切交通工具都应该电动化，结合公司在昆明的电驱动船，小鹏的会飞的车，公司对交通工具电动化有何想法？未来投入会加大吗？
公司储能技术是否已经转换成产品？
公司在氢燃料电池方面有研究吗？
```

可以发现，文字以完整的一句话形式呈现。为得到词云图，必须把句子分割成单个的词语。

（3）分词处理。把整个文本分割成一个个词语的形式。具体可使用 cut 函数进行处理，其中，令 cut_all=False，具体如下：

```
segList=jieba.cut(text,cut_all=False)
```

为查看具体的内容，将结果整理成文本形式。

```
data=' '.join(segList)
print(data[:100])
```

对应结果如下。

```
马斯克 说 除了 火箭 一切 交通工具 都 应该 电动 化 ， 结合 公司 在 昆明 的 电 驱动 船 ， 小鹏 的 会 飞 的 车 ， 公司 对 交通工具 电动 化有何 想法 ？ 未来 投入 会 加
```

可以看出，上述是把整个文本分割成了单个的词语形式。在实际过程中，读者可能会发现，某些词语的分割形式可能并不是我们想要的，如上述“电动”和“化”中，如果分割为“电动化”可能更合适，函数也提供了一种全模式方法，即令 cut_all=True，具体如下：

```
segList=jieba.cut(text,cut_all=True)
```

得到的结果为：

```
马斯克 说 除了 火箭 一切 交通 交通工具 通工 工具 都 应该 电动 化 ， 结合 公司 在 昆明 的 电 驱动 船 ， 小 鹏 的 会 飞 的 车 ， 公司 对 交通 交通工具 通工 工具 电动
```

由此可见，上述把所有可能的情况都分割出来了。例如，“交通工具”，既可以把其整体当作一个词语，也可以分割开来处理。

（4）抽取关键词并进行词频统计。此处有两种方法：一种是基于 TF-IDF 的 extract_tags 方法，另一种是基于 textrank 方法。两种方法得到的结果会存在差异。如下列，使用后者进行处理。

```
tags=jieba.analyse.textrank(text,withWeight=True,topK=500)
```

其中，withWeight 参数指显示权重，topK 指显示前者最高权重的词语个数。这个对象是列表类型，查看前面 10 个结果。

```
print(tags[:10])
```

对应如下。

```
[('公司', 1.0), ('汇川', 0.572009963843679), ('机器人', 0.22036829607790337), ('技术', 0.21212730899411583), ('产品', 0.2076045747439014), ('市场', 0.19667364311365362), ('中国', 0.19635298926974695), ('希望', 0.18495934441915987), ('汽车', 0.17339589739818345), ('是否', 0.15433731407138668)]
```

可以看出，这种方法将最大的词语设置为 1，其他出现的频率与最高次数对比得到结果。排名前面的词语分别为“公司”“汇川”“机器人”和“技术”等。

（5）绘制词云图。具体采用 WordCloud 方法。考虑到词云图显示中文时出现方框问题，需要先设置字体，字体路径对应本地计算机中的中文字体所在的路径，字体一般在 C 盘 Windows 中的 Fonts 目录下，如下列选择楷体字。

```
wc=WordCloud(font_path=r'C:\Windows\Fonts\stkaiti.ttf')
```

生成画布后，进一步拟合数据产生图，用 generate_from_frequencies 函数，具体如下：

```
wc.generate_from_frequencies(frequencies=tags)
```

但出现如下错误。

```
AttributeError: 'list' object has no attribute 'items'
```

仔细研究发现，frequencies 参数需要对应字典类型，而上述的 tags 为列表类型，类型不匹配则出现错误。因此，需要把 tags 转换为字典类型。

```
dictags= {}
for key,freq in jieba.analyse.textrank(text,withWeight=True,topK=500):
    dicttags[key]=freq
```

不过这种方法太麻烦，直接使用下面的方法最简单。

```
dicttags=dict(tags)
```

再重新基于数据得到图。

```
wc.generate_from_frequencies(frequencies=dicttags)
```

没有显示错误，也没有显示图形。此处需要使用 show 方法。

```
wc.to_image().show()
```

得到如图 2-38 所示的结果。

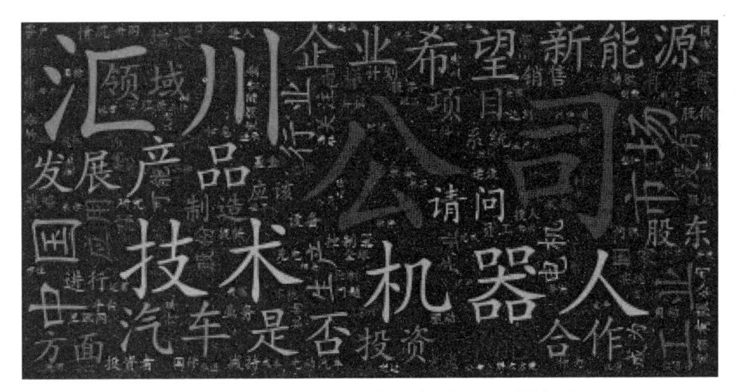

图 2-38　汇川技术投资者提问词云图初探

这幅词云图不是很美观，需要进行优化。

（6）优化词云图。包括字体颜色、图片形状和底色等方面需要优化。此处选择大树形状，首先要做准备工作。到网上搜索“大树”图，最好颜色对比度比较强烈，如白底绿树图等。保存到当地文件夹下，命名为 tree，然后使用 imread 函数导入图片：

```
pic=plt.imread(r'F:/tree.jpg')
```

在此基础上设置图片形状、图片底色、字体颜色等属性。

```
wc=WordCloud(font_path=r'C:\Windows\Fonts\stkaiti.ttf',mask=pic,
           background_color='white',collocations=False,colormap='rainbow')
```

其中，colormap 是不同颜色的映射，一般对应彩色，这些颜色很多都来源于实际生活，如上述彩虹色、地势颜色（terrain）和海洋色（ocean）等[1]。

进一步拟合数据，除 generate_from_frequencies 外，还可以用 fit_words 方法。

```
wc.fit_words(frequencies=dicttags)
```

显示图片，即可得到最上端的树状的词云图。

```
image=wc.to_image()
image.show()
```

可用两种方法保存到本地文件夹：to_file 或 savefig 函数。

```
#wc.to_file(r'd:/testResult/wc.jpg')
plt.savefig(r'd:/testResult/wc.jpg')
```

2.5.2　股票 K 线与技术指标图

在投资分析中，一个非常重要的技术是看 K 线图和相应的技术性指标。因此，如何使用 Python 展示相应 K 线图非常必要。

案例 2-25：绘制股票 K 线和技术指标图。

以下使用不同的库进行处理：一个是 Mplfiance 库，另一个是 Bokeh 库。

① 各种颜色设置详见 MatPlotLib 官网的 Choosing Colormaps in MatPlotLib 部分。

1. Mplfiance 库方法

Mplfinance 库最初是从 MatPlotLib 的 finance 库独立出来的，以方便更好地开发。这个库能够绘制不同类型的 K 线图，如砖形图（Renko）和蜡烛图（Candle）等，并随着技术性指标曲线，如 MA、MACD 和 RSI 等指标图，还能够支持多种不同的风格和颜色线条方面的定制，操作步骤如下。

（1）导入库，分别包括指标库（Talib）、K 线图库（Mplfinance）和 Pandas 库。

```
import pandas as pd
import talib
import mplfinance as mpf
```

（2）读取数据。为了方便，此处读取通达信源的 K 线数据[①]。

```
data=pd.read_csv(r'E:/datasets/Stocks/weighted/tdx/000001.txt',sep='\t',
                skiprows=1,skipfooter=1,encoding='gb2312')
data.columns=['Date','Open','High','Low','Close','Volume','TurnOver']
data.index=pd.to_datetime(data['Date'])
data.drop('Date',axis=1,inplace=True)
```

（3）进一步绘制 K 线图。为了图形显示更具有直观性，只使用前面 50 个数据，具体实现如下：

```
mpf.plot(data[0:50],type='candle',volume=True,mav=(3,6,9),
        figscale=1.2)
```

其中，type 指 K 线图类型，volume 指结果是否显示成交量，mav 指移动平均线，（3，6，9）指分别显示 3 日、6 日和 9 日均线，得到的结果如图 2-39 所示。

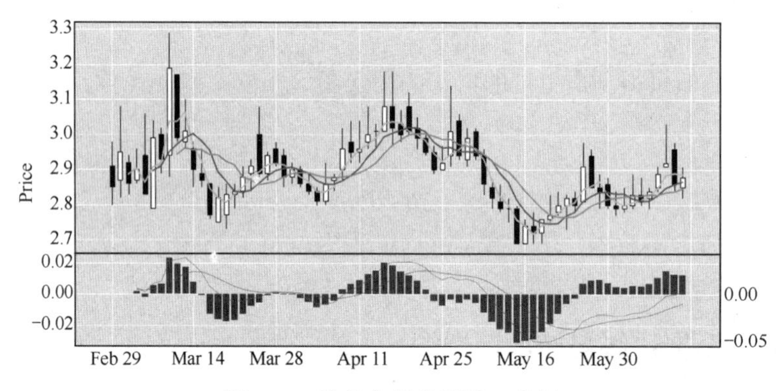

图 2-39　默认主题的股票 K 线图

（4）进一步对图进行优化。设置 K 线为中国模式，具体为红涨绿跌，上影线为蓝色，下影线为橙色，而且增加红涨绿跌的成交量图，此时使用 make_marketcolors 方法进行设置，对应如下。

```
#customizing style for chinese candle---very interesting!
mc=mpf.make_marketcolors(up='red',down='green',edge='lime',
```

① 具体获取方法见第 3 章。

```
                   wick={'up':'blue','down':'orange'},volume={'up':'red',
                   'down':'green'},ohlc='black')
s=mpf.make_mpf_style(marketcolors=mc)
```

绘制主图，增加 style=s，其他保持一致。

```
mpf.plot(data[0:50],type='candle',style=s,volume=True,mav=(3,6,9),
      figscale=1.2)
```

得到如图 2-40 所示的结果。

（5）增加 MACD 技术指标图。首先创建 MACD 指标，指标函数来源于 Talib。

```
data['sma']=talib.SMA(data['Close'],timeperiod=5)
data['macd'],data['signal'],data['hist']=talib.MACD(data['Close'],
                  fastperiod=12,slowperiod=26,signalperiod=9)

print(data.tail(10))
```

请读者自行查看数据结果。

在此基础上增加 MACD 线图，同样为了方便，此处选择部分数据进行显示。

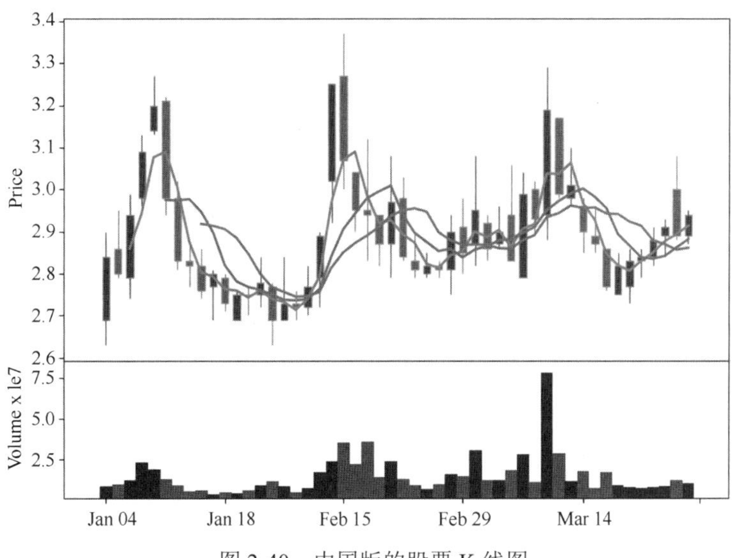

图 2-40　中国版的股票 K 线图

```
sdata=data[30:100]
#add macd indicators
apds=[mpf.make_addplot(sdata['hist'],panel=1,type='bar',color='blue'),
  mpf.make_addplot(sdata[['macd','signal']],panel=1,type='line',width=0.5),
  mpf.make_addplot(sdata['signal'],panel=1,type='line',color='green',width=0.5)]
```

在图上增加移动均线 mav，参数分别对应（3，6，9），并设置图表类型 type。

```
mpf.plot(sdata,addplot=apds,type='candle',mav=(3,6,9),style=s,
      figscale=1.2,panel_ratios=(1,0.4),figratio=(1,0.5))
```

最后得到如图 2-41 所示的结果。

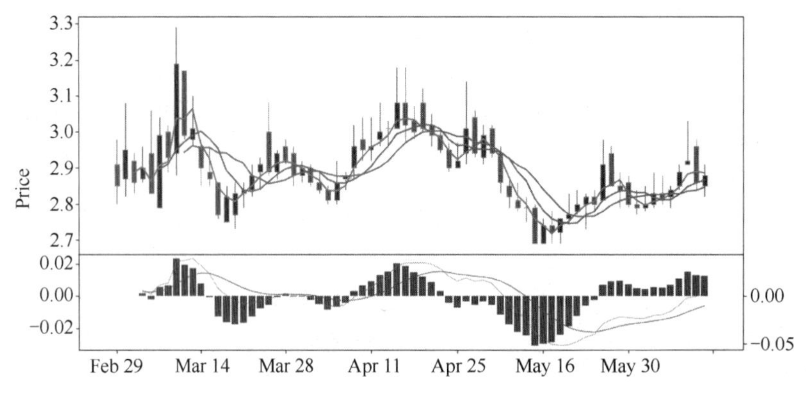

图 2-41　中国版的股票蜡烛图伴随 MACD 曲线

2. Bokeh 库方法

Bokeh 库是基于 Web 端的 Python 数据可视化工具包，可交互，是免费库中可视化效果最好的一个，可以对图形的各个部分进行自定义，其缺陷是需要的代码比较多，同时有深度的中文参考文档较少，需要自行在英文文档的基础上进行研究。

（1）导入库。

```
from bokeh.plotting import figure,show
from bokeh.models import HoverTool,ColumnDataSource,Range1d
import pri_strat.cst_fun as cf
```

（2）读取数据，使用自定义函数读取本地通达信数据。

```
data=cf.Custom().read_local_xts(symbol='002833',startdate='2020-01-01')
#tools='xpan,ypan,xwheel_zoom,box_zoom,crosshair,undo,redo,reset,help'
```

（3）对各部分进行初始化设置。考虑到 K 线图分为上涨和下跌，此时需要分开进行设置，上涨对应开盘大于收盘，反之对应下跌。

```
inc=data.close>data.open
dec=data.open>data.close
```

同时，需要使用 source 和 ColumnsDataSource 引用数据，方便后续在图上弹出数据信息。

```
source=data
source1=ColumnDataSource(data[inc])
source2=ColumnDataSource(data[dec])
```

（4）设置弹出数据信息的内容，使用 HoverTool 函数，其中，tooltips 表示显示的内容，包括 date、OHLC 和 volume 三部分，后续对应的@表示读取数据列，如 OHLC 部分，读取的是开盘（open）、最高（high）、最低（low）和收盘（close）列，并用{}表示数据格式，如 date{%F}，表示在后面的 formatters 中单独设置。在 OHLC 价格中，@open{0,0.0[0000]}表示显示为浮点型数据，格式为小数点后保留 4 位有效数字，当后续出现 0 后，自动调整为小数点后一位。成交量@volume{0,0}表示用逗号分隔整数数据。

```
hover=HoverTool(tooltips=[('date','@date{%F}'),
       ('OHLC','\t'.join(('@open{0,0.0[0000]}',
                         '@high{0,0.0[0000]}',
                         '@low{0,0.0[0000]}',
                         '@close{0,0.0[0000]}'))),
       ('volume', '@volume{0,0}')],
            formatters={'@date':'datetime'})
#pad=(data.index[-1]-data.index[0])/20
```

（5）使用 figure 函数设置画布，其中，title 对应标题，x_axis_type 表示 x 轴数据格式，tools 表示显示的图表工具，xwheel_zoom 表示横轴缩放、crosshair 表示十字交叉定位、active_scroll 表示激活的工具，后续两个参数表示图形的高度和宽度。

```
graph=figure(title='bokeh candle graph',x_axis_type='datetime',
               tools='xwheel_zoom,crosshair',
          active_scroll='xwheel_zoom',plot_height=500,plot_width=800)
```

在画布上增加线段。这个线段其实就是上影线和下影线，引用 source 数据信息。由于线段需要两个点，其中前者 date，high 组成开始坐标点；date，low 组成结束坐标点。

```
graph.segment('date','high','date','low',color='#bbbbbb',source=source)
```

增加长方形，也就是对应 K 线图的主体，上涨和下跌用不同颜色显示，使用 vbar 函数，分别对其进行设置。

```
#w=20*60*60*1000
w=72000000
graph.vbar('date',w,'open','close',color='blue',source=source1)
graph.vbar('date',w,'open','close',color='red',source=source2)
```

其中，w 为长方形的大小。

在此基础上增加弹出的数据信息内容。

```
graph.add_tools(hover)
show(graph)
```

最后弹出的是网页形式的图像，得到如图 2-42 所示的结果。

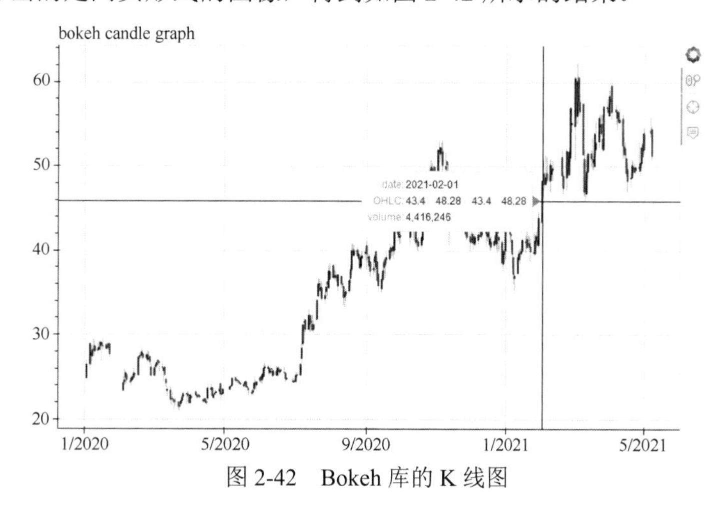

图 2-42　Bokeh 库的 K 线图

###

Bokeh 简介

Bokeh 是一款针对现代 Web 浏览器呈现功能的交互式可视化库。Bokeh 通过 Python（或其他语言）以快速简单的 Bokeh 输出在笔记本、HTML 和服务器中，并在 Django、Flask 和 Dask 应用程序中嵌入 Bokeh 绘图功能。方便为超大型或流式数据集提供高性能交互的漂亮且结构简单的多功能图形。

使用 Bokeh 可以进行快速交互式绘图，令我们感觉更方便的是，还有一个与 Pandas 库绑定的版本——Pandas-Bokeh，这个版本既可以使用强大的 Pandas 库，又可以调用 Bokeh 的强大绘图功能。

MatPlotLib 和 Seaborn 库都是面向过程的，在数据分析过程中可以呈现；Bokeh 是在最后的结果呈现，可作为动图、仪表盘的排版，还可以作为图表的联动。

为了提供高级自定义所需的简单性和强大而灵活的功能，Bokeh 库向用户公开了以下两个接口。

（1）bokeh.models：为应用程序开发人员提供的最灵活的一个底层接口。

（2）bokeh.plotting：以构成可视符号为中心的一个高层接口。

Bokeh 绘图常见的三个步骤如下。

第一，开启画布 Figure 并做初始配置，如图形长宽（Width，Height）和标题（Title）等。

第二，在 Figure 上增加图形，如线（Line）、圆（Circle）和长方形（Bar）等。

第三，输出。可以用 output_file()输出为 lines.html，也可以使用 output_notebook()在 Jupyter Notebooks 中直接展示。

更多在 Dask、Panel、Mistic、Microscopium、Chartify 和 Arviz 上的案例及其动态图（见图 2-43），请参考 Bokeh 官网。

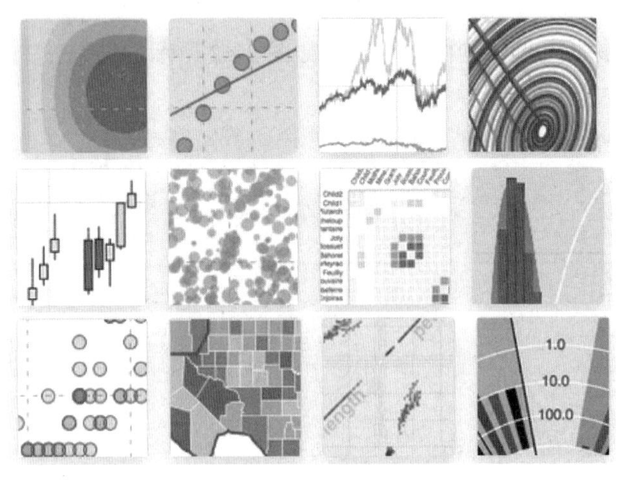

图 2-43　Bokeh 官网展示的常见统计图

```
################################################################################
```

2.5.3 三维正态分布图

在统计学习中，经常让人头疼的莫过于多元相关的内容，如多元正态分布和威沙特分布等，到底在图中显示什么样的形态特征，最好能有一个可视化的三维图像，如图 2-44 所示。特别是三维空间中正态分布的分布特征，随着相关性的变化，正态分布会发生怎样的改变。

案例 2-26：以三维正态分布为例，展示图形的绘制，以及随着两变量相关程度的改变，图像会发生什么变化。

（1）导入库和预设参数。

```
import matplotlib.pyplot as plt
from scipy.stats import multivariate_normal
from matplotlib import cm
```

两正态变量都服从均值为 0，方差为 1 的标准正态分布，对应参数如下。

```
mux,muy=0,0
varx,vary=1,1
```

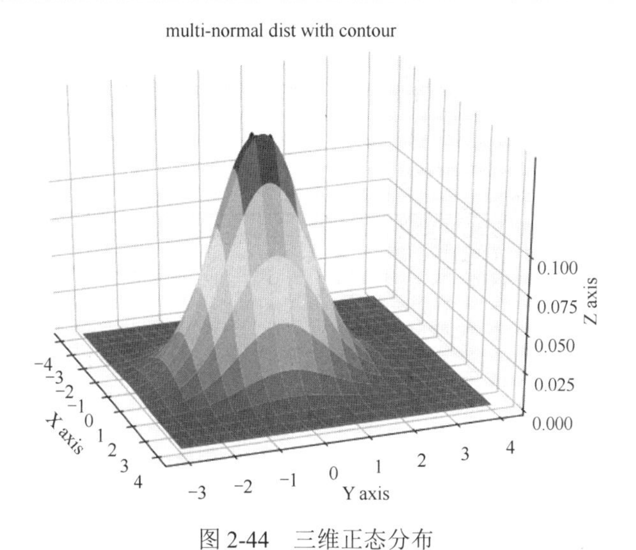

图 2-44 三维正态分布

（2）考虑到三维正态分布需要（x，y，z）的组合，其中，x 和 y 分别对应自变量，z 表示正态分布密度函数，因此需要生成一系列（x，y）网格点。

先生成 x，y 系列，考虑到正态分布的变量取值在正负 4 之间，则

```
x=np.linspace(-4,4,70)
y=np.linspace(-4,4,70)
```

在此基础上有 X 和 Y 网络点，使用 meshgrid 函数。

```
X,Y=np.meshgrid(x,y) #meshgrid!
```

查看变量结果。

```
print(X[:1])
```

结果如下。

```
[[-4.         -3.88405797 -3.76811594 -3.65217391 -3.53623188 -3.42028986
  -3.30434783 -3.1884058  -3.07246377 -2.95652174 -2.84057971 -2.72463768
  -2.60869565 -2.49275362 -2.37681159 -2.26086957 -2.14492754 -2.02898551
  -1.91304348 -1.79710145 -1.68115942 -1.56521739 -1.44927536 -1.33333333
  -1.2173913  -1.10144928 -0.98550725 -0.86956522 -0.75362319 -0.63768116
  -0.52173913 -0.4057971  -0.28985507 -0.17391304 -0.05797101  0.05797101
   0.17391304  0.28985507  0.4057971   0.52173913  0.63768116  0.75362319
0.86956522    0.98550725    1.10144928    1.2173913     1.33333333    1.44927536
1.56521739    1.68115942    1.79710145    1.91304348    2.02898551    2.14492754
2.26086957    2.37681159    2.49275362    2.60869565    2.72463768    2.84057971
2.95652174    3.07246377    3.1884058     3.30434783    3.42028986    3.53623188
3.65217391    3.76811594    3.88405797    4.        ]]
```

进一步查看 X 数组维度。

```
print(X.shape)
```

结果如下。

```
(70, 70)
```

也就是说，X 和 Y 都对应（70，70）二维数据，结果其实是网状类的数组，直观的形式如图 2-45 所示。

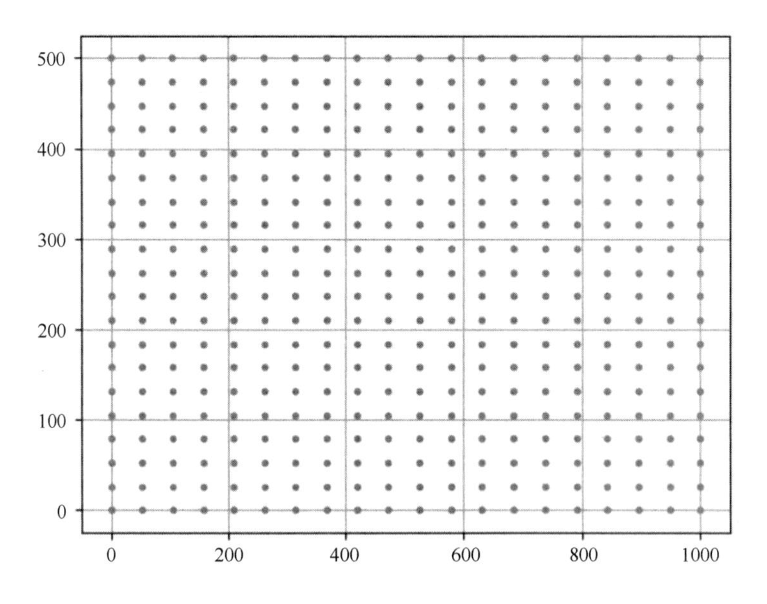

图 2-45　meshgrid 生成的网状数据直观形式

进一步把 X 和 Y 组合在一起。

```
pos=np.empty(X.shape+(2,)) #convert 2d to 3d
pos[:,:,0]=X;pos[:,:,1]=Y
```

（3）基于上述数据，利用正态分布函数 multivariate_normal 生成三维正态分布函数对应的点。

```
rv=multivariate_normal([mux,muy],[[varx,0],[0,vary]])
```

取上述结果中的分布函数 pdf。

```
z=rv.pdf(pos)
```

正态分布的 X，Y 和 Z 所有数据已经生成完毕。

（4）使用上述点绘制三维图形，创建画布。

```
fig=plt.figure()
```

建立三维投影。

```
ax=fig.gca(projection='3d') #get the current axes/Get the current figure(gcf)
```

使用 surface 函数，组合点绘图。

```
ax.plot_surface(X,Y,z,cmap='viridis',linewidth=0)#colormap
```

设置各个坐标。

```
ax.set_xlabel("X axis",color='red')
ax.set_ylabel('Y axis',color='red')
ax.set_zlabel('Z axis',color='red')
plt.show()
```

即得到如图 2-46 所示的结果。

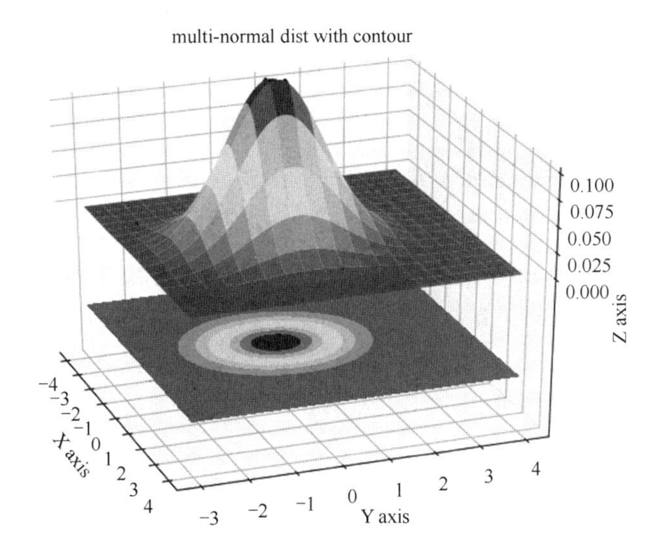

图 2-46　三维正态分布函数及其平面轮廓

（5）为了更清楚地查看立体图在二维平面中的映射，加上轮廓图。

```
ax.plot_surface(X,Y,z,cmap='viridis',linewidth=1,
                rstride=4,cstride=4,antialiased=True)#cmap=cm.viridis
#contour and contourf draw contour lines and filled contours
ax.contourf(X,Y,z,zdir='z',offset=-0.15,cmap=cm.terrain)
ax.set_zlim(-0.15,0.1)
ax.set_zticks(np.linspace(0,0.1,5))
ax.view_init(27,-21)
```

需要指出的是，上述的多元正态分布函数也可以采用自定义的形式，对应的表达式为

$$f(\boldsymbol{x})=\frac{1}{\sqrt{(2\pi)^n|\Sigma|}}\exp\left[-\frac{1}{2}(\boldsymbol{x}-\boldsymbol{\mu})\Sigma^{-1}(\boldsymbol{x}-\boldsymbol{\mu})\right]$$

根据上述表达式自定义函数。

```
def multivariate_gaussian(pos, mu, Sigma):
    n = mu.shape[0]
    Sigma_det = np.linalg.det(Sigma)
    Sigma_inv = np.linalg.inv(Sigma)
    N = np.sqrt((2*np.pi)**n * Sigma_det)
    fac = np.einsum('...k,kl,...l->...', pos-mu, Sigma_inv, pos-mu)
    return np.exp(-fac / 2) / N
```

上述难点是爱因斯坦求和方法：einsum，请读者自行查看用法。

后续可根据这个自定义函数，能够得到一样的图像。其他的多元分布函数，如多元统计分析中的多元 t 分布、F 分布函数，SciPy 库中并没有相关函数，感兴趣的读者可根据上述方法进行编程。

##

NumPy 库 meshgrid 用法

在实际过程中，存在两种生成网格的方法。例如，生成 1～4 的网络点，具体有直接生成法和通过 meshgrid 生成法。

第一种：直接生成法。分别需要生成两个二维数组。

```
x = np.array([[0, 1, 2, 3], [0, 1, 2, 3], [0, 1, 2, 3], [0, 1, 2, 3]])
y = np.array([[0, 0, 0, 0], [1, 1, 1, 1], [2, 2, 2, 2], [3, 3, 3, 3]])
plt.plot(x, y,marker='.', # 设置点形状
   markersize=10, # 设置点大小
   linestyle='-.') # 设置线型
plt.grid(True)
plt.show()
```

第二种，通过 meshgrid 的方法生成，此时仅需要生成两个一维数列。

```
x=np.arange(4)
y=np.arange(4)
```

再通过 meshgrid 合并。

```
x,y=np.meshgrid(x,y)
```

可以看出，*x*，*y* 点与第一种方法的二维数组结果一致。

如需要研究坐标轴上显示的点，可以通过 List 内循环获得。

```
z = [i for i in zip(x.flat,y.flat)]
```

第3章 网络爬虫与金融数据获取

金融数据获取包括两大类。一类是K线类数据，如股票、期货和外汇等产品的K线数据；另一类是财务数据，特别是上市公司的财务数据。虽然可以通过API获取相关数据，但在实际过程中，往往存在很多限制。考虑到数据源的准确性与时效性，很容易对量化投资造成重大影响，因此必须要有多种数据源才能满足量化投资的需求。

3.1 网络爬虫基础

爬虫全称为网络爬虫，也称为网络机器人、网络蜘蛛。爬虫用来抓取网页数据，如表格、图片、视频、商品详请和评论等信息。例如，要获取招聘网站上关于量化投资的招聘信息，一条条复制肯定不现实，需要通过爬虫，把几千条甚至上万条的同类信息一次性全部扒下来。

根据爬取内容和网站维护特征，爬虫可以从简单到复杂。简单的爬虫一般只需要几十至几百行的脚本，如常见的金融表格数据的获取就是采用这种方式。

因为很多网站设置了反爬虫机制，需要使用账号和密码的登录，还需要通过网页的随机数字或图像的验证机制等。例如，铁路12306购票网，涉及图像识别；高校用的教务管理系统，涉及随机数字验证；51job和智联招聘网，涉及对密集爬虫的IP短时间屏蔽的反爬虫方法。

此处介绍的爬虫仅为简单的爬虫，能够应付一般金融类表格数据和文本获取，对于复杂的爬虫，读者可自行找专业书籍进行深入学习。

3.1.1 网页基本结构

要掌握爬虫的技巧，还得先从网页的基本结构说起。网页通过其内部结构（actual HTML from the page）组织起来[①]，如表格、图像、评论和超链接等，这些内容都可以通过浏览器直接呈现出可视化结果。

---

① 笔者非计算机专业出身，很多概念描述请读者参考专业计算机书籍。这是Web开发的基础知识，想深入学习的读者可参考Web开发相关书籍。

例如，东方财富网的某季报数据网页，对应的可视化结果或直观形式如图 3-1 所示。

2020年三季报业绩大全_数据中心

data.eastmoney.com/bbsj/202009/lrb.html

应用　Dukascopy - Feeds　Overview (JForex...

网站首页　加收藏　移动客户端　东方财富　天天基金网　东方财富证券　东方财富期货　Choice数据　股吧　登录　我的菜单　证券交易　基金

数据中心　2020年三季报业绩大全　个股业绩报表：输代码、名称或简拼　查询　截止日期：2020-09-30　收藏本页

注：所载数据仅供参考，不对您构成任何投资建议，据此操作，风险自担。

全景图 >>　首页　我的数据　热门数据　资金流向　特色数据　新股数据　沪深港通　公告大全　研究报告　年报季报　股东股本　期货期权　经济数据　基金数据

绩报表　业绩快报　业绩预告　预约披露时间　资产负债表　利润表　现金流量表　第一时间掌握年度业绩报表，点击查看

沪深A股　沪市A股　深市A股　深主板A股　创业板　科创板　中小板　行业　全部　医药制造　电子元件　机械行业　化工行业　更多>>

	股票代码	股票简称	相关	净利润(元)	净利润同比(%)	营业总收入(元)	营业总收入同比(%)	营业总支出：营业支出(元)	营业总支出：销售费用(元)	营业总支出：管理费用(元)	营业总支出：财务费用(元)	营业总支出：营业总支出(元)	营业利润(元)	利润总额(元)	公告日期
	002996	顺博合金	详细 数据	1.12亿	10.27	30.17亿	-1.682	27.95亿	2775万	3408万	2569万	28.90亿	1.47亿	1.49亿	11-14
	688557	兰剑智能	详细 数据	7090万	2251.3	3.26亿	116.63	1.77亿	2416万	2114万	57.62万	2.55亿	8025万	8089万	11-13
	600354	*ST敦种	详细 数据	7429万	324.34	6.94亿	1.384	5.99亿	4909万	9316万	2379万	7.73亿	6423万	6282万	11-13
	002863	今飞凯达	详细 数据	5558万	18.75	21.34亿	2.678	17.94亿	4565万	9349万	1.11亿	21.18亿	6237万	6171万	11-13
	688981	中芯国际	详细 数据	30.80亿	168.60	208.0亿	30.23	157.0亿	1.20亿	11.57亿	-8.73亿	196.3亿	33.25亿	33.14亿	11-12
	300911	亿田智能	详细 数据	9552万	71.85	4.80亿	5.830	2.68亿	6903万	2167万	-535.5万	3.81亿	1.10亿	1.10亿	11-12
	002838	道恩股份	详细 数据	7.80亿	514.52	33.07亿	65.88	21.62亿	8846万	6623万	1340万	24.57亿	8.93亿	9.28亿	11-12
	688578	艾力斯	详细 数据	-2.05亿	17.50	41.25万	-13.32	12.11万	4693万	5986万	84.11万	2.46亿	-2.05亿	[illegible]	11-11
	688160	步科股份	详细 数据	4916万	68.17	3.03亿	21.70	1.82亿	1996万	1295万	57.87万	2.46亿	6177万	[illegible]	11-11
	605258	协和电子	详细 数据	6240万	-13.37	4.28亿	14.18	2.94亿	727.0万	2656万	490.0万	3.53亿	7795万	[illegible]	11-11
	688135	利扬芯片	详细 数据	3059万	2.410	1.76亿	23.64	9535万	535.3万	2112万	252.5万	1.43亿	3466万	[illegible]	11-10
	688057	金达莱	详细 数据	3.07亿	61.54	7.76亿	35.61	2.58亿	8076万	4028万	68.64万	4.17亿	3.35亿	3.50亿	11-10
	605007	五洲特纸	详细 数据	2.44亿	111.90	19.78亿	17.55	15.31亿	8032万	3198万	1679万	16.73亿	2.97亿	3.17亿	11-09
	300910	瑞丰新材	详细 数据	1.29亿	98.66	6.11亿	31.99	3.87亿	2508万	3233万	-292.6万	4.62亿	1.52亿	1.51亿	11-09
	601633	长城汽车	详细 数据	25.87亿	-11.32	621.4亿	-0.690	518.8亿	22.84亿	15.15亿	6.30亿	600.9亿	28.78亿	31.60亿	11-07
16	688529	豪森股份	详细 数据	6825万	678.34	8.32亿	23.70	6.22亿	1548万	4740万	2459万	7.70亿	7222万	7237万	11-06
17	605177	东亚药业	详细 数据	1.08亿	-17.20	6.77亿	-6.490	4.30亿	693.0万	8876万	-15.19万	5.64亿	1.27亿	1.23亿	11-06
18	003015	日久光电	详细 数据	7712万	21.71	3.98亿	0.451	2.42亿	1280万	1810万	982.2万	3.07亿	8951万	8981万	11-06

图 3-1　东方财富网的某季报数据网页

此网页对应的内部结构可以在不同浏览器上进行查看。一般常用的浏览器为谷歌和火狐。其中，谷歌浏览器操作方式为在浏览器界面上单击鼠标右键，然后在弹出菜单中选择“检查”选项，即可得到网页及其对应的内部结构，如图 3-2 所示。可以看出，左边为网页，右边为其对应的网页内部结构。

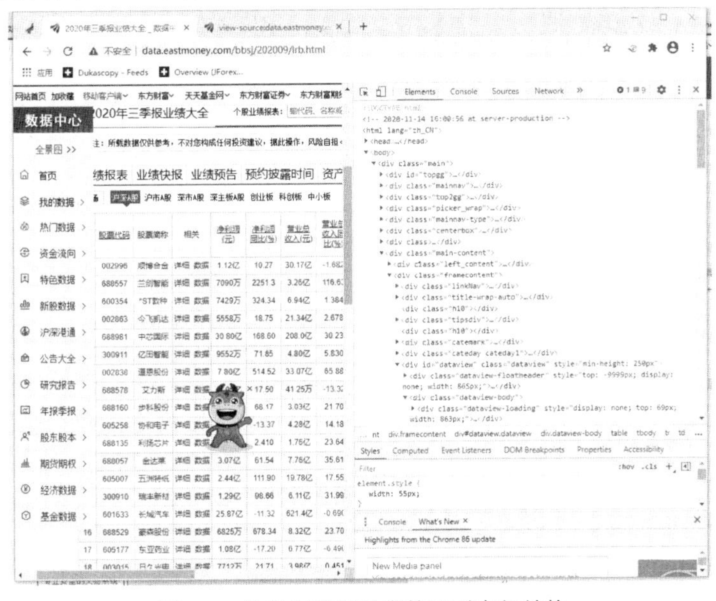

图 3-2　谷歌浏览器对应的网页内部结构

同理，也可以通过火狐浏览器查看，在浏览器界面单击鼠标右键，然后在弹出菜单中选择“查看元素”选项，得到的结果如图 3-3 所示。其中上方为原始网页，下方为网页对应的内部结构。不同浏览器得到的内部结构都是一致的。

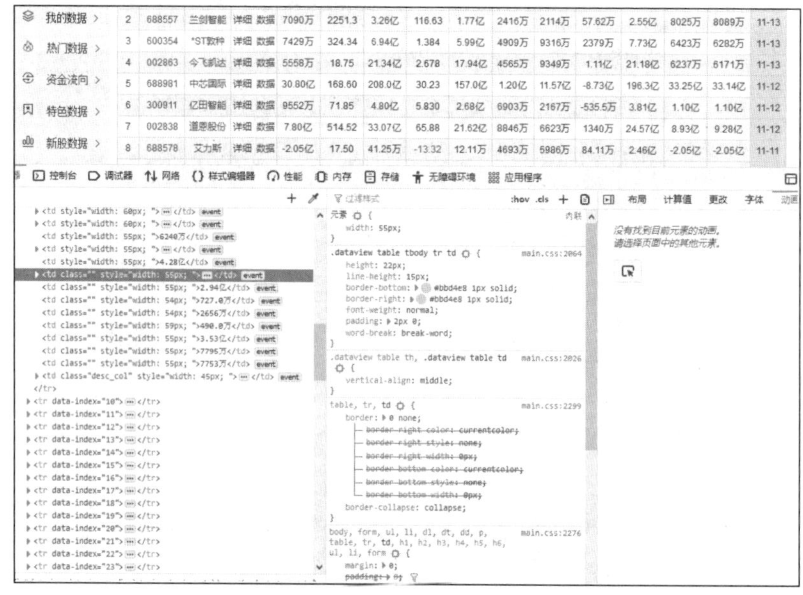

图 3-3　火狐浏览器对应的网页内部结构

网页最基本的组成部分为节点，如元素、属性、文本和注释等，主要包括以下 3 个部分。

（1）标签（Tag），用“< >”表示。

其中，标签也称为元素，需要使用< >括起来，是有特定含义的字符串，为了描述多媒体及其他页面元素，加入了一些标记。

标签可分为闭合标签和非闭合标签。其中，闭合标签具有成对性，如网页标签（<html>… </html>）、头部标签（<head>… </head>）、主体标签（<body>… </body>）、分支标签（<div>… </div>）、段落标签（<p>… </p>）和样式标签（<style>… </style>）。其中，不带斜杠的称为起始标记，带斜杠的称为结束标记，两个标记之间是这种标记所描述的内容部分。

非闭合标签呈单个性，如换行标签（
）、水平线标签（<hr/>）、输入标签（<input/>）和图像标签（<img/>）等，一般在这种标记后面加上斜杠，但对于不带斜杠的标记，浏览器一般也能识别，如表 3-1 是 HTML5 常见标签及类型。

表 3-1　HTML5 常见标签及类型

标　签	描　述	标　签	描　述
<!DOCTYPE>	文档类型	<p>	段落
<html>	HTML 文档	 	简单地换行

续表

标　签	描　述	标　签	描　述
<title>	标题	<hr>	水平线
<body>	主体	<!--...-->	注释
<h1> to <h6>	标题	<table>	表格

对于金融数据而言，最常用的表格相关标签，对应如下。

第一，table 标签。table 是一个大的表格，后面的 thead 和 tr 等标签，都是 table 的分支（下属）标签。

第二，thead 和 tbody 标签，其中 thead 为表格的头部，tbody 是表格的主体，即数据内容。

第三，tr、th 标签和 td 标签，其中 tr 是表格的行，th 是表格头部的元素，td 是表格主体的各元素。

需要注意的是，不同标签对应的级别是不一样的。例如，网易财经的财务数据相关标签及其级别使用浏览器检查相关方法得到的结果如图 3-4 所示。

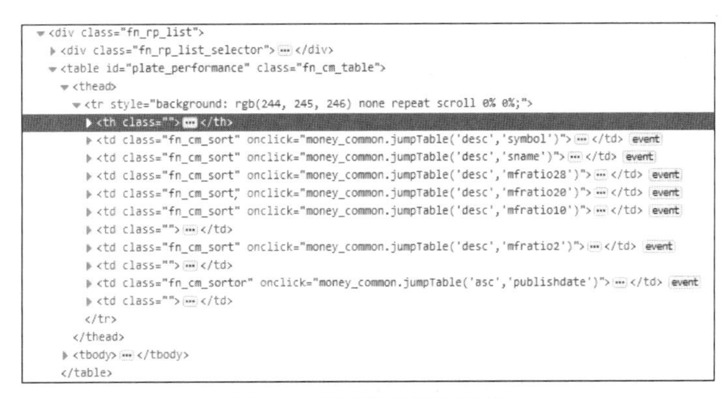

图 3-4　网页财务数据结构

其中，表格 table 标签位于 div class=“fn_rp_list”标签下，则 div 标签称为 table 的上一级标签（节点），也称为父节点；table 节点下面存在两个并列的标签，分别为 thead 和 tbody，这两个标签（节点）称为 table 下的子标签，thead 称为 tbody 的同级标签，也称姐妹标签；进一步，thead 下面又有 tr 标签，则 tr 称为 table 下的子孙标签，或者说分支标签。掌握不同的标签级别是爬虫的必备知识。

（2）标签属性（值），常见的是 class 和 id 等与其对应的属性值。

上述标签可以设置属性和属性值。为了对标签进行更加合理的设置，如需要设置不同的字体、颜色等特征，从而使网页的可视化更强，需要设置标签的各种属性，不同属性对应的属性值要用引号括起来；有些标签相同（如网页中存在多个 div 标签），则需要通过不同的属性（值）才能辨别。

标签除一些特定属性，可以设置自定义属性，同时可以设置多个属性，并用空格分隔；属性和属性值不区分大小写。HTML 常见标签属性如表 3-2 所示。

表 3-2　HTML 常见标签属性[①]

属　　性	描　　述
class	规定元素的类名（classname）
id	规定元素的唯一 id
style	规定元素的行内样式（inline style）
title	规定元素的额外信息（可在工具提示中显示）

下列是图中网页的 div 标签，具有 class 和 style 属性。其中，引号里边的内容对应的是属性值，如 class 的属性值为 dataview-pagination tablepager。

```
▼<div class="dataview-pagination tablepager" style="display: block;"> event
```

（3）页面内容。页面内容是指在网页上最终显示的文本结果，称为导航字符串（Navigable String），如文本、字符串、表、图片和评论等。例如，下列 div 标签中，class 属性对应的值为 th-inner sortable，下面的“股票代码”是导航字符串，即在网页（见图 3-5）中我们所能看到的内容。

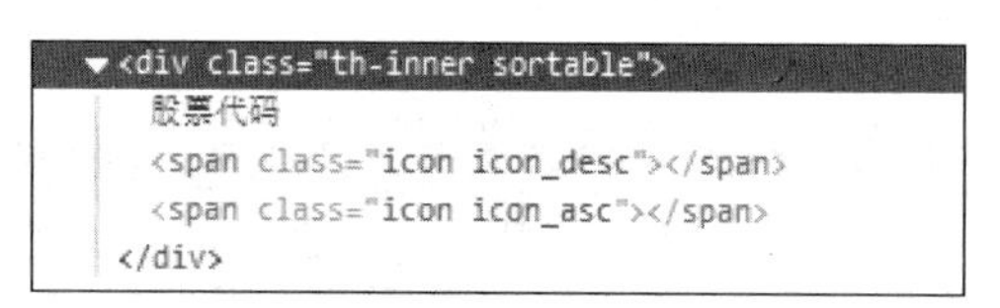

图 3-5　股票代码对应标签内容

##

网络爬虫与基本流程

网络爬虫分为静态爬虫和动态爬虫。静态爬虫是指忽略 JavaScript 的爬虫，在没有浏览器的帮助下，响应的是网页的全部信息，可根据内容位置获取对应的信息；若爬虫获取的内容并不是自己需要的或者为空值，则需要依赖动态爬虫。

在动态爬虫中，动态页面的响应打开时和所看见的内容存在差异。具体依赖真实的浏览器（一般为无头模式），让 JavaScript 充分加载信息，并通过模拟鼠标单击、键盘输入等方式，进一步获取 DOM（Document Object Model）网页信息。

网络爬虫的基本流程如图 3-6 所示。

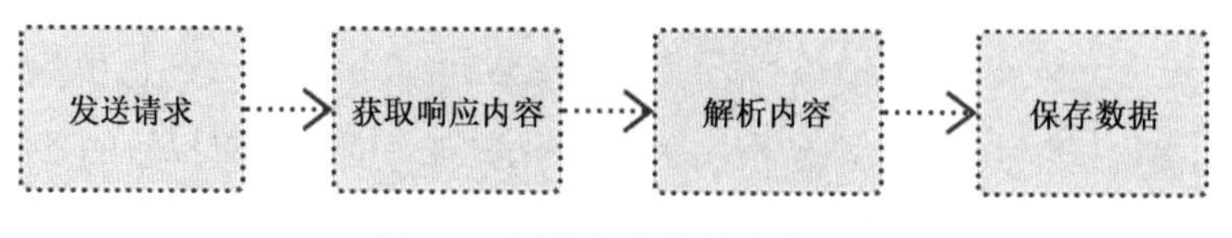

图 3-6　网络爬虫的基本流程

① 其他标签和对应的属性可参考 W3School 网站。

1. 发送请求

通过相关库（如 Requests）模拟浏览器发送请求，使用 Http 或 Https 形式向目标站点发起请求（Request）。其中，请求内容包括请求头和请求体等。

请求头是指请求时的头部信息，如 User-Agent（访问的浏览器）、Host（服务端的地址）和 Cookies（小型文本文件）等信息。服务端通过请求头，从而能够辨别请求方的特征，确定是否让你访问网站内容。

请求体是需要获取的数据内容。具体是将一个页面表单中的组件值通过键值对形式（param1=value1 & param2=value2）编码成一个格式化串，它承载多个请求参数的数据。请求 URL（Uniform Resource Locator，统一资源定位系统）也可以通过类似于/chapter15/user.html? param1=value1& param2=value2 的方式传递请求参数，如 requests 库中提供了 get 和 post 两种方式进行请求。

2. 获取响应内容

发送了请求，服务端要给返回数据，这个称为响应。请求是发出去的，响应是服务端返回来的。若服务器能正常响应，则会得到一个响应（Response）。

响应内容包括响应头和响应体两部分。其中，响应头里包含了响应的状态码（如正常响应为 200，网页不存在的响应为 404）、返回数据的类型、类型的长度、服务器信息和 Cookie 信息等。响应体里面是具体返回的数据，如 html、json、图片和视频等信息。

3. 解析内容

对获取到的响应内容进行解析。响应的内容主要是 HTML、JSON 和二进制等形式，无法直接进行阅读和理解，需要运用相关的库进行解析。解析的方法有正则表达式（用 RE 模块）或第三方解析库，如 Beautifulsoup 和 pyquery 等。在实际过程中，需要根据具体的内容选择合适的解析方法。

4. 保存数据

把解析后的数据保存到本地文件夹，如金融财务或 K 线数据，通常保存为 txt、csv 等格式。

###

3.1.2 BS4 库抓取静态网页

Python 中的爬虫库较多，如 BS4（BeautifulSoup）、Requests、Scrapy 和 Selenium 库等。

其中，BS4 库提供 find 和 select 等函数用来处理导航、搜索、修改和分析网页结构等需求，能够将复杂的 HTML 文档转换成一个复杂的树形结构，通过解析文档为用户提供需要抓取的数据，用较少的代码写出一个完整的爬虫程序。

下面以新浪财经源数据（见图 3-7）为例，演示用 BS4 库爬虫过程。

案例 3-1：以新浪财经源季度财务数据中的盈利能力表为例。

① 抓取表格对象和表主体对象；② 抓取页数对象，抓取“上一页”和“下一页”对象；③ 通过“下一页”找到“6”对象。

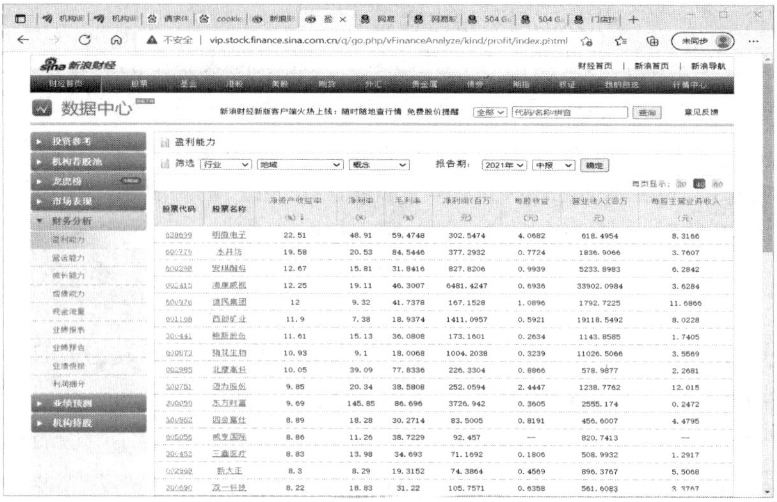

图 3-7　新浪财经源财务盈利能力表

（1）导入需要的库，并设置网址字符串。

```
import requests
from bs4 import BeautifulSoup
url = 'http://vip.stock.finance.sina.com.cn/q/go.php/vFinanceAnalyze'
url += '/kind/profit/index.phtml?s_i=&s_a=&s_c=&reportdate=2020&quarter=3'
```

（2）使用 Request 中的 get 函数请求网页内容。

```
web = requests.get(url=url)
```

进一步使用 content 函数查看内容：

```
print(web.content[:300])
```

得到的结果如下：

```
b'<!DOCTYPE html PUBLIC "-//W3C//DTD XHTML 1.0 Transitional//EN" "http://www.w3.org/TR/xhtml1/DTD/xhtml1-transitional.dtd">\r\n<html  xmlns="http://www.w3.org/1999/xhtml">\r\n<head>\r\n    <meta http-equiv="Content-type" content="text/html; charset=GB2312" />\r\n\t<title>\xd3\xaf\xc0\xfb\xc4\xdc\xc1\xa6 - \xca\xfd\xbe\xdd\xd6\xd0\xd0\xc4 - \xd0\xc2\xc0\xcb\xb2\xc6\xbe\xad</title>\r\n'
```

因此，需要使用 BS4 库进行解析。

（3）使用 BeautifulSoup 解析网页内容。

```
soup = BeautifulSoup(web.content, features='lxml')
```

查看解析的内容，可用 pretty 函数查看：

```
print(soup.prettify()[:300])
```

结果如下：

```
<!DOCTYPE html PUBLIC "-//W3C//DTD XHTML 1.0 Transitional//EN" "http://www.w3.org/TR/xhtml1/DTD/xhtml1-transitional.dtd">
<html xmlns="http://www.w3.org/1999/xhtml">
 <head>
  <meta content="text/html; charset=utf-8" http-equiv="Content-type"/>
  <title>
   盈利能力 - 数据中心 - 新浪财经
  </title>
  <meta cont
```

显示结果相对人性化，但要获取具体的表格内容，还需要继续。

（4）获取具体表格标签内容。此时可使用谷歌浏览器，右击鼠标并查看特定内容的标签等系列内容，有时可在内部结构中右击鼠标选择复制 XPath 或 CSS 属性，此时财务表格对应的标签及其相关属性如图 3-8 所示。

```
▼<table id="dataTable" class="list_table">
  ▶<thead id="1609495534381" style="display: none; visibility: hidden;">…</thead>
  ▶<thead id="1609495534381">…</thead>
   <!--e-->
  ▶<tbody>…</tbody>
  </table>
</div>
<!--e-->
```

图 3-8 财务表格标签及属性

根据上述结果，在 BS 库中主要有 find 和 find_all 函数查找对应的节点，也可以使用 CSS 选择器 select 函数进行查找。此处使用 find 函数查找标签，对应如下。

```
tablesoup = soup.find('table', attrs={'id': 'dataTable'})
```

其中，table 为表格对应的标签，后面为属性及其对应值；id 属性的值为 dataTable，表格包括表头和表主体。进一步可以解析表主体的内容。

```
tablebody=tablesoup.find('tbody')
```

查看结果如下：

```
print(tablesoup.text[:50])
print('------------')
具体如下：
股票代码
股票名称
净资产收益率(%)↓
净利率(%)
毛利率(%)
净利润(百万元)
每股收
------------
```

也可以使用 select 函数进行分析。

```
table1=soup.select('table#dataTable')
print(table1)
```

需要指出的是，select 得到的结果为列表类型。

想要得到上述相同的结果，可使用命令：

```
print(table1[0].text[:50])
```

（5）获取页数相关标签内容。其中，页数是位于网页右下角的内容，包括“上一页”“1”……“下一页”等。获取所有的页数内容可使用 find_all 函数。

```
page_soup = soup.find_all('a', attrs={'class': 'page'})
```

显示第 1 个节点的文本。

```
print(page_soup[0].text)
```

对应结果如下。

```
上一页
```

显示最后一个节点的文本。

```
print(page_soup[-1].text)
```

对应结果如下。

```
下一页
```

也可以通过如下方式获取“下一页”结果。

```
nextpage_soup = soup.find(name='a', text='下一页')
```

查看其对应的属性。

```
print(nextpage_soup.attrs['class'])
```

结果如下。

```
['page']
```

##

BS4 库关键函数解释

1. find 与 find_all 等相关函数

使用 find 与 find_all 方法搜索当前标签的所有标签子节点，并判断是否符合过滤器的条件。可以通过以下几种方式进行查找对象。find 与 find_all 用法类似，以 find_all 为例。

```
find_all(name , attrs , text , keyword )
```

其中，name 为标签名，attrs 为标签对应的属性和属性值，text 为网页显示的内容，keyword 为其他参数。常见以下几种方法。

第一，传字符串。

name 参数可以查找对应名字的标签，字符串对象会被自动忽略。

最简单的过滤器是字符串。在搜索方法中传入一个字符串参数，BeautifulSoup 会查找与字符串完整匹配的内容，如用于查找文档中所有的<table>标签。

```
soup.find_all("table")
```

第二，传正则表达式。

如果传入正则表达式作为参数，BeautifulSoup 会通过正则表达式来匹配内容。此时需要结合 re 库，如找出所有 a 的标签，其中，href 的属性值为“http:”开头。

```
soup.find_all (name='a',attrs={"href":re.compile(r'^http:')})
```

第三，传列表。

如果传入列表参数，BeautifulSoup 将与列表中任一元素匹配的内容返回，下面的代码找到文档中所有<div>标签和<table>标签。

```
soup.find_all(["div", "table"])
```

当然还有其他用法，此处不再一一列举。

2. select 相关函数

select 函数的方法来源于 CSS 样式（Cascading Style Sheets，层叠样式表），可以直接存储在 HTML 网页或单独的样式单文件中。CSS 用于描述网页上的信息格式化和显示的方式，以及定义网页文本对应的字体、颜色和位置等。外部使用时，样式单规则被放置在一个带有文件扩展名为_css 的外部样式单文档中，包括选择器和属性（值）两部分。如图 3-9 所示，选择器为 img，对应的属性有 src、width 和 height，引号是对应的属性值。

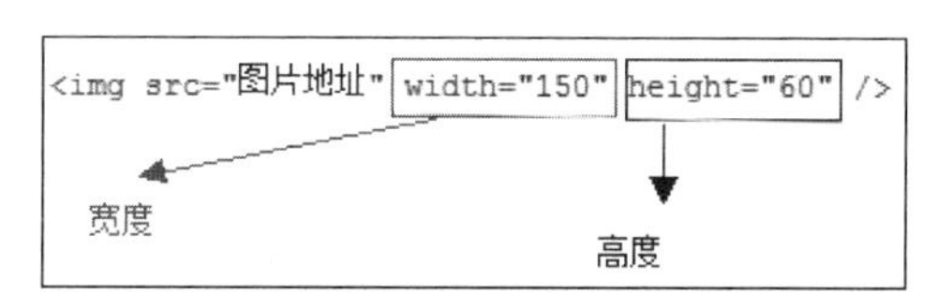

图 3-9　CSS 层叠样式

根据 CSS 的结构，select 函数方法运用如表 3-3 所示。

表 3-3　select 方法运用

select 方法	函　数
类查找	bs.select('.class 名')或 soup.select("[class~=sister]")
ID 查找	bs.select('#id 名')
标签名查找	bs.select('标签名')
层级查找	soup.select('.tang > ul > li >　a')
组合查找	soup.select('table#dataTable')
href 属性查找	soup.select('p a[href=“http://example.com/elsie”] ')
兄弟节点属性查找	soup.select("#link1 ~ .sister")或 soup.select("#link1 + .sister")

注：“#”后面接 id 属性值，“.”后面接 class 属性值。

在对应查找过程中，可以结合相关的正则表达式进行查找，如表 3-4 所示。

表 3-4　使用正则表达式查找方式

select 方法	用　途
[attribute]	用于选取带有指定属性的元素
[attribute=value]	用于选取带有指定属性和值的元素
[attribute~=value]	用于选取属性值中包含指定词汇的元素
[attribute|=value]	用于选取带有以指定值开头的属性值的元素，该值必须是整个单词
[attribute^=value]	匹配属性值以指定值开头的每个元素
[attribute$=value]	匹配属性值以指定值结尾的每个元素
[attribute*=value]	匹配属性值中包含指定值的每个元素

3.1.3　Selenium 库抓取超链接网页

另一个重要的抓取金融数据的库是 Selenium，因为 Selenium 库可以获取超链接（动态）形式的页面。顺便说一句，这个库在 R 语言中也有 RSelenium 包。

Selenium 库最初是一个用于自动化调试网页的工具，后来被开发者用于做爬虫，抓取需要 JS 脚本的网页。Selenium 库必须与浏览器配合使用，如 Chrome（谷歌）、Firefox（微软）和 Edge（微软）等，就像真正的用户在操作。

案例 3-2：使用 Selenium 库自动打开谷歌浏览器，并打开百度网站，搜索“量化投资基础、方法与策略”。

使用 Selenium 库实现网络爬虫或自动化测试，需要测试脚本（Python、Java 和 R 语言等）、浏览器驱动和相应的浏览器三部分，具体以 Python 爬虫为例，使用 Python 打开浏览器，其操作步骤如下。

根据浏览器版本安装对应的浏览器驱动文件①。通过驱动文件，驱动对应的浏览器，类似手动打开浏览器。不同浏览器对应的驱动文件不同。其中 Chrome 驱动文件为 chromedriver，Edge 驱动文件为 webdriver，Firefox 驱动文件为 geckodriver。

在实际过程中，请注意浏览器的版本与驱动的版本一定要对应，否则会出错，从而无法打开浏览器。

下面以谷歌浏览器为例，介绍安装过程。先查看本地谷歌浏览器的版本。查看方法为：打开 Chrome 浏览器→主菜单（右上角三个点）→帮助→关于 Google Chrome，得到的版本号如图 3-10 所示。

根据上述的版本号：87.0.4280.88，打开驱动文件链接，安装对应 Chromedriver 的版本，其中有些版本并没有完全对应的驱动文件，请安装离对应版本最近且较新的驱动文件。单击对应版本打开界面如图 3-11 所示。

① 这一步设置好后，以后其他数据爬虫时不需要重复下载配置，直接进行后续步骤即可。

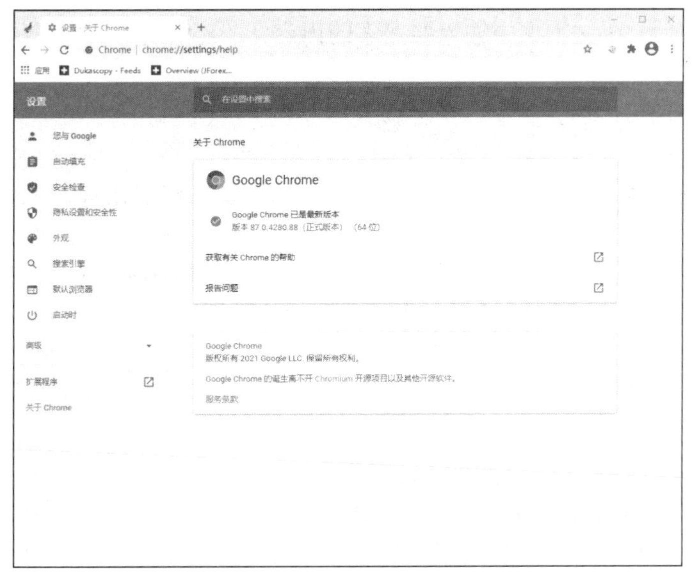

图 3-10　查看谷歌浏览器版本号

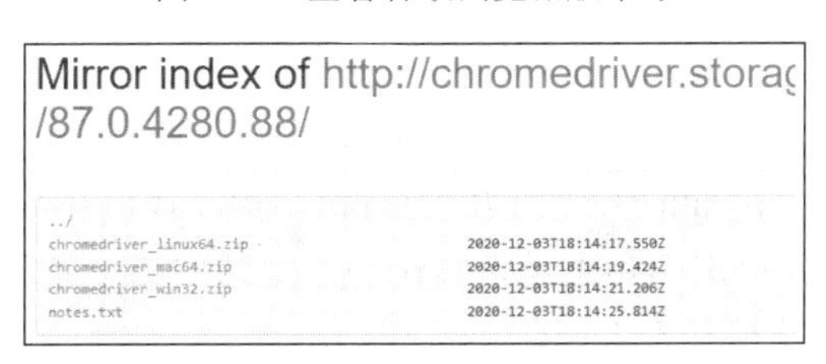

图 3-11　谷歌浏览器 Chromedriver 文件下载

里面提供了 3 个不同系统下的驱动文件，此处选择 Win32 版本（32 位和 64 位系统都适用），单击下载后解压到 E 盘根目录，得到 Chromedriver.exe 文件。

（1）导入库，驱动浏览器并打开百度搜索网页。

导入 Selenium 库和 time 库，其中后者用来设置等待时间。

```
from selenium import webdriver
import time
```

设置需要访问的网址。

```
url='http://www.baidu.com'
```

使用下载解压后的 Chromedriver 程序驱动谷歌浏览器(类似于手动打开浏览器)。

```
browser=webdriver.Chrome(executable_path=r'e:/chromedriver.exe')
```

其中，Chrome 可以换成 Firefox 等方式，并设置对应的驱动文件。

打开浏览器后，访问对应的网页（类似于输入网址打开网页）。

```
browser.get(url)
```

（2）输入要搜索的内容。此时需要先定位输入框，具体使用 find_element 相关函数，此处使用 find_element_by_xpath。

```
box=browser.find_element_by_xpath('//input[@id="kw"]')
```

位置确定后，在文本框中输入要搜索的内容：“量化投资基础、方法与策略”，可使用 send_keys 函数。

```
box.send_keys('量化投资基础、方法与策略')
time.sleep(5)
```

等待 5 秒查看具体状态，可以发现系统自动在输入框中输入上述文字。

（3）进行搜索。同样也需要定位“百度一下”的按钮。

```
button=browser.find_element_by_xpath('//input[@id="su"]')
```

找到按钮后，使用 click 模拟单击，并等待 5 秒查看状态。

```
button.click()
time.sleep(5)
```

最后退出浏览器。

```
browser.quit()
```

得到结果为自动打开谷歌浏览器并获取网址，在此基础上模拟键盘输入搜索内容，并模拟鼠标进行搜索，然后等待 5 秒后关闭浏览器。由于动态结果显示不方便截图，请读者自行查看。

爬虫过程 XPath 和相应的定位方法

XPath 即为 XML 路径语言（XML Path Language），它是一种用来确定 XML 文档中元素位置的语言。XPath 基于 XML 的树状结构，提供在数据结构树中寻找节点的能力。起初，XPath 提出的初衷是将其作为一个通用的、介于 XPointer 与 XSL 间的语法模型，随后很快被开发者当作小型查询语言。

在 XPath 中，有 7 种类型的节点：元素、属性、文本、命名空间、处理指令、注释及文档节点（或称为根节点），如图 3-12 所示。

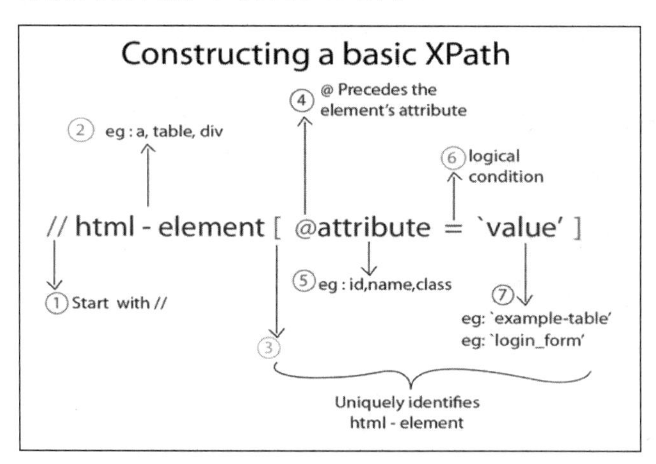

图 3-12　XPath 路径选择方法

XPath 定位规则：在定位过程中，经常用到两个斜杠（“//”）、一个斜杠（“/”）和星号（“*”）。对应方法总结如表 3-5 所示。

表 3-5 XPath 运用方式

表 达 式	含 义
name	选择该节点名的所有子节点
/	从当前节点选择直接子节点
//	从当前节点选取子孙节点
*	所有节点/属性
.	选择当前节点
…	选取当前节点的父节点
@	选取属性

根据上述方法可知，“/text()”为获取当前路径下的文本内容；“//div[@class='name']”为在根节点获取所有 class 值为 name 的 div 标签，“//*”表示获取当前节点下的所有节点。

进一步，还可以使用运算法则（“|”或“&”）选择多属性的标签（节点），从而更精确定位，如“//book/title | //book/price”为定位所有节点下的 book 标签下的 title 或 price 标签结果。

##

案例 3-3：使用 Selenium 库驱动谷歌浏览器，打开网易财经基金交易行情的 ETF 基金网址，并抓取对应表格数据。

要求：① 运用多种方法定位抓取对应表格数据；② 使用“下一页”节点定位最后一页的节点，并返回页数；③ 使用“上一页”定位最后一页的节点；④ 使用鼠标左键单击“下一页”按钮，抓取第 2 页的表格数据；⑤ 使用表头“序号”定位所在表格的所有内容。

这种表格数据的特征是，无法直接使用标签或属性进行定位，需要根据上级或同级标签进行定位。其方法与案例 3-3 不同，编程步骤如下。

（1）导入库后驱动浏览器。

```
from selenium import webdriver
browser=webdriver.Chrome(executable_path=r'e:/chromedriver.exe')
```

请求服务器网址如下。

```
browser.get('http://quotes.money.163.com/old/#query=etffund')
```

使用浏览器找到表格的节点，如图 3-13 所示。

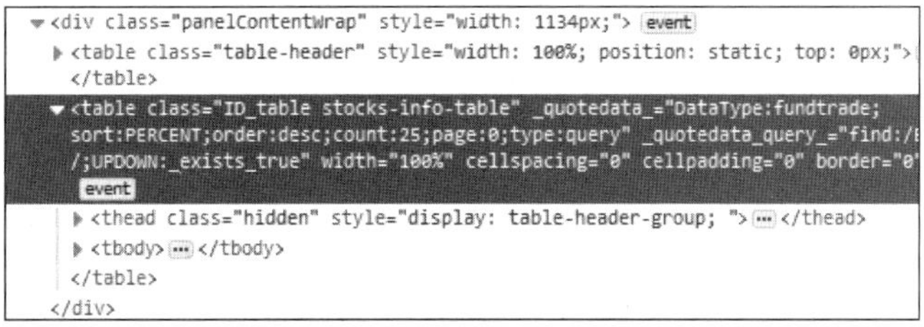

```
▼<div class="panelContentWrap" style="width: 1134px;"> event
  ▶<table class="table-header" style="width: 100%; position: static; top: 0px;">
   </table>
  ▼<table class="ID_table stocks-info-table" _quotedata_="DataType:fundtrade;
   sort:PERCENT;order:desc;count:25;page:0;type:query" _quotedata_query_="find:/
   /;UPDOWN:_exists_true" width="100%" cellspacing="0" cellpadding="0" border="0"
    event
    ▶<thead class="hidden" style="display: table-header-group; ">…</thead>
    ▶<tbody>…</tbody>
   </table>
 </div>
```

图 3-13 ETF 基金行情数据对应网页节点位置

此处标签名为 table，对应的属性 class 值为 ID_table stocks-info-table。

（2）根据 CSS 和 XPath 初次定位。定位与案例 3-3 方法一样，如使用 CSS 方法定位。

```
item=browser.find_element_by_css_selector(
    'table[class="ID_table stocks-info-table"]')
```

出现以下错误。

```
selenium.common.exceptions.NoSuchElementException: Message: no such element: Unable to locate element: {"method":"css selector","selector":"table[class="ID_table stocks-info-table"]"}
  (Session info: chrome=87.0.4280.88)
```

难道 CSS 方法不对？试试 XPath 方法，具体如下。

```
item=browser.find_element_by_xpath(
    '//table[@class="ID_table stocks-info-table"]')
```

同样出现错误，再使用 contains 方法试试。

```
item=browser.find_element_by_xpath('//table[contains(@class,"ID_table")]')
```

仍旧没有进展，但上述方法应该没有出错。这到底是什么问题？而且比较奇怪的是，上面某个定位偶尔运行有效，偶尔运行出错，而且后面的代码也会经常出现这种情况。这到底是什么原因？经过研究发现，原来是动态链接网页加载需要时间，需要等待加载完成后再爬数据。在前面设置加载网页的过程中等待 5 秒，代码如下。

```
import time
time.sleep(5)
```

可以看出，上述任何一种方法都能正确定位结果。

（3）进一步使用上级节点进行定位。

在实际过程中，还可以通过上下级节点关系对表格进行定位，如使用上级 div 进行定位。

```
item=browser.find_element_by_css_selector('div.panelContentWrap > table')
print(item.text[:200])
```

结果没有问题。

```
序号
基金代码
基金简称
基金名称
最新价格
涨跌额
涨跌幅
成交量
成交额
开盘价格
最高价格
```

```
最低价格
昨收价格
```

可惜的是只显示出第一个表格（对应表头）的内容，而表中的具体数据并没有显示。因此，可使用这个方法抓取多个节点[①]，在后续针对 table 进行分析。

```
items=browser.find_elements_by_css_selector('div.panelContentWrap > table')
```

选择后面的节点进行分析。

```
print(items[1].text[:200])
```

得到的结果如下。

```
1 512710 军工龙头 富国中证军工龙头 ETF 1.8310 0.1000 5.78% 216.73 万 3.84 亿 1.7450
1.8320 1.7310 1.7310
2 512560 中证军工 易方达中证军工 ETF 1.4630 0.0780 5.63% 15.36 万 2182.85 万 1.3910
1.4660 1.3840 1.3850
3 512670 国防 ETF 鹏华中证国防 ET
```

同样得到相同的结果。

上述抓取多个节点，然后对某个节点进行分析，感觉太麻烦了。能否直接抓取第二个节点？当然可以，可以用 nth-of-type，如此处 div 节点下，table 节点下第 2 个分支表格，命令如下。

```
item=browser.find_element_by_css_selector(
    'div.panelContentWrap table:nth-of-type(2)')
```

同样，也能得到相同的结果。还有一个类似的 nth-child(i)，请读者自行练习。

既然 CSS 选择器都能定位，那么毫无疑问，使用 XPath 路径也可以。

```
item=browser.find_element_by_xpath(
    '//div[@class="panelContentWrap"]/table[2]')
```

此处使用 table[2]是因为此节点下面有两个 table 标签，选择的是第二个标签，这种选择子节点的方法比 CSS 更简单一些。其实还可以使用上上级节点进行定位。

```
item=browser.find_element_by_xpath('//div[@class="overview"]//table[2]')
```

其中，“//”表示 table（表格），是类名称为 overview 的 div 节点，是孙节点，不是子节点（用“/”）。虽然代码正确，但没有显示任何内容。

（4）使用“下一页”定位最后页数。先定位到“下一页”后，使用相邻定位方法（sibling）定位对应所有页数。

```
pages=browser.find_elements_by_xpath(
    '//a[text()="下一页"]/preceding-sibling::a')
```

此处，“下一页”节点使用 text 属性定位，在此基础上使用 preceding-sibling 方法定位所有相邻靠前的 a 节点。

查看最后一个结果。

```
print([item.text for item in pages][-1])
```

输出结果如下。

① 请注意，下面 elements 为复数。

```
15
```

理论上，还可以进一步选择分支节点直接定位，如对应为 a 节点下的第 7 个节点。

```
page=browser.find_element_by_xpath(
    '//a[text()="下一页"]/preceding-sibling::a[7]')
```

但是这种返回空值，把“7”改成其他更小的值也为空值。请读者自行测试自己的计算机能否正确显示结果。

同理，我们可以试用 CSS 方法进行定位。由于这个 a 属性里面只有“下一页”的值或链接，无法通过普通的 class 或 id 进行定位。参考网络上的方法，分别使用下面 5 种方法进行测试：“tagname[attribute='text']”、“tagname[innerText=’text’]”、“tagname [textContent=’text’]”、“tagname[@attribute='value']”和“a[text='click me']”，没有一个有效，如使用：

```
page=browser.find_element_by_css_selector('a[innerText="下一页"]')
```

也出现错误的结果，换了 Firexfox 浏览器测试也同样没有通过。读者可以测试自己的计算机能否通过。

通过上述定位可以发现，CSS 方法的适用性比 XPath 方法更小。这两种方法中，建议读者只需要选择一种，如 XPath 方法定位即可。

（5）使用“上一页”定位页数。使用“following-sibling”定位，需要注意的是，此时“下一页”的标签为 span，并不是 a，代码如下。

```
pages=browser.find_elements_by_xpath(
    '//span[text()="上一页"]/following-sibling::a')
```

选择倒数第二个节点内容。

```
print([item.text for item in pages][-2])
```

同理，得到相同的结果。

（6）单击“下一页”对象，并抓取新页面，获取下一页对象。

```
nextpage=browser.find_element_by_xpath('//a[text()="下一页"]')
```

使用 click 函数。

```
nextpage.click()
```

后续等待几秒后按上述方法定位表格，就能得到新表格的数据。请读者自行完成。

##

Selenium 库等待用法

做网页自动化时，一般要等待页面元素加载完成后才能执行操作，否则会报类似“找不到元素”的错误，此时需要加入等待时间。运用 Selenium 库爬虫也是如此。若不设定等待时间，动态网页可能没有加载完全，则容易出现定位错误等问题。

在 Selenium 库中，提供了强制等待、隐性等待和显性等待三种等待方式。

1. 强制等待

无论浏览器是否加载完内容，程序都要在等待规定的时间后，继续执行下面的代码。使用方法：sleep(x)。

```
time.sleep(3)
```

即等待 3 秒后进行下一步操作。这种方法最简洁，对应比较简单的网页结构，可使用这种方法进行等待。不过这种方式容易出现问题，即网页可能在规定的时间内没有加载完全。

2. 隐性等待

隐性等待设置了一个最长等待时间，若在规定时间内网页加载完成，则执行下一步，否则一直等到时间结束，然后执行下一步操作。使用方法为如下。

```
driver.implicitly_wait(30)
driver.get('http://www.baidu.com')
```

注意这里有一个弊端，那就是程序会一直等待整个页面加载完成，也就是一般情况下看到浏览器标签栏那个小圈不再转，才会执行下一步，此时想要的页面早就加载完成了，但是因为个别 js 类的运行特别慢，仍需等到页面全部完成才能执行下一步。

3. 显性等待

显性等待即 WebDriverWait，配合该类的 until()和 until_not()方法，就能够根据判断条件而进行灵活的等待了。主要的意思是：程序每隔 x 秒确认一次，若条件成立，则执行下一步，否则继续等待，直到超过设置的最长时间，然后抛出 TimeoutException。

使用方法：WebDriverWait（driver, 超时时间, 调用频率, 要忽略的异常）.until（要执行的方法，超时返回的错误信息）。

例如：element = WebDriverwait(driver,10) .until(EC.presence_of_element_located ((By.ID,'kw ')))。

如果同时设置了隐性等待和显性等待，在 WebDriverWait 中显性等待起主要作用，在其他操作中，隐性等待起决定性作用。但要注意的是，最长的等待时间取决于两者之间的大者，若隐性等待时间>显性等待时间，则该句代码的最长等待时间等于隐性等待时间。

##

3.2 手动下载金融数据

常见的金融数据源有东方财富网、网易财经、通达信和英为财情等网站。其中东方财富网数据最全面，但爬取相对较复杂，需要使用动态爬虫方法；新浪财经和网易财经数据也较丰富，爬取相对简单，使用静态爬虫方法即可。在实际过程中，可以了解各个免费源数据的特征，然后根据自己的需求爬取或下载数据进行量化投资分析。需要指出的是，现在有很多 API（如 Tushare 和 Baostock 等），很多数据都来自这些网站。其中常见免费源的数据类型如表 3-6 所示。

表 3-6　常见免费源的数据类型

数据来源	数据分类	内　容
东方财富网	季度报表	业绩报表、业绩快报、业绩预告、预约披露时间、资产负债表、利润表和现金流量表等
东方财富网	研究报告	盈利预测、个股研报、行业研报、宏观研究、新股研报、策略报告和券商晨报等
东方财富网	公告大全	全部、重大事项、财务报告、融资公告、风险提示、资产重组、信息变更和持股变动等
东方财富网	其他	机构调研、机构持仓、关联交易、股东质押、大宗交易和并购重组等
新浪财经	市场表现	阶段最高最低、盘中创新高个股、盘中创新低个股、成交骤增个股、成交骤减个股、连续放量个股、连续缩量个股、连续上涨个股 、连续下跌个股、周涨跌排名、一周强势股、月涨跌排名、一月强势股、流通市值排行、市盈率排行和市净率排行等
新浪财经	财务分析	盈利能力、营运能力、成长能力、偿债能力、现金流量、业绩报表、业绩预告、业绩快报和利润细分等
新浪财经	业绩预测	每股收益预测、营业收入预测、净利润预测和净资产收益率预测等
新浪财经	机构持股	机构持股汇总、基金重仓股、社保重仓股和 QFII 重仓股等
网易财经	财报排行	业绩概览、资产负债简表、利润简表、现金流量简表、盈利能力、偿债能力、成长能力和营运能力等
网易财经	其他重要数据	业绩预告、业绩快报、板块业绩和预约披露等
通达信	K 线数据	所有股票 K 线数据
英为财情	外汇	外汇货币对 K 线数据

总体而言，不同数据源各有优劣，在实际分析中，可能涉及所有的信息来源。特别是在股票池确定后，进一步研究各个股票的情况，则需要使用不同数据源的数据，比较其可靠性。

3.2.1　通达信股票和基金等 K 线数据

通达信是最方便的数据源。不需要爬虫，只需要下载转换即可，而且服务免费。这是笔者最常用的 K 线数据源。

通达信软件批量下载股票数据并导出成.txt 或.csv 格式，主要采用鼠标操作的方法，这也是获取数据最简单的一种方式。其步骤为：打开通达信软件，选择“选项→盘后数据下载→沪深日线→下载所有沪深品种的日线数据[①]→开始下载”。初次下载

① 也可以在其中选择其他品种的数据。

时请选择相应时间段，操作如图 3-14 所示[①]。

单击盘后数据下载后，出现如图 3-15 所示的对话框，勾选“日线和实时行情数据”，并选择好相应的起止时间。初次下载时，尽量把开始时间选得早一些，如 2010-01-01。后面再次下载时，会接着原来的数据进行下载，如图 3-15 所示。

通达信金融终端　行情　市场　资讯　发现　交易　问达　圈子　功能　版面　公式　选项

	代码	名称	涨幅%	现价	涨跌	买价	卖价	总量	换手%
1	000001	平安银行	0.65	17.10	0.11	17.09	17.10	107.8万	0.56
2	000002	万科A	1.58	21.18	0.33	21.17	21.18	149.1万	1.53
3	000004	国华网安	5.98	23.91	1.35	23.91	23.92	162392	13.96
4	000005	ST星源	-1.33	2.22	-0.03	2.22	2.23	70381	0.67
5	000006	深振业A	0.22	4.56	0.01	4.55	4.56	101099	0.75
6	000007		-4.93	6.36	-0.33	--	6.36	52312	1.69
7	000008	神州高铁	-3.77	2.55	-0.10	2.54	2.55	500869	1.86
8	000009	中国宝安	-2.30	13.14	-0.31	13.14	13.15	615030	2.41
9	000010	美丽生态	-0.56	3.57	-0.02	3.56	3.57	65949	1.26
10	000011	深物业A	-0.35	11.26	-0.04	11.26	11.27	47583	0.90
11	000012	南玻A	-3.62	9.05	-0.34	9.04	9.05	344908	1.76
12	000014	沙河股份	-1.19	8.31	-0.10	8.29	8.31	41198	2.04
13	000016	深康佳A	-1.16	5.99	-0.07	5.99	6.00	70106	0.44
14	000017	深中华A	-2.28	3.43	-0.08	3.42	3.43	23472	0.77
15	000019	深粮控股	-2.02	6.78	-0.14	6.78	6.79	50154	1.21
16	000020	深华发A	-0.41	9.76	-0.04	9.76	9.77	12315	0.68
17	000021	深科技	-1.23	13.64	-0.17	13.63	13.64	62118	0.40
18	000023	深天地A	-0.32	12.53	-0.04	12.53	12.55	7157	0.52
19	000025	特力A	-0.20	14.68	-0.03	14.67	14.68	23452	0.60
20	000026	飞亚达	-1.59	11.16	-0.18	11.16	11.17	44427	1.24
21	000027	深圳能源	-1.48	7.33	-0.11	7.32	7.33	139026	0.29
22	000028	国药一致	-1.29	33.78	-0.44	33.76	33.78	18276	0.50
23	000029	深深房A	-0.78	7.66	-0.06	7.65	7.66	27525	0.31
24	000030	富奥股份	-3.07	6.31	-0.20	6.31	6.32	70609	0.40

连接行情主站
连接扩展市场行情
连接资讯主站
断开行情主站
断开扩展市场行情
断开资讯主站
通讯设置
主站测速 33
自动升级
盘后数据下载
专业财务数据
日线自动写盘
数据导出 34
数据维护工具
监控剪贴板
屏幕截图 35
自动换页
品种组合计算
图形标识设置
自定义关联品种
自定义板块设置
系统设置 Ctrl+D
交易设置
帮助说明书
新版本说明...
快捷键和使用FAQ
通达信网站
港股披露易
交易所休市日
系统状态
服务协议...
隐私政策...
关于本系统

上证 3462.95 -22.96 -0.66% 4263亿 深证 13224.4 -207.69 -1.55% 5652亿 科创 1169.59 -18.61 -1.57% 378.6亿 广州双线2

图 3-14　通达信数据批量更新下载过程（1）

将以上下载数据的结果保存在通达信相关的文件夹下，具体为上交所上市的股票数据保存在“D:\Program Files\new_tdx\vipdoc\sh\”文件夹下，深交所上市的股票数据保存在“D:\Program Files\new_tdx\vipdoc\sz\”文件夹下，其中各文件夹存在 4 个子文件夹“eday”“fzline”“lday”和“minline”中，分别表示不同周期的数据，如日线数据保存在 lday 文件夹下，打开上交所上市的日线数据股票，如图 3-16 所示。

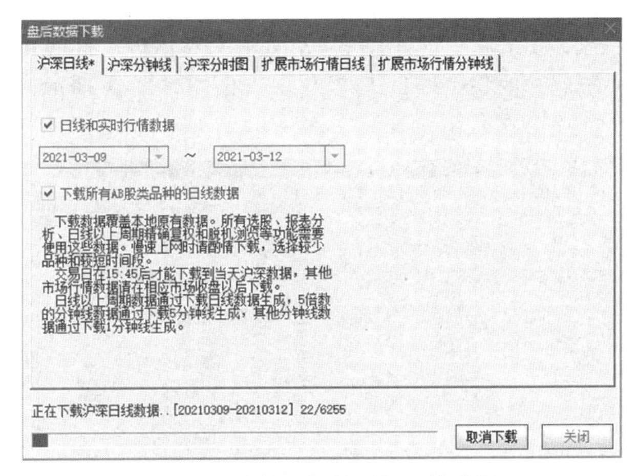

图 3-15　通达信数据批量更新下载过程（2）

① 通达信已经更新版本，界面略有不同，但下载方法一致。

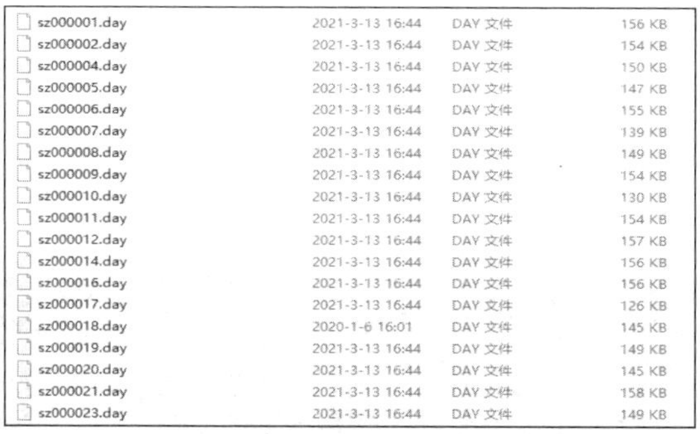

sz000001.day 2021-3-13 16:44 DAY 文件 156 KB
sz000002.day 2021-3-13 16:44 DAY 文件 154 KB
sz000004.day 2021-3-13 16:44 DAY 文件 150 KB
sz000005.day 2021-3-13 16:44 DAY 文件 147 KB
sz000006.day 2021-3-13 16:44 DAY 文件 155 KB
sz000007.day 2021-3-13 16:44 DAY 文件 139 KB
sz000008.day 2021-3-13 16:44 DAY 文件 149 KB
sz000009.day 2021-3-13 16:44 DAY 文件 154 KB
sz000010.day 2021-3-13 16:44 DAY 文件 130 KB
sz000011.day 2021-3-13 16:44 DAY 文件 154 KB
sz000012.day 2021-3-13 16:44 DAY 文件 157 KB
sz000014.day 2021-3-13 16:44 DAY 文件 156 KB
sz000016.day 2021-3-13 16:44 DAY 文件 156 KB
sz000017.day 2021-3-13 16:44 DAY 文件 126 KB
sz000018.day 2020-1-6 16:01 DAY 文件 145 KB
sz000019.day 2021-3-13 16:44 DAY 文件 149 KB
sz000020.day 2021-3-13 16:44 DAY 文件 145 KB
sz000021.day 2021-3-13 16:44 DAY 文件 158 KB
sz000023.day 2021-3-13 16:44 DAY 文件 149 KB

图 3-16 通达信软件中深交所日线数据

可以看出，这种数据为.day 格式，结果无法用普通的软件打开，即便用记事本和 Excel 打开，得到的结果也是乱码，无法直接使用。

基于此，还需要再进行转换，可通过设置“数据导出→高级导出→日线→添加品种→沪深 A 股→全选→确定→开始导出”，并设定相应的导出目录和文件名，单击数据导出后的对话框如图 3-17 所示。

系统 功能 报价 分析 扩展市场行情 资讯 工具 帮助
代码 名称 涨幅% 现价 涨跌 买价
数据导出
格式文本文件
Excel文件
图像文件
高级导出
当前屏幕数据
报表中所有数据
(提示:只能导出当前界面中显示的栏目)
存盘文件名:
浏览...
导出
取消

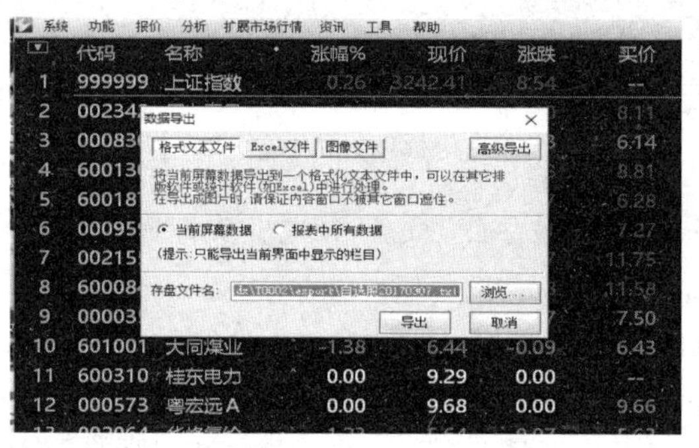

图 3-17 通达信数据批量更新下载过程（3）

单击“高级导出”按钮后出现如图 3-18 所示的对话框。此时可以选择不同板块的 K 线数据下载。例如，选择沪深 A 股，将出现所有沪深 A 股的股票，添加后还可以选择板块 K 线，请读者自行测试。

选择品种
分类
地区板块
行业板块
概念板块
风格板块
指数板块
组合板块
自定义板块
扩展市场行情
扩展行情板块
上证A股
上证B股
深证A股
深证B股
上证债券
深证债券
沪深A股
沪深B股
科创板
沪深基金
沪深权证
所有沪深品种
所有沪深指数
中小板
创业板
自选股
临时条件股
退市整理板
板块指数
香港指数
香港主板
香港创业板
香港信托基金
B股转H股
按Ctrl或Shift多选,可使用键盘精灵
全选
确定
取消

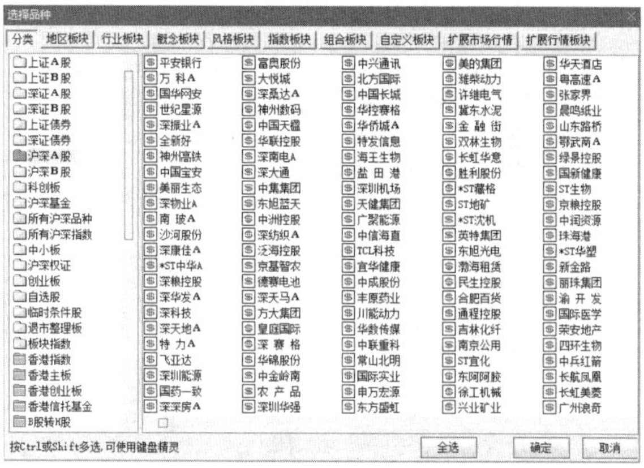

图 3-18 通达信数据批量更新下载过程（4）

全选确定后出现如图 3-19 所示的对话框。其中自定义设置以下几点，分别包括导出目录、文件名（××××××.txt）[①]、复权选项（前复权）、日期格式（YYYY/MM/DD），同时勾选生成导出头部，对应结果如图 3-19 所示。

图 3-19 通达信数据批量更新下载过程（5）

最后，单击“开始导出”按钮，经过一段时间的转换，总共成功导出 4 000 多个文件，可得到如图 3-20 所示的结果。

000005.txt	2021-3-13 17:42	文本文档	240 KB
000006.txt	2021-3-13 17:42	文本文档	257 KB
000007.txt	2021-3-13 17:42	文本文档	226 KB
000008.txt	2021-3-13 17:42	文本文档	239 KB
000009.txt	2021-3-13 17:42	文本文档	257 KB
000010.txt	2021-3-13 17:42	文本文档	209 KB
000011.txt	2021-3-13 17:42	文本文档	254 KB
000012.txt	2021-3-13 17:42	文本文档	263 KB
000014.txt	2021-3-13 17:42	文本文档	259 KB
000016.txt	2021-3-13 17:42	文本文档	256 KB
000017.txt	2021-3-13 17:42	文本文档	204 KB
000019.txt	2021-3-13 17:42	文本文档	242 KB
000020.txt	2021-3-13 17:42	文本文档	239 KB
000021.txt	2021-3-13 17:42	文本文档	263 KB
000023.txt	2021-3-13 17:42	文本文档	246 KB
000025.txt	2021-3-13 17:42	文本文档	258 KB

图 3-20 通达信数据批量更新下载过程（6）

上述呈现的是 txt 格式的数据，每次需要运用时更新数据，则基本可以得到最新的数据。

当然需要指出的是，这种前复权的数据，一般保证最近数据的可靠性，但对于时间比较久远，由于拆分和分红等各种原因，数据可能会出现负值。经过检验发现，虽然数据会出现负值，但仍保持时间上的可比性，因此，数据仍然具有一定的实用性。

① 也可以更改成××××××.csv 格式，则后续导出 Excel 表格数据。

##

基金特征与选择注意事项

投资基金已逐渐成为普通投资者的首选。合理选择投资基金，前提需要对所选择的基金特征、经理性格和股票特征等各方面进行全方位的了解。具体可以通过以下几个方面进行了解。

1. 基金名称与管理

基金名称由基金公司、投资方向（特点）和基金类型等构成。表 3-7 名称为“易方达中小盘混合”，就是易方达基金公司、专注于中小盘混合型基金。

表 3-7　易方达中小盘混合基金

项　　目	内　　容	项　　目	内　　容
基金全称	易方达中小盘混合型证券投资基金	基金简称	易方达中小盘混合
基金代码	110011（前端）	基金类型	混合型—偏股
发行日期	2008 年 5 月 28 日	成立日期/规模	2008 年 6 月 19 日 / 12.267 亿份
资产规模	287.01 亿元（截至 2021 年 6 月 30 日）	份额规模	35.5111 亿份（截至 2021 年 6 月 30 日）
基金管理人	易方达基金	基金托管人	中国银行
基金经理人	张坤	成立来分红	每份累计 1.79 元（4 次）
管理费率	1.50%（每年）	托管费率	0.25%（每年）
销售服务费率	—（每年）	最高认购费率	1.20%（前端）
最高申购费率	1.50%（前端）	最高赎回费率	1.50%（前端）
业绩比较基准	45%×天相中盘指数收益率+35%×天相小盘指数收益率+ 20%×中债总指数收益率	跟踪标的	无

名称下方 6 位数字为基金代码，类似于股票代码。当然，有时后面会加 ABCDE 之类的字母，表示收费方式存在差异。例如，债基和混合基金的 A 类收取申购费，C 类虽不收申购费，但每天都有销售服务费。因此，投短期买 C 类，投长期买 A 类比较合适。股票基金的 A 和 B 为分级基金的风险类型。

基金经理人为张坤。现管理的基金有易方达中小盘混合型证券投资基金、易方达亚洲精选股票型证券投资基金、易方达新丝路灵活配置混合型证券投资基金、易方达蓝筹精选混合型证券投资基金和易方达优质企业三年持有期混合型证券投资基金。

中国基金发展了 20 年左右，成立时间超过 10 年的就是比较成熟的基金。这个基金于 2008 年成立，毫无疑问，能够持续这么久，肯定有其过人之处。

2. 净值与收益率

净值包括单位净值与累计净值。单位净值是扣除分红后的净值，是基金现在的交易价格，具体为基金的总资产减去总负债后的余额再除以基金全部发行的单位份额总数。累计净值包含分红信息，反映基金成立至今的收益情况，如图 3-21 所示。

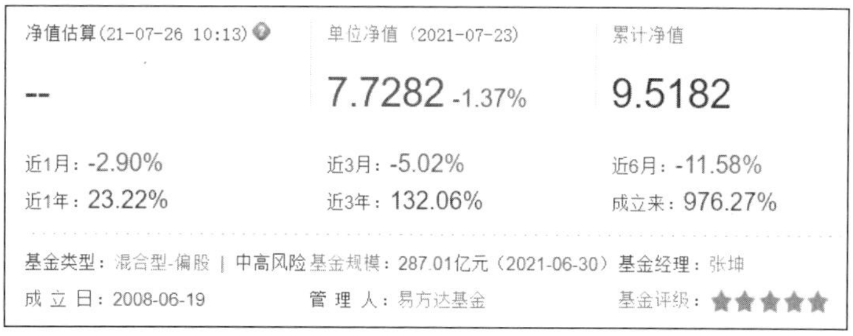

净值估算(21-07-26 10:13)	单位净值（2021-07-23）	累计净值
--	7.7282 -1.37%	9.5182
近1月：-2.90%	近3月：-5.02%	近6月：-11.58%
近1年：23.22%	近3年：132.06%	成立来：976.27%

基金类型：混合型-偏股 | 中高风险 基金规模：287.01亿元（2021-06-30） 基金经理：张坤
成 立 日：2008-06-19 管 理 人：易方达基金 基金评级：★★★★★

图 3-21　天天基金网中易方达中小盘混合基本信息

3. 历史走势

历史走势能够大致判断基金的优劣（见图 3-22）。在实际过程中，可以与不同的基准对比，如沪深 300 指数、上证指数和深证指数等，同时还能够与同类平均比较。通过不同时期的对比发现基金收益率优劣的同时，还能够进一步利用统计方法判别相应的买点和卖点。

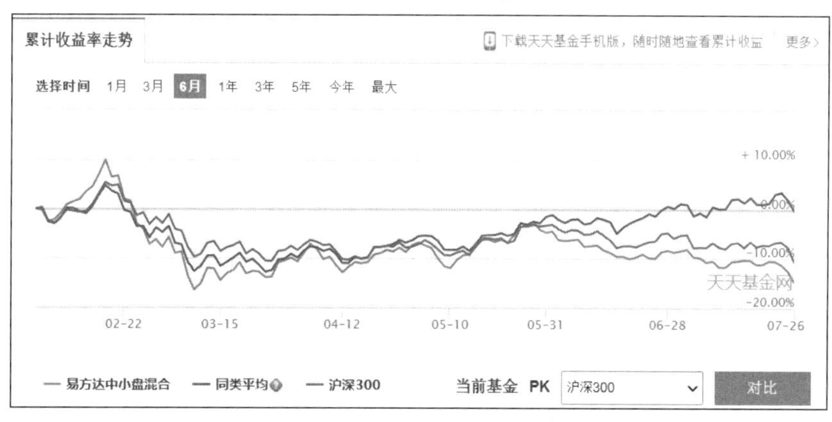

图 3-22　易方达中小盘混合基金历史走势

4. 基金类型与规模

基金类型体现基金的专业背景，包括股票型基金、混合型基金、指数型基金（被动型股票基金）、债券型基金和货币基金。

例如，混合型基金指混合股票、债券和货币市场。一般有偏股和偏债之分，其中，偏股型基金投股下限为 60%，偏债型基金投债下限为 60%。股债平衡型基金则股票比例值与债券比例值为 40%～60%。图 3-23 所示为易方达中小盘混合基金资产配置历史走势。

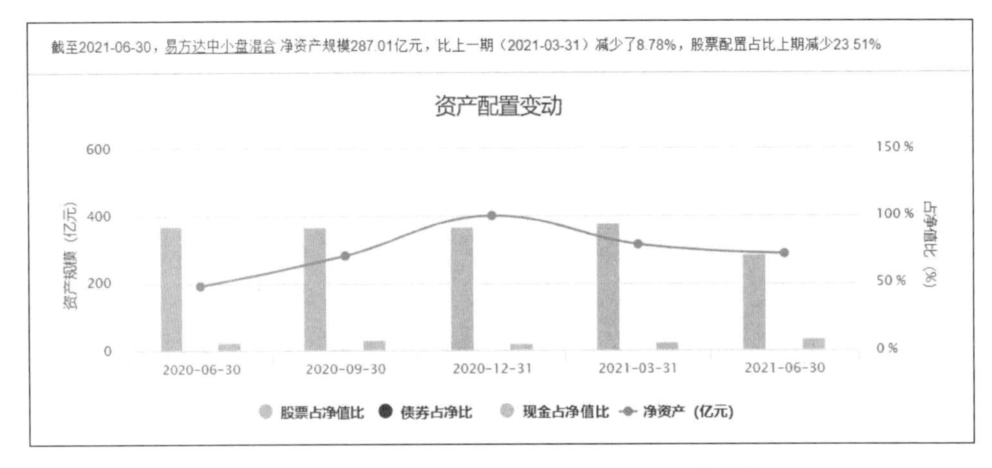

图 3-23　易方达中小盘混合基金资产配置历史走势

图 3-24 中，最新股票占比为 71.07%，现金占比为 8.74%。因此，可以看出这个基金为偏股票型基金。

一般而言，基金规模要适中，在 25 亿～50 亿元比较合适。如果规模超过 100 亿元，基金经理可能没那么多精力管理，调仓也变得没那么灵活。相反，规模太小，连续 60 个工作日低于 5 000 万元，调仓会很被动，还可能发生清盘的风险。

##

3.2.2　中国证券网财务和 K 线数据

上海证券报的官方网站——中国证券网，是证监会指定信息披露媒体。里面有财务和 K 线等数据可以直接下载，从而避免数据来源之苦。

网站内的数据非常丰富，包括的股票数据类型有基本资料、股本指标、股东指标、行情指标、风险指标、盈利预测、财务分析、财务报表、报表附注和分红指标等各项数据，而且这些数据按照不同的板块进行分类，如有股票市场类、证监会行业类、申银万国行业类、行政地区类、概念类、指数成分类和权证等。这些数据可以与收费数据库媲美，可以说是笔者能找到的最方便的财务数据方式了。

如图 3-24 所示是财务分析中每股指标的相关数据示例。选择对应的指标，并选择相关的银行板块股票，然后单击提取数据，即可得到图中所示的结果，可以进一步单击导出数据，则能够对数据进行下载，并保存到本地文件夹。

唯一不足的是，一次可能查询 17 只股票的数据。若要下载所有股票的数据，则需要花费较长时间，同时还要把数据拼接在一起。

除了财务数据，还有 K 线数据，如图 3-25 所示是前 17 只银行股票的年 K 线相关的开盘价、最高价和最低价数据。

因此，当对特定股票和特定行业进行量化分析时，使用这种方法下载数据是个不错的选择。

序号	证券代码	证券名称	每股收益EPS-基本 报告期:undefined 单位:元	每股收益EPS(TTM) 报告期:undefined 单位:元	每股净资产BPS 报告期:undefined 单位:元
1	000001	平安银行	1.1100	1.3899	14.8800
2	002142	宁波银行	1.9300	2.3757	16.7200
3	600000	浦发银行	1.4500	1.8841	17.4800
4	600015	华夏银行	0.7400	1.3506	13.8700
5	600016	民生银行	0.7900	1.0420	10.5700
6	600036	招商银行	3.0200	3.6571	24.5500
7	601009	南京银行	1.0600	1.2644	10.3600
8	601166	兴业银行	2.3700	3.0246	24.6700
9	601169	北京银行	0.7600	0.9425	9.2700
10	601288	农业银行	0.4500	0.5622	5.2400
11	601328	交通银行	0.6500	0.9405	9.5600
12	601398	工商银行	0.6400	0.8114	7.2400
13	601818	光大银行	0.5200	0.6775	6.3700
14	601860	紫金银行	0.3200	0.3928	3.9900
15	601939	建设银行	0.8200	0.9888	8.8100
16	601988	中国银行	0.4600	0.5895	5.8400
17	601998	中信银行	0.7300	0.9029	9.0400

图 3-24 每股指标的相关数据示例

序号	证券代码	证券名称	年开盘价 截止日期:2019-12-06 复权方式: 不复权 单位:元	年最高价 截止日期:2019-12-06 复权方式: 不复权 单位:元	年最低价 截止日期:2019-12-06 复权方式: 不复权 单位:元
1	601288	农业银行	3.6100	3.9400	3.3800
2	601988	中国银行	3.6200	4.0600	3.4900
3	601818	光大银行	3.6900	4.7400	3.6200
4	601860	紫金银行	3.7700	11.8000	3.7700
5	601328	交通银行	5.7700	6.8500	5.4000
6	601169	北京银行	5.6200	6.7900	5.1800
7	601398	工商银行	5.3000	6.0800	5.1500
8	601998	中信银行	5.4500	7.2400	5.2800
9	600016	民生银行	5.7200	6.9200	5.6100
10	601939	建设银行	6.3700	7.8500	6.1900
11	600015	华夏银行	7.4000	8.8400	7.1800
12	601009	南京银行	6.4700	9.4300	6.3500
13	600000	浦发银行	9.7400	13.3300	9.5800
14	000001	平安银行	9.3900	17.6000	9.1500
15	601166	兴业银行	14.9500	20.6600	14.6600
16	002142	宁波银行	16.2200	29.1900	15.9300
17	600036	招商银行	25.1500	38.5500	24.3800

图 3-25 前 17 只银行股票的年 K 线数据示例

3.2.3 JForex 平台外汇数据

对于外汇数据而言，只要接触过外汇的投资者肯定首推 MT4 下载外汇数据，但笔者并不推荐，因为经过大量外汇投资者实践验证，MT4 的数据不够精确。平台可靠数据质量高的平台，主要推荐 IBrokers 和 JForex[①]。

JForex 平台下载数据步骤如下。

第一，正常登录后进入的交易平台界面如图 3-26 所示。

① 网上充斥着大量的黑平台，切记不要随便使用他人推荐的外汇平台。

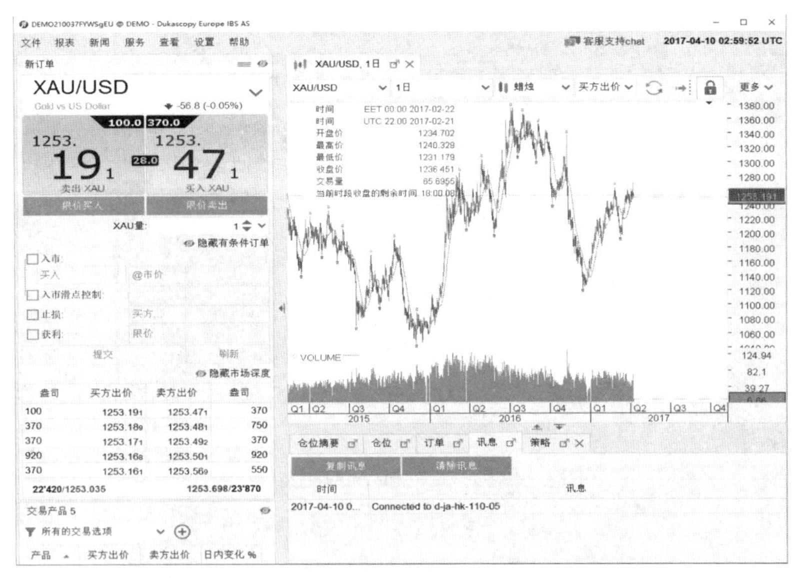

图 3-26　JForex 3 模拟账号登录后的界面

JForex 平台登录有一个问题：登录过程比较慢，且国内网络经常无法访问。当 JForex 主平台无法登录时，可以尝试用不同的平台进行登录，如网页和手机等平台进行实时交易。

第二，单击查看历史数据，可以下载各种货币对的 ask 与 bid 价数据，如图 3-27 所示。

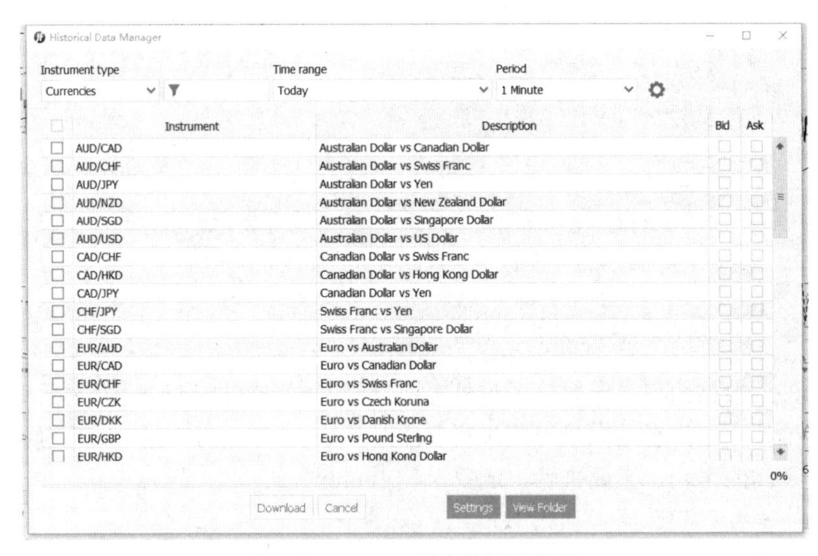

图 3-27　JForex 历史数据下载器

下载后保存到本地文件夹即可使用，这种历史数据质量非常高，外汇策略回测过程中，首推这个数据源。

##

戴维斯双杀与双击

戴维斯家族是美国少见的具有三代投资传承的家族之一。第一代为斯尔必·库洛姆·戴维斯，在 20 世纪 40 年代即为美国著名的投资人；第二代为斯尔必·戴维斯（Shelby Davis）；第三代为克里斯·戴维斯（Chris Davis）及安德鲁·戴维斯（Andrew Davis）都是华尔街很著名的基金经理。

戴维斯家族提出了 Double Play 效应，描述市场预期与上市公司价格波动之间的双倍数效应。一般而言，在市场投资中，价格的涨跌与投资人的预期关联程度非常高。这可以用市盈率进行理解，其计算公式为：

市盈率（*PE*）= 股票价格（*P*）÷ 每股收益（*EPS*）

从增长率的角度看，则有：

股价增长率 = *PE* 增长率+*EPS* 增长率

其中，市盈率意味着对未来的预期估值，市盈率越高，说明我们对该股未来发展越看好。随着上市公司的每股收益（*EPS*）越来越高，市场预期也会越高，对应的市盈率 *PE* 预期也会越高，在每股收益和市盈率同步上升的情况下，股票价格会得到双倍的提升；反之，会得到双倍的下跌。

如大量的成长股波动比较大，就会出现所谓的戴维斯效应。当公司进入成熟期或衰退期，或者市场进入熊市时，市场预期值（*PE*）降低。市场预期降低的同时，公司收入利润下降，从而导致每股收益（*EPS*）下降，随着两者大幅下降，股价就会大幅下跌。

例如，老板电器曾经是市场热捧的高成长白马股，2010—2016 年年营收复合增速为 29%，利润复合增速为 44%。出色的业绩吸引了投资者的关注，因此，在 2016—2017 年的白马牛市中，老板电器两年内涨幅超过 200%，到 2018 年初，其最高价达到 52 元。进入 2018 年，市场风云突变，老板电器风光不再，主营营收同比和扣非净利润等指标大幅度下滑，导致每股收益下滑，在此情况下，每股收益大幅下滑，对应的市场预期也大幅下调，从而出现戴维斯双杀。到 2018 年年末，老板电器股价最低点不到 17 元，仅为最高点的 1/3。

##

3.3 使用常见库获取金融数据

在量化投资过程中，绝大多数数据源都依赖于 Tushare 库，然而随着原 Tushare 不再维护，升级成 Tushare Pro 后，获取数据的便利性严重依赖于积分，大量投资者为提高积分采取了捐赠的方法，但只有一年的有效期。同时在获取数据过程中，经常出现数据更新不及时，获取缺失和积分不够等各种问题。因此，严重依赖一种数据源并不是可行的方法。

获取金融财务和 K 线数据的库比较多，如有 Tushare、Baostock、Yfinance、Akshare 和 Dtshare 等，此处为方便起见，仅介绍前面三种库，其他库的用法请读者自行学习。

3.3.1 使用 Tushare 库下载金融数据

旧版 Tushare 在运行了 3 年后，升级为 Tushare Pro，相较于之前的版本，更加稳定，使用起来更加流畅，而且将数据扩大到了股票、基金、期货、债券、外汇、行业大数据等区块链的数据。总体而言，Tushare Pro 是一个非常不错的数据源。

在量化投资分析过程中，由于积分限制，需要尽量少访问这个库（接口），当作备用比较合适。为比较不同源数据的可靠性，或者一般源没有的数据时，则可使用此库，如市盈率、市净率和市销率等方面数据的获取。

使用 Tushare 库获取数据的方法相对比较简单。下面以获取 K 线等数据为例。

（1）导入库并设置密钥。

```
import tushare as ts


ts.set_token('yourtoken…')
pro=ts.pro_api()
```

需要指出的是，这个密钥需要自己注册账号，然后查看相应的密钥。根据等级不同，获取数据的频次和类型会存在较大的差异。

（2）使用 daily 获取 K 线相关数据。

```
hysk=pro.daily(ts_code='002833.SZ',start_date='20200101',end_date='20201231')
print(hysk)
```

结果如下。

```
    trade_date   open   high    low  ...  change  pct_chg       vol      amount
0     20201214  42.05  42.80  40.37  ...   -0.20  -0.4706  12643.00   52420.600
1     20201211  44.30  44.39  42.33  ...   -1.05  -2.4110  14667.07   62894.188
2     20201210  41.88  44.20  41.44  ...    1.89   4.5367  15685.62   67703.048
3     20201209  43.31  44.25  41.66  ...   -1.42  -3.2962   9956.80   42445.827
4     20201208  42.50  44.80  42.35  ...    1.15   2.7427  18336.40   79835.384
..         ...    ...    ...    ...  ...     ...      ...       ...         ...
225   20200108  44.45  46.60  43.53  ...    0.50   1.1086  24014.66  108691.731
226   20200107  44.52  46.50  42.74  ...   -1.70  -3.6325  33630.72  150915.897
227   20200106  43.00  46.95  42.00  ...    3.90   9.0909  28019.43  125841.845
228   20200103  40.31  43.66  40.31  ...    2.30   5.6650  24618.34  104194.191
229   20200102  39.77  41.45  39.05  ...    0.83   2.0870  22490.91   90607.881

[230 rows x 10 columns]
```

（3）使用 query 获取财务数据。

```
income=pro.query('income',ts_code='002833.SZ',
```

```
                start_date='20180101',end_date='20201231')
print(income.T)
```

结果如下。

```
        0         1         2   ...      15         16        17
ts_code  002833.SZ  002833.SZ  002833.SZ ...  002833.SZ  002833.SZ  002833.SZ
ann_date 20201030   20201030   20200831  ...   20180828   20180426   20180418
f_ann_date 20201030  20201030   20200831  ...   20180828   20180426   20180418
end_date 20200930   20200930   20200630  ...   20180630   20180331   20171231
report_type    1         1          1 ...          1          1          1
```

（4）如需要获取每日市盈率、市净率、市销率、量比和换手等信息，可使用 daily.basic。

```
data = pro.daily_basic(ts_code='002833.SZ',
                 start_date='20180101', end_date='20201231')
print(data.head())
```

对应结果如下。

```
     ts_code trade_date  close  ...  free_share     total_mv      circ_mv
0  002833.SZ   20201231  43.57  ...    9692.304  943041.6282  535771.7503
1  002833.SZ   20201230  39.61  ...    9692.304  857330.2477  487076.4064
2  002833.SZ   20201229  39.99  ...    9692.304  865555.0771  491749.1920
3  002833.SZ   20201228  38.50  ...    9692.304  833305.0880  473426.9540
4  002833.SZ   20201225  41.28  ...    9692.304  893476.2086  507612.0691
```

（5）进一步，可以使用 fund_basic 函数获取基金相关数据。

```
fund=pro.fund_basic(market='E')
print(fund.head())
```

对应结果如下。

```
     ts_code        name management   ... purc_startdate redm_startdate market
0  513300.SH   纳斯达克ETF       华夏基金       ...    20201105     20201105      E
1  159821.SZ   BOCI 创业        中银证券       ...    20201029     20201029      E
2  159822.SZ   新经济           银华基金       ...    20201023     20201023      E
3  588090.SH   科创板ETF        华泰柏瑞基金  ...    20201116     20201116      E
4  511000.SH   长三角地方债ETF  招商基金       ...    20201029     20201029      E
```

除上述数据，还有各种金融数据，甚至包括外汇、港股和美股数据，请读者自行测试。

3.3.2 使用 Baostock 库下载金融数据

证券宝是一个免费、开源且无须注册的证券数据平台。提供大量准确、完整的证券历史行情数据、上市公司财务数据等。通过 Python API 获取证券数据信息，满足量化交易投资者、数量金融爱好者和计量经济从业者的数据需求。返回的数据格式为 Pandas DataFrame 类型，以便于用 Pandas/NumPy/MatPlotLib 等库进行数据处理和可视化分析。

总体而言，Baostock 库开发比较晚，在 Tushare 已经占领市场的前提下，为抢占市场份额，现采取完全开源免费策略。因此，这个库（接口）访问的频率可以高一些，但仍不要过度依赖某个源，而是与上面的数据源一样，最好以这个库的数据为辅。获取数据的方法如下。

（1）导入库。

```
import baostock as bs
import pandas as pd
import matplotlib.pyplot as plt
```

（2）登录并获取贵州茅台的历史数据，使用 query_history_k_data_plus 函数。

```
bs.login(user_id="anonymous", password="123456")
rs=bs.query_history_k_data_plus(code='sh.600519',frequency='d',adjustflag='3',
                    fields='date,close,peTTM,pbMRQ,psTTM,pcfNcfTTM',
                    start_date='2010-01-01',end_date='2020-02-24')
```

其中，code 为股票代码，编写方式为“交易所+股票代码”。

frequency 为数据频率，“d”为日 K 线、“w”为周 K 线、“m”为月 K 线，还可以获取分钟线，例如，“5”为 5 分钟 K 线，“15”为 15 分钟 K 线、“30”为 30 分钟 K 线、“60”为 60 分钟 K 线。

adjustflag 为复权类型。对应 1—后复权；2—前复权；3—默认，不复权。

fields 为对应指标。支持多指标输入，以半角逗号分隔，填写内容作为返回类型的列。例如，上述获取的内容分别为日期（date）、收盘价（close）、流动市盈率（peTTM）、最近一期市净率（pbMRQ）、滚动市销率（psTTM）和滚动净现金流量比率（pcfNcfTTM），还可以获取其他数据。

start_date 和 end_date 分别为起、止时间。

检查数据获取的正确性，分别使用 error_code 和 error_msg。

```
print('query_history_k_data_plus respond error_code:'+rs.error_code)
print('query_history_k_data_plus respond error_msg:'+rs.error_msg)
```

上述返回结果如下。

```
login success!
query_history_k_data_plus respond error_code:0
query_history_k_data_plus respond error_msg:success
```

（3）把每天的数据连接在一起，可使用 while 函数进行判断。

```
result_list=[]
while(rs.error_code=='0')& rs.next():
    result_list.append(rs.get_row_data())
result=pd.DataFrame(result_list,columns=rs.fields)
print(result)
```

返回结果如下。

```
          date      close      peTTM      pbMRQ      psTTM   pcfNcfTTM
0     2010-01-04   169.9400  36.110125  11.505291  16.772972  107.408529
1     2010-01-05   169.4400  36.003881  11.471440  16.723622  107.092510
2     2010-01-06   166.7600  35.434415  11.289998  16.459108  105.398648
3     2010-01-07   163.7200  34.788453  11.084184  16.159062  103.477253
4     2010-01-08   162.0000  34.422974  10.967736  15.989299  102.390148
...         ...        ...        ...        ...        ...         ...
2458  2020-02-18  1084.0000  33.273569  10.871290  15.882176   73.450384
2459  2020-02-19  1096.5000  33.273569  10.871290  15.882176   73.450384
2460  2020-02-20  1118.0000  34.317205  11.212272  16.380326   75.754178
2461  2020-02-21  1112.8800  34.160046  11.160924  16.305310   75.407254
2462  2020-02-24  1087.1800  33.371180  10.903182  15.928768   73.665856
```

（4）数据整理。绘制图像之前，需要先查看数据类型。

```
print(result.info())
```

返回结果如下。

```
<class 'pandas.core.frame.DataFrame'>
RangeIndex: 2932 entries, 0 to 2931
Data columns (total 6 columns):
 #   Column     Non-Null Count  Dtype
---  ------     --------------  -----
 0   date       2932 non-null   object
 1   close      2932 non-null   object
 2   peTTM      2932 non-null   object
 3   pbMRQ      2932 non-null   object
 4   psTTM      2932 non-null   object
 5   pcfNcfTTM  2932 non-null   object
dtypes: object(6)
memory usage: 137.6+ KB
```

可以发现，数据全是对象型的，因此需要转换数据类型才能进行绘图。

把时间列转换为时间日期型，其他列数据转换为浮点型。

```
result['date']=pd.to_datetime(result.date)
for col in rs.fields[1:]:
   result[col]=result[col].astype(float)
```

（5）在此基础上绘制市盈率变化趋势图。

```
plt.plot(result.date, result.peTTM,color='blue')
plt.show()
```

返回结果如图 3-28 所示。

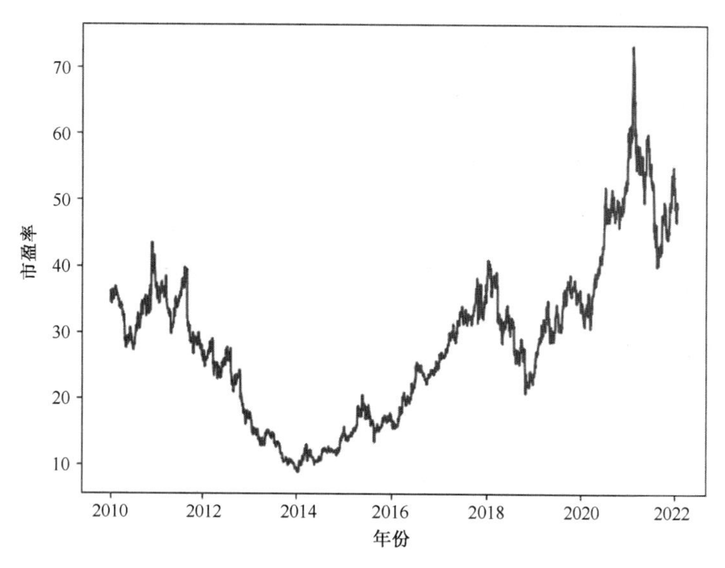

图 3-28　贵州茅台滚动市盈率变化趋势

当然，Baostock 还有其他用法，感兴趣的读者可以查看官网。

3.3.3　使用 Yfinance 库下载金融数据

R 语言拥有 Quantmod 工具包，可以使用 GetSymbols 函数获取 Yahoo 和 Google 数据源的股票数据，由于国内无法登录 Google，只能获取 Yahoo 股票数据。同理，Python 也有类似的库为 Yfinance，主要是提供可靠的，多线程的，可下载的 Yahoo 源的历史数据，包括股票、债券、外汇、比特币等历史数据，同时提供市场信息、财务报告和市场分析等信息。获取相关数据信息的操作如下。

（1）加载库。

```
import yfinance as yf
from datetime import datetime
```

（2）获取相应的股票 K 线数据。其中，上交所上市股票在代码后加后缀“.SS”，深交所加后缀“.sz”[①]，这与 R 语言的 GetSymbols 完全一致。例如，下载浦发银行股票数据，对应方法如下。

```
#get shanghai stocks
pfyh=yf.Ticker('600000.SS')
```

获取历史数据，其中，历史数据包括 OHLCV[②]、分红和拆分等 7 个变量。

```
hist=pfyh.history(start='2020-01-01',end='2020-10-10')
print(hist[['Open','High','Close','Volume']])
```

---

① 字母大小写都可以。

② OHLCV 分别指开盘价（open）、最高价（high）、最低价（low）、收盘价（close）和成交量（volume）。

对应结果如下。

```
                Open       High      Close    Volume
Date
2020-01-02  11.826111  11.987333  11.826111  51629079
2020-01-03  11.920946  11.977849  11.949398  38018810
2020-01-06  11.873529  11.996815  11.816627  41001193
2020-01-07  11.864046  11.949399  11.854562  28421482
2020-01-08  11.683855  11.683855  11.683855  35240536
...               ...        ...        ...       ...
2020-09-25   9.500000   9.530000   9.470000  29487505
2020-09-28   9.490000   9.530000   9.460000  26257827
2020-09-29   9.500000   9.520000   9.430000  32988266
2020-09-30   9.450000   9.490000   9.390000  39006807
2020-10-09   9.440000   9.480000   9.420000  39772687

[184 rows x 4 columns]
```

（3）获取深交所平安银行的股票数据，其中，end 表示结束日期，可使用 datetime 函数获取当前日期。

```
#get shenzhen stocks
payh=yf.Ticker('000001.SZ')
hist=payh.history(start='2020-10-10',end=datetime.now().date())
print(hist)
```

对应结果如下。

```
                Open       High        Low  ...     Volume  Dividends  Stock Splits
Date                                         ...
2020-10-12  15.220000  16.049999  15.210000  ...  158102381          0  0
2020-10-13  15.900000  16.110001  15.780000  ...   90307948          0  0
2020-10-14  16.040001  16.120001  15.800000  ...   64946936          0  0
2020-10-15  16.200001  16.920000  16.150000  ...  159151532          0  0
...               ...        ...        ...  ...        ...        ... ...
2020-12-09  18.790001  19.049999  18.680000  ...   67722115          0  0
2020-12-10  18.730000  18.879999  18.450001  ...   60786655          0  0
2020-12-11  18.709999  18.799999  18.219999  ...   88779387          0  0

[45 rows x 7 columns]
```

（4）除内地的股票外，还可以获取中国香港等地区的股票，其中，港股后缀加.hk。

```
#get hongkong stocks
mtr=yf.Ticker('0066.hk')
hist=mtr.history(start='2020-01-01',end='2020-05-05')
print(hist[['Dividends','Stock Splits']])
```

对应结果如下。

```
            Dividends  Stock Splits
Date
```

```
2020-01-02          0          0
2020-01-03          0          0
2020-01-06          0          0
2020-01-07          0          0
2020-01-08          0          0
...               ...        ...
2020-04-24          0          0
2020-04-27          0          0
2020-04-28          0          0
2020-04-29          0          0
2020-05-04          0          0

[82 rows x 2 columns]
```

不过需要指出的是，这个库的数据源来自雅虎。自从雅虎退出中国后，A 股股票数据更新比较慢，数据的可靠性也不是非常高，所以请慎用。但是其他数据，如美股、港股和外汇等数据，还算经得起考验。

3.4 Selenium 库爬虫网页数据

对于金融数据而言，使用最多的是 Selenium 库，这个库能够抓取超链接后面的数据。大多数金融数据都是以这种形式呈现的，即网址保持不变的情况下，不断单击“下一页”后，页面内容就会发生变化。

3.4.1 爬虫中国证券网机构持股数据

在选股过程中，机构持股是一个重要的参考。图 3-29 是中国证券网某季度的机构持股数据表。

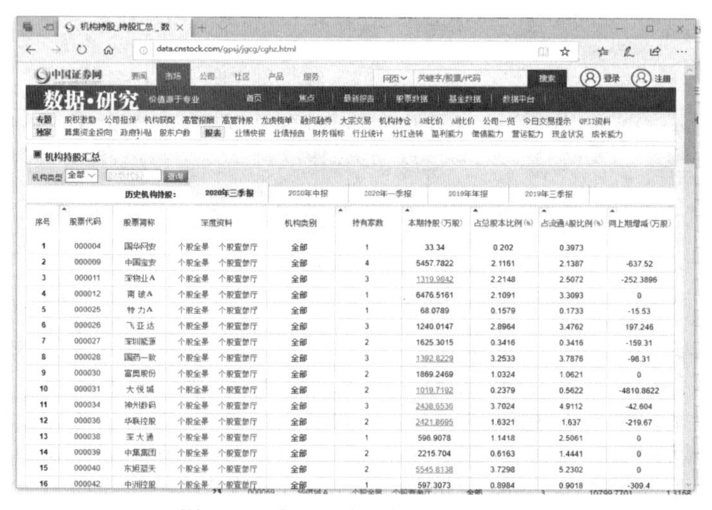

序号	股票代码	股票简称	深度资料	机构类别	持有家数	本期持股(万股)	占总股本比例(%)	占流通A股比例(%)	同上期增减(万股)
1	000004	国华网安	个股全景 个股诊断厅	全部	1	33.34	0.202	0.3973	
2	000009	中国宝安	个股全景 个股诊断厅	全部	4	5457.7822	2.1161	2.1387	-637.52
3	000011	深物业A	个股全景 个股诊断厅	全部	3	1319.9842	2.2148	2.5072	-252.3896
4	000012	南玻A	个股全景 个股诊断厅	全部	1	6476.5161	2.1091	3.3093	0
5	000025	特力A	个股全景 个股诊断厅	全部	1	68.0789	0.1579	0.1733	-15.53
6	000026	飞亚达	个股全景 个股诊断厅	全部	3	1240.0147	2.8964	3.4762	197.246
7	000027	深圳能源	个股全景 个股诊断厅	全部	2	1625.3015	0.3416	0.3416	-159.31
8	000028	国药一致	个股全景 个股诊断厅	全部	3	1392.8229	3.2533	3.7876	-98.31
9	000030	富奥股份	个股全景 个股诊断厅	全部	2	1869.2469	1.0324	1.0621	0
10	000031	大悦城	个股全景 个股诊断厅	全部	2	1019.7192	0.2379	0.5622	-4810.8622
11	000034	神州数码	个股全景 个股诊断厅	全部	3	2438.6536	3.7024	4.9112	-42.604
12	000036	华联控股	个股全景 个股诊断厅	全部	2	2421.8695	1.6321	1.637	-219.67
13	000038	深大通	个股全景 个股诊断厅	全部	1	596.9078	1.1418	2.5061	0
14	000039	中集集团	个股全景 个股诊断厅	全部	2	2215.704	0.6163	1.4441	0
15	000040	东旭蓝天	个股全景 个股诊断厅	全部	2	5545.8138	3.7298	5.2302	0
16	000042	中洲控股	个股全景 个股诊断厅	全部	1	597.3073	0.8984	0.9018	-309.4

图 3-29　中国证券网机构持仓数据

案例 3-4：请使用 Selenium 库进行爬虫。要求：① 使用与键盘交互的方式选择不同机构和不同季度选项；② 抓取对应季度和机构下的所有页面，并把数据转换成数据框的形式；③ 把抓取的结果自动以“年+季”的形式（如 2020q3.csv）保存到本地文件夹。

表格特征分析。此种表格有一个下拉菜单，具体表现为左上角的机构类型部分，单击时有 8 个下拉选项，分别对应全部、基金、券商、社保、信托、保险、QFII 和私募机构。此种数据爬虫比较简单，只需要使用节点查找就可以定位，并进行下载。操作步骤如下。

（1）加载相关的库，其中，time 库可设置爬虫过程中的强制等待时间，NumPy 和 Pandas 库会在数据转换过程中使用到。

```
from selenium import webdriver
import time
import numpy as np
import pandas as pd
```

（2）驱动火狐浏览器，并采用无头模式，即不弹出浏览器模式，让脚本静悄悄地爬虫，不干扰正常的工作。

```
url='http://data.cnstock.com/gpsj/jgcg/cghz.html'
```

增加浏览器选项，设置成无头的 headless 模式，注意前面有两个短横线（--）。

```
firefox_option=webdriver.FirefoxOptions()
firefox_option.add_argument('--headless')
browser=webdriver.Firefox(executable_path=r'e:/geckodriver.exe',
                          options=firefox_option)#
```

请求服务器网址。

```
browser.get(url)
```

（3）为了可以选择不同季度和不同机构，需要定位相应的节点并单击选择。其中，历史机构持股只有连续的五年季度，无法随机选择季度。不同机构持股存在 8 个选项，需要明确季度选项和机构选项到底哪个先确定。经过比较发现，应该先选择季度，再选择机构，否则会出现机构返回到“全部”选项。

单击季度选项。为达到键盘交互性结果，应该尽量使控制台能够显示可以选择的季度（不是任意选择），采用如下方法。

```
#step-1:find specific year&quarter table report
```

定位所有历史季度选项，使用 elements 的 XPath 路径方法。

```
quart_items=browser.find_elements_by_xpath('//ul[@class="monthlist"]/li')
```

获取所有的季度字符串。

```
quart_texts=[item.text for item in quart_items]
```

可以得到五个季度，如下所示。

```
2020年三季报  2020年中报    2020年一季报  2019年年报    2019年三季报
```

为了使控制台显示更人性化，具体构建字典形式的输出结果如下。

```
print('----------------------only specific quarters----------------------')
print(dict(zip([0,1,2,3,4],quart_texts)))
```

并设置交互性输入项，其中，输入结果默认字为符串，需要转换成整数型。

```
option=int(input('please select specific quarter data:(0-4)\n'))
```

运行后，在控制台的输出结果如图 3-30 所示。

```
-------------------------only specific quarters---------------------------
{0: '2020年三季报', 1: '2020年中报', 2: '2020年一季报', 3: '2019年年报', 4: '2019年三季报'}
please select specific quarter data:(0-4)
```

图 3-30　PyCharm 运行部分结果展示

由此可见，使用 0～4 选择不同的时间，则能够选择性获取不同历史报表的结果。

（4）单击选择对应的历史持股选项。根据键盘输入选择对应的历史季度字符串，例如，选择 0 表示“2020 年三季报”，并命名为 yq，对应如下。

```
yq=quart_texts[option]
```

具体使用 link_text 方法确定节点。

```
spfc_yq_node=browser.find_element_by_link_text(yq)
```

单击并强制等待 5 秒，让网页充分加载完毕。

```
spfc_yq_node.click()
time.sleep(5)
```

（5）确定数据对应的年份和月份，方便后续表格数据能够自动以 2020q3、2020q2 的文件名保存结果。为得到这样的结果，需要对 yq 字符串进行处理。

已知 yq 为年度和季度字符串，例如，“2020 年三季报”，其中年份直接为前面 4 个字符。

```
year=yq[0:4]
```

而季度则分别有“中”“一”“年”和“三”，使用 if-elif-else 条件进行处理。

```
if yq[5:6]=='三':
    quarter='3'
elif yq[5:6]=='中':
    quarter='2'
elif yq[5:6]=='年':
    quarter='4'
else:
    quarter='1'
```

（6）进一步选择机构选项。同样采用键盘交互式输入。为了使操作者方便，采用类似上面的方法。

```
#step 2:get specific institution holds
print('-------------------organizattion hold--------------------')
print('|99-全部 |1-基金 |2-券商 |3-社保 |4-信托|5-保险|6-QFII|7-私募|')
print('---------------------------------------------------------')
```

通过键盘选择机构项。

```
table=int(input('please input the table number:\n'))
```

对应的结果如图 3-31 所示。

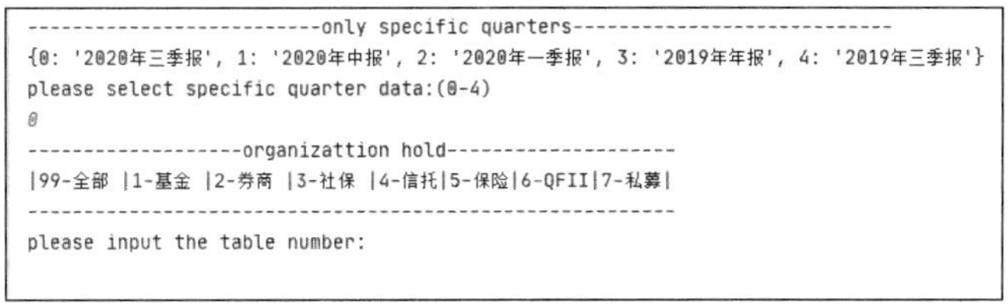

```
--------------------------only specific quarters----------------------------
{0: '2020年三季报', 1: '2020年中报', 2: '2020年一季报', 3: '2019年年报', 4: '2019年三季报'}
please select specific quarter data:(0-4)
0
-------------------organizattion hold--------------------
|99-全部 |1-基金 |2-券商 |3-社保 |4-信托|5-保险|6-QFII|7-私募|
---------------------------------------------------------
please input the table number:
```

图 3-31　PyCharm 运行部分结果展示

对应的字典如下。

```
table_dict={99:'total',1:'fund',2:'broker',3:'ssecu',
        4:'trust',5:'insur',6:'qfii',7:'priv'}
```

需要指出的是，此处的 total 为 99，按 1～7 排列，这个字典设置方式来源于网页节点相应标签的属性，如图 3-32 所示。

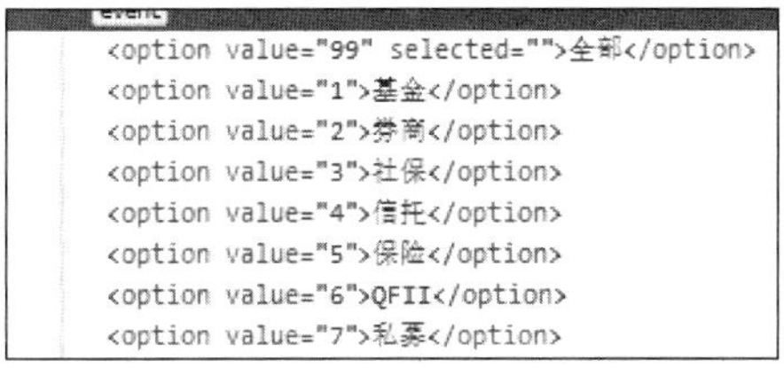

```
<option value="99" selected="">全部</option>
<option value="1">基金</option>
<option value="2">券商</option>
<option value="3">社保</option>
<option value="4">信托</option>
<option value="5">保险</option>
<option value="6">QFII</option>
<option value="7">私募</option>
```

图 3-32　不同机构选项的标签对应的属性值

顺便设置一下保存的文件夹位置。

```
file_path=r'e:/datasets/finStats/cnstock/orghold/{}/{}q{}.csv'
file_path=file_path.format(table_dict[table],year,quarter)
```

（7）单击下拉菜单选项，选择对应的机构。需要指出的是，若选择的是“全部”，则为默认，不需要单击；当然也可以强行单击，但后续会出现错误。因此，使用 if 条件进行处理。当不是“全部”选项时，对应 option 标签的值分别对应输入值（1～7），然后定位到对应的标签并单击，等待 5 秒。

```
if table !=99:
    node = '//option[@value={}]'.format(table)
    button = browser.find_element_by_xpath(node)
    button.click()
    time.sleep(5)
```

从而确定了相应的季度和持股的机构。

（8）抓取网页表格数据。当然不能只抓取当前页的表格数据，需要抓取所有的表格数据内容，有 20 页的数据。因此，抓取表格之前，需要做一个循环，这个循环的次数就是页数。

定位所有页数标签。

```
pages_item=browser.find_elements_by_xpath('//table[@class="page"]//a')
```

获取最后一页。最后一页其实就是长度减 1，当然也可以直接使用 text 的形式确定，请读者自行测试。

```
endpage=len(pages_item)-1
```

为了将后续抓取的字符串合并成数据框，还需要先确定列数。具体为表格中的 th 标签的所有内容。

```
ncols_item=browser.find_elements_by_xpath('//table[@id="DicList"]/tbody//th')
```

得到的列数如下。

```
ncols=len(ncols_item)
```

返回列名称的字符串，方便后续使用。

```
names=[item.text for item in ncols_item]
```

（9）所有的准备工作完毕，循环抓取表格数据，转换成数据框后，将其合并在一起。

先设置一个空数据框。

```
result=pd.DataFrame(columns=range(0,ncols))
```

进行 for 循环，循环的次数就是页数，对应如下。

```
for page in range(1,endpage+1):
    # 为了可视化方便，设置 print 输出项：
    print('parsing page {}, please waiting...'.format(page))
    # 定位表格：
    items = browser.find_elements_by_xpath('//table[@id="DicList"]/tbody//td')
    # 抓取所有内容
    data = [item.text for item in items]
    # 整理成表格形式：
    data = [data[i:i + ncols] for i in range(0, len(data), ncols)]
    # 先转换成 NumPy 库类型，后转换成数据框，有时也可以直接转换成数据框，但经常出错
    data = np.array(data)
    result = result.append(pd.DataFrame(data))
    # 需要注意的是，最后一页不需要处理
    if page!=endpage:
        pages_item = browser.find_elements_by_xpath('//table[@class="page"]//a')
        pages_item[-2].click()
        # 定位下一页，单击获得下一页的页面内容，等待 3s，着重处理
        nextpage=browser.find_element_by_link_text('下一页')
        nextpage.click()
        time.sleep(3)
```

在控制台出现的结果如图 3-33 所示。

```
-------------------------only specific quarters---------------------------
{0: '2020年三季报', 1: '2020年中报', 2: '2020年一季报', 3: '2019年年报', 4: '2019年三季报'}
please select specific quarter data:(0-4)
0
-------------------organizattion hold--------------------
|99-全部 |1-基金 |2-券商 |3-社保 |4-信托|5-保险|6-QFII|7-私募|
---------------------------------------------------------
please input the table number:
99
parsing page 1, please waiting...
parsing page 2, please waiting...
parsing page 3, please waiting...
parsing page 4, please waiting...
parsing page 5, please waiting...
```

图 3-33　PyCharm 运行部分结果展示

处理完毕后关闭浏览器，也可以使用 browser.close()，不过使用 quit 更合适些，因为后者关闭更彻底，进一步关闭任务管理器中的 Chromedriver 等进程。

```
browser.quit()
```

对数据列进行命名。

```
result.columns=names
```

最后，保存数据到本地文件夹。

```
result.to_csv(file_path,encoding='utf-8-sig',index=0)
```

顺便打开一下保存结果（见图 3-34），可以发现数据与网页结果一致。

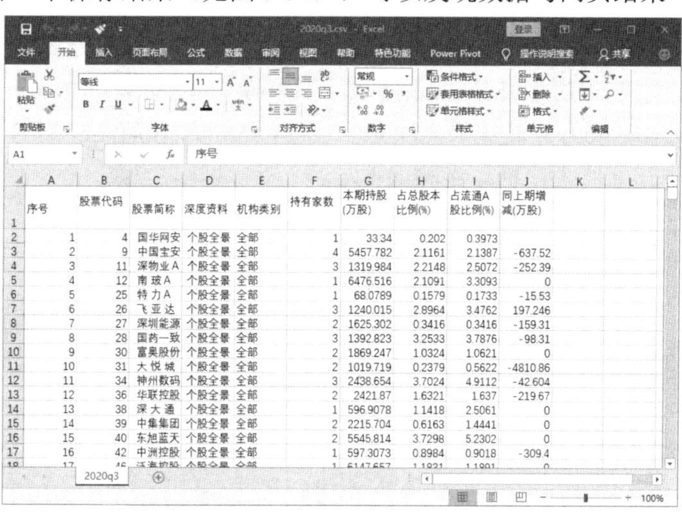

序号	股票代码	股票简称	深度资料	机构类别	持有家数	本期持股(万股)	占总股本比例(%)	占流通A股比例(%)	同上期增减(万股)
1	4	国华网安	个股全景	全部	1	33.34	0.202	0.3973	
2	9	中国宝安	个股全景	全部	4	5457.782	2.1161	2.1387	-637.52
3	11	深物业A	个股全景	全部	3	1319.984	2.2148	2.5072	-252.39
4	12	南玻A	个股全景	全部	1	6476.516	2.1091	3.3093	0
5	25	特力A	个股全景	全部	1	68.0789	0.1579	0.1733	-15.53
6	26	飞亚达	个股全景	全部	3	1240.015	2.8964	3.4762	197.246
7	27	深圳能源	个股全景	全部	2	1625.302	0.3416	0.3416	-159.31
8	28	国药一致	个股全景	全部	3	1392.823	3.2533	3.7876	-98.31
9	30	富奥股份	个股全景	全部	2	1869.247	1.0324	1.0621	0
10	31	大悦城	个股全景	全部	2	1019.719	0.2379	0.5622	-4810.86
11	34	神州数码	个股全景	全部	3	2438.654	3.7024	4.9112	-42.604
12	36	华联控股	个股全景	全部	2	2421.87	1.6321	1.637	-219.67
13	38	深大通	个股全景	全部	1	596.9078	1.1418	2.5061	0
14	39	中集集团	个股全景	全部	2	2215.704	0.6163	1.4441	0
15	40	东旭蓝天	个股全景	全部	2	5545.814	3.7298	5.2302	0
16	42	中洲控股	个股全景	全部	1	597.3073	0.8984	0.9018	-309.4

图 3-34　2020 年三季度全部机构持股结果

3.4.2　爬虫好买基金网历史数据

有些动态网页的特征需要结合鼠标事件，随着鼠标下移或滑轮滚动，数据显示量会越来越多。这个事件需要使用 execute_script 函数执行滚动事件。下文以好买基金网的数据为例进行分析。

案例 3-5：抓取好买基金网的基金经理排行榜数据

要求：抓取所有数据，并把数据转换成数据框保存到本地文件夹。

上述网址打开后（见图 3-35），从页面可以看出，这时需要不断借助滚动条来拖动屏幕，使被操作的元素显示在当前的屏幕上。

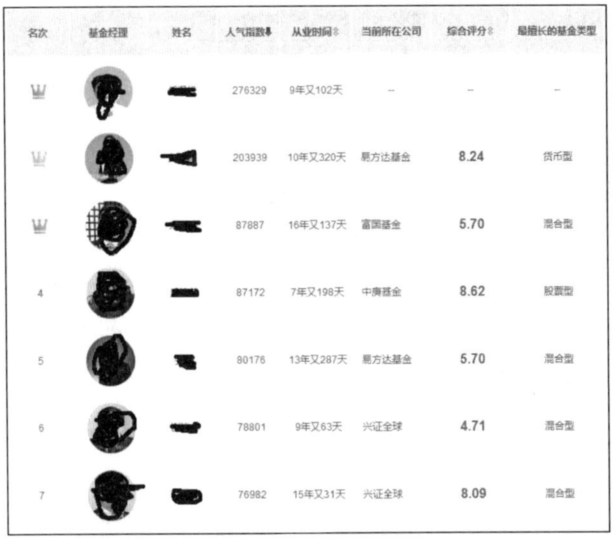

名次	基金经理	姓名	人气指数	从业时间	当前所在公司	综合评分	最擅长的基金类型
			276329	9年又102天	--	--	--
			203939	10年又320天	易方达基金	8.24	货币型
			87887	16年又137天	富国基金	5.70	混合型
4			87172	7年又198天	中庚基金	8.62	股票型
5			80176	13年又287天	易方达基金	5.70	混合型
6			78801	9年又63天	兴证全球	4.71	混合型
7			76982	15年又31天	兴证全球	8.09	混合型

图 3-35　好买基金网经理排行榜截图

但滚动条是无法直接用定位工具来定位的。Selenium 中也没有直接的方法控制滚动条，此时只能借助 JS 了。Selenium 提供了一个操作 JS 的方法，即 execute_script()，可以直接执行 JS 的脚本。其调用方法为 execute_script(script, *args)。其中，script 适用任何的 JavaScript 脚本，操作步骤如下。

（1）导入库，驱动浏览器，并请求服务器内容。

```
import time
from selenium import webdriver

url='https://www.howbuy.com/fund/manager/'
browser=webdriver.Chrome(executable_path=r'd:/chromedriver.exe')
browser.get(url)
```

（2）模拟滚动鼠标滑轮事件，通过调用 execute_script 方法，对应的 JS 脚本为 window.scrollTo，可以实现移动。

```
browser.execute_script("window.scrollTo(0,3000);")
```

也就是向下移动 3 000 的位移，发现网页确实出现了向下的滚动，也可以使用下面的方法实现。

```
js='window.scrollTo(0,document.body.scrollHeight);'
```

其中，JS 脚本也可以表示为：

```
js='var q=document.documentElement.scrollTop=100000'
browser.execute_script(js)
```

其中，对应的 scroll 相关对象有 scrollHeight、scrollLeft、scrollTop 和 scrollWidth，

分别表示获取对象的滚动高度，位于对象左边界和窗口中目前可见内容的最左端之间的距离，位于对象最顶端和窗口中可见内容的最顶端之间的距离和获取对象的滚动宽度。

考虑到页面内容非常多，让它休息 3 秒继续滚动。

```
time.sleep(3)
browser.execute_script('window.scrollTo(3000,6000);')
```

进一步滚动的结果如下。

```
time.sleep(3)
browser.execute_script('window.scrollTo(6000,9000);')
```

发现上述操作与滚动鼠标滑轮一样，有什么简单的方法滚到底？或者有没有什么直接到底的函数？目前想到的是循环到底的方法。

（3）循环滚动。先计算滚动次数，经分析发现，滚动一次增加 50 行，现在有 4 186 个基金经理（行），计算一下需要滚动次数为 4186/50=83.72，即 84 次，在此基础上编程如下。

```
for i in range(84):
    browser.execute_script(js)
    time.sleep(0.5)
```

循环滚动若干次后的截图如图 3-36 所示，发现已经滚动到 3 650 多行了。

在编程过程中，本想设置一个 break 自动打断的 for 循环，即当模拟滚动滑轮后，滚轮所处的位置位于最末的位置时停止，类似以下方法。

```
for i in range(100):
     #当前位置等于当前高度，其中 current_position 与 document_height 为假设
    if browser.current_position == browser.document_height:
        break
    browser.execute_script("window.scrollTo(0, document.body.scrollHeight)")
    time.sleep(0.5)
```

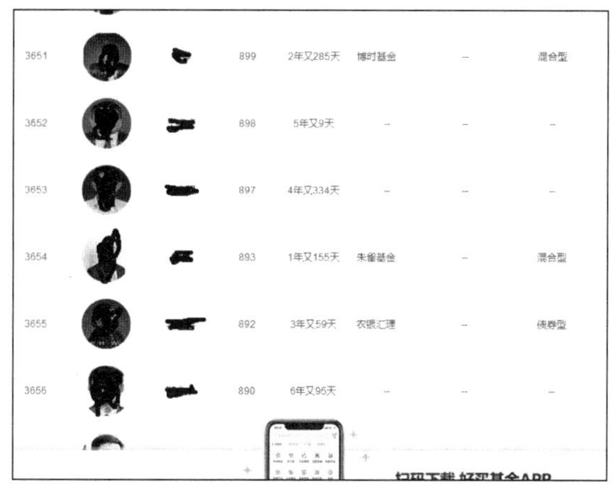

图 3-36　循环滚动若干次后的截图

但不知道如何确定滑动块的位置，因此没有办法继续。

（4）定位表格并读取数据。

```
item=browser.find_element_by_xpath(
    '//table[@class="chart-table ftArial "]')
data=item.text
print(data)
```

需要注意的是，在 class 属性值中，最后还存在一个空格，否则无法定位。这种方法得到的结果为字符串形式。

后续请读者自行根据前面的方法将字符串转换成数据框，并保存到本地文件夹。

3.4.3　爬虫英为财情外汇网数据

与一般的通过下拉菜单单击弹出框有所不同，有些网页可以单击复杂弹出框，在弹出框中输入不同的日期，从而可以选择不同时间段的数据。下面以英为财情外汇网页为例。

案例 3-6：抓取英为财情外汇网的数据，如 USDCNH 货币对。

要求：抓取所有数据，并把数据转换成数据框保存到本地文件夹。

从图 3-37 可以看出，网页只显示部分数据，如果想要显示更多的数据，那么必须单击右上角的弹出框，在弹出框里自定义输入对应的时间段，从而获得更长时间段的数据。此时，需要使用 actionchain 方法。

图 3-37　USDCNH 货币对的汇率数据

（1）按原先的方法加载库，驱动浏览器后打开网页。

```
from selenium import webdriver
import time
url='https://cn.investing.com/currencies/usd-cnh-historical-data'
browser=webdriver.Chrome(executable_path=r'd:/chromedriver.exe')
```

这个网页加载相对较慢，等待较长时间才出现页面（见图 3-38）。为了让浏览器充分加载，等待时间为 10 秒。

```
time.sleep(10)
```

图 3-38 单击时间段的弹出框结果截图

（2）定位对应的时间段标签，如图 3-39 所示。

```
▼<div class="float_lang_base_2 historicDate">
  ▼<div id="flatDatePickerCanvasHol" class="datePickerWrap calendarDatePicker"> event
    ▼<div id="widget" class="float_lang_base_1">
      ▼<div id="widgetField" class="dateField">
          <div id="widgetFieldDateRange" class="dateRange inlineblock datePickerBinder aria
          lightgrayFont">2020/12/05 - 2021/01/05</div> event
        </div>
        <input id="picker" class="hasDatepicker" type="hidden" value="2020/12/05 - 2021/01/
        <div id="widgetFieldBottomBorder" class="widgetFieldBottomBorder"></div>
        <div id="widgetHolCalendar" class="calendarWidget" style="height:0;"></div>
      </div>
    ▶<div id="datePickerIconWrap" class="float_lang_base_2 datePickerIconWrap"> ··· </div>
```

图 3-39 时间段对应的网页内部结构

网页内部有很多节点，选择 datePickerIconWrap 的节点。

```
button=browser.find_element_by_xpath('//div[@id="datePickerIconWrap"]')
print(button.get_attribute('id'))
```

得到结果如下：

```
datePickerIconWrap
```

说明定位正确。

（3）单击获取弹出框。使用 click 命令获取弹出框。

```
button.click()
```

但提示以下错误。

```
selenium.common.exceptions.ElementNotInteractableException: Message: element
not interactable
```

可以解决的路径有两个：一个是使用 execute_script 相关的命令单击，另一个是使用 ActionChains 相关用法。

（4）获取弹出框。

先使用第一种方法进行处理。

```
browser.execute_script("arguments[0].click()", button)
```

没有显示弹出框，说明此种方法不可行。

然后用第二种方法进行处理，先补充相关库。

```
from selenium.webdriver.common.action_chains import ActionChains
```

使用鼠标的行为链 ActionChains 函数。

```
ActionChains(browser).click(button).perform()
```

出现以下错误。

```
selenium.common.exceptions.JavascriptException: Message: javascript error: Failed to execute 'elementsFromPoint' on 'Document': The provided double value is non-finite.
  (Session info: chrome=87.0.4280.88)
```

查找错误原因，大致可能有以下四个：第一个是元素没有完全或者正确加载；第二个是元素位于<iframe>或<frame>之内；第三个是元素的 style 属性包含 display:none；第四个是元素位于 DOM 阴影之内。根据上述提示，最后发现错误原因是定位范围太小，应该为上一级节点。

（5）进一步获取弹出框，定位上一级节点。

```
button=browser.find_element_by_xpath(
    "//div[@class='float_lang_base_2 historicDate']")
ActionChains(browser).click(button).perform()
```

发现定位正确。

（6）进一步定位输入框，并暂停 3 秒。

```
input1=browser.find_element_by_xpath('//input[@id="startDate"]')
time.sleep(3)
```

考虑到里面有数据，可以使用 clear 方法先将数据清除。

```
input1.clear()
time.sleep(3)
```

输入对应的日期，如 2019-01-01，为保持与原先格式一致，用斜杠分隔。

```
input1.send_keys('2019/01/01')
```

发现已经在弹出框内自动输入了上述时间，说明程序正确。

（7）定位进入节点。

```
enter=browser.find_element_by_xpath('//a[id="applyBtn"]')
```

得到如下错误。

```
selenium.common.exceptions.NoSuchElementException: Message: no such element: Unable to locate element: {"method":"xpath","selector":"//a[id="applyBtn"]"}
  (Session info: chrome=87.0.4280.88)
```

换种方法定位。

```
enter=browser.find_element_by_xpath('//a[contains(@class,"newBtn")]')
```

还是得不到结果，再换种方法定位。

```
enter1=browser.find_element_by_css_selector('a#applyBtn')
```

这种方法可行，得到的结果如图 3-40 所示。

总况 图表 资讯和分析 技术 论坛

概览 历史数据 相关品种 货币转换器 期权

USD/CNH历史数据

时间范围: 每日　　下载数据　2019/01/01 - 2021/01/05

日期	收盘	开盘	高	低	涨跌幅
2021年1月5日	6.4429	6.4539	6.4564	6.4119	-0.17%
2021年1月4日	6.4541	6.5040	6.5040	6.4390	-0.75%
2021年1月1日	6.5028	6.5020	6.5054	6.4963	0.02%
2020年12月31日	6.5017	6.5048	6.5169	6.4870	-0.05%
2020年12月30日	6.5049	6.5161	6.5239	6.4999	-0.19%
2020年12月29日	6.5170	6.5318	6.5338	6.5122	-0.23%
2020年12月28日	6.5321	6.5172	6.5366	6.5115	0.24%
2020年12月25日	6.5163	6.5153	6.5241	6.4990	-0.01%
2020年12月24日	6.5169	6.5321	6.5344	6.5119	-0.23%

图 3-40　单击进入后得到的结果截图

（8）爬虫表格并转换数据框，退出。后续请读者自行完成。

（9）在上述节点定位过程中，采用的是固定等待方法，即不管能否获取对象节点，都进行下一步，若等待时间较短，则会出现无法定位节点的问题；此时可使用 wait 进行显性等待。例如，定位图 3-38 右上角时间段右侧的网络状图标，先加载库，后显性等待。

```
from selenium.webdriver.common.by import By
from selenium.webdriver.support.ui import WebDriverWait
from selenium.webdriver.support import expected_conditions as EC

wait=WebDriverWait(browser,20)
button=wait.until(EC.presence_of_element_located(
    By.XPATH, "//div[@class='float_lang_base_2 historicDate']"))
```

同样能得到相同的结果。

可以看出，Selenium 库能够模拟鼠标和键盘的操作过程。具体在 Webdriver 模块中，操作元素的方式包含“clear”、“send_keys”、“click”和“submit”等。其中，clear()表示清除输入框的内容，“send_keys”表示在文本框内输入相关的内容；“click”表示单击按钮；“submit”表示表单的提交。在实际中还需要涉及更复杂的鼠标操作，此时需要使用 Acctionchains 系列的方法，具体如表 3-8 所示。

表 3-8　在 Selenium 库中模拟鼠标操作的 Actionchains 方法

方　法	含　义	方　法	含　义
click	单击	move_by_offset	光标从当前位置移动到某位置
click_and_hold	单击，按住不放	move_to_element	光标从当前位置移动到某元素中心
context_click	点击	move_to_element_with_offset	光标移动到某元素左上角为参考的偏移位置

续表

方　　法	含　　义	方　　法	含　　义
double_click	双击	perform	执行链中的所有动作
drag_and_drop	拖曳到某个元素然后松开	pause	暂停
drag_and_drop_by_offset	拖曳到某个坐标然后松开	release	在某个位置松开鼠标左键
key_down	按键盘某个键	reset_actions	重置所有动作
key_up	选择键并释放	send_keys	发送

3.4.4　爬虫东方财富网源财务数据

东方财富网是国内最常用的股票等产品信息获取网站之一，包含大量的股票和基金等数据。此处，我们要抓取的数据源是财务数据，对应的网页版本的财务报表数据如图 3-41 所示。

图 3-41　网页版本的财务报表数据

此网页包括业绩报表、业绩快报、业绩预告、预约披露时间、资产负债表、利润表和现金流量表等表格。每种表格都以季度形式呈现。不同类型的财务报表对应的网页存在部分差异，但前缀都保持一致；同一类型的财务报表中，由于上市公司数量众多，需要大量的页面显示，如利润表有 80 多个页面，不同页面通过单击“下一页”实现。根据这种数据特征，此时适合的爬虫库是 Selenium，而无法运用 Requests 等库进行操作。

案例 3-7：利用 Selenium 库爬虫东方财富网财务页面，并保存到本地文件夹。

作为最后一个爬虫案例，参考网络方法并进行部分修改，用高度集成化的脚本及自定义函数形式封装每部分的功能，从而实现下载过程中的交互，并把数据保存到本地文件夹。

（1）导入库和相关方法。

```
from selenium import webdriver
from selenium.webdriver.common.by import By
from selenium.webdriver.support import expected_conditions as EC
from selenium.webdriver.support.wait import WebDriverWait
import time
import pandas as pd
```

在此基础上设置浏览器驱动模式，最大化窗口，并设置等待时间。

```
pd.set_option('display.max_columns',20)
 firefox_options = webdriver.FirefoxOptions()
firefox_options.add_argument('--headless')
browser = webdriver.Firefox(executable_path='e://geckodriver.exe',
                            options=firefox_options)
browser.maximize_window()  # 最大化窗口
wait = WebDriverWait(browser, 10)
```

（2）定义翻页函数。这个翻页函数通过定位页数输入框，并单击 Go 按钮到指定的页面（见图 3-42）。操作为：先找到输入框节点，然后清空原始数字后，输入新的页面数，在此基础上单击 Go 按钮到新的页面，并慢慢等待页面进入指定的页数。

图 3-42　翻页函数定位方法

自定义翻页函数中，运用 try 和 except 方法，保持代码能够正常运行。

```
def index_page(page):
    try:
        print('正在爬取第： %s 页' % page)
        wait.until(
            EC.presence_of_element_located((By.CLASS_NAME, "dataview-body")))
        # 判断是否是第 1 页，如果大于 1 就输入跳转，否则等待加载完成
        if page > 1:
            # 找到页数输入框，清除数字后重新输入新页数并单击
            input = wait.until(EC.presence_of_element_located(
                (By.XPATH, '//*[@id="gotopageindex"]')))
            input.click()
            input.clear()
            input.send_keys(page)
            submit = wait.until(EC.element_to_be_clickable(
                (By.CLASS_NAME, 'btn')))
            submit.click()
            time.sleep(2)
```

```
        # 确认成功后跳转到输入框中的指定页
        wait.until(EC.text_to_be_present_in_element(
            (By.CSS_SELECTOR, '#pagerbox > a.at'), str(page)))
    except Exception:
        return None
```

（3）自定义函数抓取表格数据。先定位到表格主体内容，然后提取数据，获取的数据仅为列表形式，需要把数据整理成数据框形式。为方便起见，增加一列“详细”链接，供后续备用。

```
def parse_table():
    element = browser.find_element_by_xpath('//*[@class="dataview-body"]')
    # 提取表格内容 td
    td_content = element.find_elements_by_tag_name("td")
    lst = []
    for td in td_content:
        lst.append(td.text)
    # 确定表格列数
    col = len(element.find_elements_by_css_selector('tr:nth-child(1) td'))
    # 通过定位一行 td 的数量，可获得表格的列数，然后将 list 拆分为对应列数的子 list
    lst = [lst[i:i + col] for i in range(0, len(lst), col)]

    # 原网页中打开"详细"链接，可以查看更详细的数据，这里我们把 url 提取出来，方便后期查看
    lst_link = []
    links = element.find_elements_by_css_selector('.dataview-body a.red')
    for link in links:
        url = link.get_attribute('href')
        lst_link.append(url)
    lst_link = pd.Series(lst_link)
    # List 转为 DataFrame
    df_table = pd.DataFrame(lst)
    # 添加 url 列
    df_table['url'] = lst_link
    return df_table
```

（4）自定义函数写入文件，即把数据保存到本地文件夹中。

```
def write_to_file(df_table, date, fintype):
    file_path = r'E:\datasets\finStats\east\{}\{}.csv'
    file_path = file_path.format(fintype,date)
    df_table.to_csv(file_path, mode='a',encoding='utf_8_sig', index=0, header=0)
```

（5）自定义 set_table 函数，交互输入财务报表类型、时间和起始页数等内容。

```
def set_table():
print('*' * 80)
print('\t\t\t\t 东方财富网报表下载')
```

```
    print('原作者：高级农民工  修改者：Fwushi815')
    print('--------------')

        # 1 设置财务报表获取时期
        year = int(float(input('请输入要查询的年份(四位数 2007-2022)：\n')))
        # int 表示取整，后面要加 float 函数进行转换才能正常运行，否则直接 int(input…)代码会报错
        # 设置 while 条件，增强脚本的容错能力
        while (year < 2007 or year > 2021):
            year = int(float(input('年份数值输入错误，请重新输入：\n')))
        quarter = int(float(input('请输入小写数字季度(1:1 季报，2-年中报，3：3 季报，4-年
报)：\n')))
        while (quarter < 1 or quarter > 4):
            quarter = int(float(input('季度数值输入错误，请重新输入：\n')))
        # 转换为所需的 quarter，2 表示两位数，0 表示不满 2 位用 0 补充
        quarter = '{:02d}'.format(quarter * 3)
        date = '{}{}' .format(year, quarter)

        # 2 设置需要下载财务报表种类
        tables = int(input('请输入查询的报表种类对应的数字(1-业绩报表；2-业绩快报表：3-业
绩预告表；4-预约披露时间表；5-资产负债表；6-利润表；7-现金流量表)：\n'))
        dict_tables = {1: '业绩报表', 2: '业绩快报表', 3: '业绩预告表',
                       4: '预约披露时间表', 5: '资产负债表', 6: '利润表', 7: '现金流量表'}
        dict = {1: 'yjbb', 2: 'yjkb', 3: 'yjyg', 4: 'yysj', 5: 'zcfz', 6: 'lrb',
7: 'xjll'}
        category = dict[tables]

        # 3 设置网页，用 format
        url = 'http://data.eastmoney.com/{}/{}/{}.html' .format('bbsj', date, category)

        # 4 选择爬取页面的起始范围
        start_page = int(input('请输入下载起始页数：\n'))
        nums = input('请输入要下载的页数，（final page）：\n')
        print('*' * 80)

        # 确定网页中的最后一页
        browser.get(url)
        # 确定最后一页的页数不直接用数字而是采用定位，因为不同时间段的页码会不同
        try:
            pages = browser.find_elements_by_xpath('//div[@class="pagerbox"]/a')
            # next 节点后面的 a 节点
            page=pages[-2]
        except:
```

```
        page = browser.find_element_by_css_selector('.at+ a')
    end_page = int(page.text)

    if nums.isdigit():
        end_page = start_page + int(nums)
    elif nums == '':
        end_page = end_page
    else:
        print('页数输入错误')

    # 输入准备下载表格类型
    print('准备下载:{}-{}' .format(date, dict_tables[tables]))

    yield{ 'url': url, 'date':date, 'fintype':dict[tables],
        'start_page': start_page, 'end_page': end_page }
```

（6）参考 Java 的方法，定义 main 主函数。

```
def main(date,fintype, page):
    try:
        index_page(page)
        df_table = parse_table()
        write_to_file(df_table, date,fintype)
        print('第 %s 页抓取完成' % page)
        print('--------------')
    except Exception:
        print('网页爬取失败，请检查网页中表格内容是否存在')
```

（7）单进程抓取数据。

```
if __name__ == '__main__':
    for i in set_table():
        category = i.get('category')
        start_page = i.get('start_page')
        end_page = i.get('end_page')
        date=i.get('date')
        fintype=i.get('fintype')
    for page in range(start_page, end_page):
        # for page in range(44,pageall+1): # 如果下载中断，可以尝试手动更改网页继续下载
        main(date,fintype, page)
    print('全部抓取完成')
    browser.quit()
```

运行后出现的页面如图 3-43 所示。

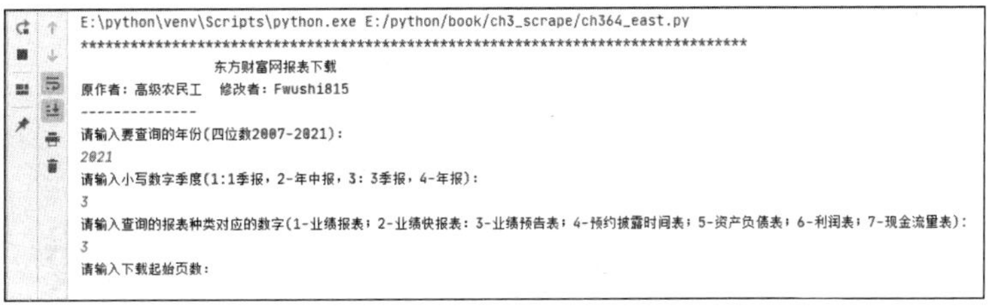

```
E:\python\venv\Scripts\python.exe E:/python/book/ch3_scrape/ch364_east.py
********************************************************************************
                    东方财富网报表下载
原作者：高级农民工    修改者：Fwushi815
--------------
请输入要查询的年份(四位数2007-2021)：
2021
请输入小写数字季度(1:1季报，2-年中报，3：3季报，4-年报)：
3
请输入查询的报表种类对应的数字(1-业绩报表；2-业绩快报表：3-业绩预告表；4-预约披露时间表；5-资产负债表；6-利润表；7-现金流量表)：
3
请输入下载起始页数：
```

图 3-43　交互式爬取东方财富网财务数据

读者可以根据提示选择合适的时间、报表和页数，下载相应的财务报表数据，并保存到本地文件夹。

需要指出的是，上述代码通过自定义函数方式高度集成，如果出现问题，那么调试会非常困难。对于新手而言，重要的是通过学习自定义函数的集成方式，不断提升自身的编程能力。

第 4 章　量化分析与实战

量化投资的第二阶段是技术性投资分析。在没有掌握基本的技术性投资之前，不要期望一上手量化投资就能持续盈利。因为系统性的投资策略必须依赖于对相关统计方法、指标和策略的绩效评价等内容的深刻理解。只有熟悉常见的 SMA 和 MACD 等指标在投资中的含义，掌握评价投资绩效的夏普比率等指标适用于何种市场行情，并在市场中不断历练，慢慢理解市场，并根据市场特征总结出适合自己的量化投资策略，不断回测得到稳定的参数结果，才能真正经得起市场的考验。

在 Python 中，已经有相应的工具包及其函数包括了上述各类技术性和统计性指标。因此，本章更多的是从不同的角度，熟悉基本统计分析方法与简单策略。基于此，从 4 个方面进行分析：一是基本统计分析的应用；二是技术性选股与择时分析[①]；三是财务报表统计分析与选股；四是金融与统计模型分析。[②]

4.1　基本统计分析的应用

4.1.1　个股与大盘相关性分析

个股与大盘的相关性程度，是分析股票某时间段强势与弱势的方法之一。特别是大盘处于下跌的趋势时，股票还能维持其多头均线排列，说明股票比较强势。中国股票市场经常出现这种现象。在 2016 年年初到 2016 年年末和 2017 年年中，大盘处于强势盘整过程中，上证综指虽然只微幅上升或下降，但除一些成分股，其他股票都经历了 30%以上大幅下跌的过程，而相关的白马股，如贵州茅台股价从 200 元上涨到 400 元，老板电器股价从 20 元上涨到 40 元，上涨幅度都是 100%左右。这种情况说明，某些个股并不会随着大盘走势而趋同，这种非一致性或一致性的变化，可以通过

---

① 建议刚入门 Python 的投资者，以通达信选股方法为练习目标，如果能够使用 Python 达到相似的效果，那么恭喜你已经能够使用 Python 独当一面了。

② 需要指出的是，本书认为读者已有一定的投资理论和统计基础，因此没有对回归、beta 值和夏普比率等与投资相关的基本概念进行阐述。对投资理论和统计基础不熟悉的读者可以找统计和金融类书籍自行学习。

统计相关系数方法进行分析。

根据相关性的紧密程度，笔者简单归纳为同步大盘行情和独立大盘行情。这种分类在一定程度上反映了主力的操盘思路和策略。同步大盘策略，是指波动和趋势基本与大盘走势保持较高的一致性，其相关性比较高（如波动的相关性、趋势的相关性）。这种高度相关性，反映了主力控盘程度不高，或者主力想通过借大盘上升或下降来达到自己的目标筹码。独立于大盘行情，这种股票主力控盘特征非常明显，即不管大盘上升、下降或盘整，都有自己独立的走势。

案例 4-1：利用第 3 章相关数据计算个股与大盘的相关性，筛选主力控盘高和低的股票。

具体而言，利用统计相关系数方法，考察一段时间内个股与大盘相关性程度，通过系数值筛选出备用的股票，后续结合基本面、技术面和市场环境综合分析，从而为理性的技术性投资提供参考。

利用相关系数方法筛选股票，主要存在以下难点：第一是相关方法的选择。相关分析包括简单的相关性（如线性相关、秩相关）和复杂的 copula（这当中最重要的是尾部相关性）。不同相关系数方法得到的结果会存在差异，当然，最好用的是尾部相关性，其优点在极端事件，如大盘大幅下跌时，某种股票却稳如泰山，或者大盘大幅波动，且个股没有重大利好利空时，个股却出现涨跌停，说明这种股票的独立性非常强，但操作方法比较复杂。为简单起见，此处仅利用简单线性相关性进行分析。

第二是相关性时间段的选择，不同的时间段导致相关性程度存在差异，如何选择与个人能力和判断有关。此处仅选择上市以来至今的时间段进行分析。

第三是循环读取数据的问题，有些股票在某时间段长期停牌，导致循环无法进展。此处采用简单筛选法，即新上市不超过 200 天（大约一年）时直接剔除。

具体编程如下。

（1）导入相关库。

```
import pandas as pd
import os
```

（2）读取所有 K 线数据的方法。一种是建立一个 txt 文档，里面包含所有股票代码列表；另一种是读取股票 K 线数据对应的文件夹（使用通达信），此处运用后者。考虑到数据文件夹中还包含各行业板块和概念板块的 K 线数据，因此还需要剔除板块 K 线数据。

```
stkfiles=os.listdir(r'E:\datasets\Stocks\weighted\tdx')
stkfiles=pd.Series(stkfiles) #convert data
dummy=stkfiles.str.match('0|3|6')
stock_code=stkfiles[dummy].str.replace('.txt','')
```

（3）为方便读取数据，自定义函数读取股票数据，并计算相应收益率（命名为 ratio）。

```
#reading local stock file and transfer to time-series data
```

```
def read_local_xts(symbol='600000'):
    file_path=r'E:\datasets\Stocks\weighted\tdx\{}.txt'.format(symbol)
    tmp=pd.read_csv(file_path,skiprows=1,skipfooter=1,delimiter='\t',
              engine='Python')
    tmp.columns=['date','open','high','low','close','volume','turnover']
    tmp['date']=pd.to_datetime(tmp['date'])
    tmp.sort_values(inplace=True, by='date')
    tmp['ratio'] = tmp['close'].pct_change() * 100
    return tmp
```

（4）使用自定义函数读取上证综指数据。

```
sh=read_local_xts(symbol='999999')
sh=sh[['date','ratio']]
```

（5）计算收益率与上证综指收益率的相关系数，循环计算并把相关结果保存到 corr 列，代码保存到 symbol 列。在循环过程中，由于有些股票停牌或新上市不久，数据较少导致相关系数不准确，此处进行剔除。最后，为方便输出查看，每运算 50 只股票输出一次信息。

```
corr=[]
symbol=[]
for i in range(0,len(stock_code)):
    tmp=read_local_xts(symbol=stock_code[i])
    tmp=tmp[['date','ratio']]
    stock_pd = pd.merge(sh, tmp, on='date')
    if i % 50==0:
        print('----This is the {}th stock, please waiting------'.format(i))
    if len(stock_pd)>=200:
        corr.append(round(stock_pd.corr().iloc[0, 1],3))
        symbol.append(stock_code[i])
```

运行后，PyCharm 控制台出现提示结果，如图 4-1 所示。

```
E:\python\venv\Scripts\python.exe E:/python/ch4_finAnalysis/ch411_corr.py
----This is the 0th stock, please waiting------
----This is the 50th stock, please waiting------
----This is the 100th stock, please waiting------
----This is the 150th stock, please waiting------
----This is the 200th stock, please waiting------
----This is the 250th stock, please waiting------
```

图 4-1　运行后，PyCharm 控制台的提示结果

（6）将列表数据合并，整理成 Pandas 的表格形式。

```
corr_pd=pd.DataFrame(zip(symbol,corr),columns=['stockcode','corr'])
#corr_pd=pd.DataFrame({'stockcode':symbol, 'corr':corr}
print(corr_pd) #result without stockname
```

（7）从以上可以看出，只显示股票代码，不显示股票名称，可读性较差，因此增加股票名称。此处运用包含股票名称的市盈率表格（新浪财经源），读取并合并。

```
#reading stocklists to get stock_name
stock_name=pd.read_csv(r'E:\datasets\finStats\sina\PE\20201116.csv',
                       delimiter=',',dtype='str')
stock_name=stock_name[['代码','名称']]
stock_name.rename(columns={'代码':'stockcode','名称':'stockname'},inplace=True)
stock_name['stockcode']=stock_name['stockcode'].str.zfill(6)
```

（8）合并两表格并保存结果。为了分析方便，根据相关性的大小分为三类：第一类是基本不相关的，相关系数在 0.01 绝对值之内；第二类是高度相关的，相关系数大于 0.8；第三类是负相关的，由于负相关的相关系数最小只有-0.2 左右，设置为-0.15。

筛选不相关的股票，如下所示。

```
weakcorr=out.query('-0.01<corr<0.01')
print('----------weakly corr stocks------------')
print(weakcorr)
```

输出结果为：

```
      stockcode stockname   corr
1739    000417      合肥百货 -0.008
1160    600519      贵州茅台 -0.006
750     600276      恒瑞医药 -0.006
2601    600629      华建集团 -0.004
2681    000983      西山煤电 -0.003
1391    600795      国电电力  0.002
2639    600694      大商股份  0.002
448     600859      王 府 井  0.003
1467    600309      万华化学  0.003
1031    000858      五 粮 液  0.004
2447    000963      华东医药  0.004
3697    000620      新 华 联  0.006
2291    600829      人民同泰  0.006
2069    000651      格力电器  0.007
592     600315      上海家化  0.008
166     000592      平潭发展  0.008
1511    600183      生益科技  0.009
```

可以看出，这些股票大多数都是一直上涨的股票，如贵州茅台、恒瑞医药和万华化学等。

筛选高度相关的股票，如下所示。

```
highcorr=out.query('corr>0.8')
print('-----------highly corr stocks-------------')
print(highcorr)
```

对应结果为：

```
-----------highly corr stocks-------------
```

```
      stockcode stockname   corr
2459    000166      申万宏源  0.802
2589    601211      国泰君安  0.806
```

可以看出，与大盘共同进退的为证券类股票。这很容易理解，因为金融类股票是大盘的重要成分股。

筛选负相关的股票，如下所示。

```
negcorr=out.query('corr<-0.15')
print('--------------neg corr stocks------------')
print(negcorr)
```

输出结果为：

```
--------------neg corr stocks------------
      stockcode stockname   corr
1470    688026      洁特生物 -0.234
```

只有一只上市没有多久的洁特生物，可以设置更大一点的数值，或者设置直接相关系数排序最后1%股票的结果，请读者自行完成。

4.1.2 行业板块的秘密——涨跌幅分析

对于技术性投资，选对行业会事半功倍，如前几年经常听到“煤”飞“色”舞和国企改革，说明在此段时间，煤炭和有色金属行业表现抢眼，国有企业改革股表现较好，这些行业板块的股票价格有较大的涨幅。2017年5月，雄安概念横空出世，导致相关的股票无量连涨，如巨力索具、金隅股份等，而与此形成鲜明对比的是其他行业和非概念股票，随着大盘横盘数月甚至下跌，往往很难操作。正因为此，分析行业板块的周收益率或日收益率，并对其进行统计排名，分析哪些板块具有持续上涨的动量是技术性选股的重要方法之一。

案例 4-2：获取行业板块代码，并进行涨跌幅排名统计。

此处难点有两个：一是如何获取行业代码数据及名称，最直接的方法就是统计指数方法进行编制，不过这不是团队和机构做的事情，另一种是直接获取，如万得、通达信和申万宏源等机构都有相应的行业板块分类。此处采用通达信行业板块指数结果进行分析。二是如何进行行业板块收益率排名，并进行可视化处理，选择何种图形进行展示。

（1）导入库。

```
import pandas as pd
import matplotlib.pyplot as plt
import numpy as np
```

为输出显示方便，设置显示最大行和绘图运用中文字。

```
pd.set_option('display.max_rows',1000)
plt.rcParams['font.sans-serif']='simhei'
```

（2）读取包含通达信的板块代码文档 tdxzs，经查看发现，行业板块位于 23～163 行，具体处理如下所示。

```
#reading plate from tdxzs file.
plate=pd.read_csv(r'E:\datasets\tdxzs.txt',delimiter='|',header=None,
          encoding='gb2312',dtype=str)
```

筛选第 32～163 行，其中，2，3，4 列为无效数据，只留下 0，1，5 列，对应为：

```
plate=plate.iloc[32:164,[0,1,5]]
```

为后续分析方便，对列进行命名：

```
plate.columns=['platename','platecode','indu']
```

需要注意的是，留下来的行业板块有 5 位数和 7 位数两种，其中，7 位数为细分行业板块，此处只分析一级行业板块，对应为：

```
plate=plate[plate['indu'].str.len()==5]
```

删除最后一列 indu：

```
plate.drop(columns='indu',inplace=True)
#print(len(plate))
```

（3）自定义读取板块 K 线数据函数，并计算周收益率。

```
#customer function: reading local stock file and transfer to time-series data
def read_local_xts(symbol='600000',start='2015-01-01'):
    file_path=r'E:\datasets\Stocks\weighted\tdx\{}.txt'.format(symbol)
    tmp=pd.read_csv(file_path,skiprows=1,skipfooter=1,delimiter='\t',
              engine='Python')
    tmp.columns=['date','open','high','low','close','volume','turnover']
    tmp['date']=pd.to_datetime(tmp['date'])
    tmp = tmp[tmp.date > start]
    tmp.sort_values(by='date',inplace=True)
    tmp['ratio'] = tmp['close'].pct_change() * 100
    return tmp
```

（4）在此基础上循环计算所有股票的累计收益率，并保存到 ret 列表中，最后把 ret 保存为 plate 的一列，并命名为 cumret，如下所示。

```
ret=[]
for i in range(0,len(plate)):
    #change start date to get different period result, set default:2020-01-01
    tmp = read_local_xts(symbol=plate.iloc[i, 1],start='2020-01-01')
    tmpret = round((tmp['ratio'] / 100 + 1).cumprod().iloc[-1]-1,3)
    ret.append(tmpret)
plate['cumret']=ret
```

查看排名前 10 的行业板块：

```
plate.sort_values(by='cumret',ascending=True,inplace=True)
#print(plate)
test=plate.iloc[-10:,]
print(test)
```

对应结果为：

```
    platename platecode  cumret
159        半导体      880491   0.601
129        电器仪表    880448   0.664
77         食品饮料    880372   0.834
115        航空        880430   0.843
127        电气设备    880446   0.949
128        工程机械    880447   1.044
91         医疗保健    880398   1.063
53         化纤        880330   1.255
81         酿酒        880380   1.336
112        旅游        880424   1.532
```

可以看出，2020 年涨幅最大的是旅游板块。虽然在疫情影响下，旅游消费消退，但难以置信的是，旅游板块超越了酿酒板块，成为最大的赢家。

（5）可视化展示最终结果。为增强可视化效果，柱形图横向放置，且上下都标记刻度等，如下所示。

```
category_colors = plt.get_cmap('rainbow')(np.linspace(0, 1, test.shape[0]))
fig,ax=plt.subplots()
ax.barh(y=test['platename'],width=test['cumret'],color=category_colors)
ax.set_xlabel(loc='center',xlabel='cumRet of plate ranking',color='red')
ax1=ax.twiny()
ax1.barh(y=test['platename'],width=test['cumret'],color=category_colors)
plt.show()
```

得到板块排名前 10 位结果如图 4-2 所示。

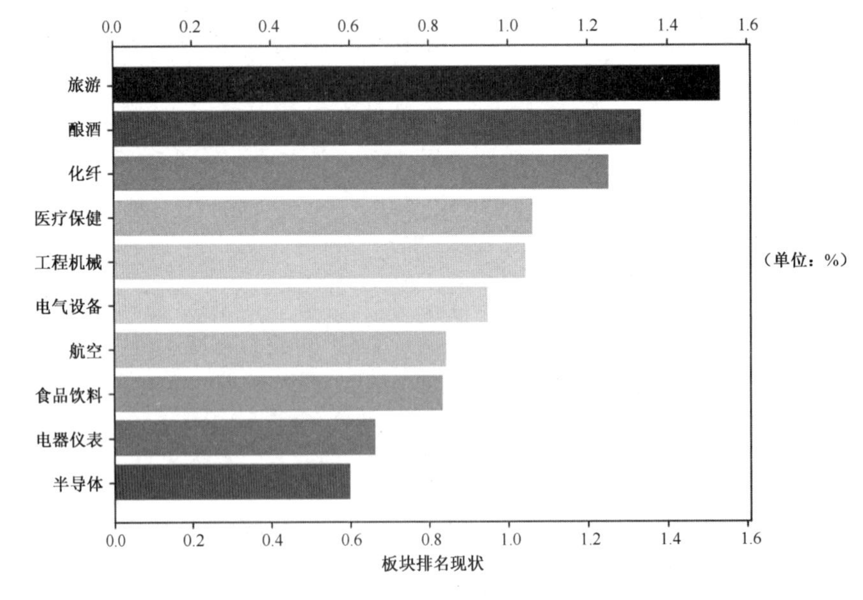

图 4-2　板块排名前 10 位

上述只分析了 2020 年时间段板块的排名，请读者设置不同的时间，从而对不同时间段的累计收益率进行排名。

4.1.3 行业龙头股——化工板块股票业绩筛选统计

进行公司业绩分析是基本面分析中的基本内容之一。简单有效的交易方法是选择业绩优，且估值较低的股票，持有比较长的一段时间，不必经常去管大盘的走势，通过这种简单的投资方法获取超额利润。

不过需要指出的是，通过业绩来分析股票可能会存在某只股票业绩造假的可能，但从行业角度看，整体造假的可能性非常低，从而板块业绩是否上涨或下降的可信度就非常高。在基本面分析的过程中，首先选择业绩有改善且价值较低的行业板块，或者选择业绩排行靠前的板块，而后从对应行业中结合基本面和技术面选择个股，可能会获得事半功倍的效果。

案例 4-3：基于通达信行业板块分类，并对某板块股票业绩进行排名。

基本思路如下：首先获取行业板块数据，在此基础上，根据相关指标对板块业绩进行排名。此处的难点有：第一，公司业绩的衡量。究竟用什么指标表示公司业绩的优良，不仅是某一个时间点表现好，还要持续表现好。此处仅选择净利润增长率，且最近 4 年的净利润增长率都表现不错，即具体对应 2017—2020 年。第二，需要获取行业分类，且对应的板块存在哪些上市公司，为方便起见，此处仅选择通达信化工板块进行分析。

具体操作步骤如下。

（1）获取通达信化工行业板块的股票代码。具体在 tdxzs 文件中找到对应医药板块的代码为 T0204，然后在 tdxhy 中筛选 T0204 对应的股票（见图 4-3），根据这个特征，对应代码如下所示。

```
小金属|880329|2|1|1|T020205
化纤|880330|2|1|1|T0203
化工|880335|2|1|0|T0204
化工原料|880336|2|1|1|T020401
农药化肥|880337|2|1|1|T020402
塑料|880338|2|1|1|T020404
橡胶|880339|2|1|1|T020405
染料涂料|880340|2|1|1|T020406
建材|880344|2|1|0|T0206
陶瓷|880345|2|1|1|T020601
```

图 4-3 化工二级板块对应的通达信代号

导入库：

```
import pandas as pd
pd.set_option('display.max_rows',300)
```

读取 tdxhy 文件数据，并进行初步筛选。

```
data=pd.read_csv(r'E:\datasets\tdxhy.txt',delimiter='|',header=None,dtype=str)
```

```
data=data[[1,2]]
data.rename(columns={1:'stockcode',2:'indu'},inplace=True)
```

筛选化工板块的股票，考虑到实际 tdxhy 中化工分类为 T020401、T020402、T020404、T020405 和 T020406 5 类，前面 5 个字符都是 T0204，则筛选方法如下：

```
data=data[data.indu.str[:5]=='T0204']
data.drop(columns='indu',inplace=True)
print(data.head())
```

结果如下：

```
    stockcode
82     000408
94     000422
111    000510
124    000525
142    000545
```

（2）为方便后续阅读，读取含有股票名称的文件并与上述数据合并。

```
stock=pd.read_csv(r'E:\datasets\fin.statement\163\yjgl\2020q3.csv',delimiter=',',
            dtype=str)
stock=stock.iloc[:,[2,3]]
stock.rename(columns={'代码':'stockcode','名称':'stockname'},inplace=True)
stock['stockcode']=stock['stockcode'].str.zfill(6)
stocklist=pd.merge(stock,data)
print(stocklist.head())
```

结果如下：

```
  stockcode stockname
0   688219      会通股份
1   003018      金富科技
2   300905      宝丽迪
3   688129      东来技术
4   003017      大洋生物
```

（3）筛选业绩好的股票，根据上述分析，筛选 2017—2020 年净利润率表现好的股票，仅选择排名靠前 60%的股票[①]。此时，使用新浪财经成长能力报表数据进行分析。同时，为方便对不同报表进行处理，此处自定义读取报表函数。

```
def get_goodperf(yq='2020q3',qt=0.6):
    data = pd.read_csv(r'e:/datasets/finStats/sina/grow/{}.csv'.format(yq),
                  delimiter=',', )
    data = data[['股票代码', '净利润增长率(%)↓']]
    data.columns = ['stockcode', 'npgr']
    data['stockcode'] = data.stockcode.astype(str).str.zfill(6)
    data.replace({'--': 'Nan'}, inplace=True)
```

① 也可以选择 70%或 80%，但临界值太大了，最后没有任何股票达到要求。

```
    data['npgr'] = data['npgr'].astype(float)
    data = stocklist.merge(data, on='stockcode')
    qtout = data['npgr'].quantile(q=qt)
    data = data[data.npgr >= qtout]
    return data
```

（4）获取不同时间段业绩好的股票，为方便起见，历史年份仅选择年度报表，当年选择最新的季度报表。

```
gp17=get_goodperf(yq='2017q4')
gp18=get_goodperf(yq='2018q4')
gp19=get_goodperf(yq='2019q4')
gpq3=get_goodperf(yq='2020q3')
把所有报表合并：
gp78=gp18.merge(gp17,on=['stockcode','stockname'],suffixes=['_18','_17'])
gp90=gpq3.merge(gp19,on=['stockcode','stockname'],suffixes=['_q3','_19'])
gp7890=gp90.merge(gp78,on=['stockcode','stockname'])
print('---------------good performance results during past 4-years----------')
print(gp7890)
```

最后，表现好的股票结果如下：

```
---------------good performance results during past 4-years----------
  stockcode stockname   npgr_q3   npgr_19   npgr_18   npgr_17
0    688026      洁特生物  195.4951   25.3214   30.6497   53.1120
1    002942      新农股份   18.2793   20.6263   68.5180   95.5706
2    002243      通产丽星  204.8430  512.2986   76.4257   51.0954
3    002768      国恩股份  167.0952   27.9721   52.1825   57.6705
4    002381      双箭股份   23.6430   60.8702   47.6662  215.9850
5    002683      宏大爆破   28.6066   40.9810   46.7761  167.5014
6    003002      壶化股份   14.1016   21.5483   40.8397   47.3365
7    688357      建龙微纳   36.4213   82.7042  129.2218  101.0038
8    603181      皇马科技   28.9702   30.0129   33.3427   63.9405
```

4.1.4 聪明的资金——QFII 持仓统计分析

QFII（Qualified Foreign Institutional Investor，合格的境外机构投资者）一直被业界称为精明的资金（smart money）。截至 2021 年，据统计在国内投资的外资机构共 382 家，投资额度最高的分别为南方东英资产管理公司和领航投资澳洲公司，额度分别为 461 亿美元和 300 亿美元，而我们熟知的高盛和摩根的投资额度并不大，只有 10 多亿美元而已（数据来源于中国证券网）。这些外资究竟关注哪些股票，这些股票到底有什么特征，值得统计分析。

案例 4-4：基于第 3 章爬虫的方法，获取 QFII 及其持仓，并分析 QFII 热衷的股票及特征。

首先，使用 Python 的 Selenium 库进行网络爬虫（爬虫方法见第 3 章，此处略），抓取不同时间点的 QFII 持股数据，分别得到 2017—2020 年各季度的 QFII 持股数据。在此基础上进一步分析。具体步骤如下。

（1）导入库，包括 Pandas 库和自定义类，并定义输出模式。

```
import pandas as pd
import pri_strat.cst_fun as cf


pd.set_option('display.max_columns',10)
pd.set_option('display.width',300)
```

（2）在实际过程中，需要读取不同时间点的数据，因此，定义读取 QFII 机构持股数据的函数，以方便后续调用。

```
def read_qfii(yq='2018q4'):
    file_path=r'e:/datasets/finStats/east/orghold/qfii/{}.csv'.format(yq)
    data=pd.read_csv(file_path,delimiter=',')
    data.drop(columns='序号',inplace=True)
    data.rename(columns={'股票代码':'stockcode',
            '股票简称':'stockname'},inplace=True)
    data.drop(columns=['相关链接','持仓明细'],inplace=True)
    data['stockcode']=data['stockcode'].astype(str).str.zfill(6)
    plate = cf.Custom().read_plate(source='sw')
    result = data.merge(plate, on=['stockcode', 'stockname'])
    result.sort_values('占总股本比例(%)', inplace=True, ascending=False)
    return result
```

（3）分别读取不同时间点的数据，连续三年的年度报表和最新一个季度的报表。

```
qf2017=read_qfii(yq='2017q4')
qf2018=read_qfii(yq='2018q4')
qf2019=read_qfii(yq='2019q4')
qf3=read_qfii(yq='2020q3')
```

（4）在此基础上合并数据，得到最终结果。

```
qf90=qf3.merge(qf2019, on=['stockcode','stockname','platename'],
          suffixes=('_0','_9'))
qf890=qf90.merge(qf2018,on=['stockcode','stockname','platename'],
          suffixes=('','_8'))
qf7890=qf890.merge(qf3,on=['stockcode','stockname','platename'],
          suffixes=('','_7'))
```

为方便查看，只查看股票名称，并转换成列表形式，同时考虑有些项存在重复，删除多余的重复项，对应结果如下：

```
print(qf7890['stockname'].unique().tolist())
```

得到结果如下：

```
    ['安徽合力', '大族激光', '乐普医疗', '美的集团', '泰格医药', '三诺生物', '广联达', '三
棵树', '飞科电器', '苏交科', '凤凰光学', '良信股份', '启明星辰', '上海机电', '金龙汽车', '
海大集团', '华润三九', '华联综超', '山东海化', '*ST 目药', '先导智能', '海尔智家', '宝钢包
```

```
装', '深圳机场', '卫星石化', '海螺水泥', '格力电器', '黄山旅游', '杰瑞股份', '海螺型材', '宇通客车', '上海机场', '宝钢股份', '东阿阿胶', '星宇股份', '复星医药', '大东海 A', '安琪酵母', '再升科技', '汇顶科技', '生益科技', '欧普照明', '金融街', '珀莱雅', '信立泰', '光环新网', '广电运通', '海能达', '青岛啤酒', '沈阳化工', '工业富联', '首商股份', '南方传媒', '招商轮船', '新华文轩', '佛燃能源', '中信建投']
```

从上述结果可以发现以下两个特征。

第一，QFII 机构持仓具有持续性。其中，持股 4 年以上，至今仍持有的股票共有 57 只，这些股票分布在 27 个申万一级行业中的 18 个。其中有很多好的股票，如海螺水泥、格力电器和美的集团等，当然也有比较醒目的 ST 股票：*ST 目药。说明 QFII 选股能力确实非同凡响，基本能够抓住各行业板块中的好股票。

第二，进一步统计分析发现，三年来持续增持的股票，包括安徽合力、生益科技和工业富联。其中，安徽合力目前持有的仓位达到 13.17%（占总股本比重），工业富联占比为 9.57%，生益科技占比为 5%左右。①

总体而言，QFII 机构投资者持有的股票值得普通投资者高度关注。例如，工业富联，处于价格相对低位，是不错的长线入场点。生益科技处于高台整理阶段，看来突破高点应该只是时间问题。最好还要结合基本面进行分析来增强这种观点，结果会更好。

其实还有其他特征可以进一步研究，请读者自行总结。

4.2 技术性选股与择时分析

技术性选股是一种常见的选股方法。这种方法常见于一般的看盘软件，如通达信。其操作步骤为：选择功能→选股器→条件选股，得到如图 4-4 所示的对话框。

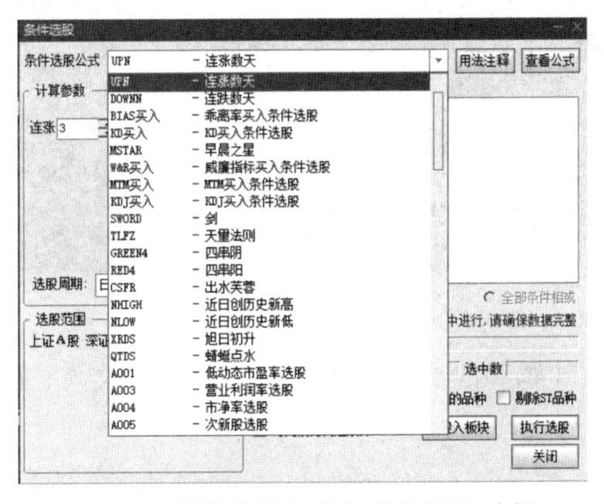

图 4-4　通达信软件的技术性选股功能

① 这些数据只是概数，对比不同的数据源，发现结果存在差异，但不会影响实质性结果。

上述功能都可以通过 Python 自编程序获得，下面选择几个常用的技术性选股方法进行说明。

4.2.1 MACD 金叉选股

MACD（Moving Average Convergence and Divergence，指数平滑异动平均线）指标是交易中最常见的指标之一，由 Geral Appel 于 1979 年提出，是利用收盘价的短期（常用为 12 日）指数移动平均线与长期（常用为 26 日）指数移动平均线之间的聚合与分离状况，对买进、卖出时机做出研判的技术指标。MACD 指标为 3 种，分别为 MACD、MACD Signal 和 MACD Hist，3 条线有不同的用途。其中的 MACD 金叉和死叉是指 MACD 和 MACD Signal 线交叉。

图 4-5 所示为华东医药周线图，MACD 出现两个金叉。

案例 4-5：利用 MACD 金叉方法，筛选出某天满足条件的所有股票。

要获得 MACD 金叉的股票，需要遍历所有股票的 K 线得到的 MACD 指标，并利用金叉条件，即前两 K 线 MACD_Hist 小于零，前一 K 线的 MACD_Hist 大于零进行筛选。具体如下。

（1）导入库和自定义类，为方便查看，设置行的最大显示数。

```
import talib
import pandas as pd
from pri_strat import cst_fun
import time
pd.set_option('display.max_rows',100)
```

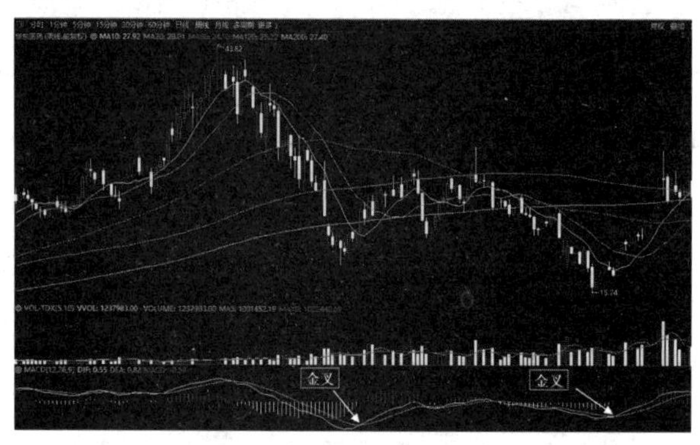

图 4-5　华东医药周线图

（2）读取包含股票代码和股票名称的所有股票列表文件，此处以新浪财经盈利能力的季度报表为例进行分析，如下所示。

```
stocklist=pd.read_csv(r'E:\datasets\fin.statement\sina\profit\2020q2.csv',
                delimiter=',',dtype=str)
stocklist=stocklist[['股票代码','股票名称']]
stocklist.rename(columns={'股票代码':'stockcode',
```

```
                    '股票名称':'stockname'},inplace=True)
stocklist['stockcode']=stocklist['stockcode'].str.zfill(6)
```

（3）设置需要计算 MACD 交叉的日期等变量。这个日期可以更换成其他日期，从而便于获取任何日期的 MACD 交叉信号，这比通达信的 MACD 选股功能更强大[①]。考虑到循环计算需要时间，可设置开始时间，方便后续显示运行时间。

```
result=[]
start=time.time()
endDate='2020-10-30' #set date for get any day's results
```

（4）设置循环进行分析。为保证 MACD 能够进行正确计算，此处需要剔除上市日期小于 50 日等刚上市的股票。其中，MACD 参数设置为默认参数（12，26，9）。当出现 MACD 金叉时，MACD Hist（柱）为零，此处利用这个特征进行确定。

```
for i in range(0,stocklist.shape[0]):
    data=cst_fun.Custom().read_local_xts(symbol=stocklist.iloc[i,0])
    data = data[data.index < endDate]
    if (data.shape[0]>50) : #guarantee macd calculated
        data['macd'],data['signal'],data['hist']=talib.MACD(
            data['close'],fastperiod=12,slowperiod=26,signalperiod=9)
        if (data['hist'].iloc[-2]<0) & (data['hist'].iloc[-1]>0):
            result.append(stocklist.iloc[i,:].tolist())
    if i%100==0:
        print('---this is {}th stock, time elapsed {:.2f} seconds ---'.format(
          i,time.time()-start))

result=pd.DataFrame(result,columns=['stockcode','stockname'])
print('------------MACD golden cross in the day of {} ----------'.format(endDate))
print(result)
```

运行结果如图 4-6 所示。

```
---this is 0th stock, time elapsed 0.07 seconds---
---this is 100th stock, time elapsed 1.84 seconds---
---this is 200th stock, time elapsed 3.47 seconds---
---this is 300th stock, time elapsed 5.35 seconds---
---this is 400th stock, time elapsed 7.07 seconds---
```

图 4-6 PyCharm 部分运行结果

最终得到如下股票：

```
------------MACD golden cross in the day of 2020-10-30----------
    stockcode stockname
0     300677      英科医疗
1     300418      昆仑万维
2     002714      牧原股份
```

① 通达信的选股功能只能选择当日的信号，其他日期的信号无法获取。

```
3      688399     硕世生物
4      600809     山西汾酒
...    ...        ...
154    002370     亚太药业
155    603603     博天环境
156    002159     三特索道
157    603103     横店影视
158    601599     鹿港文化

[159 rows x 2 columns]
```

可以看出，当日出现 MACD 金叉的数量达到 159 个。在实际过程中，还可以进一步筛选，如不仅要满足日线 MACD 金叉，还要满足周线 MACD 金叉等条件。请读者自行编程设计。

4.2.2 成交放量选股

成交量是投资者交易的一个重要参考。当主力在底部吸收足够的筹码时，会大幅度提高成交量，从而提示此时是一个比较好的买入时机。如图 4-7 所示的德赛电池股票，成交量在底部放量，达到原先的两倍之多，可能是股价大幅上涨的前奏。

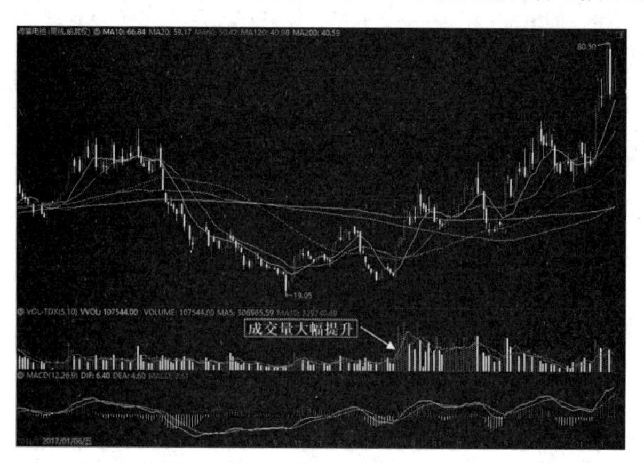

图 4-7　德赛电池股票周线成交量大幅提升与股价上涨

案例 4-6：利用成交放量的特征，建立选股方法，即在所有股票中筛选出某日成交量增加的股票。

此难点主要是成交放量的定义。一般而言，成交量增加有不同的方式，有些成交量呈现一日游形式，即某天大幅增加，出现较大的涨幅甚至涨停，而后面却涛声依旧，价格走势没有发生根本性的变化。因此，成交量的大幅增加应该是近日都有增加，更能显示价格上涨的特征，此时，定义 3 日平均成交量代表近日成交量的上涨，200 日平均成交量代表年度平均成交量，当某日成交量大于年度成交量的 3 倍，近 3 日平均成交量大于年度成交量的 1.5 倍，则表示成交量确实存在上涨的趋势。具体编程如下。

（1）导入包。

```
import pandas as pd
import pri_strat.cst_fun as cf
```

（2）读取股票代码和股票名称的文件。

```
stocklist=pd.read_csv(r'E:\datasets\finStats\sina\profit\2020q3.csv',
                      delimiter=',',dtype=str)
stocklist=stocklist[['股票代码','股票名称']]
stocklist.rename(columns={'股票代码':'stockcode','股票名称':'stockname'},
                      inplace=True)
stocklist['stockcode']=stocklist['stockcode'].str.zfill(6)
```

（3）对成交量大幅增加进行定义。

```
result=pd.DataFrame()
for i in range(stocklist.shape[0]):
    tmp=cf.Custom().read_local_xts(symbol=stocklist.iloc[i,0])
    if tmp.shape[0]>200:
        tmp['avevol3']=tmp['volume'].rolling(3).mean()
        tmp['avevol200']=tmp['volume'].rolling(200).mean()
        condi=(tmp['volume'].tail(1)>3*tmp['avevol200'].tail(1)) & (
                tmp['avevol3'].tail(1)>1.5*tmp['avevol200'].tail(1))
        #print(condi)
        if condi.bool():
            result.append(stocklist.iloc[i].tolist())

result=pd.DataFrame(result,columns=['stockcode','stockname'])
print(result)
```

得到结果如下：

```
Empty DataFrame
Columns: [stockcode, stockname]
Index: []
```

也就是当日并没有股票满足这个条件。请读者根据自己的思路改进上述代码，加入输出信息提示内容，增强交互性。

4.2.3 垂线与均线的选股

垂线（Hammer）是一种最常见的 K 线特征，是十字星的变形，在期货和外汇等交易中比较常用。本节结合垂线和均线的方法进行选股，即在均线向上的条件下，若股价向下回调后接触均线，且以十字星的方式出现，则很可能意味着回调已经结束，后续有很大的机会上涨。如图 4-8 所示为海康威视股票在回调过程中，出现了多个垂线，且与 10 日和 20 日均线接触。

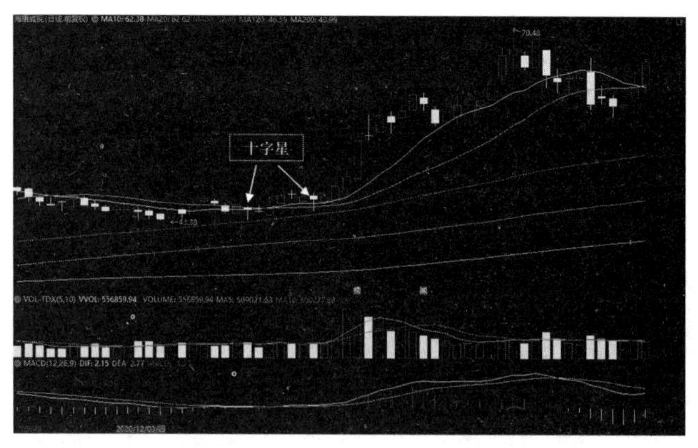

图 4-8　海康威视股票垂线和均线相结合示意

案例 4-7：利用垂线 K 线特征，并结合当日价格大于某均线，建立选股方法。

此处的难点在于垂线的定义。垂线属于十字星的一种。十字星最大的特点是实体（body）很小，上影线和下影线很长，垂线是十字星的变体，对应的上影线基本没有或者很短，下影线很长，因此，定义下影线长度大于实体长度两倍，且下影线长度是上影线长度的 5 倍以上[①]。

具体编程如下。

（1）导入库。

```
#hammer-candle strategy
from pri_strat import cst_fun
import pandas as pd
import talib
```

（2）自定义十字星线方法。

```
#define hammer function:
def hammer(df):
    df['dailymax']=df[['close','open']].max(axis=1)
    df['dailymin']=df[['close','open']].min(axis=1)
    df['upshadow']=df['high']-df['dailymax']
    df['dnshadow']=df['dailymin']-df['low']
    df['body']=df['dailymax']-df['dailymin']
    df['hammerday']=(df['dnshadow']/df['body']>2) & (
            df['dnshadow']/df['upshadow']>5)
    df['hammer']=df['hammerday'].astype(int)
    df.drop(columns=['dailymax','dailymin','upshadow','dnshadow',
                    'hammerday','body'],inplace=True)
    return df
```

（3）读取股票代码列表，并设置对应的筛选日期。

① 读者可以根据自己的想法重新定义十字星。

```
#getting stocklist
stocklist=pd.read_csv(r'E:\datasets\fin.statement\sina\profit\2020q2.csv',
                delimiter=',',dtype=str)
stocklist=stocklist[['股票代码','股票名称']]
stocklist.rename(columns={'股票代码':'stockcode',
            '股票名称':'stockname'},inplace=True)
stocklist['stockcode']=stocklist['stockcode'].str.zfill(6)
endDate='2020-10-30'
```

（4）循环读取股票。使用 Talib 库增加 EMA 指标，此处以 20 日均线为基准，当天为十字星，且当天最高价大于 EMA 指标为选入条件。

```
result=[]
for i in range(0,stocklist.shape[0]):#
    tmp=cst_fun.Custom().read_local_xts(symbol=stocklist.iloc[i,0])
    tmp=hammer(tmp)
    tmp.index=pd.to_datetime(tmp['date'])
    tmp = tmp[tmp.index < endDate]
    print(i)
    if tmp.shape[0]>100:
        tmp['ema']=talib.EMA(tmp['close'],timeperiod=20)
        condition=(tmp['hammer'].tail(1)==1) & (
                tmp['high'].tail(1)>tmp['ema'].tail(1))
        if condition.bool(): #series to bool,otherwise wrong!
            result.append(stocklist.iloc[i].tolist())

result=pd.DataFrame(result,columns=['stockcode','stockname'])
print(result)
```

对应结果如下：

```
  stockcode stockname
0    600892    *ST 大晟
1    603319     湘油泵
2    300617     安靠智电
3    000915     山大华特
4    603158     腾龙股份
5    600970     中材国际
6    600702     ST 舍得
7    002334     英威腾
8    600648     外高桥
9    603496     恒为科技
10   002967     广电计量
11   600105     永鼎股份
```

可以看出，满足上述条件的股票有 12 只。在实际过程中，读者可以结合其他方面对上述筛选后的股票进行确认是否值得买入。

4.2.4 特定基金的动量策略

基金投资与股票投资存在差异。基金，特别是主动型基金，完全依赖于基金管理者的能力，能力强者能够持续盈利。例如，巴菲特的基金是伯克希尔•哈撒韦（Berkshire Hathaway）公司，年平均投资回报率达 31%，基本一直持续上涨；西蒙斯管理的大奖章基金在 1998—2018 年扣费前的复合年化收益率为 66%；扣除管理费和业绩分成后，该基金的年化收益率依然达 39%，如图 4-9 所示。

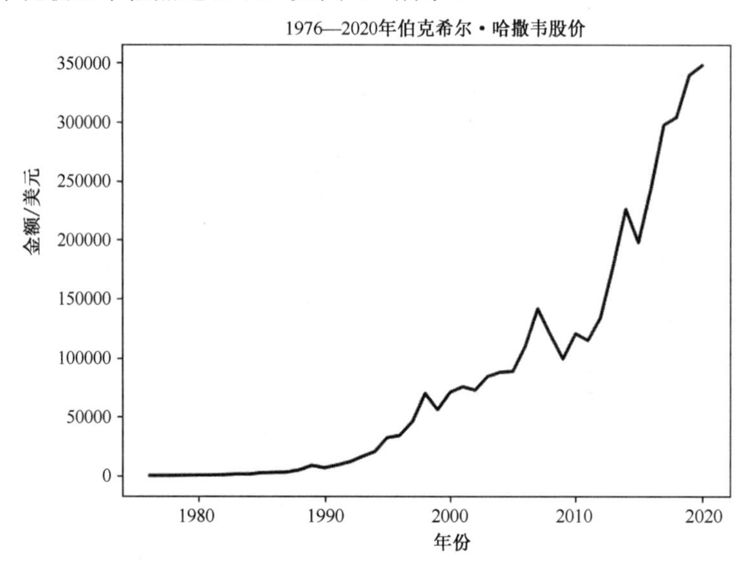

图 4-9 1976—2020 年，巴菲特管理公司的股价走势

案例 4-8：基于动量策略的方法筛选基金，并且回测动量策略历史绩效。

此案例主要难点如下。

第一是回测。在回测过程中，需要注意可能存在未来函数问题，即运用到未来的信息建立模型。例如，当年获得金牛奖的明星基金在此之前并不知道它就是获奖基金，而此时需要利用现在已知金牛奖的信息对历史绩效进行测试，则出现未来函数问题。避免这种问题的方法是，利用每年获得金牛奖的基金，测试其后一年的绩效。

第二是动量特征的衡量。在股票市场，动量策略是指挑选过去一段时间涨幅高的股票在未来持有，从而获取超额收益。通俗地说，动量就是过去比较好的基金，未来表现可能也会比较好；反之亦然。通常，简单的定量方法是选择连续多年排序都在前列的基金，或者连续获得金牛奖的基金收益率超过沪深 300 指数[①]。

基于上述分析，具体处理为选择 2010 年前上市的基金，利用其前五年呈现的现象，分析后一年的数据特征。

① 基金的绩效比较以沪深 300 为基准，而不是上证综指。

首先是获取数据。大致有两种方法：第一种是从通达信下载的基金数据里查找开始日期早于 2010 年的数据；第二种是去东方财富网旗下的基金网站——天天基金网如图 4-10 所示。

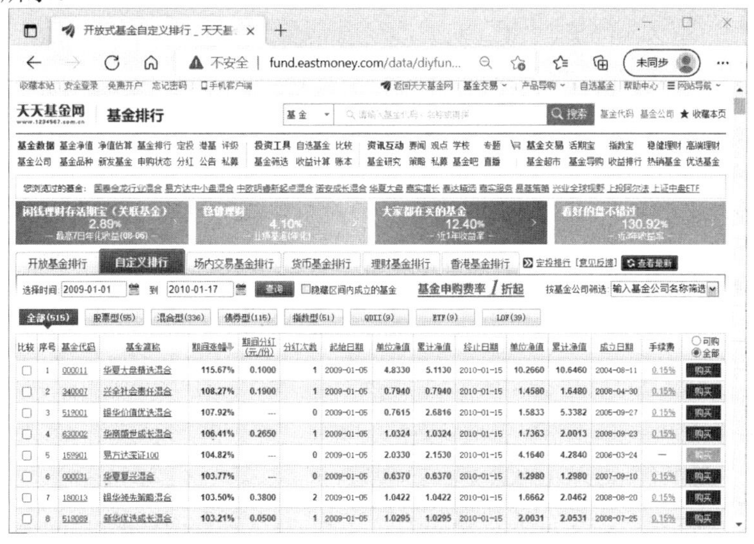

图 4-10　天天基金网基金信息

据统计发现，2010 年以前上市的基金达 500 个左右。将基金代码保存为 txt 文档，方便后续读取。

此时选择 2010—2015 年的收益率排名在前列的基金，其他方法请读者自行测试。具体编程如下。

（1）导入库。

```
import pandas as pd
import numpy as np
import pri_strat.cst_fun as cf
```

获取保存的基金代码列表：

```
fund=pd.read_csv(r'E:\datasets\fund\2010.txt',dtype=str)
fundlist=fund['基金代码'].tolist()
```

获取 2010 年以前上市的基金代码，查看前面 10 个：

```
print(fundlist[:10])
```

结果如下：

```
['000011', '340007', '519001', '630002', '159901', '000031', '180013', '519089',
'590001', '260109']
```

（2）获取上述基金对应的年度收益率。

```
ret=pd.DataFrame()
for i in range(0,len(fundlist)):#len(fundlist)
    tmp = cf.Custom().read_local_xts(type='fund',symbol=fundlist[i] ,
                        startdate='2009-12-31',enddate='2015-12-31',myrule='Y')
```

```
    ret.loc[:, fundlist[i]] = tmp['ret']
```

查看结果：

```
print(ret.head())
```

具体如下所示：

```
             000011    340007    519001  ...    519989    660002    100032
2010-12-31  0.024256  0.024291  0.023175  ...  0.011696  0.009441  0.208696
2011-12-31  0.000000  0.000000 -0.000089  ...  0.000000  0.000165 -1.000000
2012-12-31  0.015350  0.016116  0.015039  ...  0.005291  0.002913       NaN
2013-12-31  0.004810  0.006081  0.005046  ...  0.003180  0.003147       NaN
2014-12-31  0.019221  0.011196  0.010978  ...  0.007202  0.015519       NaN
```

（3）分析每年收益率排名靠前的基金。此处利用收益率的分位数方法，即设置一个分位数为 0.9，若每年收益率都大于 90%的分位数，则保留这只基金，否则抛弃。实际分析发现，90%的分位数太高，可以换成其他分位数（如 80%）进行分析。具体操作如下。

生成一个分位数序列：

```
qt=ret.quantile(q=0.8,axis=1) #
```

然后将 ret 的每一列都与这个序列对比。最初想法是利用筛选中的两列比较方法，如 ret[ret['A']>ret['B']]的形式。一方面是循环取列，另一方面是取列之后变成序列，并不是数据框，无法使用数据框的方法。经过摸索，采用下列方法：

```
df=pd.DataFrame()
for column in ret:
    tmp=ret[column]
    df.loc[:, column] = (tmp>=qt).astype(int)
```

上述使用 astype 函数将数据转化成数字型，从而进行相关计算，不用也可以，请读者自行尝试。

虽然是简单的几行，但是花了不少时间。查看 df 结果：

```
print(df.head())
```

具体如下所示：

```
           000011  340007  519001  630002  ...  519111  519989  660002  100032
2010-12-31      0       0       0       0  ...       0       0       0       1
2011-12-31      1       1       0       1  ...       1       1       1       0
2012-12-31      0       0       0       1  ...       0       0       0       0
2013-12-31      0       0       0       1  ...       0       0       0       0
2014-12-31      0       0       0       0  ...       0       0       0       0
```

获得所有行都为 1 的列，看下面的代码也非常简单，但同样花了很长时间：

```
result=df.loc[:,(df==1).all()]
```

得到的结果如下：

```
            020003
2010-12-31       1
```

```
2011-12-31      1
2012-12-31      1
2013-12-31      1
2014-12-31      1
2015-12-31      1
```

恰好只有一只基金，那就不用再选了，即意味着 2010—2015 年，只有 020003 这只基金的收益率每年排名都位于 20%之内。读者可以把 qt 中的 q 设置为 0.7，并针对筛选后的结果进行处理。

顺便也了解一下这只基金的内容。国泰金龙行业精选证券投资基金，投资于股票、债券及中国证券监督管理委员会允许本基金投资的其他金融工具，详细信息请读者自行查看。

（4）选择买入卖出方法。此处采用简单的 MA 无线方法，即位于均线以上时买入，均线以下时卖出。先读取数据。

```
gtjl = cf.Custom().read_local_xts(type='fund',symbol='020003',
                        startdate='2015-12-31',enddate='2020-12-31')
```

计算简单的移动平均值可使用 rolling 方法进行处理，计算 EMA 看起来并不合适。但强大的 Pandas 库仍然存在这样的函数，如计算 20 日的指数移动平均值为：

```
gtjl['ema20']=gtjl['close'].ewm(span=20).mean()
```

考虑到原数据中 OHLC 价格的 4 个数据相同，删除不必要的数据，具体如下：

```
gtjl.drop(columns=['open','high','low','volume',
                   'turnover','cumret'],inplace=True)
```

根据买卖策略，收盘价在 EMA 均线以上时买入，否则卖出，对应逻辑如下：

```
logic=gtjl['close']>gtjl['ema20']
```

依据上述逻辑设置信号，当持有时为 1，不持有时为 0，同时要特别注意，当日不能买入！因此，必须使用 shift 函数向下移动一个单位[①]。

```
gtjl['signal']=logic.astype(int).shift()
```

同时，考虑到前面 20 个数据最好不用，需要删除，即

```
gtjl.loc['2016-01-04':'2016-01-29','signal']=np.NaN
```

在此基础上，筛选基于 EMA 指标的收益率，仍采用新建列的方式：

```
gtjl['maret']=gtjl['ret']*gtjl['signal']
```

（5）在此基础上计算累计收益率。

```
gtjl['cumret']=(1+gtjl['maret']).cumprod()-1
```

查看内容：

```
print(gtjl.tail())
```

结果如下：

```
            close      ret     ema20  signal     maret    cumret
date
```

① 这是开发策略时最容易碰到的问题，即未来函数问题。

```
2020-12-25  0.898  0.013544  0.850617    1.0  0.013544  0.611855
2020-12-28  0.901  0.003341  0.855415    1.0  0.003341  0.617240
2020-12-29  0.891 -0.011099  0.858804    1.0 -0.011099  0.599291
2020-12-30  0.911  0.022447  0.863775    1.0  0.022447  0.635190
2020-12-31  0.931  0.021954  0.870178    1.0  0.021954  0.671088
```

（6）最后得出结果。

```
plt.plot(gtjl['cumret'],color='blue')
plt.title('fund gtjl cumret from 2016',size=20)
plt.show()
```

从图 4-11 可知，基金在一般的时间段能够获得较好的收益，但在极端时期，如 2017 年年中至 2018 年年底，这个阶段大盘表现不好，基金回撤 50%的收益。

总体而言，从上述策略构建过程可以看出，虽然这是一个非常简单的策略，但完全从头开始构建其实很困难，而且经常碰到一些问题，如未来函数、佣金和滑点等，如果没有一个完整的策略框架，对于普通投资者而言是非常困难的。

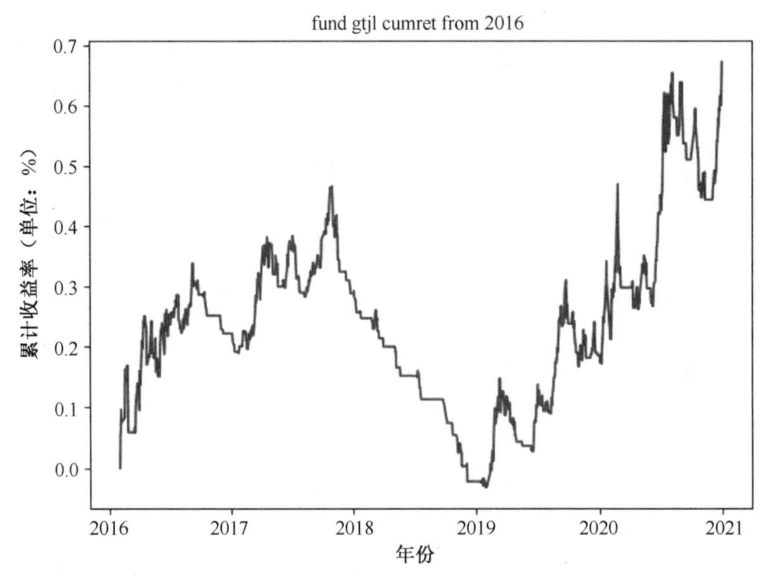

图 4-11　国泰金龙基金的移动均线策略的累计收益率

4.2.5　股票动量策略

在金融市场上，有强者恒强的特征，利用这种特征进行交易称为动量策略。在行为金融学中，大量学者对金融市场中股票价格的中期收益进行着延续性的研究。早在 1993 年，Jegadeesh 与 Titman 在对资产股票组合的中期收益进行研究时发现，以 3～12 个月为间隔所构造的股票组合的中期收益呈现出延续性，即中期价格具有向某一方向连续变动的动量效应。

1998 年，Rouvenhorst 对 12 个国家的数据进行研究，发现了类似的中期价格动量效应，表明这种效应并非来自数据采样偏差。事实上，这种中期持续性的效应称为动量交易策略，又称为相对强度交易策略。

同样，板块也有相似的特征。在碳达峰、碳中和的背景下，新能源可能是 2020 年以后持续热门的板块。新能源包括很多概念，如半导体、风能、光伏、氢能源和碳交易等。在国家吹响“碳达峰、碳中和”的号角下，新能源板块股票受到投资者的重点关注。

案例 4-9：以股票为例，分析按某种动量策略持有股票的收益率。

考虑到 A 股股票数量非常多，为方便起见，此处仅以申万一级行业板块代码为标准，选择汽车板块内所有股票，根据汽车板块，分析动量策略的效果。

此案例比较复杂的是动量策略的设定。动量策略有很多方法，此处选择的方法为，按半年的收益率排名，筛选前 5 名的股票，每个股票各持有 25%的份额，持有期为 1 个月，然后不断滚动，按这个策略分析持有投资组合的累计收益率。

具体代码如下。

（1）导入库。

```
import pandas as pd
import numpy as np
import pri_strat.cst_fun as cf
import matplotlib.pyplot as plt
```

（2）读取申万行业板块数据，并筛选汽车板块的股票，此处使用自编函数读取板块。

```
plate=cf.Custom().read_plate(source='sw')
print(plate.head())
```

查看输出结果如下：

```
  stockcode stockname platename1 platename2 platename3
0    600373    中文传媒          传媒          出版          大众出版
1    601949    中国出版          传媒          出版          大众出版
2    601801    皖新传媒          传媒          出版          大众出版
3    300788    中信出版          传媒          出版          大众出版
4    601858    中国科传          传媒          出版          大众出版
```

按一级行业板块筛选汽车板块：

```
car=plate.query('platename1=="汽车"')
print(car)
```

输出结果如下：

```
      stockcode stockname platename1 platename2 platename3
3054    002594     比亚迪          汽车         乘用车       电动乘用车
3055    601633    长城汽车          汽车         乘用车       综合乘用车
3056    600104    上汽集团          汽车         乘用车       综合乘用车
...       ...       ...       ...       ...       ...
3276    000868    安凯客车          汽车         商用车       商用载客车
```

```
3277    600303      曙光股份      汽车      商用车      商用载客车
3278    600213      亚星客车      汽车      商用车      商用载客车

[225 rows x 5 columns]
```

可以看出，汽车板块内总共有 225 只股票。

为方便起见，把股票代码转变为列表形式：

```
carlist=car.stockcode.tolist()
```

（3）在此基础上构建动量策略。首先得到板块内所有股票的收益率，然后按半年时间筛选排名前 5 名的股票。

```
ret=pd.DataFrame()
for i in range(0,len(carlist)):#len(carlist)
    tmp = cf.Custom().read_local_xts(type='stock',symbol=carlist[i],
                                startdate='2010-12-31',myrule='M')
    ret.loc[:, carlist[i]] = tmp['ret'] #add columns
```

查看 ret 结果：

```
print(ret.head())
            002594    601633    600104  ...    000868    600303    600213
2011-07-31 -0.008440       NaN -0.041600  ...  0.000000 -0.006188 -0.027972
2011-08-31 -0.038258       NaN  0.004515  ...  0.009107  0.000000 -0.000982
2011-09-30 -0.022091  0.021739 -0.021611  ... -0.011442  0.008816 -0.020134
2011-10-31  0.053910  0.030303 -0.025547  ...  0.010661  0.061021 -0.001120
2011-11-30 -0.068792 -0.180952 -0.204403  ... -0.054113 -0.074745 -0.056818
```

进一步计算累计收益率：

```
cumret=(ret+1).rolling(6).apply(np.prod)-1
```

按累计收益率排序：

```
cumrank=cumret.rank(axis=1,ascending=False)
#print(cumrank.head(10))
```

（4）筛选前 5 只股票，每只股票平均分配，权重为 20%，其他为空值。

```
cumrank[cumrank<=5]=0.20
cumrank[cumrank>5]=np.NaN
```

标记对应 5 只股票的收益率，注意这 5 只股票来源于上一期，因此，需要使用 shift 函数将其向下移动一期。

```
result=ret*cumrank.shift()
print(result.head(10))
```

结果输出为：

```
            002594  601633  600104  000625  ...  000957  000868  600303  600213
2011-07-31     NaN     NaN     NaN     NaN  ...     NaN     NaN     NaN     NaN
2011-08-31     NaN     NaN     NaN     NaN  ...     NaN     NaN     NaN     NaN
2011-09-30     NaN     NaN     NaN     NaN  ...     NaN     NaN     NaN     NaN
2011-10-31     NaN     NaN     NaN     NaN  ...     NaN     NaN     NaN     NaN
```

```
2011-11-30   NaN  NaN  NaN   NaN ...     NaN     NaN     NaN    NaN


[5 rows x 225 columns]
```

发现结果基本为 NaN，因为 225 只股票中，只有 5 只得到配置，其他没有配置。

（5）按行加总得到每期收益率。

```
result ['sum']= result.sum(axis=1)
result ['cumret']=(1+ result ['sum']).cumprod()-1
print(result ['cumret'].tail())
```

查看最后几期的结果输出如下。

```
2021-09-30    0.733543
2021-10-31    0.800307
2021-11-30    0.840903
2021-12-31    0.832521
2022-01-31    0.838545
Freq: M, Name: cumret, dtype: float64
```

（6）为了有更直接的结果，运用 plot 进行可视化。

```
plt.plot(result ['cumret'],color='red')
plt.show()
```

显示结果如图 4-12 所示。

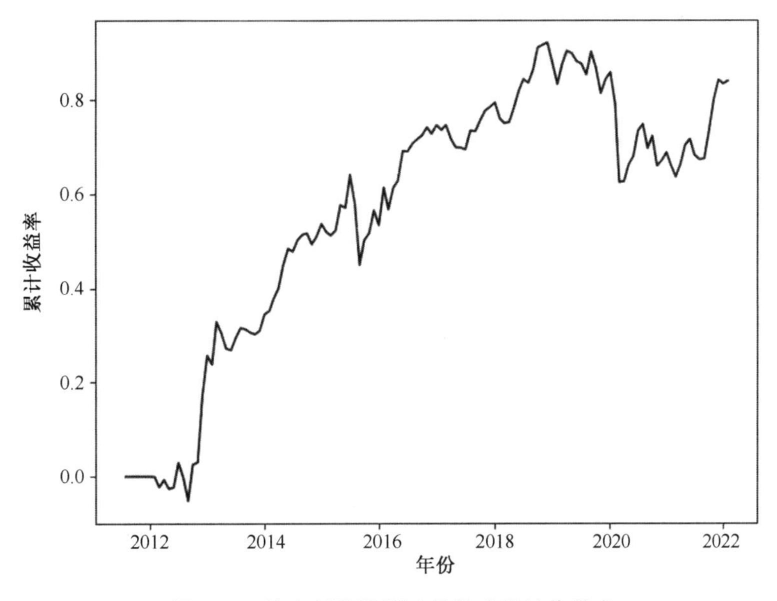

图 4-12　汽车板块股票动量策略累计收益率

可以看出，使用动量策略方法，收益率一直呈上升趋势，只有在 2020—2021 年存在回撤，其他时间段表现都很好。

4.3 财务报表统计分析与选股

一般而言，对于财务知识缺乏的投资者，熟练掌握财务报表其实需要较长的时间。仅学习《会计学原理》可能还不够，因为并不知道哪些指标对投资者而言更重要。财务报表一般分为资产负债表、利润表、现金流量表和所有者权益变动表四大部分。这些报表中存在大量的会计指标，若在原始报表中直接进行分析，则显得非常吃力。对财务报表的分析，大致基于四大财务报表归纳出的四大能力：盈利能力、运营能力、偿债能力和发展能力，并结合杜邦分析法和估值分析法对这些能力进行综合研究。

4.3.1 杜邦分析法——财务报表分解

1912 年，在美国杜邦公司做了 3 年销售业务的法兰克・唐纳德森・布朗（Frank Donaldson Brown），为了向公司管理层阐述公司运营效率问题，写了关于“要分析用公司自己的钱赚取的利润率”的报告，并且将这个比率进行拆解，拆解后的比率可以解释公司业务的盈利、资产使用效率和债务负担 3 个方面。这份报告中体现的分析方法后来被杜邦公司广泛采用，称为“杜邦分析法”。

具体而言，杜邦分析法是把净资产收益率分解为：

净利润/净资产=净利润/总收入×总收入/总资产×总资产/净资产

也即

净资产收益率=净利率×总资产周转率×权益乘数

这就是说，净资产收益率由 3 部分决定，分别为净利润率、资产周转率和权益乘数（杠杆）。实际上，上述 3 个指标可以进一步分解，如东方财富网上贵州茅台财务报表的杜邦分解法，如图 4-13 所示。

图 4-13 东方财富网贵州茅台财务报表的杜邦分解法

案例 4-10：利用杜邦分析三因素分解方法，对 2020 年三季度财务报表进行分解，研究各股票的净资产收益率及其收益的来源。

此案例的难点在于数据的获取。免费的财务数据一般来源于新浪财经、网易财经和东方财富网。在杜邦分解中，不同的网站分解后的指标存在略微差异。例如，总收入指标有些用销售收入代替，有些用营业收入代替，考虑到获取数据的便利性，此处选择营业收入。

净资产收益率、净利润和营业收入数据均来自新浪财经的盈利能力表，总资产和净资产来自网易财经源的资产负债简表。运用以下公式对股票的财务报表进行分解，即

净利润/净资产=净利润/营业收入×营业收入/总资产×总资产/净资产

编程如下。

（1）导入库并设置列查看模式，方便后续调试。

```
import pandas as pd
import numpy as np

pd.set_option('display.max_columns',10)
```

（2）读取盈利能力表。表包括除总资产和净资产外的所有数据，同时还有一个净利率数据，即销售净利率。理论上还可以使用销售收入进行分解，但找不到销售收入数据，因此无法分解出销售收入/总资产这个指标，从而放弃这种算法，而采用营业收入进行分析。自定义读取函数如下。

```
def read_profit(yq='2020q3',critvalue=20):
    file_path=r'E:\datasets\finstats\sina\profit\{}.csv'.format(yq)
    data = pd.read_csv(file_path, delimiter=',')
    # print(test.head(5))
    data.drop(columns=['毛利率(%)','每股主营业务收入(元)','每股收益(元)',
                       '净利率(%)'], inplace=True)
    data['股票代码'] = data['股票代码'].astype(str).str.zfill(6)
    data.replace({"--": 'NaN'}, regex=True, inplace=True)
    data = data.astype({'净资产收益率(%)↓': float,
               '净利润(百万元)':float,'营业收入(百万元)':float})
    data.rename(columns={'股票代码': 'stockcode', '股票名称': 'stockname'},
                inplace=True)
    return data
```

（3）获取 2020 年第三季度盈利能力数据结果。

```
profit=read_profit(yq='2020q3')
print(data.head())
```

结果如下：

```
stockcode stockname  净资产收益率(%)↓   净利润(百万元)    营业收入(百万元)
0    002164     宁波东力       241.77   1423.1139      843.1872
1    002069     獐子岛         135.47   23.5159        1468.6724
2    000585     *ST 东电       125.77   163.6478       60.0313
3    600961     株冶集团       85.86    166.9992       11227.2222
4    002113     *ST 天润       79.46    409.0671       480.3456
```

可以看出，当季宁波东力净资产收益率最高，达 241.77%，还有一些垃圾股，如 ST 东电、ST 天润及獐子岛。

（4）读取网易财经源的资产负债简表数据。

网易财经源数据的麻烦之处就是自带单位，而且不一致，因此需要剔除单位。为了统一不同单位，需要将字符型数据转换成浮点型。一种可行的方法是将中文和数字分割开来，中文分割成一列，数字分割成一列。具体如下：

```
data=pd.read_csv(r'E:\datasets\finStats\163\zcfzb\2020q3.csv',
                 delimiter=',',usecols=['代码','名称','总资产','净资产'])
data.columns=['stockcode','stockname','totalcap','netcap']
data['stockcode'] = data['stockcode'].astype(str).str.zfill(6)
```

首先，处理掉文中缺失数据的“--”：

```
data.replace({"--":'NaN'},regex=True,inplace=True)
```

将中文和数字分割开来，首先对总资产列进行处理。其中，中文正则表达式为 [^\x00-\x7F]+，考虑到数字中还有逗号，因此将数字留下来新增一列：

```
data['tcap']=data['totalcap'].str.replace(r'[^\x00-\x7F]+|,','')
```

将中文留下来新增一列，考虑到非中文的字符有数字、逗号、句号和负号，处理如下：

```
data['tname']=data['totalcap'].str.replace(r'[0-9]|\.|-|,','')
```

其次，对净资产列进行相同处理：

```
data['ncap']=data['netcap'].str.replace(r'[^\x00-\x7F]+|,','')
data['nname']=data['netcap'].str.replace(r'[0-9]|\.|-|,','')
```

（5）对中文列进行分析，发现有 4 种情况：万亿元、亿元、万元，无单位；数字列有两种情况：数字和 NaN。想要还原成原始数据，则把数字列的数字乘以单位数即可。此时，万元当作基本单位，万亿元当作 100 000 000，亿元当作 10 000，万元当作 1，无单位也就是资产规模还不到 1 万元。首先，删除万元以下的公司：

```
data=data[data.stockcode !='000583']
```

接着进行处理。此时可采用两种方法：一种是使用条件方法：

```
expr1 if condition1 else expr2 if condition2 else expr-n if condition-n else expr
```

一种是筛选方法，此处采用 np.where 函数，具体如下：

```
test0=np.array(data['tname'])
data['tname']=np.where(test0=='万亿',100000000,
```

```
                    (np.where(test0=='亿',10000,1)))
test1=np.array(data['nname'])
data['nname']=np.where(test1=='万亿',100000000,
                    (np.where(test1=='亿',10000,1)))
```

为还原数据，首先转换数据类型，变成浮点型：

```
data['tcap']=data['tcap'].astype(float)
data['tname']=data['tname'].astype(float)
data['ncap']=data['ncap'].astype(float)
data['nname']=data['nname'].astype(float)
```

将其中两列相乘，得到结果总资产和净资产数据：

```
data['captotal']=data['tcap']*data['tname']
data['capnet']=data['ncap']*data['nname']
data.sort_values(by='captotal',ascending=True,inplace=True)
data.drop(columns=['totalcap','netcap','tcap','tname','ncap','nname',
             'stockname'],inplace=True)
print(result.head(10))
```

得到结果如下：

```
stockcode  captotal     capnet
2913    000832      6.23  -45200.00
1394    000689   2139.52 -119200.00
2319    000405   2967.03    2938.45
1459    600813   3080.36   -2901.66
1443    600870   3213.26     690.73
2925    000699   5698.05    -118.82
1401    000658   6645.13  -24000.00
370     000820   6910.99 -219900.00
2122    002188   6957.15    -165.95
1418    000556   7571.36    4870.78
```

最后，顺便查看数据转换的正确性，与原始数据对比，发现结果完全一致。

（6）数据合并。为进行杜邦分解，还需要合并网易财经和新浪财经的数据表。

```
result=profit.merge(data,on='stockcode')
print(result.head())
```

得到所有的原始数据：

```
  stockcode stockname  净资产收益率(%)↓ 净利润(百万元)  营业收入(百万元)  captotal    capnet
0    002164      宁波东力       241.77   1423.1139     843.1872  179500.0  59100.00
1    002069       獐子岛        135.47     23.5159    1468.6724  256300.0   8276.57
2    000585      *ST东电       125.77    163.6478      60.0313   47800.0  13600.00
3    600961      株冶集团        85.86    166.9992   11227.2222  668500.0  81700.00
4    002113      *ST天润        79.46    409.0671     480.3456  203600.0  51500.00
```

（7）进行杜邦分析，计算各比例。

```
dupont=result[['stockcode','stockname','净资产收益率(%)↓']].copy()
```

```
dupont.rename(columns={'净资产收益率(%)↓':'roe'},inplace=True)
dupont['营业净利率']=result['净利润(百万元)']/result['营业收入(百万元)']*100
dupont['总资产周转率']=result['营业收入(百万元)']*100/result['captotal']
dupont['权益乘数']=result['captotal']/result['capnet']
print(result.head())
```

结果如下：

```
  stockcode stockname     roe       营业净利率    总资产周转率      权益乘数
0    002164      宁波东力  241.77  168.777930  0.469742   3.037225
1    002069       獐子岛  135.47    1.601167  0.573029  30.966934
2    000585     *ST 东电  125.77  272.604125  0.125588   3.514706
3    600961      株冶集团   85.86    1.487449  1.679465   8.182375
4    002113     *ST 天润   79.46   85.160997  0.235926   3.953398
```

上述为每个公司的杜邦分解，如宁波东力公司，高 ROE 主要来自高杠杆率和营业净利率，资金周转较慢。

（8）进行行业分析。先导入申万行业板块分类。

```
#industry analysis
swindu=pd.read_csv(r'e:/datasets/swClass.csv',delimiter=',',encoding='gbk',dtype=str,
                    skipfooter=1,usecols=['行业名称','股票代码'],engine='Python')
swindu.columns=['industry','stockcode']
dupont=swindu.merge(dupont,on='stockcode')
print(dupont.head())
```

合并申万行业分类的结果如下：

```
  industry stockcode stockname    roe     营业净利率  总资产周转率     权益乘数
0       采掘    000552      靖远煤电   4.82  13.974439    0.249478  1.362324
1       采掘    000571    *ST 大洲 -13.88 -11.060189    0.253805  2.625917
2       采掘    000629      攀钢钒钛   2.00   2.431169    0.652206  1.226529
3       采掘    000655      金岭矿业   7.44  20.410457    0.324246  1.119643
4       采掘    000723      美锦能源   5.32   5.123930    0.395828  2.308460
```

行业分析主要看平均数，但查看平均数时，发现容易受到极端值影响，因此使用中位数查看，具体如下：

```
dpgroup=dupont.groupby('industry').median()
print(dpgroup)
```

结果如下：

```
            roe      营业净利率     总资产周转率       权益乘数
industry
交通运输      3.950   5.338917     0.227319      1.777300
休闲服务     -1.980  -5.011705     0.143698      1.569027
传媒          3.105   6.894884     0.272215      1.490122
公用事业      5.530  10.314160     0.205405      2.245900
农林牧渔      5.555   6.117075     0.427089      1.722281
化工          5.510   7.981395     0.424026      1.545553
```

```
医药生物     6.940    12.552171    0.343558    1.405664
商业贸易     3.270    2.682923     0.371688    2.250094
国防军工     3.655    7.534113     0.232298    1.535629
家用电器     7.570    7.735267     0.551079    1.764220
建筑材料     8.415    9.973607     0.426931    1.812462
建筑装饰     4.600    3.440638     0.338292    2.584174
房地产       3.490    6.895523     0.097829    3.235224
有色金属     4.000    3.205699     0.447918    1.764463
机械设备     4.650    8.333475     0.313445    1.625821
汽车         4.740    5.578447     0.420346    1.711949
电子         6.010    7.856540     0.411156    1.588386
电气设备     5.735    6.622671     0.352972    1.791279
纺织服装     2.900    4.951683     0.382509    1.549902
综合         4.035    6.426423     0.322025    1.590722
计算机       3.240    6.837150     0.259599    1.401003
轻工制造     5.415    6.793907     0.437461    1.532315
通信         2.925    4.726992     0.359767    1.591546
采掘         3.800    3.691598     0.298469    1.954545
钢铁         6.110    3.633738     0.693532    2.109165
银行         7.895    32.131756    0.019276    13.113016
非银金融     5.685    30.272846    0.045834    3.882115
食品饮料     9.065    12.058580    0.471404    1.392100
```

从行业分类来看，ROE 最高的是食品饮料行业，达到 9.065，说明以贵州茅台为龙头的酒类板块一直上涨存在基本面因素。其次是建筑材料行业，达到 8.415，而垫底的行业为休闲服务和纺织服装，分别为-1.980 和 2.900，说明在疫情的影响下，休闲服务行业确实受到了很大的冲击。

营业净利率最高的是银行、非银金融、医药生物和食品饮料，分别为 32.13，30.27，12.55 和 12.06，垫底的是商业贸易和休闲服务，分别为 2.68 和-5.01，这也说明了传统服务业在疫情下营业利润下降，从而导致 ROE 下降。

杠杆最高的行业是银行、非银金融和房地产，分别为 13.11、3.88 和 3.24，垫底的是食品饮料、计算机和医药生物，分别为 1.39、1.40 和 1.41。

总体而言，金融和房地产杠杆最高，也就是说，这些行业的 ROE 主要来自借钱生钱，房地产企业借钱买地，老百姓贷款买房，这都是杠杆的体现。而一些原材料产品和零售行业，如钢铁、家用电器和食品饮料，资金周转比较快，也就是说其流水比较充裕，资金流和现金流很好，但周转快并不代表绩效一定好，因为营业收入里不是所有的都是利润，还需要扣除成本。

在实际中，读者还可以对财务报表进行持续多年的杜邦分解，从而找到基本面较好的股票。

##

ROE、杜邦分解与盈利模式

ROE 是公司基本面最核心的指标，同时也是选股中最重要的指标之一。根据 ROE 的特征，可以把股票分为**成长股、高分红股、蓝筹股和烟蒂股** 4 种类型。

（1）成长股。成长股是指发行股票时规模并不大，公司的业务蒸蒸日上，管理良好，利润丰厚，产品在市场上有较强竞争力的上市公司的股票。菲利普·A·费舍在《怎样选择成长股》一书中总结出成长股的 15 个特征，这类公司是大市场下的小公司，市场很大，但是公司规模还有很大的成长空间。这种企业 ROE 一直很高，甚至可以通过快速增长率来提高 ROE。

营业收入和净利润增速不低于 20%。同时，结合成长股的市盈率（PE）可以稍微高一些，放宽至 50 倍以下。例如，刚上市时的爱尔眼科，眼科市场巨大，公司规模较小，现在其已经是眼科市场的头部公司。

（2）高分红股。高分红股是指近 3 年分红率均超过 50%的公司。证监会对分红一般有 30%的要求，对于成熟优质的高分红企业来说，每年保持 50%以上的分红是基本要求。高分红的公司 PE 不会太高，一般低于 20 倍，PB 一般低于 3 倍。

（3）蓝筹股。蓝筹股是指稳定的现金股利政策，对公司现金流管理有较高的要求，通常将那些经营业绩较好，具有稳定且较高的现金股利支付的公司股票称为“蓝筹股”。蓝筹股多指长期稳定增长的、大型的、传统工业股及金融股，这些公司属于优质企业，有民族企业，有国际品牌，营收利润突出且稳定，行业内也是标杆。PE 低于 20 倍，市值不低于 200 亿元的公司。PE 小于 20，可以剔除很多不想剔除的公司，如恒瑞医药、贵州茅台、海天味业、伊利股份和海康威视等。

（4）烟蒂股。烟蒂股的概念来源于格雷厄姆，是指那些股价已经低于每股现金净资产的股票。如果把公司收购并解散，剩下的现金不仅能覆盖买入成本，还绰绰有余。这些股票的市净率（PB）大部分在 1.5 倍以下。

进一步看，杜邦分解通过把 ROE 拆分成净利润率、总资产周转率和杠杆倍数，能够发现高 ROE 的来源，从而分解为三大类商业模式，具体为高利润低周转型、低利润高周转型和杠杆型。

第一，高利润低周转型。高销售净利率和较低的总资产周转率，盈利来源主要是产品高额的利润，特征是资金周转慢，但利润率高。

一般而言，高净利率最容易带来高 ROE，但是高净利率很难维持，特别是长年维持 35%以上的净利润率。对上市公司而言，凭什么能有可持续的高净利率呢？第一种无疑是垄断，第二种是品牌，第三种是技术或研发优势，第四种可以统称为独特的商业模式。常见的高利润低周转型的公司通常在高端制造业、软件、医药、白酒、奢侈品和商业服务业等方面。

进一步看，高净利率有比较好的收现比（收入现金流比，是指销售商品与提供劳务收到的现金之和/营业收入）。当然，收现比低不是最可怕的，只要能通过压榨上游获取现金，因此，进一步还需要看净现比（净现比=经营活动现金流量净额/净利润）。

第二，低利润高周转型。净利润率较低，但通过快速周转获得较高的 ROE。盈利来源是薄利多销，具有低销售净利率和较高的总资产周转率，盈利来源主要是通过高效的资金周转。

一般而言，通过周转率带来持续的高 ROE 也不容易。要么是快消品的行业特性，要么是轻资产，要么走的是薄利多销的路线，而通过管理提高周转率也只是同行业对比优劣罢了，很难提供绝对高的 ROE。

常见的高周转率的公司为贸易型企业，如零售、家用电器、低价食品、低端制造和建筑施工等行业多为这种模式。又如，永辉超市没有靠总资产周转率带来高回报。日常需求品，产品差异化不高。

第三，杠杆型。杠杆倍数明显较高，通过高的杠杆倍数产生高 ROE。杠杆型公司对资金的需求量比较大；经营以负债为基础，较高的负债率既是保持其经营所必需的，又是其 ROE 水平的决定性因素。

常见的公司是行业特性带来的金融杠杆，如银行、证券、保险及房地产等。还有一种是企业通过拼杀，形成寡头垄断，占用上下游资金形成的高杠杆。例如，家电业公司或上汽集团，权益乘数基本在 3 以上，净利率除了格力，其他公司也基本低于 10%，但 ROE 却基本高于 20%。

在实际中，仅有高 ROE 也不够，最好还要考虑现金流和成长性等指标。

###

4.3.2 巴菲特之道——价值投资统计

沃伦·巴菲特（Warren E. Buffett），经济学硕士，师从本杰明·格雷厄姆。1930 年 8 月 30 日生于美国内布拉斯加州的奥马哈市，是全球著名的投资家，主要投资品种有股票、电子现货、基金行业。2021 年 10 月，沃伦·巴菲特以 1 020 亿美元财富位列福布斯《2021 年度美国富豪榜》第 8 位。2022 年 1 月，沃伦·巴菲特位列 2022 年美国顶级捐赠者首位。

巴菲特的投资思想主要通过哈格斯特朗的书籍对其系统地阐述。哈格斯特朗写了 3 本书，专门研究巴菲特的投资思想，分别为《巴菲特之道》《投资的本质：巴菲特的 12 个投资宗旨》和《巴菲特的投资组合》，同时还撰写了《查理·芒格的智慧：投资的格栅理论》等图书。从公司业务、管理能力、财务标准和股票估值 4 个角度进行选股。归纳起来，对应的选股标准如表 4-1 所示，其中有些标准可以量化，有些却无法量化。

表 4-1 巴菲特选股标准

标　　准	具 体 要 求	量 化 标 准
公司业务标准	业务简单易懂	市值大于 10 亿美元
	持续连续盈利并且前景不错	过去 7 年和 4 个季度均为盈利
管理能力标准	管理层行为合理性	—
	管理层和股东利益一致性	—
	避免从众心理	—
财务分析标准	重权益报酬率轻每股收益	过去 3 个会计年度和当季的权益报酬率高于 15%
	掌握所有者权益	当季资产负债率低于行业平均水平
	持续高利润率	当季营业利润率和净利润率均高于行业平均水平
股票估值标准	掌握公司业务价值	过去 5 年股价波动大于账面价值的波动
	低估价值股票	较低的价格/自由现金流比率

案例 4-11：根据哈格斯特朗对巴菲特价值投资的阐述，基于财务报表数据进行选股。

巴菲特的选股标准更多基于美国公司得到的结论，中国市场还需要根据文中描述的内容，并结合中国股票的特征进行分析，在此基础上，选股标准具体做出如下改动：① 市值大于或等于 10 亿美元改成流通股市值 50 亿元；② 过去 12 个月（过去 4 个季度的加总）和过去 7 个会计年度的年营业利润均保持正值，改成过去 3 年年度和当季营业利润为正，具体对应 2020 年三季度，对应的年度数据有 2019 年、2018 年和 2017 年；③ 过去 3 个会计年度和当季的权益报酬率均高于 15%；④ 当季的资产负债率低于行业平均水平；⑤ 当季的营业利润率高和净利润率高于行业平均水平；⑥ 不考虑过去 3 年股价波动大于账面价值的波动和较低的价格/自由现金流比率。

在实际中，具体选择的时间段为 2019 年、2018 年和 2017 年。进一步考虑到有些股票的营业利润率和净利润率等数据缺失，可使用下列公式进行计算：① 营业利润率=营业利润/营业收入；② 净利润率=经营所得的净利润/销货净额（营业收入）。

其中，营业利润、营业收入、税后净利润和资产负债率数据来源为网易财经源财务报表相关数据，权益报酬率和净资产收益率数据来源为新浪财经源。

在上述数据源和分析的基础上，具体编程如下。

（1）导入库。

```
import pandas as pd
import numpy as np
```

（2）读取网易财经源利润简表数据，此处采用与上节相同的方式分别处理营业收入、营业利润和税后净利润 3 列，在此基础上，计算营业利润率和净利润率。自编函数如下。

```
def read_profit(yq='2020q3'):
    filepath = r'E:\datasets\finStats\163\lrb\{}.csv'.format(yq)
```

```
    data = pd.read_csv(filepath, delimiter=',')
    data = data.iloc[:, [2, 3, 4, 6, 8]]
    data.rename(columns={'代码': 'stockcode', '名称': 'stockname'}, inplace=True)
    data['stockcode'] = data['stockcode'].astype(str).str.zfill(6)
    data.replace({"--": 'NaN'}, regex=True, inplace=True)
    for col in ['营业收入', '营业利润', '税后净利润']:
        tmp1 = data[col].str.replace(r'[^\x00-\x7F]+|,', '').astype(float)
        tmp2 = data[col].str.replace(r'[0-9]|\.|-|,', '')
        tmp2 = np.array(tmp2)
        tmp2 = np.where(tmp2 == '万亿', 100000000,
                    (np.where(tmp2 == '亿', 10000, 1)))
        tmp2 = tmp2.astype(float)
        data[col] = tmp1 * tmp2
    data['netratio']=data['税后净利润']/data['营业收入']
    data['opratio']=data['营业利润']/data['营业收入']
    data.drop(columns=['营业收入', '税后净利润'],inplace=True)
    data=data[data['营业利润']>=0]
    return data
```

保持过去 3 个年度数据为正，且保持当季数据为正（忽略 2020 年一季度和二季度），并合并所得数据。

```
profitq3=read_profit(yq='2020q3')
profit19=read_profit(yq='2019q4')
profit18=read_profit(yq='2018q4')
profit17=read_profit(yq='2017q4')
profit89=profit19.merge(profit18,on=['stockcode'])
profit789=profit89.merge(profit17,on='stockcode')
profit789=profit789[['stockcode']]
profit=profit789.merge(profitq3,on='stockcode')
```

（3）计算当季营业利润率和净利润率高于行业平均水平。此时，根据申万行业分类数据进行处理。

```
swind=pd.read_csv(r'e:/datasets/swClass.csv',delimiter=',',encoding='gbk',
                usecols=['行业名称','股票代码'],engine='Python',dtype='str')
swind.columns=['industry','stockcode']
```

合并所得的利润结果与行业分类：

```
swprofit=swind.merge(profit,on='stockcode')
```

新建两列，分别为表示营业利润率和净利润率中位数水平。具体结合 groupby 和 transform 函数，效果很好很强大：

```
swprofit[['netmedian','opmedian']]=swprofit.groupby(
    'industry')[['netratio','opratio']].transform('median')
print(swprofit.head())
```

得到的结果如下：

```
  industry stockcode stockname  ...   opratio  netmedian  opmedian
0       采掘    000552      靖远煤电  ...  0.159224   0.067996  0.098539
1       采掘    000629      攀钢钒钛  ...  0.041294   0.067996  0.098539
2       采掘    000723      美锦能源  ...  0.083556   0.067996  0.098539
3       采掘    000923      河钢资源  ...  0.293280   0.067996  0.098539
4       采掘    000937      冀中能源  ...  0.092979   0.067996  0.098539
swprofit=swprofit.query("netratio>=netmedian & opratio>=opmedian")
```

需要指出的是，银行板块的营业利润率和净利润率的中位数都缺失，查看发现原来银行板块所有股票的营业收入和营业成本等变量全都缺失。难道银行板块都不计算营业收入？既然没有，此处不考虑银行板块。

（4）获取网易财经源当季资产负债表数据，并筛选资产负债率小于行业平均水平的股票，处理方式与原先一致。

```
debt=pd.read_csv(r'E:\datasets\finStats\163\cznl\2020q3.csv',
                 delimiter=',',usecols=['代码','资产负债率'])
debt.rename(columns={'代码':'stockcode'},inplace=True)
debt.replace({'%|,':'','--':'NaN'},regex=True,inplace=True)

debt['资产负债率']=debt['资产负债率'].astype(float)
debt['stockcode'] = debt['stockcode'].astype(str).str.zfill(6)
print(debt.head())
swdebt=swind.merge(debt,on='stockcode')
swdebt['ratio']=swdebt.groupby('industry')['资产负债率'].transform('median')
swdebt=swdebt.query("资产负债率<=ratio")
print(swdebt.head())
```

结果如下：

```
  industry stockcode  资产负债率   ratio
0       采掘    000552  26.60  48.935
2       采掘    000629  18.46  48.935
3       采掘    000655  10.70  48.935
5       采掘    000762   8.46  48.935
6       采掘    000780  24.18  48.935
```

（5）读取新浪财经数据，获取流通市值大于 50 亿元的股票。一般而言，流通市值只有少数在较短时间内会呈现大幅波动，一般会保持某个水平。为方便起见，取某天的结果，具体取 2020 年 11 月 16 日的数据，对应如下。

```
cirvalue=pd.read_csv(r'E:\datasets\finStats\sina\circvalue\20201116.csv',
                     delimiter=',',usecols=['代码','流通市值/万元'])
cirvalue.rename(columns={'代码':'stockcode'},inplace=True)
cirvalue['stockcode'] = cirvalue['stockcode'].astype(str).str.zfill(6)
cirvalue=cirvalue[cirvalue['流通市值/万元']>=500000]
```

（6）定义读取净资产收益率函数，数据来自新浪财经，并设置 ROE 的临界值为 15。

```
def read_roe(yq='2020q3',limit=15):
    filepath=r'e:/datasets/finStats/sina/profit/{}.csv'.format(yq)
    tmp=pd.read_csv(filepath,delimiter=',',
                    usecols=['股票代码','净资产收益率(%)↓'])
    tmp.columns=['stockcode','roe']
    tmp['stockcode']=tmp['stockcode'].astype(str).str.zfill(6)
    tmp.replace({'--':'NaN'},regex=True,inplace=True)
    tmp['roe']=tmp['roe'].astype(float)
    tmp=tmp[tmp['roe']>=limit]
    return tmp
```

分别获取 3 个年度净资产收益率满足要求的结果：

```
roe19=read_roe(yq='2019q4')
roe18=read_roe(yq='2018q4')
roe17=read_roe(yq='2017q4')
roe89=roe19.merge(roe18,on='stockcode')
roe789=roe89.merge(roe17,on='stockcode')
print(roe789)
```

合并后的结果如下：

```
    stockcode  roe_x  roe_y   roe
0     300864  56.84  57.17  55.32
1     688169  52.73  43.97  24.86
2     000048  51.56  43.08  27.41
3     605168  51.44  47.61  51.93
4     605009  49.37  52.58  34.03
..       ...    ...    ...    ...
361    603757  15.16  16.62  20.06
362    000830  15.11  28.53  19.01
363    601668  15.10  15.67  15.33
364    300415  15.08  15.44  25.73
365    300813  15.01  24.76  30.71
```

也就是说，有 365 只股票满足 3 个年度 ROE 大于 15 的条件。

（7）合并上述所有条件。

```
result=cirvalue.merge(roe789,on='stockcode')
result=result.merge(swdebt,on='stockcode')
result=swprofit.merge(result,on=['stockcode','industry'])
```

输出结果：

```
print(result.stockname.tolist())
```

最后结果总计得到 86 只股票：

```
['露天煤业', '宝丰能源', '陕西煤业', '三七互娱', '完美世界', '新媒股份', '壹网壹创', '
吉比特', '八方股份', '捷昌驱动', '盈趣科技', '中颖电子', '卓胜微', '法拉电子', '汇顶科技',
```

```
'斯达半导', '华联控股', '陆家嘴', '稳健医疗', '航民股份', '三钢闽光', '南钢股份', '方大特钢', '百川能源', '伟明环保', '豪迈科技', '美亚光电', '弘亚数控', '凌霄泵业', '帝尔激光', '艾迪精密', '石头科技', '三花智控', '老板电器', '小熊电器', '飞科电器', '上峰水泥', '伟星新材', '海螺水泥', '华新水泥', '旗滨集团', '金螳螂', '岱美股份', '东港股份', '索菲亚', '周大生', '公牛集团', '集友股份', '南极电商', '承德露露', '五粮液', '洋河股份', '涪陵榨菜', '金禾实业', '贵州茅台', '养元饮品', '迎驾贡酒', '天味食品', '今世缘', '口子窖', '桃李面包', '亿联网络', '华兰生物', '恩华药业', '金达威', '凯莱英', '大博医疗', '我武生物', '九强生物', '万孚生物', '健帆生物', '欧普康视', '康泰生物', '迈瑞医疗', '新产业', '康华生物', '爱美客', '天坛生物', '恒瑞医药', '片仔癀', '济川药业', '通策医疗', '通化东宝', '甘李药业', '基蛋生物', '西藏珠峰']
```

##

巴菲特之道

根据哈格斯特朗的描述，巴菲特选股主要有公司业务标准、管理能力标准、财务分析标准和股票估值标准。

1. 公司业务标准

1）公司的业务是否简单易懂

投资者需要了解一个公司的现金流、劳动生产率、产品价格弹性、资本需求程度、收入增长率和成本控制能力。要明白这一切，投资者应该关注自己所熟悉的行业和领域。投资者应该承认和了解自己的不足，这有助于避免犯大的错误。哈格斯特朗建议不要投资 10 亿美元市值以下的小公司。

2）公司业务是否有持续连续盈利的历史

巴菲特总是避开业务上碰到困难的公司和因过去业务不成功而进行业务转型的公司。巴菲特认为，那些坚持同一产品和服务多年的公司才能获得最好的回报。本项选股标准主要是定性的，巴菲特要求公司过去 7 年每年都有正的盈利。

3）公司业务是否前景不错

巴菲特将企业分成两种：处于小部分的特许经营企业和处于大部分的商品生产企业。巴菲特认为，特许经营企业提供的产品和服务是必需品，无法替代，且不受管制。这种公司有着较大的和稳定的业务优势，以确保自己不被竞争者抢夺市场和利润，并且有着较大的定价灵活性，不用担心因提价而失去市场。较强的特许经营企业甚至在犯了严重错误的情况下仍然能够生存。因此，公司有着持续的优势并形成竞争壁垒非常有用。尽管这一选股原则是定性的，但很多财务指标有助于分辨出特许经营公司，如权益报酬率。

2. 管理能力标准

1）管理层的行为合理性

考察公司时，巴菲特总是要评估管理层是否理性、坦白和具有独立思考的能力，他只接受诚实和有能力的人经营的企业。哈格斯特朗认为，管理者最重要的行为是对公司资金的分配。对公司资金的有效投资和再投资最终决定一个公司的成长和其长期价值。一个公司只要能够使投资收益高于资本成本就应该把剩余资金用于投资，从而得到持续的高于平均收益的权益报酬率。

2）管理层对股东是否坦白

巴菲特喜欢能够充分披露经营状况的管理者，包括经营中的成功与失败。他尊重那些被美国广泛接受的一般公认会计原则（Generady Acepted Aceounting Principles，GAAP）要求披露得更多的管理者。

巴菲特总是在寻找这样的公司：这些公司的财务报表让财务报表的分析者能够通过报表来确定公司大概价值、公司的偿债能力、公司的经营状况。本项选股标准是一个定性的规则，投资者必须进行认真分析。伯克夏•哈撒韦的财务报告就是符合巴菲特信息披露要求的一个典范。

3）管理层是否能够克服从众心理

巴菲特喜欢能够独立思考的管理者。许多管理人员喜欢随大流，他们模仿其他公司经理的行为，不想变得突出。哈格斯特朗归纳了三种严重影响管理者的因素如下。

第一，许多经理不能控制他们的贪心而采取有害的并购行为。

第二，许多经理人员不仅与竞争者比较业务收入、利润和工资收入，而且与其他行业的公司进行攀比。

第三，许多经理对自己的能力过于自负。

同行间无意义的模仿往往会引起麻烦。巴菲特建议投资者在阅读财务报表时要特别注意管理层关于未来战略的描述，从而获得对这些战略如何实施和效果的认识。比较同行业间的报告是非常有用的。

3. 财务分析标准

1）重视权益报酬率而不是每股收益

在研究公司财务报表时，巴菲特并不特别看重季度或年度的结果。他认为，应该更注重 3～5 年的平均水平，从而对公司的财务能力有一个更合理的认识。

尽管华尔街一般总是用每股收益来衡量一个公司，但巴菲特喜欢没有过多负债并保持较高权益报酬率的公司。本项选股标准要求过去 4 个季度和过去 3 个会计年度中的年权益报酬率均保持在 15%以上。

一个公司可以通过提高资产周转率和利润率及扩大财务杠杆来增加权益报酬率。巴菲特并不反对使用财务杠杆，但是他反对过度借债。不同的行业，合理的负债率是不同的，因此，对负债率的要求是低于行业平均水平。

2）计算所有者收益

巴菲特在衡量公司表现时不仅使用收益和现金流，而且使用所有者收益。哈格斯特朗对所有者收益的定义是净收入加上非现金支出的折旧和摊销，然后减去资本性支出和流动资本的增加额。这与减去股息支付后的自由现金流概念相似。

3）寻找持续高利润率的公司

巴菲特总是试图寻找没有有效竞争者的公司，或由于专利或商标品牌等无形资产使得产品与众不同的公司。这些公司总是保持高的利润率。但传统的利润率选股标准总是只关心高利润率行业内的公司，而巴菲特的标准则是寻找营业利润率和净利润率高于行业平均的公司。营业利润率关注与产品和服务直接相关的成本，而净利润率则考虑了公司的所有经营活动。接下来应该考虑的就是公司在行业的地位和可能的变化了。

4）对于公司留存的每 1 元利润都应确保至少产生 1 元以上的市场价值

市场以较差的价格来评价不能高效率使用留存利润的公司。巴菲特认为，重视股东权益、长期有着较好前景的公司会吸引市场的注意，从而有比较高的市场价格。本项选股标准要求过去 5 年公司的留存利润创造了更大的市场价值。

4. 股票估值标准

1）公司业务价值

即使找到了一个好的公司，如果不能以合理的价格买入，它就不是一个好的投资。巴菲特使用自由现金流折现模型来估算公司的合理价值，这种方法把未来的自由现金流以一个合理的折现率进行折现并加总。折现率一般是在长期政府债券利率的基础上加上大约 3%。这一过程需要细致的、全面的分析，并不容易用简单的设定标准表示出来。

2）买入股价低估的股票

很多投资者喜欢用简单的指标（如市盈率）来作为初步的选股标准，而巴菲特则喜欢关注自由现金流，因此，本项选股标准用价格/自由现金流指标进行衡量。价格/自由现金流越低越好。但是，一个有着较高成长性的公司应该有着更高的比值。将成长性考虑进来，本项选股标准用价格/自由现金流除以自由现金流的增长率为指标，选择该项比值列在前面的公司。与所有其他的选股标准项一样，就选出了值得我们进一步研究的公司。

##

4.3.3 笑傲股市——CANSLIM 是否有用

威廉·欧奈尔（1933 年生），出生于美国俄克拉荷马州，正值美国经济濒临崩溃的大萧条时期。这位白手起家、而立之年便在纽约证交所买下一个席位的威廉·欧奈尔，显然更像是一位谆谆教导并且身体力行的老师，从如何选股、选择买卖点及散户如何通过购买基金赚大钱，到如何在茫茫股海中抓黑马等投资策略，他都考虑到了。

1988 年，威廉 • 欧奈尔将他的投资理念写了一本书——《如何在股市中赚钱》（中文名称：《笑傲股市》）。该书第一版销售量就超过了 40 万册，后来还进行了几次再版。该书被亚马逊书店评为“五星级”。

威廉 •欧奈尔在《笑傲股市》一书中提出基本面和技术面结合起来的成长股选择方法如下。

在美国长期持续经济增长的背景下，很多公司呈不断成长的特征。基于此，威廉 •欧奈尔开始研究那些在主要交易所交易的所有股票，包括纳斯达克，但是他更偏好小公司的股票，因为大多数的发明和新产品都来自小的和中等规模的公司。用以寻求那些由于有利的公司和行业的基本面因素而使股价将获得提升的公司，如由于新产品和服务的开发而带来收入不断增长的公司，以及关于股票价格趋势和供求方面存在有利技术因素的公司。在他的书中，威廉 •欧奈尔认为他的投资方法来源于对 40 年市场数据的分析，通过这些数据去考察那些涨幅最大的股票，然后寻找这些成功股票的共同点，发现这些股票都包含了两方面的基本因素：内在的就是公司和行业的本质，而技术因素则用于发现股票的价格模式。

威廉 • 欧奈尔最终提出的方法归纳起来就是：CANSLIM，这种方法被认为是用于帮助投资者记得那些成功股票的 7 个基本因素，如表 4-2 所示。

表 4-2　威廉 • 欧奈尔的 CANSLIM 选股特征

名　　称	内　　容	特　　征	数 据 来 源
C(current)	当季每股收益	比上一期大于 20%	新浪财经：财务分析→业绩报表
A(annual)	每股收益年度增长率	每股收益为正，且同比增长率提高	新浪财经：财务分析→业绩报表
N(new)	新产品、新管理、股价创新高	股价为 52 周最高价的 90%以上	通达信 K 线
S(supply)	小股本加需求量大	流通股少于 2 亿股	新浪财经：市场排行→流通市值排行
L(leading)	龙头股	52 周相对价格强度指标的前 30%	通达信 K 线
I(institution)	机构投资者	5 个及以上机构投资者	东方财富网：数据中心→主力数据
M(market)	市场走向	贴现率	省略

注：其中，相对价格强度指标（RPS）是指在一段时间内，个股涨幅在全部股票涨幅排名中的位次值。

案例 4-12：根据 CANSLIM 法则，筛选 A 股股票，并进行简单的绩效统计。

要完成案例，需要 K 线数据、财务数据，还要进行指标计算。考虑到最后一个市场走向为贴现率，为宏观经济类指标，此处不考虑。根据上述特征，编程如下。

（1）导入库。

```
import pandas as pd
import pri_strat.cst_fun as cf
```

```
import numpy as np
```

（2）读取每股收益数据。数据来自新浪财经，其中，每股收益数据包括当季和年度数据，以 2020 年底时间点而言，最新的季度报表是 2020 年三季度，年度报表只有 2019 年的。考虑到两个表格格式一致，因此，自定义一个读取每股收益的函数，然后分别读取 2019q4 和 2020q3 报表数据。

```
def read_eps(yq='2020q3'):
    filepath=r'E:\datasets\finStats\sina\mainindex\{}.csv'.format(yq)
    eps_qt = pd.read_csv(filepath,delimiter=',')
    eps_qt = eps_qt.iloc[:, 1:5]
    eps_qt.columns = ['stockcode', 'stockname', 'eps', 'eps_ratio']
    eps_qt.replace({'--': 'Nan'}, inplace=True)
    eps_qt['stockcode'] = eps_qt['stockcode'].astype(str).str.zfill(6)
    eps_qt['eps'] = eps_qt['eps'].astype(float)
    eps_qt['eps_ratio'] = eps_qt['eps_ratio'].astype(float)
    return eps_qt
```

读取 2020q3 表格数据，为避免名称重复，将后面两列重新命名。

```
epsq3=read_eps(yq='2020q3')
epsq3.columns=['stockcode','stockname','epsq3','epsq3_ratio']
```

根据要求筛选每股收益增长率大于 20%的股票。

```
epsq3=epsq3.query("epsq3_ratio>=20")
```

读取 2019q4 表格数据，同样，筛选年度收益率大于 20%的股票。

```
epsq4=read_eps(yq='2019q4')
epsq4.columns=['stockcode','stockname','epsq4','epsq4_ratio']
epsq4=epsq4.query("epsq4_ratio>=20")
eps=epsq3.merge(epsq4,on=['stockcode','stockname'])
print(eps.info())
```

得到结果如下：

```
<class 'pandas.core.frame.DataFrame'>
Int64Index: 462 entries, 0 to 461
Data columns (total 6 columns):
 #   Column       Non-Null Count  Dtype
---  ------       --------------  -----
 0   stockcode    462 non-null    object
 1   stockname    462 non-null    object
 2   epsq3        462 non-null    float64
 3   epsq3_ratio  462 non-null    float64
 4   epsq4        462 non-null    float64
 5   epsq4_ratio  462 non-null    float64
dtypes: float64(4), object(2)
memory usage: 25.3+ KB
None
```

可以看出，只有 462 只股票满足上述两个要求。

（3）获取流通股数据。其中这个指标在较长的时间内一般不会发生大的变化。此处仍以新浪财经的流通市值数据进行分析。由于没有流通股指标，但可以通过流通市值除以价格获得。

```
cirvalue=pd.read_csv(r'E:\datasets\finStats\sina\circvalue\20201116.csv',
                    delimiter=',')
cirvalue=cirvalue.iloc[:,[1,2,3,7]]
cirvalue.columns=['stockcode','stockname','close','cap']
cirvalue['share']=cirvalue['cap']/cirvalue['close']/10000
```

筛选流通股数量小于 2 亿股的股票。

```
cirvalue.query("share<=2",inplace=True)
cirvalue['stockcode']=cirvalue.stockcode.astype(str).str.zfill(6)
cirvalue.drop(columns=['close','cap'],inplace=True)
print(cirvalue.head())
```

得到结果如下：

```
<class 'pandas.core.frame.DataFrame'>
Int64Index: 1068 entries, 172 to 4075
Data columns (total 3 columns):
 #   Column     Non-Null Count  Dtype
---  ------     --------------  -----
 0   stockcode  1068 non-null   object
 1   stockname  1068 non-null   object
 2   share      1068 non-null   float64
dtypes: float64(1), object(2)
memory usage: 33.4+ KB
None
```

可以看出，有 1068 只股票满足流通股小于 2 亿股的条件。

（4）获取机构持有数量。考虑到新浪财经数据源只显示前 10 大流通股东数据，没有代表性，因此选择东方财富网数据进行分析。由于机构持有分为基金、券商、QFII 和保险等类型，其中，基金持有数据最有代表性，选择基金持有数据进行分析。

```
fundhold=pd.read_csv(r'e:/datasets/finStats/east/orghold/fund/2020q3.csv',
                    delimiter=',')
fundhold.drop(columns='序号',inplace=True)
fundhold.rename(columns={'股票代码':'stockcode','股票简称':'stockname'},
                    inplace=True)
fundhold.drop(columns=['相关链接','持仓明细'],inplace=True)
fundhold['stockcode']=fundhold['stockcode'].astype(str).str.zfill(6)
```

条件要求机构数量大于 5，此时考虑到还有其他机构，因此选择 4 为基准。

```
fundhold=fundhold[fundhold['持有基金家数(家)']>=4]
```

```
fundhold=fundhold.iloc[:,[0,1,2]]
print(fundhold.head())
```

得到结果如下。

```
  stockcode stockname  持有基金家数(家)
0    600519      贵州茅台      1453
1    002475      立讯精密      1133
2    000858       五粮液      1103
3    601318      中国平安      1001
4    000333      美的集团       817
```

可以看出，贵州茅台、立讯精密和美的集团等大牛股都是基金青睐的对象。

（5）合并上述数据并输出结果。

```
data=eps.merge(cirvalue,on=['stockcode','stockname'])
data=data.merge(fundhold,on=['stockcode','stockname'])
print(data.info())
```

得到的结果如下。

```
<class 'pandas.core.frame.DataFrame'>
Int64Index: 57 entries, 0 to 56
Data columns (total 8 columns):
 #   Column       Non-Null Count  Dtype
---  ------       --------------  -----
 0   stockcode    57 non-null     object
 1   stockname    57 non-null     object
 2   epsq3        57 non-null     float64
 3   epsq3_ratio  57 non-null     float64
 4   epsq4        57 non-null     float64
 5   epsq4_ratio  57 non-null     float64
 6   share        57 non-null     float64
 7   持有基金家数(家)  57 non-null     int64
dtypes: float64(5), int64(1), object(2)
memory usage: 4.0+ KB
None
```

说明满足各项条件的股票只有 57 只，查看一下分别是什么股票吧。

```
print(data.head())
print(data['stockname'].tolist())
```

其中后者输出结果如下。

```
['恒林股份', '能科股份', '能科股份', '能科股份', '能科股份', '宏力达', '江山欧派', '江山欧派', '中信博', '中信博', '芯海科技', '芯海科技', '百亚股份', '致远互联', '海尔生物', '海尔生物', '海尔生物', '迦南智能', '迦南智能', '福昕软件', '福昕软件', '福昕软件', '金雷股份', '金雷股份', '金雷股份', '爱美客', '盟升电子', '稳健医疗', '亚士创能', '交控科技', '交控科技', '奥海科技', '世华科技', '世华科技', '侨银环保', '侨银环保', '侨银环保', '中天火
```

```
箭', '双一科技', '双一科技', '双一科技', '博创科技', '博创科技', '博创科技', '博创科技', '博创科技', '博创科技', '新雷能', '新雷能', '三人行', '金博股份', '金博股份', '春风动力', '天宇股份', '金春股份', '普门科技', '普门科技']
```

（6）筛选出 52 周（也就是一年）价格相对处于前 30%的股票。考虑到三季度报表在 10 月 31 日会全部披露，因此，选择时间段为 2019 年 10 月 31 日至 2020 年 10 月 31 日。

```
#get cumret of year at top 30%
def cumret():
    out=cirvalue[['stockcode']]
    out['cumret']=np.nan
    print(out.head())
    for i in range(cirvalue.shape[0]):
        tmp=cf.Custom().read_local_xts(symbol=cirvalue.iloc[i,0],
                                        startdate='2019-10-31',enddate='2020-10-31')
        if tmp.shape[0]>100:
            out.iloc[i,1]=tmp['cumret'].iloc[-1].tolist()
    return out
```

可以看出，运行过程中出现警告信息，但关系不大，因此不必在意。

```
out=cumret()
```

筛选出涨幅排前 30%的股票。

```
outqt=out['cumret'].quantile(q=0.7)
out=out[out.cumret>=outqt]
```

（7）同样将数据合并处理。

```
result=data.merge(out,on='stockcode')
```

直接查看发现，结果出现较多重复，删除重复项。

```
result.drop_duplicates(keep='first',inplace=True)
print(result)
```

得到结果如下。

```
   stockcode stockname  epsq3  ...     share  持有基金家数(家)    cumret
0     603661      恒林股份   3.04  ...  0.287500          6  0.795431
1     603208      江山欧派   2.97  ...  1.050609         11  2.474322
3     688139      海尔生物   0.86  ...  1.812059          8  1.237504
6     300443      金雷股份   1.41  ...  1.594512          8  1.331312
9     603378      亚士创能   1.23  ...  1.948000         24  2.433420
10    002973      侨银环保   0.72  ...  0.408900          4  2.030340
13    300690      双一科技   2.62  ...  0.714688          5  1.479849
16    300548      博创科技   0.39  ...  1.154185          6  0.621060
22    605168       三人行   3.07  ...  0.172667          4  1.944399
23    603129      春风动力   2.26  ...  1.340662         32  4.818744
```

```
24    300702      天宇股份   3.21  ...  1.030034        18  1.293802

[11 rows x 9 columns]
```

最后出现 11 只股票满足要求。为查询方便，只输出股票代码列表结果。

```
print(result.stockcode.tolist())
```

输出结果如下。

```
['603661', '603208', '688139', '300443', '603378', '002973', '300690', '300548',
'605168', '603129', '300702']
```

（8）为进一步考察这些股票在 2020 年末至 2021 年春节时间段内产生的收益，计算如下。

```
#calculate cumret of canslim results:
stocklist=['603661', '603208', '688139', '300443', '603378', '002973',
           '300690', '300548', '605168', '603129', '300702']
```

加入上证综指进行绩效比较。

```
sh=cf.Custom().read_local_xts(symbol='999999',startdate='2020-11-01')
```

计算每个收益率，并保存到 canslim。

```
canslim=pd.DataFrame(index=sh.index,columns=stocklist)
for column in stocklist:
    tmp=cf.Custom().read_local_xts(symbol=column,startdate='2020-11-01')
    canslim[column]=tmp['ret']
```

计算投资组合的收益率，假定每只股票持有的股数相同，一直持有到最末数据时间点，分别计算平均收益率和累计收益率。

```
canslim['mean']=canslim.mean(axis=1)
canslim['cumret']=(canslim['mean']+1).cumprod()-1
print(canslim.head())
```

得到结果如下所示。

```
              603661    603208    688139  ...    300702      mean    cumret
date                                        ...
2021-02-03  0.011002 -0.012849  0.020693  ...  0.005911 -0.001954 -0.064894
2021-02-04 -0.007585  0.080664  0.038497  ... -0.022405 -0.009333 -0.073621
2021-02-05 -0.001329 -0.045325  0.014148  ...  0.007765 -0.033970 -0.105090
2021-02-08 -0.024289 -0.024817 -0.031037  ... -0.010687 -0.002425 -0.107260
2021-02-09 -0.005115 -0.010554 -0.019531  ...  0.002512  0.021198 -0.088336
```

（9）使用图形展示持有投资组合的结果。

```
fig,ax=plt.subplots()
ax.plot(sh['cumret'],color='black')
ax.plot(canslim['cumret'],color='red')
plt.show()
```

得到的结果如图 4-14 所示。

从图 4-14 可以看出，CANSLIM 投资组合结果实在让人失望。从季报披露一开始就不断下行，上证综指都从 3 300 点上涨至 3 600 点，大约 300 个点，而投资组合却下行约 10%，结果很不理想，但这并不代表上述策略毫无价值，在实际中，需要不断对以上思路进行修改，并根据自己的思考加入或转换新的元素，从而得到让自己满意的答案。

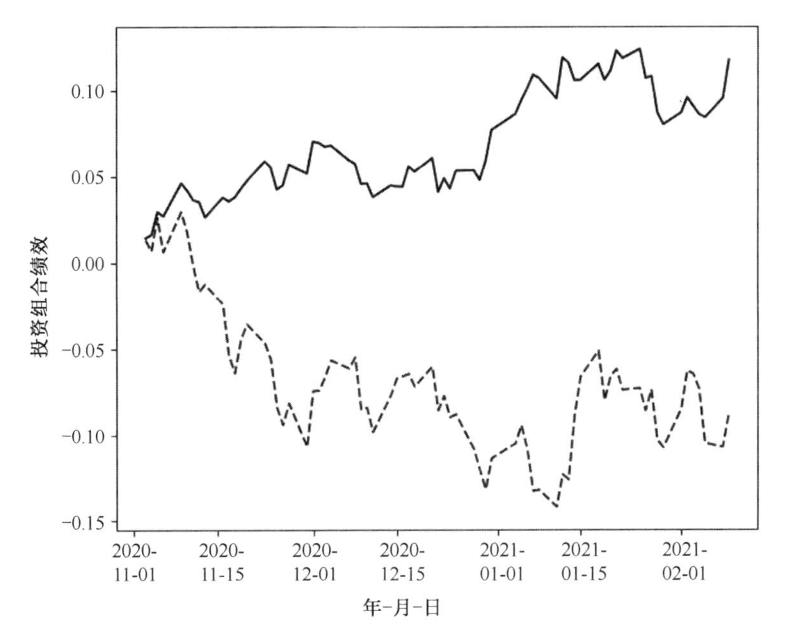

图 4-14　2020 年 11 月 1 日至 2021 年 2 月 9 日 CANSLIM 投资组合绩效

4.4　金融与统计模型分析

笔者在查阅了大量的文献和资料后，发现计量经济学、时间序列和数据挖掘等模型在量化投资领域的研究更多在理论中，实盘的应用很少。本节从笔者实践和经典的 CAPM 模型等方面，阐述统计在股票市场中的应用。

4.4.1　CAPM 模型 alpha 与 beta

在投资组合过程中，最常听到的就是 alpha 和 beta，这来源于资本资产定价模型。CAPM 是建立在马科威茨模型基础上的，马科威茨模型的假设自然包含在其中。

根据 1.4.4 节 beta 和 alpha 值公式原理，可知，如果一个股票的 beta 值是 2.0，无风险回报率是 3%，市场回报率（Market Return）是 7%，那么市场溢价（Equity Market Premium）就是 4%=（7%−3%），股票风险溢价（Risk Premium）为 8%（2×4%，用 beta 值乘以市场溢价），那么股票的预期回报率为 11%（8%+3%，即股票的风险溢价加上无风险回报率）。

由于资本资产定价模型依赖于严格的假设，经过大量学者和市场验证，这种单因子模型并不能完全解释投资回报，因此后续提出了三因子和五因子模型。

在 CAPM 模型的基础上，詹森提出了新的指标——詹森指数，也就是 alpha 值，用于衡量投资业绩，具体公式为

$$\alpha = r_i - r_f - \beta_{im}\left(E\left(r_m\right) - r_f\right)$$

其中，$\alpha>0$，表示投资获得平均比预期回报大的实际回报；$\alpha<0$，表示投资获得平均比预期回报小的实际回报；$\alpha=0$，表示投资获得平均与预期回报相等的实际回报。

正因为如此，在实际过程中，常用如下模型对α和β进行估计，即

$$r_i - r_f = \alpha + \beta(r_m - r_f) + \varepsilon$$

其中，r_i为某投资组合（单只股票为特殊的投资组合）的真实回报率；r_f为市场无风险回报率；r_m为市场回报率，常数项α即α值（Jensen 指数），即对应超额回报（意味着其他因子得到的超额回报）；回归系数β为β值，即资本资产定价模型的β；ε为随机干扰项。

实际计算中，需要注意以下几点。

（1）确定某个指数作为市场组合的代表，常见的是上证综指或沪深 300 指数。同时确定市场无风险报酬率，一般采用短期国债收益率代替。

（2）确定要研究资产组合，常见为某只股票或某证券投资组合。

（3）时间序列的选择。一般选择月度回报率（如美林集团），在某些情况下，也可以使用日收益率，高频数据由于数据量大，得到的结果相对稳健。数据区间一般选择滚动 5 年收益率。

上述的计算很简单，但现实中在研究某只股票时，首先需要完成以下步骤来获得需要的 3 个已知量。① 选取合适的变量作为无风险回报率（Free-risk Return）和市场平均收益率（Average Rate of Return，ARR）。② 根据股票过往的表现和相关变量的历史数值，通过回归的方式计算股票的 beta 系数，此处可以运用 R、Stata 等软件进行回归。

案例 4-13：① 计算 2010 年以来整个时间段贵州茅台的超额回报 alpha 和 beta 值；② 计算滚动 alpha 和 beta 值；③ 对 2020 年以来所有个股的 alpha 和 beta 值进行排序。

在分析中，为简单起见，取无风险报酬率为 0。

（1）导入库。

```
import pandas as pd
import pri_strat.cst_fun as cf
from scipy import stats
import statsmodels.api as sm
import matplotlib.pyplot as plt
```

（2）读取贵州茅台和上证综指数据，此处为方便起见，使用自定义函数读取。

```
sh=cf.Custom().read_local_xts(symbol='999999',startdate='2010-01-01')
gzmt=cf.Custom().read_local_xts(symbol='600519',startdate='2010-01-01')
#droping suspension days get same length data
```

考虑到个股存在停牌的可能，需要把数据对齐，即对应的数据量应该保持一致，否则后续无法进行回归，具体使用 merge 函数。

```
data=sh[['ret']].merge(gzmt[['ret']],on='date')
```

重新命名如下。

```
data.columns=['sh','gzmt']
print(data.head())
```

结果如下。

```
                  sh      gzmt
date
2010-01-05  0.011844 -0.007124
2010-01-06 -0.008522 -0.037953
2010-01-07 -0.018877 -0.044750
2010-01-08  0.001009 -0.026710
2010-01-11  0.005241 -0.011189
```

（3）为方便起见，此时根据日度数据计算整个时间段的值，滚动回归进行处理。具体可运用 SciPy 库进行线性回归。

```
result=stats.linregress(data.sh,data.gzmt)
```

总共得到 5 个结果，此处选择前两个，分别为斜率（beta）和截距项（alpha）。

```
print(result[0:2])
```

结果如下。

```
(1.0096914182772538, 0.001792847773037324)
```

当然也可以使用 statsmodel 进行 OLS 回归。

```
model=sm.OLS(endog=data.gzmt,exog=sm.add_constant(data.sh)).fit()
print(model.params)
```

只查看回归系数结果如下。

```
const    0.001793
sh       1.009691
dtype: float64
```

可以看出，两种方法的结果保持一致。

从上面可以看出，2010 年以来，贵州茅台存在超额收益率为 0.18%。

（4）计算贵州茅台滚动 alpha 和 beta 值。为简单起见，按月移动的年度 alpha 和 beta，其中，移动项为一个月，也就是说，计算 alpha 和 beta 的时间长度为 1 年（200 日或 250 日，此处选择 200 日），每计算一次移动 30 日再循环计算。首先生成空列表以备存储数据，考虑到计算的值最好对应时间点，从而方便查看，此时需要使用 for 循环。

```
capm=[]
date=[]
for i in range(0,data.shape[0],30):
    tmp=data.iloc[i:i+200,:]
    if tmp.shape[0]==200:
        date.append(str(tmp.index[-1].date()))
        tmpmodel=stats.linregress(tmp.sh,tmp.gzmt)
        capm.append(tmpmodel[0:2])
```

最后将结果合并到一起。

```
capm=pd.DataFrame(capm,index=date,columns=['beta','alpha'])
capm.index=pd.to_datetime(capm.index)
print(capm.head())
print(capm.describe())
```

后者结果如下：

```
             beta      alpha
count  84.000000  84.000000
mean    1.055666   0.001868
std     0.322038   0.001713
min     0.503668  -0.002942
25%     0.852327   0.001063
50%     1.002894   0.002211
75%     1.213654   0.003010
max     2.151422   0.005694
```

为使结果可视化，绘制线图如下。

```
fig,ax=plt.subplots(2,1)
ax[0].plot(capm['alpha'])
ax[0].legend(['alpha'])
ax[0].axhline(color='black')
ax[1].plot(capm['beta'])
ax[1].legend(['beta'])
ax[1].axhline(y=0,color='black')
ax[1].axhline(y=capm.beta.mean(),color='red')
plt.show()
```

得到的结果如图 4-15 所示。

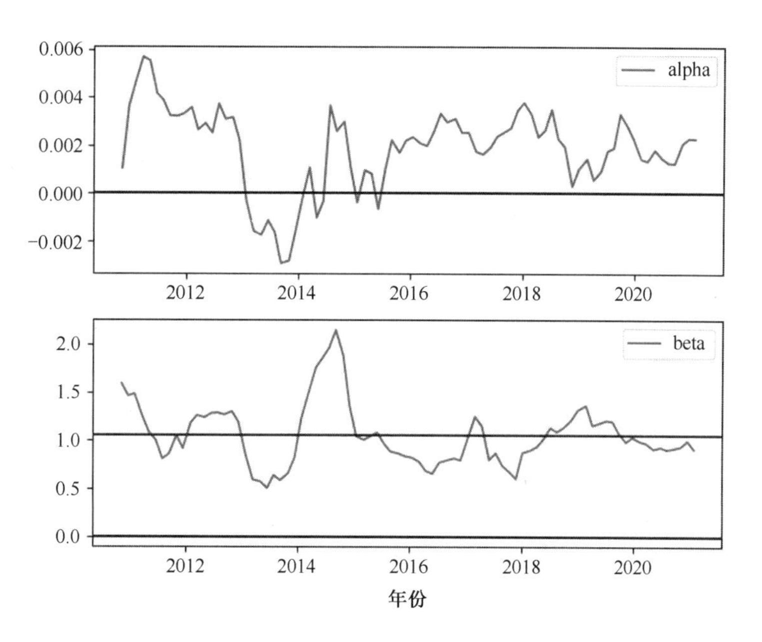

图 4-15 贵州茅台股票 2011—2020 年的移动 alpha 和 beta 变化趋势

（5）对 2020 年所有个股的 alpha 和 beta 进行排序。为分析同一时期所有股票的 beta 与 alpha 的情况。

第一，读取股票列表，此处使用从新浪财经网爬虫下载的季度报表。

```
stocklist=pd.read_csv(r'e:/datasets/finStats/sina/profit/2020q3.csv',
            delimiter=',',usecols=['股票代码', '股票名称'])
stocklist.columns=['stockcode','stockname']
stocklist['stockcode']=stocklist['stockcode'].astype(str).str.zfill(6)
```

第二，设置空列表用于存储数据。

```
capmall=[]
stocks=[]
sh=sh[sh.index>'2020-01-01']
```

第三，循环读取数据并使用线性回归进行计算。

```
for stockcode in stocklist['stockcode']:
    tmp=cf.Custom().read_local_xts(symbol=stockcode,startdate='2020-01-01')
    data=sh[['ret']].merge(tmp[['ret']],on='date')
    if data.shape[0]>=150:
        data.columns = ['sh', 'other']
        modres = stats.linregress(data.sh, data.other)
        stocks.append(stockcode)
        capmall.append(modres[0:2])
```

第四，将 list 列表转换为数据框。

```
capmall=pd.DataFrame(capmall,columns=['beta','alpha'],index=stocks)
```

进行数据描述性统计。

```
print(capmall[['beta','alpha']].describe())
```

结果如下。

```
              beta        alpha
count  3844.000000  3844.000000
mean      1.064525    -0.000337
std       0.304425     0.001890
min      -1.513420    -0.009140
25%       0.885678    -0.001418
50%       1.062191    -0.000636
75%       1.257391     0.000509
max       2.698241     0.016614
```

可以看出，alpha 和 beta 的中位数分别为-0.000636 和 1.06。

第五，进一步查看高 beta 值的股票。

```
capmall.sort_values('beta',ascending=False,inplace=True)
print(capmall.head(10))
```

结果如下。

```
            beta     alpha
688318  2.698241 -0.003361
688126  2.541551  0.003534
300059  2.143207  0.003146
688019  2.096924  0.003078
688258  2.068309 -0.002845
688122  2.063484  0.001894
688138  2.058891 -0.000120
688158  2.035302 -0.002206
688123  2.021013 -0.002112
600918  2.016548  0.002930
```

具有高 beta 值的股票说明个股很容易随着大盘的波动而波动。可以发现，这些股票大多数分布在科创板。

查看低 beta 值的股票。

```
print(capmall.tail(10))
```

结果如下。

```
            beta     alpha
000007  0.211194 -0.004615
603880  0.200055  0.000797
002603  0.184658  0.003118
000597  0.177331 -0.000341
600630  0.167168 -0.001719
600488  0.163132  0.000883
600488  0.163132  0.000883
600267  0.161703  0.002459
```

```
002349  0.161664  0.000025
600593  0.160811 -0.002560
```

说明不管大盘如何波动，这些股票都变化不大。可以发现，这些股票大多数分布在沪深主板。

同理，对 alpha 进行排序。

```
capmall.sort_values('alpha',ascending=False,inplace=True)
print(capmall.head(10))
```

结果如下。

```
            beta     alpha
603392  1.292957  0.016614
300677  0.344201  0.012398
300846  0.866960  0.011762
603290  1.472570  0.010004
300841  1.875697  0.008796
300274  1.419202  0.008742
603185  1.548578  0.008293
300763  1.676512  0.007993
002985  1.200368  0.007947
002985  1.200368  0.007947
```

说明这些股票可能存在超额收益。

```
print(capmall.tail(10))
```

结果如下：

```
            beta     alpha
603399  0.883522 -0.005337
000687  0.901074 -0.005356
688466  0.771375 -0.005458
300038  1.294783 -0.005475
688588  1.808857 -0.005613
600145 -0.054313 -0.005721
600978  0.733088 -0.005793
688518  1.095172 -0.006122
002592  0.683979 -0.006173
688528  0.811832 -0.006205
```

说明这些股票存在超额亏损，而不是超额收益。

4.4.2 A 股日历效应检验

日历效应是指金融市场与日期相联系的非正常收益、非正常波动及其他非正常高阶矩特征，主要包括季节效应、月份效应、星期效应和假日效应，它们分别指金融市场与季节、月份、星期和假日有关的异常收益和异常方差等。中国股票市场有一些特有的日历效应。例如，在每年临近春节的消费股行情，临近两会时有两会行情，每年在这些特殊的时间段，股票市场都会呈现规律性的变化。

日历效应来源于美国市场的研究。例如，在美国的股票市场表现为“1 月效应”，即 1 月的平均收益率显著高于其他月份的平均收益。该现象最早由美国学者瓦切尔（Wachtell）于 1942 年发现，但直到 1976 年罗兹弗（Rozef）和金乃尔（Kinney）系统地将这一异象揭示出来，“1 月效应”才逐渐进入现代金融学者的视野，并逐渐形成一套科学严谨的“月份效应”研究体系，包括“1 月效应”主要体现在小规模公司的股票上，并相应地提出了“减税卖出假说”等理论解释。

瑞特（Ritter）的研究指出，个体投资者倾向于持有更多的小规模企业股票，而机构投资者则倾向于持有较多的大规模企业股票，由于抱有税减动机的多数为个体投资者，因而会导致“小规模股票的 1 月效应”。这一解释表明，美国市场的 1 月效应是由部分投资者（个体投资者）的季节性投资行为（年末卖掉亏损股票以避税）和这部分投资者的风险偏好特点（重点投资小规模股票）共同引起的。

有学者研究指出，我国股票市场总体呈现“3 月、12 月效应”，其原因是我国元旦、春节期间的消费需求变动。本节具体以上证综指为例，分析是否存在日历效应。具体如下。

案例 4-14：以 1991 年至 2020 年末上证综指为例，分析中国市场是否存在月度效应。

（1）导入库。

```
import pri_strat.cst_fun as cf
import pandas as pd
import matplotlib.pyplot as plt
from scipy import stats
```

为查看方便，设置最大列数。

```
pd.set_option('display.max_columns',20)
```

（2）使用自定义函数，读取 1990—2020 年上证综指数据。

```
sh=cf.Custom().read_local_xts(symbol='999999',startdate='1991-01-01',
                              enddate='2020-12-31',myrule='M')
print(sh.tail())
```

输出结果显示如下。

```
              open     high      low ...     turnover       ret    cumret
date                                  ...
2020-08-31 3332.18  3456.72  3263.27  ...  9.621175e+12 -0.002388  0.046835
2020-09-30 3389.74  3425.63  3202.34  ...  6.193725e+12 -0.001957 -0.007926
2020-10-31 3262.61  3371.09  3219.42  ...  4.268415e+12 -0.014728 -0.005928
2020-11-30 3228.72  3456.74  3209.91  ...  7.256434e+12 -0.004856  0.045626
2020-12-31 3388.99  3474.92  3325.17  ...  8.351828e+12  0.017168  0.070693
```

（3）为分析月度效应，需要对所有年份对应相同的月份进行统计，具体对月度进行分组，并进行描述性统计。

```
#get stats
shstats=(sh[['ret']]*100).groupby(sh.index.month).describe()
```

为后续方便，对描述性统计结果重新命名。

```
shstats.columns=['count','mean','std','min','25%','50%','75%','max']
print(shstats)
```

结果如下。

```
      count      mean       std  ...       50%       75%        max
date                             ...
1      30.0  0.137246  2.234879  ...  0.143240  1.049963   6.807246
2      30.0 -0.119112  1.890660  ... -0.064267  0.842361   3.942579
3      30.0  0.009506  1.438354  ...  0.078246  0.514829   3.199396
4      30.0  0.262257  1.904044  ...  0.339003  0.978301   4.816357
5      30.0  0.521098  1.782116  ...  0.346594  1.314805   6.424920
6      30.0 -0.132642  1.728712  ... -0.170789  0.731371   5.531417
7      30.0  0.031142  2.083305  ... -0.228466  0.589634   9.223102
8      30.0  0.139780  1.872386  ...  0.131635  0.997918   3.852156
9      30.0  0.243934  1.509806  ...  0.373403  1.020963   2.641698
10     30.0  0.090787  1.441335  ... -0.038283  0.996075   4.749613
11     30.0  0.693024  2.901847  ...  0.228331  1.107367  13.632443
12     30.0  0.473093  1.199731  ...  0.415601  1.063597   4.201605
```

上述共 30 年的数据，分别显示各月度的均值、标准差和各分位数结果，但可视化不强。

（4）为增强可视化，需要绘制相关的图。此处以均值和中位数为标准，绘制柱形图。

```
shstats.plot(y=['mean','50%'],kind='barh',
        color=['r','b'],figsize=[10,8])
plt.axvline()
plt.show()
```

结果如图 4-16 所示。

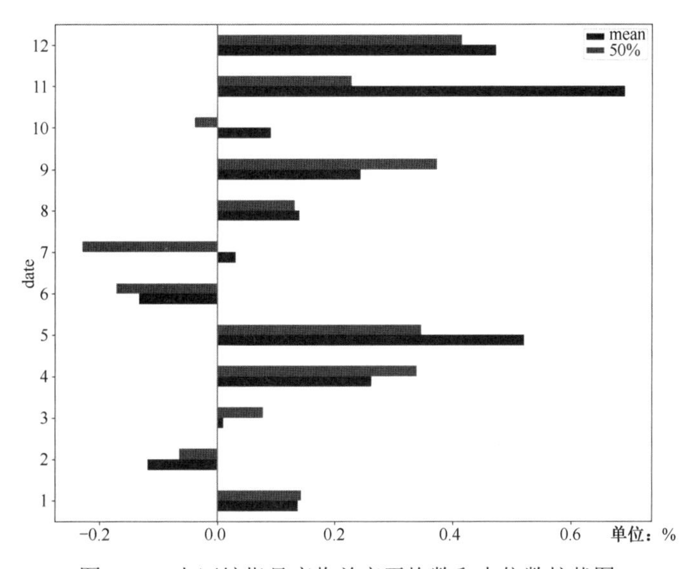

图 4-16　上证综指月度收益率平均数和中位数柱状图

从图 4-16 中看，月度效应比较显著的是 5 月、9 月、11 月和 12 月，数值比较大，且为正，而 2 月、6 月、7 月则数值为负。简单地看，前面月份存在正收益，后面月份存在负收益，但是否真正存在月度效应，最好进行统计检验。

（5）进一步检验。在统计检验中，包括正态检验、t 检验、F 检验和卡方检验。这里的均值显著性检验只能用正态检验和 t 检验，考虑到数据只有 30 期，小样本量，则用 t 检验。使用 stats 库里的检验统计量函数，具体如下：

```
#t-test
for i in range(1,13):
    tmp=sh[sh.index.month==i][['ret']]
    #t-test
    tstats,pvalue=stats.ttest_1samp(tmp['ret'],popmean=0)
    print('the {:d}-month: t-stats {:.4f}, pvalue {:.4f}'.format(
        i,tstats,pvalue))
```

结果如下：

```
the 1-month: t-stats 0.3364, pvalue 0.7390
the 2-month: t-stats -0.3451, pvalue 0.7325
the 3-month: t-stats 0.0362, pvalue 0.9714
the 4-month: t-stats 0.7544, pvalue 0.4567
the 5-month: t-stats 1.6016, pvalue 0.1201
the 6-month: t-stats -0.4203, pvalue 0.6774
the 7-month: t-stats 0.0819, pvalue 0.9353
the 8-month: t-stats 0.4089, pvalue 0.6856
the 9-month: t-stats 0.8849, pvalue 0.3835
the 10-month: t-stats 0.3450, pvalue 0.7326
the 11-month: t-stats 1.3081, pvalue 0.2011
the 12-month: t-stats 2.1598, pvalue 0.0392
```

上述分别是每个月的 t 统计量和对应的 P 值，只有 12 月的数据拒绝为零的原假设，也就是说，只有 12 月的正效应是显著的，其他月份都不显著[①]。

（6）但实际上，股票收益率的分布并不服从 t 分布，使用 t 分布并不准确。由于均值容易受到极端值的影响，进一步参考非参数方法进行分析。具体可使用正负符号进行统计分析。把上涨记为 1，下跌记为-1，对应如下：

```
shsign=sh.copy()
shsign[shsign>0]=1
shsign[shsign<0]=-1
#print(shsign)
```

按月度查看符号统计结果。

```
signstats=shsign[['ret']].groupby(shsign.index.month).agg({'ret':['mean','sum']})
print(signstats)
```

---

① 这与安信放证券常科丰《中国股票市场月度效应和周末效应》结果存在差异。

结果如下。

```
          ret
         mean   sum
date
1     0.066667   2.0
2    -0.066667  -2.0
3     0.133333   4.0
4     0.466667  14.0
5     0.333333  10.0
6    -0.133333  -4.0
7    -0.066667  -2.0
8     0.133333   4.0
9     0.266667   8.0
10    0.000000   0.0
11    0.266667   8.0
12    0.333333  10.0
```

以上可以看出，加总后绝对值比较大的是 4 月、5 月和 12 月。例如，4 月，30 个月中，其中正负加总还有 14 个月为正，也就是说，只有 8 个月为负数，剩下 22 个月为正数。虽然系数检验不显著，但在 4 月持有的话，73%的机会出现上涨，还是可以接受的。

（7）进一步思考。金融资产的收益率分布更多服从拉普拉斯分布。此处使用这个分布检验 12 月的显著性，具体如下。

第一，设置拉普拉斯分布的参数。在 stats 库中，函数的参数更多使用位置参数、尺度参数和形状参数等，需要把统计中的均值和方差转换成位置参数和尺度参数。根据分析发现，位置参数对应均值、尺度参数对应标准差的一半。

```
#laplace test month-12 significance
loc=0.473093 #mean
scale=1.199731/2 #sd/2
```

以 10%为标准，获取左侧 5%拒绝域的分位数如下。

```
#get left quantile
limit=stats.laplace.ppf(q=0.05,loc=loc,scale=scale)
print(limit)
```

结果如下。

```
-0.9081483581014198
```

小于 0，说明不拒绝零，因此，12 月月度效应其实是不存在的。当然，也可以使用 90%的置信区间方法进行分析。

```
#get 90% interval
interval=stats.laplace.interval(alpha=0.90,loc=loc,scale=scale)
print(interval)
```

结果如下。

```
(-0.90814835810142, 1.8543343581014193)
```

结果区间包含零，也就是说不拒绝零。

利用拉普拉斯分布检验发现，12 月的统计检验并不显著。读者可自行利用上述方法测试其他月份的显著性。

4.4.3 回报率随机模拟

第 2 章介绍了随机模拟方法的基础。随机模拟在金融中有着重要的应用。在构建投资组合过程中，利用随机方法构建大量的随机投资组合，分析何种组合能够达到收益最大化。下面使用随机方法，构建股票的走势和投资组合，同时使用不同的假定条件模拟收益率的分布，并计算风险价值。

案例 4-15：在沪深主板、中小板和创业板各选择一只股票，具体为浦发银行（600000）、平安银行（000001）、特锐德（300001）和新和成（002001），构建投资组合，使用不同分布方法随机模拟股票可能的走势，并计算 VaR 等值。

（1）导入库。

```
import pandas as pd
import matplotlib.pyplot as plt
import random
import matplotlib as mpl
import pri_strat.cst_fun as cf
import numpy as np

mpl.style.use('ggplot')
figsize=(8,6)
```

（2）使用自定义函数分别读取数据，选取时间为 2015 年至 2022 年。

```
pfyh=cf.Custom().read_local_xts(symbol='600000',startdate='2015-01-01')
payh=cf.Custom().read_local_xts(symbol='000001',startdate='2015-01-01')
trd=cf.Custom().read_local_xts(symbol='300001',startdate='2015-01-01')
xhc=cf.Custom().read_local_xts(symbol='002001',startdate='2015-01-01')
sh=cf.Custom().read_local_xts(symbol='999999',startdate='2015-01-01')
```

为方便后续分析，将各股票收盘价整合在一起。

```
data=pd.DataFrame(index=sh.index,columns=['pfyh','mdjt','lpyl','xhc'])
data.iloc[:,0]=pfyh.close
data.iloc[:,1]=payh.close
data.iloc[:,2]=trd.close
data.iloc[:,3]=xhc.close
```

（3）图示查看趋势变化。为显示 4 只股票的走势，考虑到股票价格存在较大的差异，因此，使用相对化方法进行处理。

```
data=data/data.iloc[0,:]
```

绘图如下：

```
data.plot(figsize=figsize)
```

显示结果如图 4-17 所示。

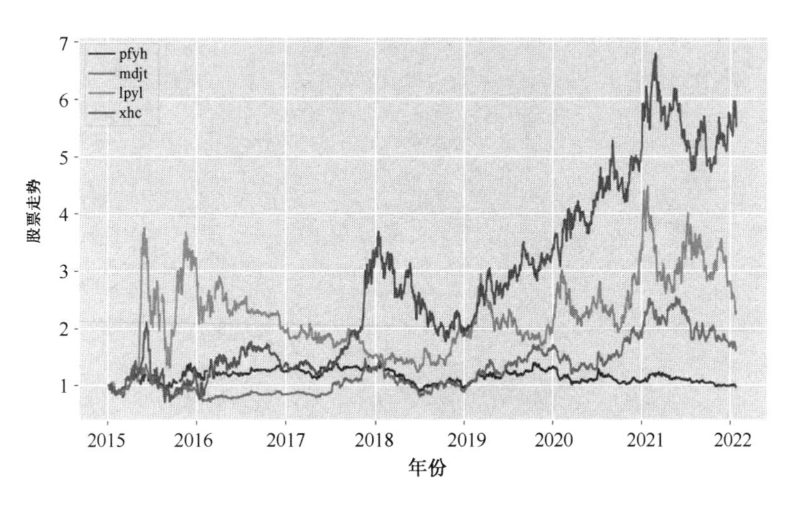

图 4-17　2015 年至今，4 只股票的相对走势

（4）构建投资组合。为方便起见，此处每只股票都买入相同的股份，在此基础上计算投资组合回报率。

```
portfolio_returns = data.pct_change().dropna().mean(axis=1)
portfolio = (data.pct_change().dropna().mean(axis=1) + 1).cumprod()
```

查看投资组合结果。

```
print(portfolio_returns.head())
date
2015-01-07   -0.025609
2015-01-08   -0.025678
2015-01-09    0.000744
2015-01-12   -0.010418
2015-01-13    0.007258
```

进一步绘图查看结果。

```
data.plot(figsize=figsize, alpha=0.4)
portfolio.plot(label='Portfolio', color='black')
plt.legend()
plt.show()
```

显示结果如图 4-18 所示。

（5）使用历史随机模拟方法，具体从原先每日的收益率中随机抽取收益率，生成一年（252 天）共 1 000 个随机结果。

```
portfolio_bootstrapping = (1+pd.DataFrame([random.choices(list(
    portfolio_returns.values), k=252) for i in
    range(1000)]).T.shift(1).fillna(0)).cumprod()
```

从原先所有的回报率中随机选取 252 行 1 000 列回报数据构建投资组合结果。

```
portf_bootstrap=pd.DataFrame(np.random.choice(list(portfolio_returns.values),
                                              size=(252,1000)))
print(portf_bootstrap.head())
```

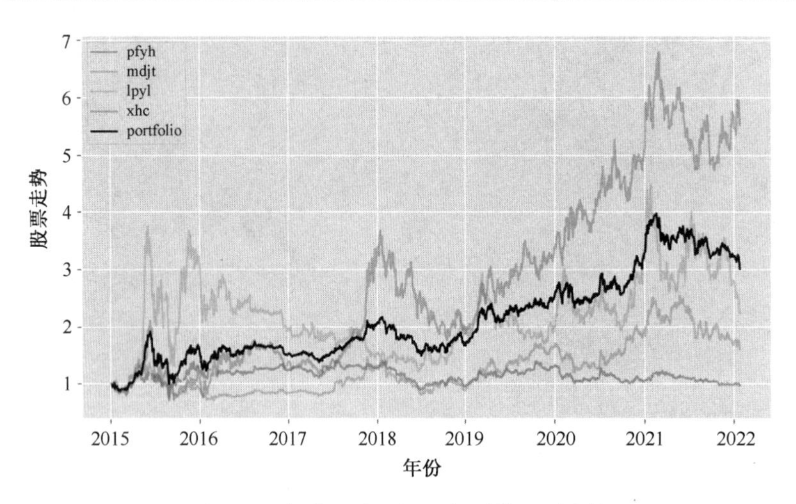

图 4-18　投资组合回报与各原始股票走势

输出结果为：

```
          0         1         2    ...       997       998       999
0 -0.029202 -0.012050 -0.005655   ...  0.018840  0.007258 -0.015592
1  0.026231  0.002597 -0.001665   ...  0.007054 -0.028566 -0.001665
2  0.014672  0.004569  0.001884   ... -0.016101 -0.013730  0.001051
3  0.002769  0.025320  0.017120   ... -0.013369 -0.017107 -0.039667
4  0.011231 -0.001890  0.004423   ...  0.037300  0.000245 -0.018956

[5 rows x 1000 columns]
```

进一步查看累计回报率结果。

```
simulation=(1+portf_bootstrap).shift().cumprod()
print(simulation.head())
```

输出结果如下所示。

```
          0         1         2    ...       997       998       999
0       NaN       NaN       NaN   ...       NaN       NaN       NaN
1  0.970798  0.987950  0.994345   ...  1.018840  1.007258  0.984408
2  0.996263  0.990515  0.992690   ...  1.026027  0.978485  0.982769
3  1.010880  0.995041  0.994560   ...  1.009507  0.965050  0.983802
4  1.013680  1.020236  1.011586   ...  0.996011  0.948541  0.944777
simulation.plot(figsize=figsize,legend=False,linewidth=1,alpha=0.2,color='blue')
plt.show()
```

显示结果如图 4-19 所示。

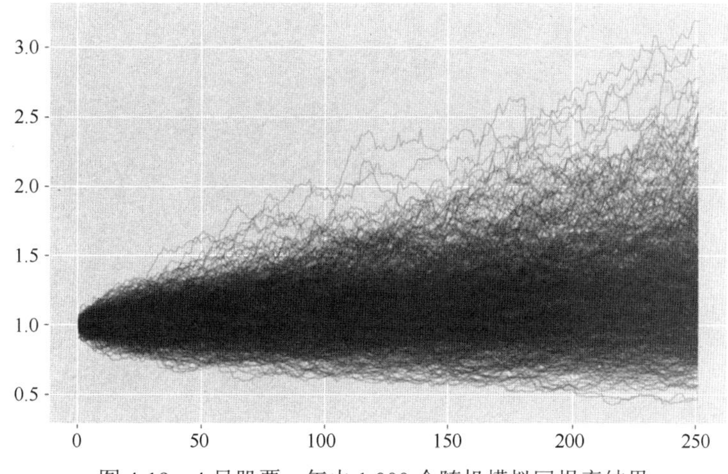

图 4-19　4 只股票一年内 1 000 个随机模拟回报率结果

（6）随着收益率分布的差异，投资组合回报也会发生变化。进一步假定收益率服从正态分布，则可以使用正态分布构建随机投资组合。先确定正态分布对应的均值和方差。

```
u=portfolio_returns.mean()
sigma=portfolio_returns.std()
```

在此基础上生成（252，1000）维度正态分布随机数的投资组合。

```
portf_normal=pd.DataFrame(np.random.normal(u,sigma,size=(252,1000)))
print(portf_normal.head())
```

查看结果如下所示。

```
          0         1         2   ...       997       998       999
0 -0.039234 -0.018992  0.028325   ...  0.010438  0.016485  0.015855
1  0.015105  0.020939  0.012539   ... -0.020095  0.014159 -0.006915
2 -0.009916 -0.006317 -0.001978   ...  0.002575  0.001868 -0.006235
3  0.014824  0.031941 -0.042047   ...  0.015414  0.002755 -0.015216
4  0.002284 -0.008549 -0.007208   ... -0.015141 -0.009443  0.005761
```

在此基础上查看收益率的走势，如下所示。

```
simulation2=(1+portf_normal).shift().cumprod()
simulation2.plot(figsize=figsize,legend=False,linewidth=1,alpha=0.2,color='green')
plt.show()
```

显示结果如图 4-20 所示。

（7）股票收益率很可能服从拉普拉斯分布，因此，进一步模拟拉普拉斯分布的结果。根据拉普拉斯对应的位置参数和尺度参数可知，位置参数就是均值，尺度参数为标准差开根号，拉普拉斯随机投资组合如下。

```
portf_laplace=pd.DataFrame(np.random.laplace(loc=u,scale=sigma/np.sqrt(2),
                                             size=(252,1000)))
```

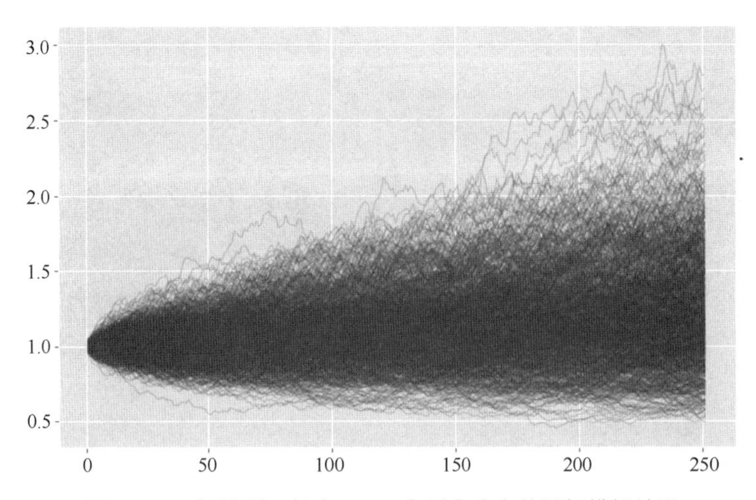

图 4-20　4 只股票一年内 1 000 个正态分布的随机模拟结果

进行图示分析：

```
simulation3=(1+portf_laplace).shift().cumprod()
simulation3.plot(figsize=figsize,legend=False,linewidth=1,alpha=0.2,color='yellow')
```

显示结果如图 4-21 所示。

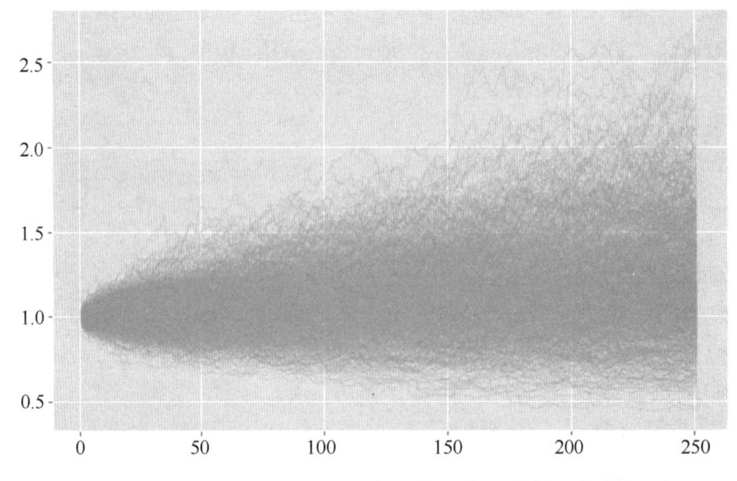

图 4-21　4 只股票一年内 1 000 个拉普拉斯分布的随机模拟结果

（8）从图 4-19 和图 4-21 中看不出不同分布条件下有什么差异。为定量分布三者的差异，查看不同随机模拟方法的风险价值和条件风险价值。

```
#calculation var and CVaR
bs=simulation.iloc[-1,:].T
normal=simulation2.iloc[-1,:].T
laplace=simulation3.iloc[-1,:].T
out=pd.DataFrame(bs)
```

```
out.columns=['bs']
out['normal']=normal
out['laplace']=laplace
```

计算分位数：

```
VaR_out=out.quantile(0.05)
```

累计收益率需要减去 1，则 VaR 为：

```
print(VaR_out-1)
```

不同条件下对应结果为：

```
bs        -0.251624
normal    -0.303314
laplace   -0.283231
Name: 0.05, dtype: float64
```

可以看出，不同的分布，给定一年的持有期，在 95%置信水平下自助法抽样对应的最大损失为 0.25，正态分布假定对应最大损失为 0.3，而拉普拉斯分布假定对应最大损失为 0.28。

进一步查看 cVaR 的结果：

```
cVaR_bs=bs[bs<=VaR_out[0]].mean(axis=0)
cVaR_normal=normal[normal<=VaR_out[1]].mean(axis=0)
cVaR_laplace=laplace[laplace<=VaR_out[2]].mean()
print(cVaR_bs-1,cVaR_normal-1,cVaR_laplace-1)
```

输出结果为：

```
-0.3393210239954577 -0.3744555157640753 -0.3620341329589548
```

其中，正态分布假定条件下对应的 cVaR 达到最大，为 37.45%。

4.4.4 上证综指收益率分布的拟合

在经典的理论模型，特别是计量经济学模型中，都要求变量或随机干扰项服从正态分布，如经典的线性回归模型；在金融工程中，由于金融产品的波动比较大，且存在非对称性，通常也要与正态分布相关，具体为对数正态分布，如期权期货定价原理的 B-S 模型。那么，真实的收益率究竟服从什么分布呢？

案例 4-16：对 2010 年以来的上证综指收益率数据，使用不同的分布进行拟合，看哪个分布的拟合最合适。

下面分别使用 3 种方法进行处理。第一种是用经验累积分布与理论累积分布关系的非参数检验方法，第二种和第三种直接使用库进行处理。

1. 非参数检验方法

将样本的分布函数（也称“经验分布函数”），与某种理论的分布函数（如正态分布）叠放在一起进行比较。通过非参数假设检验，检验样本是否来自给定的分布，常见的分布拟合检验方法有卡方检验、经验分布拟合检验和正态性 W 检验等，具体可参见非参数统计相关书籍。此处使用经验分布拟合检验方法。

（1）导入库，并读取数据。

```
import pandas as pd
import numpy as np
from scipy import stats
from sklearn.preprocessing import StandardScaler
from reliability.Fitters import Fit_Everything
import pri_strat.cst_fun as cf
import matplotlib.pyplot as plt

data=cf.Custom().read_local_xts(symbol='999999',startdate='2010-01-01')
```

（2）考虑到需要使用不同的分布进行拟合，为方便起见，对数据进行标准化，具体可使用 Sklearn 中的方法。为使用 StandardScaler 方法，首先要把数据变换成要求的 Array 类型。

```
y=np.array(data['ret']).reshape(-1,1)
sc=StandardScaler()
sc.fit(y)
y_std=sc.transform(y).flatten()
print(y_std)
```

（3）选择拟合分布的类型，分别为对数正态、威布尔和正态分布等。

```
dist_names=['lognorm','weibull_min','laplace','norm','t','loggamma','beta',
          'expon','pearson3','triang','gumbel_l','dweibull']
```

进一步预设空列表，保存后续的结果。

```
chi_square=[]
p_values=[]
```

将经验累积分布函数平均分为 50 份，并预置对应分位数部分的频率和累积频率。

```
pt_bins=np.linspace(0,100,51)
pt_cutoffs=np.percentile(y_std,pt_bins)
obs_freq,bins=(np.histogram(y_std,bins=pt_cutoffs))
cum_obs_freq=np.cumsum(obs_freq)
size=len(y)
```

（4）使用循环计算每种分布的拟合程度，具体可使用非参数方法的 K-S 检验，统计经验分布函数与理论分布函数的差异，并将结果保存到预设的列表中。

```
for distribution in dist_names:
    dist=getattr(stats,distribution)
    param=dist.fit(y_std)
    p=stats.kstest(y_std,distribution,args=param)[1]
    p=np.around(p,5)
    p_values.append(p)
    cdf_fitted=dist.cdf(pt_cutoffs,*param[:-2],
                    loc=param[-2],scale=param[-1])
```

```
    expected_freq=[]
    for bin in range(len(pt_bins)-1):
        expected_cdf_area=cdf_fitted[bin+1]-cdf_fitted[bin]
        expected_freq.append(expected_cdf_area)
    expected_freq=np.array(expected_freq)*size
    cum_expected_freq=np.cumsum(expected_freq)
    ss=sum(((cum_expected_freq-cum_obs_freq)**2)/cum_obs_freq)
    chi_square.append(ss)
```

（5）为显示方便，把结果保存为数据框，并按拟合大小进行排序。

```
results = pd.DataFrame()
results['Distribution'] = dist_names
results['chi_square'] = chi_square
results['p_value'] = p_values
results.sort_values(['chi_square'], inplace=True)
```

（6）结果输出如下：

```
print ('\nDistributions sorted by goodness of fit:')
print ('----------------------------------------')
print (results)
```

结果具体如下：

```
Distributions sorted by goodness of fit:
----------------------------------------
   Distribution     chi_square  p_value
2       laplace      13.823283  0.46881
4             t      26.584738  0.21238
11     dweibull      37.753796  0.07175
5      loggamma    1081.831727  0.00000
6          beta    1093.175463  0.00000
0       lognorm    1235.149345  0.00000
3          norm    1295.072196  0.00000
10    gumbel_l     4586.690253  0.00000
9        triang   34249.833395  0.00000
7         expon   95477.400652  0.00000
1   weibull_min  276496.107735  0.00000
8      pearson3  279394.103617  0.00000
```

需要注意的是，原预想的是假设的分布成立，即 P 值至少大于 0.05 才合理。从上述结果可以看出，最合适的是拉普拉斯分布，其次是 t 分布和双威布尔分布。其他分布的 P 值都为 0，即拒绝这些分布。因此，大致可以断定收益率服从的是拉普拉斯分布。

2. Distfit 库

Distfit 库是由荷兰国立基础设施和水资源管理部水资源统计局的一位数据科学

专家 Erdogan Taskesen 开发的，可以简单认为，这是库用来拟合水文地质领域中经常会遇到的一些分布，特别是极值分布，也比较适合金融领域。这个库是从 89 个理论分布函数中找出合适的分布函数及其对应的参数。

拟合过程相对非常简单，具体如下：

```
dist=distfit(todf=True)
dist.fit_transform(data['ret'])
dist.plot()
print(dist.summary)
print(dist.model)
dist.plot_summary()
```

输出结果如下：

```
        distr       score  LLE        loc        scale
0     gennorm     51.4708  NaN  0.00055366  0.00783142
1     laplace     52.4036  NaN 0.000505868  0.00912556
2  loglaplace     53.4283  NaN     -688605      688605
3      dgamma     58.0087  NaN 0.000503935  0.00949393
4   johnsonsu     88.8928  NaN 0.000625975  0.00935657
```

根据原文档设计可以得知，得分（score）越小越好。其中，第一个是广义正态分布，得分为 51.47，对应的参数分别为（0.000 553 66，0.007 831 42），第二个为拉普拉斯分布，得分为 52.40，对应的参数为（0.000 505 868，0.009 125 56），后面几个为对数拉普拉斯分布和双伽玛分布。

从以上也可以看出，拉普拉斯分布也是非常不错的选择。

3. Fitter 库

Fitter 库的开发者是法国巴黎生物信息学研究者 Thomas Cokelaer。这个库从 80 个分布函数中选择最合适的分布特征。编程也非常简单。

```
f=Fitter(data['ret'])
f.fit()
print(f.summary())
```

后续需要等待时间较长。最后得到的结果如下：

```
            sumsquare_error        aic          bic  kl_div
laplace          187.877128  15.045037 -7283.039138    inf
loglaplace       189.559562  15.251736 -7250.807386    inf
dgamma           206.059598   0.789295 -7023.122640    inf
gennorm          209.794915 -13.558240 -6974.114067    inf
johnsonsu        257.703123 -36.697933 -6405.113763    inf
```

可以看出，拉普拉斯分布仍是最优的结果。

通过上面的分析发现，解决一个问题，可以用最原始的编程方法（第一种），但在实际中，已经有人做过类似的工作，因此，要学会寻找资源，基于他人库的基础上进行分析会事半功倍。

4.4.5 随机投资组合

随机投资组合是使用随机方法生成不同的投资组合并计算投资绩效，并基于投资目标（如夏普比最大、风险最小）选择最优的投资组合结果。随机投资组合方法随着样本数目的不断增大，能够得到优化的投资组合结果，这个结果与线性规划方法得到的结果完全一致。

案例 4-17：① 基于 A 股市场上选择 4 只股票，构建不同的投资组合，并找出夏普比最大的投资组合结果。② 基于线性规划方法比较夏普比最大化投资组合结果是否一致。

（1）导入库。

```
import pandas as pd
import numpy as np
import matplotlib.pyplot as plt
import scipy.optimize as sco
from scipy import stats
import pri_strat.cst_fun as cf
```

（2）读取数据。分别从沪深主板、创业板和中小板各选一只股票进行分析，具体为浦发银行、美的集团、乐普医疗和新和成，同时为了绩效对比，选择上证综指为对比基准。

```
#reading four stocks from different plate
pfyh=cf.Custom().read_local_xts(symbol='600000',startdate='2015-01-01')
mdjt=cf.Custom().read_local_xts(symbol='000333',startdate='2015-01-01')
lpyl=cf.Custom().read_local_xts(symbol='300003',startdate='2015-01-01')
xhc=cf.Custom().read_local_xts(symbol='002001',startdate='2015-01-01')
sh=cf.Custom().read_local_xts(symbol='999999',startdate='2015-01-01')
```

（3）将数据整合在一起并计算收益率，此处使用对数型收益率进行计算。

```
data=pd.DataFrame(index=sh.index,columns=['pfyh','mdjt','lpyl','xhc'])
data.iloc[:,0]=np.log1p(pfyh['ret'])
data.iloc[:,1]=np.log1p(mdjt.ret)
data.iloc[:,2]=np.log1p(lpyl.ret)
data.iloc[:,3]=np.log1p(xhc.ret)
```

（4）随机生成投资组合，并计算投资组合的年度回报率与夏普比。为方便计算，先自定义函数，计算年度回报率与夏普比。其中，一年为 252 天。

第一，预设参数。

```
meanret=data.mean()
cov=data.cov()
rf=0
num_portfs=10000
```

第二，自定义函数。

```
def annualperf (weights,meanret,cov,rf=0):
    dailyret=np.dot(meanret,weights)
    dailysd=np.sqrt(np.dot(weights.T,np.dot(cov,weights)))
    dailysharpe=(dailyret-rf)/dailysd
    annualsharpe=dailysharpe*np.sqrt(252)
    return dailyret*252,dailysd*np.sqrt(252),annualsharpe
```

第三，创建空数据框，分别对应 10 000 行 7 列，分别对应均值、标准差、夏普比和 4 只股票的投资组合比重。

```
#method 2: generating random variables ahead-faster
result=pd.DataFrame(index=range(num_portfs),dtype=float,
          columns=['ret','sd','sharpe']+[item for item in data.columns])
#result[['ret','std','sharpe']]=np.nan
```

第四，使用随机方法 dirichlet 生成 10 000 个投资组合。

```
result[['pfyh','mdjt','lpyl','xhc']]=np.random.dirichlet(
    np.ones(len(meanret)),size=num_portfs)
```

第五，计算各组合的绩效。

```
#print(list(annualperf(test.iloc[0,0:4],meanret,cov,rf)))
for i in range(num_portfs):
    result.iloc[i,0:3]=annualperf(result.iloc[i,3:7],meanret,cov,rf)
print(result.head())
```

查看结果如下：

```
        ret        sd     sharpe     pfyh      mdjt      lpyl      xhc
0  0.120911  0.296295  0.408077  0.500586  0.302998  0.072847  0.123570
1  0.206917  0.389381  0.531399  0.070118  0.634561  0.280884  0.014437
2  0.088631  0.289695  0.305945  0.467045  0.204720  0.321431  0.006804
3  0.163247  0.324057  0.503760  0.325485  0.402520  0.107684  0.164311
4  0.129054  0.318803  0.404809  0.500009  0.090423  0.001056  0.408512
```

从上述结果可以看出，后面 4 列为投资组合对应的权重，如浦发银行权重为 50%，美的集团为 30%，乐普医疗和新和成分别占 7%和 12%，这种投资组合得到的回报率为 12%，标准差为 0.296，夏普比为 0.408。总共有 10 000 个随机投资组合。

（5）投资组合结果可视化。以上生成了 10 000 个随机投资组合结果，这些结果具体表现可以用散点图进行查看。

第一，为方便起见，标记最优投资组合。一般而言，投资组合最优化一般是夏普比最大，或者标准差最小。

其中，夏普比最大的结果为：

```
#visualization portfolios
maxsharpe=result.iloc[result['sharpe'].idxmax()]
print(maxsharpe.to_frame().T)
```

输出如下：

```
            ret        sd    sharpe      pfyh      mdjt      lpyl       xhc
651  0.26976  0.427053  0.631678  0.000502  0.644971  0.002627  0.351901
```

也就是说，要使投资组合夏普比达到最大，应该配置到美的集团（64%）和新和成（35%）中，其他两只股票基本不需要。

其中，标准差最小的结果如下：

```
minstd=result.iloc[result['sd'].idxmin()]
print(minstd.to_frame().T)
```

输出如下：

```
           ret        sd    sharpe      pfyh      mdjt      lpyl       xhc
4834 0.037534  0.266094  0.141056  0.721587  0.015191  0.200587  0.062635
```

也就是说，要使投资组合的风险达到最小，应该配置到银行股浦发银行（72%）和医疗股票乐普医疗（20%），其他股票考虑较少。

第二，绘制散点图并标记最优的投资组合点。同时，为使数据可视化更强，使用不同颜色进行标记。

```
plt.subplots(figsize=(15,10),facecolor='black')
plt.scatter(result.sd,result.ret,c=result.sharpe,cmap='RdYlBu')
plt.xlabel('Standard deviations')
plt.ylabel('Annual returns')
plt.colorbar()
plt.scatter(maxsharpe[1],maxsharpe[0],marker=(5,1,0),color='r',s=500)
plt.scatter(minstd[1],minstd[0],marker=(5,1,0),color='green',s=500)
plt.show()
```

得到的结果如图 4-22 所示。

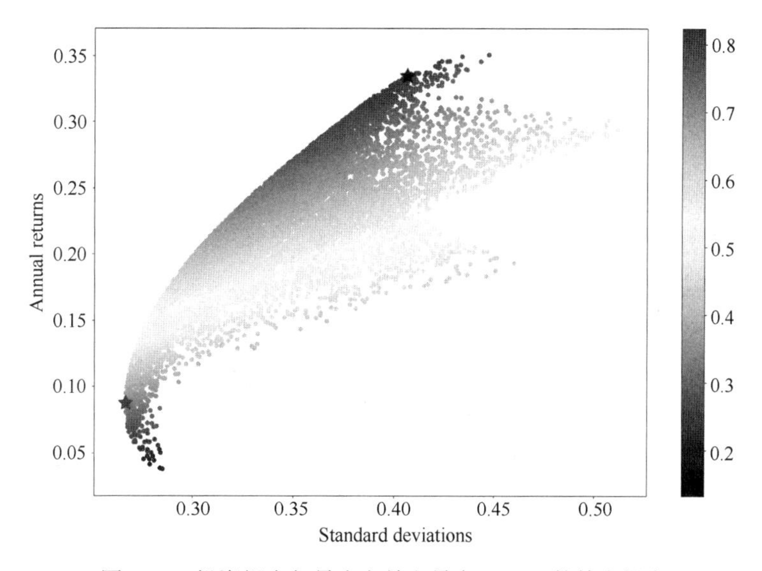

图 4-22　投资组合与最小方差和最大 Sharpe 的特定组合

从图 4-22 中可以看出，随机生成的 10 000 个投资组合，围成一个比较明显最优投资组合的前沿曲线。其中，标准差最小的点位于最左侧，夏普比最大的点位于右上的位置。

（6）以上使用的是随机投资组合方法进行分析。在实际中，可以使用线性规划最优化方法进行处理。此处使用 SciPy 库中的 optimize 方法进行分析。考虑到 optimize 方法只有最小化，此处需要求夏普比最大，因此需要反过来处理。

```
#further study...
# maximize with constains,but scipy.optimize only has minimize method
```

第一，自定义负数夏普比。

```
def neg_sharpe(weights,meanret,cov,rf):
    ret=np.dot(weights,meanret)*252
    std=np.sqrt(np.dot(weights.T,np.dot(cov,weights)))*np.sqrt(252)
    return -(ret-rf)/std
```

第二，自定义最大化夏普比函数。其中需要设置各种约束和最优化目标。

```
def max_sharpe_ratio(meanret,cov,rf):
    num_assets=len(meanret)
    args=(meanret,cov,rf)
    constraints = ({'type': 'eq', 'fun': lambda x: np.sum(x) - 1})
    bound=(0,1)
    bounds=tuple(bound for asset in range(len(meanret)))
    result=sco.minimize(neg_sharpe,num_assets*[1/num_assets,],
                 args=args,method='SLSQP',bounds=bounds,
                 constraints=constraints)
    return result
```

第三，优化并查看结果。

```
opt=max_sharpe_ratio(meanret,cov,rf)
#print(max_sharpe_ratio(meanret,cov,rf))
out=pd.DataFrame([round(x,2) for x in opt['x']],
            index=['pfyh','mdjt','lpyl','xhc']).T
print(out)
```

输出如下：

```
   pfyh  mdjt  lpyl   xhc
0   0.0  0.63   0.0  0.37
```

从上可以看出，使用优化方法得到的夏普比最大时的投资组合为美的集团(63%)、新和成（37%），其他两只股票基本不需要考虑。这与随机投资组合方法得到的结果相互印证，基本一致。

第 5 章　回测框架及策略分析

5.1　框架选择与流程

5.1.1　量化投资框架选择

量化投资必须选择合适的策略框架对策略进行开发和完善。市面上的米宽、量宽和聚宽等各种平台，能够利用 Python 直接进行量化编程，但如果想从事量化投资之路，建议不要选择免费的平台，原因如下。

第一，平台是用来赚钱的，不是免费提供的。一旦产生依赖性，平台就会设置各种障碍，从而影响编程的深入。甚至到合适的时机，原先正常的编程都无法满足，导致先前所有努力和积累基本白费。

第二，平台策略有不安全的可能。所有代码都是基于网络平台编辑的，不能保证平台会遵守各种协议，不私下研究和借鉴盈利的策略。

当然也有一些半免费式可以实盘的集成平台，如量化掘金、天勤，还有一直深耕期货的金之塔和文华也开发了适用于 Python 的平台，甚至还有国信证券的 iquant 平台。这些平台笔者全都试用过，只能说他们距离成熟还有很长的路要走。

因此，最合适的是选择开源库构建量化投资策略。对现有 Python 比较流行的开源量化投资库进行比较后，发现主要有以下几大库比较受欢迎：Backtesting、Backtrader、Quantaxis、Pyalgotrade、Pyqlib、Vnpy 和 Zipline 库等。

在众多库中，具体选择哪个也很犯难。对策略研究和开发者而言，最好能够满足接实盘，同时不需要自己再对库进行完善和开发，仅需要编策略就行。但在实际中，同时实现不容易，主要有以下两点原因。

第一，从实盘角度看，能够实盘的库有 Quantaxis 和 Vnpy 等。据很多使用者反馈，学习成本较大。其实对于量化交易者，实盘交易最好选择成熟且非开源性的系统。例如，实盘可以选择 TradeStation 或 Multcharts 平台，这些平台从国外引进，已经有 15 年以上的历史，虽然不是基于 Python 编程的，但平台成熟度非常高，投资者能够专注于策略开发，不需要担心平台的问题。

第二，从实用角度看，有 Backtrader、Zipline、Qyalgotrade、Backtesting 和微软

的 Pyqlib 库。其中，Zipline 虽然是 Quantopian 公司开发的，但其存在问题就是无法落地，即很难支持本地数据的回测。剩下的几个库中，Backtrader 的开发者不习惯于使用 Pyalgotrade 库，在此基础上改进后自行开发了 Backtrader 库。因此，策略开发从 Backtrader 库开始的比较多。但在研究过程中发现，这个库同样存在不尽如人意的地方，如绩效统计方面和结果展示方面不太友好，仍需进一步完善。Backtesting 基于 Backtrader 库基础上进一步开发，代码更简洁，且绩效统计和图形展示结果能够让人眼前一亮。

最后还有微软的 Pyqlib（简称 Qlib），既然是微软出品，肯定要好好研究和关注，主要是利用前沿的大数据方法构建各种投资组合，不过由于刚开发不久，后续会慢慢完善，需要持续关注。

基于此，本章主要介绍 Backtesting、Backtrader 和 Qlib 库。

5.1.2 策略构建的基本流程

策略构建，从形成到检验，主要经历以下几个流程，如图 5-1 所示。

第一，假设形成。根据市场行情，提炼出相应的投资策略，如趋势策略、突破策略和对冲套利策略等。

第二，使用软件（平台）对历史数据进行检验。具体而言，就是使用历史数据，检验上面假设的合理性，看是否能够盈利。软件如 Python、R 语言和 MATLAB 等。当然还有一些专业平台，集成了回测和实盘功能，如 Ibrokers 和 JForex 平台，还有上面提到的 TradeStation 和 MultiCharts 等。

第三，策略结果分析。若策略表现的绩效结果还不错，则对策略进行小范围调整和完善，看看能不能更好；如果策略表现的结果非常不理想，要么经过大幅度修改，要么直接抛弃这个策略。一般而言，随便回测就能得到理想的结果，那么结果 99%是假的，必须认真分析哪个环节出错。

第四，优化和稳健性检验。在上述分析过程中，所有参数都是主观选择的，得到的结果不是最优，因此还需要对参数进行优化，并分析结果的稳健性。例如，基于 SMA 构建趋势策略中，SMA 指标的参数是 10 日、20 日，还是 60 日的移动平均结果最优需要比较。另外，需要进行稳健性检验，就是微调 SMA 参数得到的结果，绩效具有一定的稳定性，其波动不能太大，要不然很大程度会导致未来实盘结果与回测结果存在巨大差异。

第五，实盘检验。实盘检验也是关键的一环。利用小资金不断检验绩效好的策略，看实盘绩效及其稳定性。如果实盘绩效好，则可投入大资金。

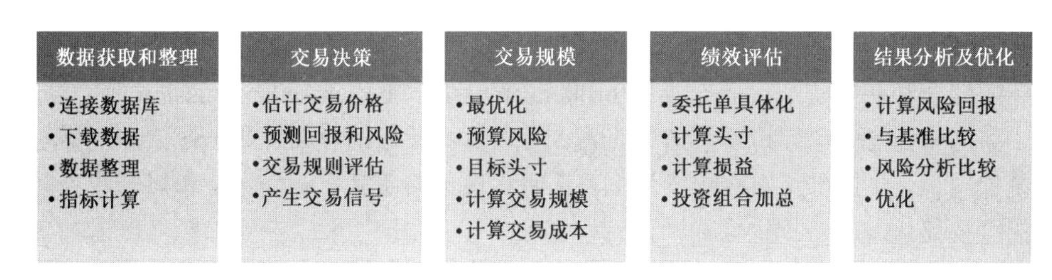

图 5-1 实际策略开发流程

上述的流程需要在相应的框架上实现，考虑的内容更多。例如，MACD 策略中使用金叉与死叉进行交易，金叉买入，死叉卖出，这个在策略中称为信号。要产生这个信号，首先需要原始数据（也称为数据流，data feeds），在数据流基础上产生买卖信号，进一步基于信号进行交易，此时需要触发交易所的订单（或者模拟触发订单）。

第一，既然与交易产生关系，必然涉及佣金和交易量（甚至不同时间不同交易规模）等内容。这部分需要由交易者自行设定。

第二，要动态监听数据流信息，即卖出信号来了还要平仓或部分平仓。监听数据流的工作不需要交易者，而由系统或服务器进行，当信号来了之后，马上反馈信息给交易者，交易者在此基础上决定如何处理。

第三，对于交易者而言，非常感兴趣的是交易绩效统计，即目前赚了多少钱，回撤有多少，盈亏比怎样。

对交易者而言，其实不需要更多关注框架的设计，只需要依赖框架构建策略就可以。

以 Backtrader 为主的整个量化投资框架主要依据实际开发策略流程，具体根据上述第四个流程。与其相对应，系统框架开发具体包括以下几个步骤，如图 5-2 所示。

图 5-2 Backtrader 策略开发流程及主要函数

第一步，启动策略系统，使用 cerebro，西班牙语为“大脑”的意思。

第二步，策略的重点，继承 Strategy 类，定义交易信号、交易头寸等各种事项，如在 next 中定义交易头寸。同时，为显示进程，还需要增加 notify_trade 和 notify_order 等内容，从而使输出更加人性化。

第三步，增加数据和增加经纪商（券商）等内容。其中，市场数据可通过 Qlib 库或 Pandas 等库下载，也可以从其他数据源导入数据，并转换成 feed 形式，然后添加券商的佣金和初始资产，此时涉及 broker.set_cash 和 broker.setcommission 等方法。

第四步，策略运行和绩效结果查看。可以查看策略的收益、Sharpe 值和回撤等各项统计内容，并且得到相应的统计图，从而实现策略头寸、最大回撤和累计收益等指标的可视化。

第五步，策略优化。上述构建策略过程中，参数都是主观选择的。在实际过程中还需要进行优化，具体使用 optstrategy 函数进行测试，当然也可以引入其他库，选择不同方法的策略优化，如粒子群算法。

最后，使用最优的策略进行实盘分析。实盘策略的操作一般在 Python 之外，如 MultiCharts 和 TradeStation 平台，当然，感兴趣的读者也可以关注前面提到的 Python 相关的实盘平台。

5.2 Backtesting 投资策略框架

Backtesting 库目前在 GitHub 的关注度为 1 000 左右。GitHub 上显示开发团队名为 Kernc，团队发起者为 Eric Ervin，是一家资产管理和对冲基金公司 CEO。他们还开发了 Pdoc 和 Orange3 库，还有基于 C++的 Logkeys 库。同时，团队对 Python 领域最常用的 Scikit-Learn、Pandas、Bokeh、Markdown、Lxml 和 Pytest 等库也有贡献。

Backtesting 库主要有以下特点。

（1）简单。在 Backtrader 上进一步开发的 Backtesting 库，需要的代码更少，更方便进行回测。

（2）有丰富的文档说明。官网附有详细的 API 和使用说明，只要拥有基础的英文功底，基本能够根据说明文档进行运行，自定义策略并优化。

（3）回测速度较快，并且具有较强的兼容性。在回测过程中，外接其他库是否便利是一个非常重要的标准。Backtesting 能够接入指标库（Talib），可以对任何指标进行回测，还可以使用基本 Pandas 库自定义指标进行分析，并且可以接入 Sklearn 库自定义不同的方法进行回测和优化。

（4）完善的绩效统计结果和炫酷的图形化展示结果。绩效统计指标，包括收益率、夏普比，还有 Sortino 和回撤等各种指标，最重要的是基于 Bokeh 库炫酷的图形化展示结果。

总体而言，Backtesting 库弥补了 Backtrader 库的不足，同时又比自己想要的结果好，因此，笔者认为这个库是策略开发者必学内容之一。

5.2.1 框架初见

在 Backtesting 库的说明文档中介绍了一个 SMA 的短期均线与长期均线交叉的

案例，其中，短期均线向上交叉长期均线买入，反之卖出。对应的股票为谷歌（GOOG），初始资金为 10 000 美元、交易佣金为 2‰，具体编程如下。

（1）导入库，包括回测、策略、信号和数据等类。

在 Backtesting 库中导入回测和策略类：

```
from backtesting import Backtest,Strategy
```

在 backtesting.lib 类中导入指标交叉用法：

```
from backtesting.lib import crossover
```

进一步导入谷歌股票数据和 SMA 均线方法：

```
from backtesting.test import GOOG,SMA
```

（2）自定义策略类。这个类继承于 Strategy 类。所有策略都可以通过继承 Strategy 类，通过改写 init 和 next 方法，来实现不同策略，如 SMA 策略、MACD 金叉死叉策略、BollingerBand 策略和海龟策略等。其中，策略类包括两个部分。

第一，init 为初始化部分。在策略运行前进行初始化，可以准备策略依赖的指标和信号的初始值。此处包括价格和 SMA 均线，短期均线为 10 日 SMA 指标、长期均线为 20 日 SMA 指标。其中，I 函数为指标（indicator）方法。

第二，next 为交易信号部分。按照 Java 的说法，称其为 Backtest 容器，在这个容器里，循环根据最新 K 线和指标数据得到的结果，在此基础上设置买卖信号和交易方式等，类似于 for 循环。此处在均线交叉策略中，设置短期均线向上交叉长期均线时做多，短期均线向下交叉长期均线时做空[①]。

```
class SmaCross(Strategy):`
    def init(self):
        price=self.data.Close
        self.ma1=self.I(SMA,price,10)
        self.ma2=self.I(SMA,price,20)
    def next(self):
        if crossover(self.ma1,self.ma2):
            self.buy()
        elif crossover(self.ma2,self.ma1):
            self.sell()
```

（3）策略运行和绩效分析。构建好策略后，需要对策略的绩效进行分析，并将结果可视化。

其中，Backtest 函数对应回测设置，GOOG 对应股票数据，SmaCross 对应策略，commisson 对应交易佣金为 0.002，exclusive_orders=True 表示交易的单一性，意味着做多或做空的同时，关闭原先存在的订单[②]。

---

① 做多与做空，不是买入和卖出。

② 针对上述交易信号，有读者肯定会提出疑问，什么时候关闭做多和做空的订单？exclusive_orders=True 给出了答案。

```
bt=Backtest(GOOG,SmaCross,commission=0.002,exclusive_orders=True)
```

策略的参数设置好之后，运行策略：

```
stats=bt.run()
```

并在此基础上展示绩效结果，包括统计和可视化两部分。其中，绩效统计结果如下：

```
print(stats)
```

此处将绩效结果整理成表格形式，具体如表 5-1 所示。

表 5-1　Backtesting 绩效指标结果

指　　标	内　　容	含　　义
Start	2004-08-19 0:00	回测开始时间
End	2013-03-01 0:00	回测结束时间
Duration	3 116 days	时长
Exposure Time [%]	97.067	交易持有时间占总时长比重
Equity Final [$]	68 222	最终资金（原始默认为 10 000）
Equity Peak [$]	68 991.2	资金最高值
Return [%]	582.22	总回报率
Buy & Hold Return [%]	703.458	买入持有策略回报率
Return (Ann.) [%]	25.266 4	年度化回报率
Volatility (Ann.) [%]	38.383	年度化回报率波动
Sharpe Ratio	0.658 271	夏普比率
Sortino Ratio	1.28878	索提诺比率
Calmar Ratio	0.763 748	卡尔马比率
Max. Drawdown [%]	-33.082 2	最大回撤比率
Avg. Drawdown [%]	-5.581 51	平均回撤比率
Max. Drawdown Duration	688 日	回撤最长时间
Avg. Drawdown Duration	41 日	回撤平均时间
# Trades	94	交易回合（买卖为 1 次）
Win Rate [%]	54.255 3	胜率
Best Trade [%]	57.119 3	最佳交易回报率
Worst Trade [%]	-16.629 9	最糟交易亏损率
Avg. Trade [%]	2.074 33	平均回报率
Max. Trade Duration	121 日	最长持有期
Avg. Trade Duration	33 日	平均持有期
Profit Factor	2.190 8	盈利因子（盈利总额除以亏损总额）
Expectancy [%]	2.606 29	平均盈利与平均亏损之差
SQN	1.990 22	System Quality Number 指标
_strategy	SmaCross	策略名
_equity_curve	...	回报曲线（返回每天回报率）
_trades	Size　EntryB...	交易内容（返回交易对象）

上述结果非常直观，其中，交易时间从 2004 年 08 月 19 日至 2013 年 03 月 01 日，共 3 116 个交易日，暴露时间为 97.067%，即不到 3%的时间没有持仓。

使用函数对应图示化结果：

```
bt.plot()
```

谷歌均线交叉策略的绩效图示如图 5-3 所示。这是基于 Bokeh 库的交互性图形，以网页的形式弹出，可以缩小和放大，并查看每期具体数据的情况，比 BackTrader 库的结果展示图有大幅度提升。

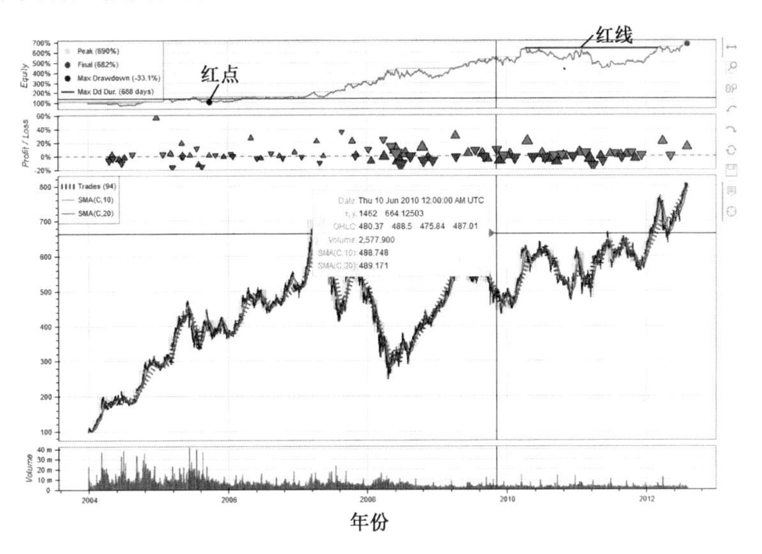

图 5-3　谷歌均线交叉策略的绩效图示

图 5-3 分为 4 个部分。具体如下。

第一部分为累计收益率曲线。同时显示收益率峰值和终值、最大回撤和回撤最大时长 4 个内容。具体而言，最终收益率为 682%，即增长了 5.82 倍；最高峰时达 690%，其中，最大回撤达 33.1%，即从最高点下来，最大的回撤幅度达 33.1%，对应红点的部分；最长的回撤时长达 688 天，即从最高点下来，再次回到原地的时间，具体为红线所示位置。

第二部分为每次买入和卖出信号，横轴表示盈亏百分比，纵轴表示时间。信号用不同颜色的三角形标记，其中，绿色表示盈利，红色表示亏损，向上三角形表示做多，向下三角形表示做空。具体而言，回测总体交易达 90 多次，其中第一次做空出现亏损，具体数值可以在网页所示的图上单击查看，做空头寸为 59，亏损幅度达 6.194%，最后一次为做多，头寸为 85，盈利幅度达 13%。

第三部分为交易 K 线图。融合了两均线指标和交易信号。其中，竖线部分表示多空的时间段，绿色竖线表示做多，红色竖线表示做空。具体而言，左上角显示交易 94 次，其中，K 线上标记 SMA10 日和 SMA20 日均线。如在最后的时间段中都是绿色，表示进行了多次做多的交易。

第四部分为成交量指标图。分别使用红色和绿色的柱子表示，其中，红色表示下跌，绿色表示上涨，这与中国的习惯相反。

在实际过程中，还可以查看具体的交易细节：

```
print(stats._trades)
```

对应结果如下：

```
    Size  EntryBar  ExitBar  ...  EntryTime   ExitTime   Duration
0    -59       63       75  ... 2004-11-17 2004-12-06   19 days
1     52       75       85  ... 2004-12-06 2004-12-20   14 days
2    -52       85       88  ... 2004-12-20 2004-12-23    3 days
3     49       88      110  ... 2004-12-23 2005-01-26   34 days
4    -49      110      119  ... 2005-01-26 2005-02-08   13 days
..   ...      ...      ...  ...        ...        ...       ...
89    82     1947     1960  ... 2012-05-11 2012-05-31   20 days
90   -83     1960     1983  ... 2012-05-31 2012-07-03   33 days
91    85     1983     2059  ... 2012-07-03 2012-10-19  108 days
92   -85     2059     2087  ... 2012-10-19 2012-12-03   45 days
93    85     2087     2147  ... 2012-12-03 2013-03-01   88 days
```

上述所有的成交结果都体现在图 5-3 中，请读者自行分析。

5.2.2 乐普医疗 SMA 策略实现

初见框架很高大上，不过需要进一步了解框架是否可靠，至少需要关注以下 3 个方面的问题。

第一，是否存在未来函数？简单地说，就是买卖信号与交易是否重叠。一般交易信号的产生基于收盘价，而最早只能在第二日开盘买卖。对于低频而言，存在未来函数问题不大，因为可以当日收盘买卖；但对于高频而言（如小时线、分钟线和秒级 K 线），经常会出现跳空现象，因此，未来函数会产生严重后果。

第二，计算的指标是否存在问题？指标看起来不存在问题，但在实际中需要注意，如 EMA 指标、指数平滑移动指标，与前面数据长短存在较大关系。当开始计算时，前面没有足够数据，因此误差较大。有些框架的指标从头就开始计算，有些会剔除前面时间段后开始计算，如上述的 EMA20，取 20 期后才计算 EMA 指标，前面的数据不计算。

第三，绩效指标如 Sharpe、Sortino 和 MaxDrawdown 等计算是否正确。

在一般情况下，成熟的框架能够避免上述所有问题，但对于初学者或库的使用者而言，一定要详细查看是否存在这些问题。从而避免后续用库时产生的各种猜测和疑问。例如，当某次回测绩效特别好时，我们可能会思考，到底是绩效指标（如 Sharpe 值）本身计算出错，还是哪个策略出错？

下面仅解决前面两个问题。

第一，未来函数问题，即是否用到当日值交易。此时要查看每日输出的信息，即OHLC 价格、信号价格、成交价格，及其对应的日期等内容。

第二，指标是否存在问题？此时必须有参照物，即基于这个库运算的结果是否正确，与看盘软件（如通达信或者同花顺）的指标进行比较。这时需要注意，原先我们使用谷歌股票的数据，现在需要将回测数据中国化，方便对比。此处具体运用通达信下载的 K 线数据进行回测，从而解决数据不一致的问题。

基于此，我们需要对原始策略进行以下改进：① 基于本地 K 线数据进行回测；② 输出每日 OHLC 和成交等相关信息。

步骤如下：

（1）导入库，包括 Pandas 库。

```
from backtesting import Backtest,Strategy
import pandas as pd
from backtesting.test import SMA
```

（2）修改自定义类。

第一，参考 Backtrader 框架，增加自定义输出函数 log，其中需要注意，策略中的当前数据索引为-1，而不是 0[①]。

第二，初始化设置均线参数，分别是基于收盘价的 10 日和 20 日 SMA 均线。

第三，为熟悉开发环境，同时自定义 SMA 信号条件，不使用 cross 方法。信号条件是均线交叉，具体对于买入信号是短期均线向上交叉长期均线，则需要满足的条件是，前两日 K 线的短期均线小于长期均线，前一日 K 线的短期均线大于长期均线。

第四，设置交易方式。首先关闭原先头寸，其次再开头寸。其中，buy 表示做多，sell 表示做空，position.close 表示平仓。若不设置做空，则代码需要进行简单的修改。

第五，为分析上面提出的两个问题，对每次 K 线及其交易结果进行输出，从而方便查看逻辑是否正确。

具体代码如下：

```
class SmaStrategy(Strategy):
    def log(self,txt):
        print('{},{}'.format(self.data.index[-1],txt))

    def init(self):
        #price=self.data.Close
        self.sma10=self.I(SMA,self.data.Close,10)
        self.sma20=self.I(SMA,self.data.Close,20)

    def next(self):
        self.log('Open {:.2f},Close {:.2f},sma10 {:.3f}'.format(
                self.data.Open[-1],self.data.Close[-1],self.sma10[-1]))
```

① 读者可以尝试将索引改成 0，看看会出现什么情况。

```
        if (self.sma10[-2] < self.sma20[-2] and self.sma10[-1] > self.sma20[-1]):
            self.position.close()
            self.buy()
            self.log('BUY signal at {:.2f}'.format(self.data.Close[-1]))
        if (self.sma10[-2]>self.sma20[-2] and self.sma10[-1]<self.sma20[-1]):
            self.position.close()
            self.sell()
            self.log('SELL signal at {:.2f}'.format(self.data.Close[-1]))
```

（3）读取本地数据。此时需要注意，数据结构需要与原始 GOOG 数据（即数据列名称、数据行索引及其每列数据类型等）完全保持一致，否则会出现问题。为方便测试，仅选择一年的数据。

```
data=pd.read_csv(r'e:/datasets/stocks/weighted/tdx/300003.txt',skipfooter=1,
                 skiprows=1,delimiter='\t',engine='Python',index_col=0)
```

为使数据格式保持一致，修改列名称为英文，且首字母大写，并将第一列作为时间索引项。

```
data.columns=['Open','High','Low','Close','Volume','Turnover']
data.index=pd.to_datetime(data.index)
```

为方便起见，仅取 2020 年后的数据进行分析。

```
data.query('index>"2020-01-01"',inplace=True)
#print(data.head())
```

（4）策略运行及绩效展示。

```
bt=Backtest(data,SmaStrategy,cash=10000)
out=bt.run()
print(out._trades)
#bt.plot()
```

得到部分结果如下：

```
2020-02-07 00:00:00,Open 36.10,Close 34.86,sma10 32.889
2020-02-10 00:00:00,Open 34.85,Close 34.78,sma10 32.843
2020-02-11 00:00:00,Open 34.65,Close 34.57,sma10 33.021
2020-02-12 00:00:00,Open 34.74,Close 34.77,sma10 33.187
2020-02-13 00:00:00,Open 34.89,Close 35.31,sma10 33.456
2020-02-14 00:00:00,Open 35.09,Close 34.60,sma10 33.745
2020-02-17 00:00:00,Open 34.60,Close 34.99,sma10 34.277
2020-02-17 00:00:00,BUY signal at 34.99
2020-02-18 00:00:00,Open 34.94,Close 34.65,sma10 34.565
2020-02-19 00:00:00,Open 34.41,Close 33.63,sma10 34.681
2020-02-20 00:00:00,Open 33.65,Close 33.85,sma10 34.601
2020-02-21 00:00:00,Open 34.05,Close 35.56,sma10 34.671
2020-02-24 00:00:00,Open 35.88,Close 36.58,sma10 34.851
```

还有下面的成交信息：

```
    Size  EntryBar  ExitBar  ...  EntryTime   ExitTime   Duration
0   286       27       53   ... 2020-02-18 2020-03-25   36 days
```

```
1  -286      53      62  ... 2020-03-25 2020-04-08  14 days
2   295      62      84  ... 2020-04-08 2020-05-13  35 days
3  -295      84      88  ... 2020-05-13 2020-05-19   6 days
4   270      88      95  ... 2020-05-19 2020-05-28   9 days
5  -270      95     113  ... 2020-05-28 2020-06-23  26 days
6   256     113     139  ... 2020-06-23 2020-07-31  38 days
7  -256     139     188  ... 2020-07-31 2020-10-16  77 days
8   381     188     194  ... 2020-10-16 2020-10-26  10 days
9  -381     194     248  ... 2020-10-26 2021-01-11  77 days
```

现在可以根据上述输出信息分析最初提出的两个问题。

（1）交易信息与成交信息。其中，2 月 17 日出现一个买入信号，具体对应后面成交信息结果中的第 0 项，即进入日期为 2 月 18 日，意味着买卖不在当日，还需要查看买卖价格是否正确。由于没有显示所有信息，需要使用 Pandas 库的 set_option 进行设置，输出所有列信息（请读者自行设置）。查看后发现成交价格为 34.94 元，正好对应开盘价，也意味着当天收盘产生信息后，第二天开盘进行交易，总体符合交易逻辑。

顺便指出的是，上述交易中还包括做空的情况，如输出结果中-286、-295 等，在实际过程中，需要根据中国市场情况进行修正。

（2）看 SMA 指标产生的信号是否正确。其中，输出的第 1 日是 2 月 7 日，即删除了前面 20 日的数据[①]。再看 SMA 数据是否正确，其中，2 月 17 日的 SMA10 为 34.277 元，通达信（见图 5-4）对应的指标数值为 34.28 元，四舍五入完全一致。对应的交易信号也指出在 2 月 17 日出现交叉，因此，指标计算是正确无误的。

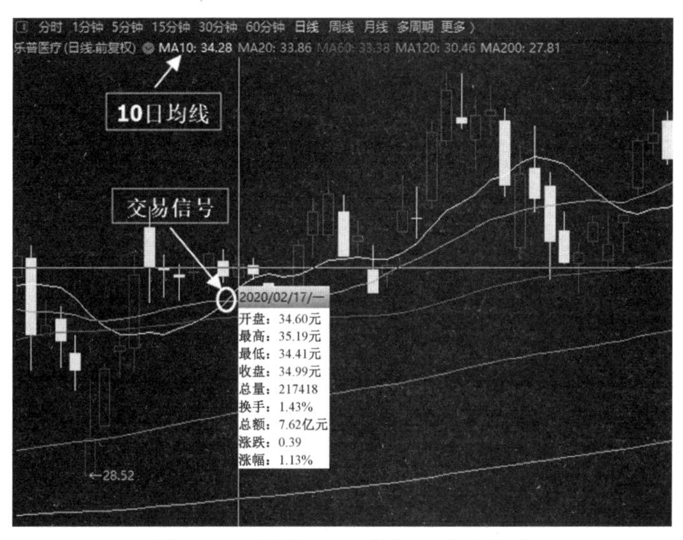

图 5-4　通达信 SMA 指标及交易信号

① 从 1 月 1 日开始，参数最多为 20，剔除包括周末后 20 期数据，结果是 2 月 7 日。

5.2.3 贵州茅台跨时间周期策略及优化

在策略开发过程中，经常涉及多时间周期（timeframe）的问题，如均线排列策略，即不同周期的均线都在向上排列时买入，否则卖出。

一般而言，依赖于技术方法的最优交易策略应该考虑多时间周期。这在期货和外汇领域较常见。通过 Pandas 库的 resample 方法，可以获取不同时间周期的 K 线。

案例 5-1：基于贵州茅台的 K 线数据，使用跨时间周期方法，构建投资策略。

其中买入信号为：① 跨时间周期的 RSI 处于超买区间，具体周线 RSI（30）＞日线 RSI（30）且＞70 临界值；② 收盘价位于均线上，且均线排列，即 close＞MA（10）＞MA（20）＞MA（50）＞MA（100）。

买入的价格为：昨日收盘价的 0.92 倍，即大致下跌 8 %才买入，要耐心等待。

卖出信号为：① 日线收盘价低于 MA（10）的 2%；② 8 %的固定止损水平。

在此基础上，编程如下。

（1）导入库。

```
from backtesting import Strategy,Backtest
from backtesting.lib import resample_apply
import pandas as pd
import talib
```

（2）自定义 SMA 和 RSI 函数。其中，SMA 函数比较简单，直接使用 Pandas 库的 rolling 函数求均值。RSI 计算比较麻烦，根据公式计算如下。

```
def SMA(array,n):
    return pd.Series(array).rolling(n).mean()

def RSI(array,n):
    gain=pd.Series(array).diff()
    loss=gain.copy()
    gain[gain<0]=0
    loss[loss>0]=0
    rs=gain.ewm(n).mean()/loss.abs().ewm(n).mean()
    return 100-100/(1+rs)
```

需要指出的是，上述 RSI 的结果只是近似计算，真正的 RSI 计算值需要根据公式步骤进行。因此，后续为精确起见，使用 Talib 库的指标进行计算，上述自定义方法仅供学习参考。

（3）自定义多时间周期策略。

第一，设定全局常量，日 RSI 和周 RSI 等临界值，并初始化 MA 和 RSI 指标。其中，周 RSI 指标的设置方法与 Pandas 库的 resample 方法类似，W-FRI 是指周五为结束日，而不是周末。

第二，定义信号条件。需要注意的是，信号来自上一交易日，因此，索引项设定为-1。信号为超买和均线排列条件。

第三，买卖条件。并不是开盘即买入，而是在小于昨日收盘价 8 %的水平下买入（即 0.92×昨日收盘价），需要耐心等待合适的机会。卖出条件：在收盘价低于 MA（10）的 2 %或 8 %的固定止损水平条件下卖出。

```
class mtfStrategy(Strategy):
    d_rsi=30
    w_rsi=30
    level=70

    def init(self):
        self.ma10=self.I(talib.SMA,self.data.Close,10)
        self.ma20=self.I(talib.SMA,self.data.Close,20)
        self.ma50=self.I(talib.SMA,self.data.Close,50)
        self.ma100=self.I(talib.SMA,self.data.Close,100)

        self.daily_rsi=self.I(talib.RSI,self.data.Close,self.d_rsi)
        self.weekly_rsi=resample_apply('W-FRI',talib.RSI,self.data.Close,
self.w_rsi)

    def next(self):
        price=self.data.Close[-1]

        if(not self.position and self.daily_rsi[-1]>self.level and
            self.weekly_rsi[-1]>self.level and self.weekly_rsi[-1]>self.daily_rsi[-1] and
            self.ma10[-1]>self.ma20[-1]>self.ma50[-1]>self.ma100[-1] and
            price > self.ma10[-1]):
            self.buy(sl=0.92*price)
        elif price<0.98*self.ma10[-1]:
            self.position.close()
```

（4）导入数据并运行。

```
data=pd.read_csv(r'e:/datasets/stocks/weighted/tdx/600519.txt',skipfooter=1,
                 skiprows=1,delimiter='\t',engine='Python',index_col=0)
data.columns=['Open','High','Low','Close','Volume','Turnover']
data.index=pd.to_datetime(data.index)

backtest=Backtest(data,mtfStrategy,commission=0.002)
stats=backtest.run()
print(stats)
```

对应结果如下：

```
Start                     2010-01-04 00:00:00
End                       2022-01-28 00:00:00
```

```
Duration                    4407 days 00:00:00
Exposure Time [%]                      2.86689
Equity Final [$]                       9893.28
Equity Peak [$]                        11854.9
Return [%]                            -1.06723
Buy & Hold Return [%]                  5441.85
Return (Ann.) [%]                   -0.0922395
Volatility (Ann.) [%]                  7.08386
Sharpe Ratio                                 0
Sortino Ratio                                0
Calmar Ratio                                 0
Max. Drawdown [%]                     -17.3855
Avg. Drawdown [%]                     -8.52129
Max. Drawdown Duration     1534 days 00:00:00
Avg. Drawdown Duration      494 days 00:00:00
# Trades                                     6
Win Rate [%]                           33.3333
Best Trade [%]                         21.5736
Worst Trade [%]                        -8.0826
Avg. Trade [%]                        -0.26658
Max. Trade Duration          43 days 00:00:00
Avg. Trade Duration          20 days 00:00:00
Profit Factor                          1.05626
Expectancy [%]                        0.203707
SQN                                 -0.0445502
_strategy                          mtfStrategy
_equity_curve                              ...
_trades                       Size  EntryBa...
dtype: object
```

从上述结果可以看出，初始投入资金 10 000 元，最后亏了 100 多元，需要进行优化。

（5）在此基础上优化。此时优化的参数有 3 个，分别为全局参数的 d_rsi，w_rsi 和 level。优化方法是设置这些常数分别在某个区间内波动，具体可使用 optimize 设置，并将最优结果保存到 out 中。

```
out=backtest.optimize(d_rsi=range(10,35,5),
                      w_rsi=range(10,35,5),
                      level=range(30,80,10))
print(out)
```

输出结果为：

```
Start                     2010-01-04 00:00:00
End                       2022-01-28 00:00:00
```

```
Duration                        4407 days 00:00:00
Exposure Time [%]                          23.5154
Equity Final [$]                           53435.6
Equity Peak [$]                            61160.3
Return [%]                                 434.356
Buy & Hold Return [%]                      5441.85
Return (Ann.) [%]                          15.5044
Volatility (Ann.) [%]                      26.0006
Sharpe Ratio                              0.596308
Sortino Ratio                              1.22051
Calmar Ratio                              0.364709
Max. Drawdown [%]                         -42.5116
Avg. Drawdown [%]                         -6.35102
Max. Drawdown Duration      1605 days 00:00:00
Avg. Drawdown Duration       123 days 00:00:00
# Trades                                        40
Win Rate [%]                                  47.5
Best Trade [%]                             47.6563
Worst Trade [%]                           -7.78037
Avg. Trade [%]                             4.30793
Max. Trade Duration            76 days 00:00:00
Avg. Trade Duration            25 days 00:00:00
Profit Factor                              3.76355
Expectancy [%]                             5.01636
SQN                                        2.64389
_strategy                       mtfStrategy(d_rs...
_equity_curve                                  ...
_trades                            Size  EntryB...
dtype: object
```

可以看出，从最初亏了一点到现在赚了 40 000 多元，最终资产从 10 000 元升至 53 435.6 元，年度回报率达 15.5%，结果还是非常不错的。

5.2.4 策略优化及可视化

在构建策略过程中，一般参数都是默认或自定义的。实际上，随着参数的改变，策略的绩效也会发生改变，甚至会发生实质性的变化。因此在回测过程中，对策略参数进行优化非常关键。同时，为查看不同参数的绩效结果，可使用可视化方法进行处理。

案例 5-2：基于贵州茅台的数据，构建简单的 SMA 交叉策略，对策略参数进行优化，并使用热力图展示优化过程。

（1）导入相关库。为方便起见，全部使用库中有的方法，而不再自定义均线交叉条件。

```
from backtesting.test import SMA
from backtesting import Strategy,Backtest
from backtesting.lib import crossover,plot_heatmaps
import pandas as pd
from skopt.plots import plot_objective
from skopt.plots import plot_evaluations
import seaborn as sns
import matplotlib.pyplot as plt
```

（2）重写 Strategy 模块，构建均线交叉策略，命名为 Sma4Cross。设置 sma50 和 sma100，如果 sma50＞sma100，当 close＞sma20 时，做多；当 close＜sma20 时，做空；如果 sma10＜close，则关闭头寸。

```
class Sma4Cross(Strategy):
    n1 = 50
    n2 = 100
    n_enter = 20
    n_exit = 10

    def init(self):
        self.sma1 = self.I(SMA, self.data.Close, self.n1)
        self.sma2 = self.I(SMA, self.data.Close, self.n2)
        self.sma_enter = self.I(SMA, self.data.Close, self.n_enter)
        self.sma_exit = self.I(SMA, self.data.Close, self.n_exit)

    def next(self):
        if not self.position:
            if self.sma1 > self.sma2:
                if crossover(self.data.Close, self.sma_enter):
                    self.buy()
            else:
                if crossover(self.sma_enter, self.data.Close):
                    self.sell()
        else:
            if (self.position.is_long and crossover(self.sma_exit, self.data.Close)
                    or self.position.is_short and
                    crossover(self.data.Close, self.sma_exit)):
                self.position.close()
```

（3）使用本地贵州茅台数据进行分析，导入数据并整理运行。

```
data=pd.read_csv(r'e:/datasets/stocks/weighted/tdx/600519.txt',skipfooter=1,
                 skiprows=1,delimiter='\t',engine='Python',index_col=0)
data.columns=['Open','High','Low','Close','Volume','Turnover']
data.index=pd.to_datetime(data.index)
```

```
backtest = Backtest(data, Sma4Cross, commission=.002)
```

（4）对策略进行优化。其中，Backtesting 库的优化函数为 optimize。

```
def optimize(self, *, maximize='SQN', method='grid', max_tries=None,
            constraint=None, return_heatmap=False,
            return_optimization=False, random_state=None, **kwargs)
```

其中，maximize 是指需要优化的对象，默认对象是 SQN 指标，在实际中根据投资者的目标，可以是夏普比 Sharpe Ratio 或最终资产 Equity Final [$]等指标。

method 为优化方法，默认的方法为网络搜索法 grid，还可以选择 skopt 方法，此时前提是要安装 Scikit_optimization 包，这是与数据挖掘相关的库。

constraint 为约束方法，约束可以是字典型的参数。

同时，还提供了热力图的展示方法。此处可变参数为均线 n_1 和 n_2，进入信号 n_enter 和退出信号 n_exit，同时，约束条件为退出参数小于进入参数，小于短期和长线均线参数，最大化目标为收益终值。为方便查看优化结果，进一步设置 return_heatmap=True 显示热力图的数据结果，用于绘制热力图。

```
stats, heatmap = backtest.optimize(
    n1=range(10, 100, 10), n2=range(20, 200, 20),
    n_enter=range(15, 60, 5), n_exit=range(10, 50, 5),
    constraint=lambda p: p.n_exit < p.n_enter < p.n1 < p.n2,
    maximize='Equity Final [$]', max_tries=200,
    random_state=0, return_heatmap=True)
```

结果返回绩效统计和热力图相关数据。

查看 heatmap 相关值可以发现，heatmap 是随着 4 个参数不断变化的最终资产结果。

```
print(heatmap)
```

结果为：

```
n1  n2   n_enter  n_exit
30  60   15       10          679.10828
         20       10        26013.34088
                  15        37200.48152
    80   25       15        11151.74350
    100  15       10         9078.28678
                                 ...
90  180  40       25        30742.91656
         45       35       137481.23122
         50       20        38180.89280
         55       30        50393.12728
                  35        46955.79246
Name: Equity Final [$], Length: 212, dtype: float64
```

根据最终资产排序，查看优化结果前三的最终资产和参数。

```
print(heatmap.sort_values().iloc[-3:])
```

为方便查看 n_1 和 n_2 参数值最合适的位置，对 heatmap 结果进行分析。

```
hm = heatmap.groupby(['n1', 'n2']).mean().unstack()
```

结果为二维：

```
print(hm)
```

输出结果为：

```
n2          60            80   ...         160          180
n1                             ...
30  21297.643560  11151.743500  ...  28269.201520  32039.909840
40   9474.706765  13923.366110  ...  12239.941260  26727.284865
50  23297.772215  25128.404140  ...  34102.301771  41774.603665
60           NaN  11004.109700  ...  31612.661817  34489.932800
70           NaN   7632.495844  ...  51167.984080  37712.359320
80           NaN           NaN  ...  61582.346477  80918.699945
90           NaN           NaN  ...  24471.042960  45564.574146
```

使用 sns 库的热力图（见图 5-5），根据热力图展示，右边显示颜色深浅对应的值，可以看出，颜色越黄，值越大，则 n_1=30，n_2=40 时为最优结果。

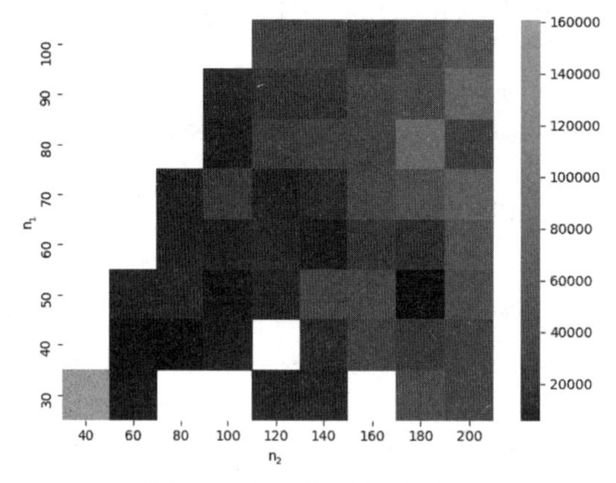

图 5-5　热力图展示优化结果

进一步查看全参数的热力图展示结果（见图 5-6）：

```
plot_heatmaps(heatmap, agg='mean')
plt.show()
```

（5）在优化过程中，默认采用的是遍历方法。此外，还可以采用 skopt 方法进行优化，这是利用决策树方法寻求最优解，具体融合了数据挖掘 Scikit_optimize（skopt）库的处理方法。

使用 Skopt 方法时，优化的参数只需要设定对应区间，而不需要使用 range 处理。

```
stats_skopt, heatmap, optimize_result = backtest.optimize(
    n1=[10, 100], n2=[20, 200],
    n_enter=[10, 40], n_exit=[10, 30],
    constraint=lambda p: p.n_exit < p.n_enter < p.n1 < p.n2,
```

```
    maximize='Equity Final [$]', method='skopt',
    max_tries=200, random_state=0,
    return_heatmap=True, return_optimization=True)
```

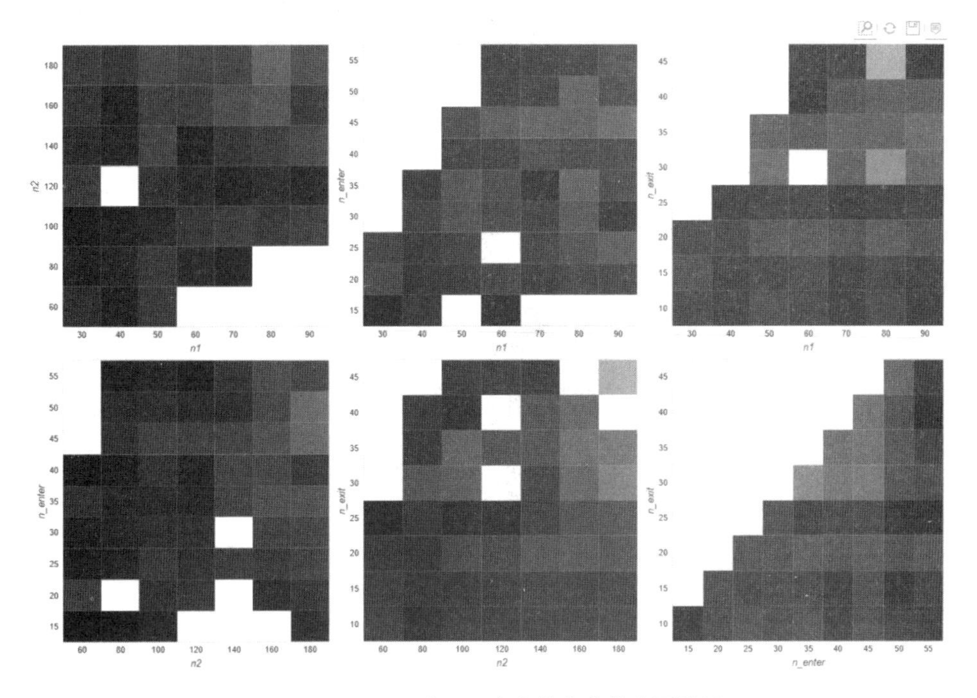

图 5-6　Bokeh 库显示全参数优化热力图结果

其中，stats_skopt 为绩效统计结果，heatmap 为原先一样的统计对象，optimize_result 为 OptimizeResult 对象。具体内容可用 print 函数查看。

```
print(optimize_result)
```

决策树方法优化结果可根据局部依赖图进行分析。局部依赖图（Partial Dependence Plot）也称偏依赖图。局部依赖思路类似多元线性回归的系数，就是在控制其他变量不变的情况下，通过改变目标的值分析模型的拟合结果如何变化。

此处可使用 plot_objective 函数进行绘制：

```
plot_objective(optimize_result, n_points=10)
plt.show()
```

图 5-7 的含义是向设置好的区间进行 200 次迭代（200 个点，红点和黑点数）计算极值，其中，对角线上的曲线表示不同参数变化下的极值，其中，竖红线表示极值下的最优参数取值；左下角的热力散点图表示随某参数变化呈现的结果，红色星的点表示极值点。可以发现，n_1=60，n_2=180，*n_enter* =30 和 *n_exit* =30 时，最终资产达到最大值。但对于 n_2 和 *n_exit* 结果不是很理想，因为前者是减函数，后者是增函数，意味着随着 n_2 的不断减少，*n_exit* 的不断增大，最终资产可能会进一步提高。

最后指出的是，Backtesting 库的官方文档里内嵌了一个机器学习及其优化的策略，此处不再阐述，感兴趣的读者可自行学习。

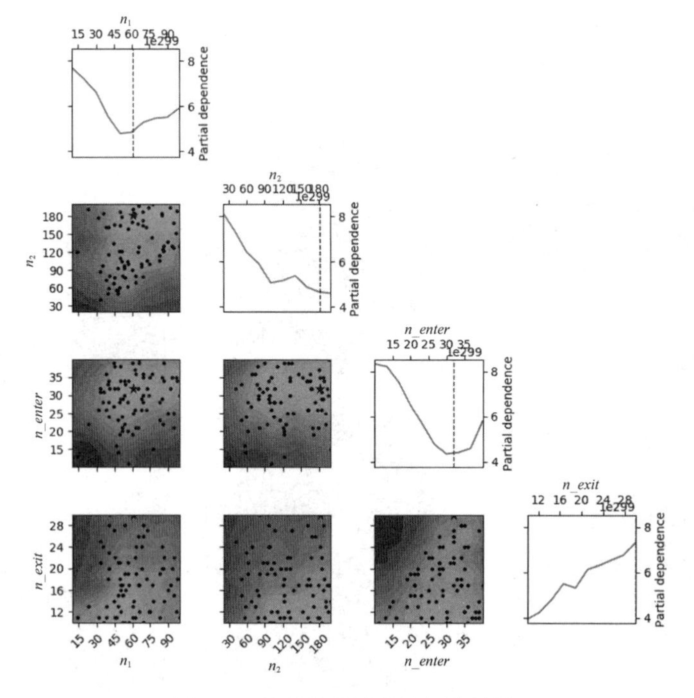

图 5-7　最优化结果的局部依赖性

5.3　Backtrader 投资策略框架

Backtesting 是基于 Backtrader 基础上优化的一个投资框架。因此，有必要熟悉一下 Backtrader 库。其中，Backtrader 是一个基于 Python 的自动化回溯测试框架，其创作者是德国慕尼黑的 Daniel Rodriguez。Backtrader 可用于实现股票、期货、外汇、数字货币、期权等资产类型的回测，有很多投资者在此基础上接入实盘功能，实现了基于 IB、Oanda、VC、CCXT、MT5 等接口量化交易。

Backtrader 框架的策略包括三个基础模块，分别为策略模板（bt.Strategy）、大脑（cerebro）和运行（run）。其中，策略模板用于实现我们想要的策略逻辑；大脑用于加载数据，配置 broker，选择策略，添加手续费与滑点等信息；运行之后，就可以开始回测与交易了。

虽然过程看起来非常简单，但这个库仍有很多不足，一方面是其展示结果不是很好用，包括统计绩效和交易图，这是 Backtrader 库的硬伤；另一方面是其策略构建流程仍不够简洁，特别是涉及复杂的头寸设置和交易信息提示等方面，仍需要使用者开发和完善。

总体而言，Backtrader 框架仍需要使用者进行大幅度的改进和完善，对于仅关注策略本身的投资者而言不是很理想。考虑到 Backtesting 是基于这个库进一步开发的，因此有必要了解其基本结构。

5.3.1 框架初见

下面运用简单的示例，从官方文档中的 Our First Strategy 说明分析回测框架的运用。

（1）导入需要的库。在原文档中用到下面的 future，这是在 Python2 版本的基础上引用 Python3 的用法，现在都是用 Python3，因此不需要这行代码。

```
from __future__ import (absolute_import, division, print_function, unicode_literals)
```

直接加载库：

```
import backtrader as bt
```

（2）继承 bt.Strategy 的自定义策略。这是回测的核心，如均线策略和 MACD 策略，都需要放在这部分。具体需要根据不同策略的特征，在里面增加指标、信号和订单等一系列对象。此时只是让策略格式化输出不同时间点的收盘价①。

```
class TestStrategy(bt.Strategy):
    def log(self,txt,dt=None):
        dt=dt or self.datas[0].datetime.date(0) #前面 0 和后面 0 的括号不一样!
        print('{}, {}'.format(dt.isoformat(), txt))
    def __init__(self):
        self.dataclose=self.datas[0].close#
    def next(self):
        self.log('Close, {:.2f}'.format(self.dataclose[0]))
```

其中，log 表示输出，即运行后在控制台能够显示的内容。self.datas[0]对应的是数据流对象，数据流对象里面的 self.datas[0].datetime 为日期时间后的 date 对象。init 是初始化变量（注意前后两根下画线），next 是下一步，根据数据流信息不断更新。

可以看出，上述数据引用方式相比 Backtesting 更麻烦。

（3）启动回测框架的大脑，具体为 cerebro。

```
cerebro=bt.Cerebro()
```

（4）读取本地数据后，将数据导入 cerebro 中。

第一，导入数据，下面以本地数据尖峰集团（600668）为例。

```
data=pd.read_csv(r'E:\datasets\Stocks\weighted\tdx\600668.txt',skiprows=1,
            skipfooter=1,delimiter='\t',encoding='gb2312',engine='Python')
data.columns=['Date','open',"high",'low',"close",'volume','turnOver']
data.index=pd.to_datetime(data['Date'])
data.drop('Date',axis=1,inplace=True)
```

① 官方文档中运用的 Python2 的 print 方法，这里运用 Python3 中最常用的 format 方法。

第二，将数据设置为框架所需的数据流形式。

```
feeds=bt.feeds.PandasData(dataname=data)
```

第三，增加数据流。

```
cerebro.adddata(feeds)
```

可以看出，数据要变成框架所需要的数据，需要经过 adddata 处理，而 Backtesting 库只需要将数据进行简单转换后就可以直接使用，相对更简单。

（5）将策略导入 cerebro 中。

```
cerebro.addstrategy(TestStrategy)
```

（6）设置初始金额和佣金等条件。下面设置初始金额，如果不设置，系统默认为 100 000。

```
cerebro.broker.setcash(100000)
```

（7）运行 cerebro 并查看结果。

```
print('Starting Portfolio Value is: {:.2f}'.format(cerebro.broker.getvalue()))
cerebro.run()
print('Final Portfolio Value is: {:.2f}'.format(cerebro.broker.getvalue()))
```

得到的部分结果如下：

```
Starting Portfolio Value is: 100000.00
2020-01-03, Close, 12.00
2020-01-06, Close, 11.86
2020-01-07, Close, 11.90
2020-01-08, Close, 11.72
2020-01-09, Close, 11.77
……
2021-01-05, Close, 9.68
2021-01-06, Close, 9.82
2021-01-07, Close, 9.81
2021-01-08, Close, 9.83
2021-01-11, Close, 9.69
Final Portfolio Value is: 100000.00
```

上述策略的主要内容是输出收盘价，并没有加入任何交易信号，因此，结果是初始和期末资金都一样，并输出每天的收盘价。

从上可知，cerebro（大脑）可以看成是机器人，该机器人能够根据历史数据流以及特定策略得到相关的统计结果，从而判定策略的好坏。要使机器人的功能更强大，可以不断完善这个机器人，如在机器人上增加更完善、更复杂的策略（strategy）、统计分析（analyzer）、交易规模（size）等各项内容，从而使策略更加丰富，达到我们想要的结果。

##

Backtrader 库 Strategy 模块

在 Backtrader 库中，Strategy 类是用户制定策略的核心。Strategy 类的各种方法表示不同生命周期所处的阶段：孕育期→出生→儿童期→成年期→繁殖期→死亡，具体如下。

（1）孕育期：init。当实例化 Strategy 时，__init__方法将被调用。技术指标和一些其他的属性需要在此时创建。

如 def __init__(self):

```
    self.sma = btind.SimpleMovingAverage(period=15)
```

上面的代码创建了一个 15 日简单移动均线的技术指标。

（2）出生：start。Backtrader 的核心 cerebro 会告诉 Strategy 是时候开始行动了。这里默认会创建一个空的 start 方法。在出生阶段，Strategy 的创建可能被中断，并抛出 StrategySkipError 异常。

（3）儿童期：prenext。在孕育期声明的技术指标，有的需要经过某个周期长度才能得到有效数值，这个周期称为最小周期（minimum period）。

例如，在__init__方法中，我们创建了一个 15 日均线的指标，这个指标需要经过 15 根 K 线才能计算有效的数值，前 14 根 K 线无法得到 15 日均线的数值。Backtrader 将在访问 15 根 K 线后，才会调用 prenext 方法。prenext 方法默认不进行任何操作。

（4）成年期：next。当 Backtrader 经过了 minimum period（如访问到第 15 根 K 线时），并且有足够的空间来存储将要计算得到的数据时，Strategy 就开始执行 next 来进行具体的买卖操作。

这里实际上调用且仅调用一次 nextstart 方法来作为从 prenext 转到 next 的标志。在 nextstart 的默认实现中，仅仅调用了一次 next。

在 next 方法中，Strategy 可以通过以下操作来尝试盈利：使用 buy 方法来做多或减少/关闭空头交易；使用 sell 方法来做空或减少/关闭多头交易；使用 close 方法来关闭一个现有的交易；使用 cancel 方法来取消一个尚未执行的订单。

当调用 buy 和 sell 方法后，都会生成订单，并且返回一个 order（或者 order 子类）的实例，每个实例都包含一个唯一的 ref 标识符，用于区分不同的 order。

策略开发者能够像真实交易中收到订单成交通知一样，当有交易订单状态更新等事件发生时，Strategy 也会收到通知，并且在每个 next 周期内都会被通知一次，这些通知包括 notify_order(order)发出订单状态变化的通知；notify_trade(trade)发出交易开始/更新/关闭的通知；notify_cashvalue(cash, value)发出代理手中当前现金和资产的通知；notify_fund(cash, value, fundvalue, shares)发出代理手中当前现金和资产，以及正在交易的资金和股票的通知；notify_store(msg, *args, **kwargs)发出的事件通知（需要单独实现）。

（5）繁殖期：none。Strategy 不会复制，但当我们使用不同的参数来优化策略时，

Backtrader 就需要多次实例化 Strategy，在这种情况下，也可以看作对 Strategy 进行了复制（优化）。

（6）死亡：stop。Backtrader 告知 Strategy 是时候准备重置并将所有事情安排妥当了。Backtrader 提供了一个默认为空的 stop 方法。

###

5.3.2 策略逻辑解析简介

在 5.3.1 节的策略中，没有加入买卖信号，只是每日价格等信息输出。本节以 EMA 均线策略为例，说明 Backtrader 框架的运用。

案例 5-3：以乐普医疗（300003）为例，当收盘价上穿 EMA30 日均线时买入；相反，当收盘价下穿 EMA60 日均线时卖出，以此简单地说明策略的构建。

（1）导入库。

```
import backtrader as bt
import pri_strat.cst_fun as cf
```

（2）自定义 EMA 策略：这个策略在原先的基础上增加了 notify_order 方法，用于了解服务器处理订单的过程。

```
class SimpleEMA(bt.Strategy):
    def log(self,txt):
        dt=self.datas[0].datetime.date(0)
        print('{},{}'.format(dt.isoformat(),txt))
    def __init__(self):
        self.dataclose=self.datas[0].close
        self.ema=bt.indicators.ExponentialMovingAverage(self.datas[0],period=30)
        self.order=None

    def next(self):
        self.log('Close, {:.2f}'.format(self.dataclose[0]))
        if self.order: #check pending order
            return
        if not self.position:
            if (self.dataclose[0]>self.ema[0])& (
                    self.dataclose[-1]<self.ema[-1]):
                self.log('BUY CTREATE, {:.2f}'.format(self.dataclose[0]))
                self.order=self.buy()
        else:
            if (self.dataclose[0] < self.ema[0]) & (
                    self.dataclose[-1] > self.ema[-1]):
                self.log('SELL CTREATE, {:.2f}'.format(self.dataclose[0]))
                self.order=self.sell()
        #self.order=None
```

```
    def notify_order(self, order):
        if order.status in [order.Submitted,order.Accepted]:
            return
        if order.status in [order.Completed]:
            if order.isbuy():
                self.log('order executed: {:.2f}'.format(order.executed.price))
            if order.issell():
                self.log('order executed :{}:.2f'.format(order.executed.price))
        if order.status in [order.Canceled,order.Rejected,order.Margin]:
            self.log('order Canceled/Rejected/Margin!')
        self.order=None
```

（3）增加策略剩下的内容并运行。

```
cb=bt.Cerebro()
data=cf.Custom().read_local_xts(type='stock',symbol='300003',
                                startdate='2020-01-01')
feeds=bt.feeds.PandasData(dataname=data)
cb.adddata(feeds)
cb.addstrategy(SimpleEMA)
cb.run()
print('the final value is :{:.2f}'.format(cb.broker.getvalue()))
```

有很多结果，其中最后部分结果如下：

```
2021-12-24,BUY Signal, 22.97
2021-12-27,order Executed :22.97, close: 23.02, open: 22.97
2021-12-27,Trade Size 100.00, Value 2297.00
2022-01-25,SELL Signal, 22.00
2022-01-26,order executed :22.00, close: 21.7, open: 22.0
2022-01-26,Operation Profit, Gross -97.00, Net -97.00
the final value is :9829.00
```

（4）查看图 5-8 所示的结果。

```
cb.plot()
```

图 5-8 是基于 MatplotLib 库绘制的结果展示图，可以发现其与 Backtesting 库的可视化效果存在较大的差距。

需要指出的是，这个图需要 MatPlotLib 库降级才行，否则会发生绘图出错。

总体亏了近 200 元，但对初学者而言，暂时不要过多地关注盈亏，应将重点放在运行框架的结构和逻辑方面。

（1）了解 notify_order 的作用。notify_order 用于显示订单提交到交易所服务器过程中所处的不同状态，具体包括提交（Submitted）、接受（Accepted）、完成（Completed）、取消（Canceled）、拒绝（Rejected）和保证金（Margin）。其中需要重点注意的是，只有在 Completed 状态中才有订单在交易所成交，其他状态要么被拒绝，要么还没有到成交阶段。

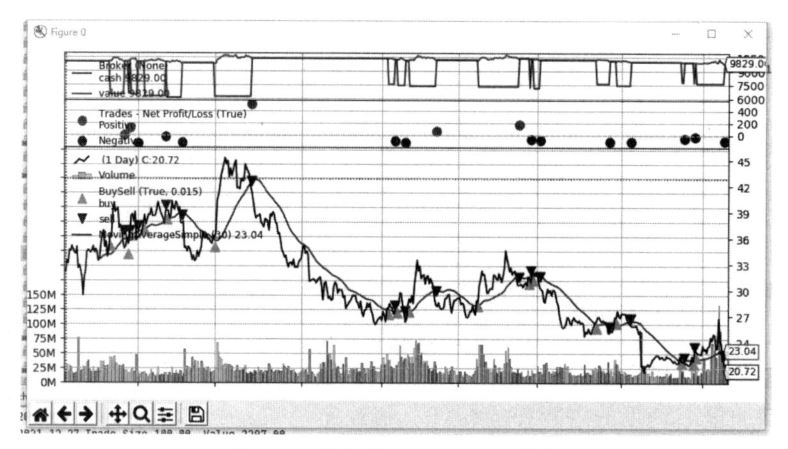

图 5-8　绩效统计及 K 线结果图

在实盘交易过程中，投资者虽然在客户端提交各种买卖申请，但具体成交还需要由交易所处理，也即订单提交到交易所（服务器），其中，Submitted 表示订单已经提交到交易所，Accepted 表示交易所接收到订单进行下一步行动。如图 5-9 所示，是某交易软件返回的相关交易信息。第一个是“已撤”，表示 Canceled 状态，第二和第三个“已成”表示 Completed 状态，后面的“已报”表示委托单已经报到服务器，等待合适的价格就能成交，最后一个是开盘后就买入。

委托日期	委托时间	证券代码	证券名称	操作	备注
20210105	14:30:42	601138	工业富联	卖出	已撤
20210105	14:36:24	601138	工业富联	卖出	已成
20210105	14:36:32	601138	工业富联	卖出	已成
20210105	14:38:06	300003	乐普医疗	买入	已报
20210106	09:34:29	300003	乐普医疗	买入	已成

图 5-9　券商订单交易状态

进一步再理解 next 方法的作用。在 next 方法中，把所有的数据当作动态数据流，每次时间都是相对的，即今天为 0，昨天为-1，前天为-2[①]。该功能相当于交易客户端，策略在客户端中根据指标和其他方法触发交易信号，然后将交易信号传输到服务器，服务器接收信息后，根据订单的状态发出一系列提示信息，这就是 notify_order 的功能。

##

Backtrader 库订单状态

Order.Created：order 实例被创建后的状态。当使用 buy、sell 和 close 创建订单时，该状态对用户不可见，需要手动创建 order 的实例，才能获取到该状态。

Order.Submitted：当 order 实例被发送给交易所后的状态。在回测模式下，订单

---

① 没有明天，因为明天是未知的，否则会出现未来函数问题。

发送的是一个即时动作，不需要花费时间。而在实盘中，订单发送需要一定的时间，代理收到订单后，将订单转发给交易所，随即通知订单已提交。

Order.Accepted：当 order 处于该状态时，该 order 已经在系统或交易所中等待被执行，会根据设置的 exectype、size、price 和 valid 等参数确定何时被执行。

Order.Partial：order 部分成交时的状态。order.executed 属性里记录了已经成交的 size 及平均价格。order.executed.exbits 里包含了分批成交的详细情况完整列表。

Order.Completed：order 全部成交的状态（平均成交价格被计算并记录下来）。

Order.Rejected：order 被交易所拒绝的状态。如果某个参数不被交易所接受，那么 order 也将不被交易所接受。订单被拒的原因将通过 Strategy 的 notify_store 方法通知用户。该状态对于回测代理不可见。

Order.Margin：资金不足，订单无法成交，之前接受的订单会被删除。

Order.Cancelled（或 Order.Canceled）：对用户取消订单要求的确认。用户通过 Strategy 的 cancel 方法提交取消订单申请，可能无法成功地取消订单。订单可能已经成交，但是代理尚未反馈成交结果，或者成交通知还没有发送到 Strategy。因此，需要 Order.Canncelled 对是否成功取消订单进行确认。

Order.Expired：在该状态下，之前被提交的包含有效时间的订单已经过期，订单被删除。

##

（2）判断信号价格与交易真实价格的关系。例如，控制台输出的“2021-01-08, BUY CTREATE，28.16”与相邻后面的“2021-01-11,order executed: 28.31”，根据代码，这两个对应的价格究竟有何区别。

为更好地输出内容并进行对比，将 isbuy 和 isell 后面的输出内容更改为：

```
if order.isbuy():
    self.log('order Executed :{:.2f}, close: {}, open: {}'.format(
        order.executed.price,self.dataclose[0],self.datas[0].open[0]))

if order.issell():
    self.log('order executed :{:.2f}, close: {}, open: {}'.format(
        order.executed.price,self.dataclose[0],self.datas[0].open[0]))
```

在上述基础上再注释掉 next 方法中的 log 用法，避免每天输出与订单无关的内容，这样就会只输出与交易信息有关的内容。具体如下：

```
2020-07-01,order Executed :36.80, close: 36.28, open: 36.8
2020-08-10,SELL CTREATE, 41.53
2020-08-11,order executed :41.58, close: 40.53, open: 41.58
2020-10-13,BUY CTREATE, 35.43
2020-10-14,order Executed :35.26, close: 34.51, open: 35.26
2020-10-14,SELL CTREATE, 34.51
```

```
2020-10-15,order executed :34.70, close: 34.71, open: 34.7
2021-01-08,BUY CTREATE, 28.16
2021-01-11,order Executed :28.31, close: 28.03, open: 28.31
2021-01-11,SELL CTREATE, 28.03
the final value is :9995.60
```

结果与上述保持一致。说明交易都一样。其中，**2021-01-08,BUY CTREATE, 28.16** 表示买单创建，因为当日是周五，因此具体于 **2021-01-11,order Executed :28.31, close: 28.03, open: 28.31** 执行。具体执行价格就是开盘价。后面的 **2021-01-11,SELL CTREATE, 28.03** 对应的是卖单，由于回测数据只到 11 日，虽然触发卖单，但还没有交易，因此只是一个委托单（也就是挂单），并没有成交。意思是当下还有一个持仓没有平。

可以看出，上述逻辑就是：由 next 触发的 BUY CREATE 部分[①]，其实只是一个信号，而用 CREATE 容易让读者产生误解，应该为 SINGAL 更明确，也即只是一个交易信号，交易信号触发后，第二天才能买卖，具体基于开盘价买卖。这种逻辑是正确的。因为基于收盘价产生信号后，当天无法交易，只能第二天进行。这对于低频的日线数据可能关系不大，不过对于高频交易，如基于小时线或分钟线的交易至关重要。

同时需要指出的是，这只是用历史数据回测，在运行策略后，不需要将信号发送到真实的服务器，只是模拟而已，因此所有结果会马上出现。但在实盘过程中，以基于日内数据的交易策略为例，这个过程为“策略信号产生→发送到服务器→服务器根据订单特征响应→执行完毕，将信号返回客户端”。即使是立即执行的市价单也会出现延迟，更不用说低于市价的委托单，还需要等待价格下调才行。

整体而言，这个框架针对低频交易可能比较合适，特别适用国内 A 股市场的交易。但对于高频交易（如期货市场上的交易），由于 Python 本身是解释型语言，执行效率比 C 语言和 Java 等要低，如果想进行高频交易请另找其他途径。例如，杜高斯贝的 JFroex 平台，基于 C#封装的 TradeStation 和 MultiCharts 平台。

（3）进一步增加 notify_trade 方法，查看每次账户的信息。

在每次交易过程中，投资者感兴趣的是每次交易到底赚了多少钱，买卖佣金是多少等各种信息，这些信息可使用 notify_trade 实现。此时可以在自定义策略中再增加以下内容：

```
def notify_trade(self, trade):
    if trade.isclosed:
        self.log('Operation Profit, Gross {:.2f}, Net {:.2f}'.format(
            trade.pnl,trade.pnlcomm))
    if trade.justopened:
        self.log('Trade Size {:.2f}, Value {:.2f}'.format(
            trade.size,trade.value))
```

① “BUY CREATE”是官方文档用的表达方式。

对应输出结果如下：

```
2020-10-14,SELL Signal, 34.51
2020-10-15,order executed :34.70, close: 34.71, open: 34.7
2020-10-15,Operation Profit, Gross -0.56, Net -0.56
2021-01-08,BUY Signal, 28.16
2021-01-11,order Executed :28.31, close: 28.03, open: 28.31
2021-01-11,Trade Size 1.00, Value 28.31
2021-01-11,SELL Signal, 28.03
the final value is :9995.60
```

总体而言，next 产生交易信号，服务器执行订单后显示 notify_order 信息，当订单执行完毕后，可以通过 notify_trade 查看交易后的相关信息。其中，一个是 order，一个是 trade，即一个关注订单（类似于动态），一个关注账户（静态），也就是某次交易后资金管理和仓位等情况，从不同角度满足投资者对交易过程中获取信息的需求。

5.3.3 RSI 策略解析

案例 5-4：以乐普医疗的 RSI 策略为例，构建策略并统计策略绩效。

RSI（相对强弱指数）是技术性交易中最常用的指标之一。一般而言，RSI 指标向下低于 20 时做多，向上高于 80 时做空，具体步骤如下。

（1）导入库。

```
import backtrader as bt
import backtrader.analyzers as btanalyzers
import pri_strat.cst_fun as cf
```

（2）重写 Strategy 方法，初始化指标和订单，并在 next 中设置信号及做多做空订单。

为了分析，进一步增加 notify_order 方法，提示订单状态；增加 notify_trade 方法，提示账户状态。还可以定义 notify_cashvalue（现金流）和 notify_fund（资产）提示信息，分析各个流程先后顺序。

```
class RSIStats(bt.Strategy):
    def log(self,txt,dt=None):
        dt=dt or self.datas[0].datetime.date(0)
        print('{}, {}'.format(dt.isoformat(),txt))

    def __init__(self):
        self.dataclose=self.datas[0].close
        self.rsi=bt.indicators.RSI_EMA(self.dataclose,period=5)
        self.order=None #initial pending order

    def next(self):
        if self.order:
```

```
            return
        if not self.position:
            if (self.rsi[-1]>20) & (self.rsi[0]<20):
                self.log('Buy Signal :{:.2f}'.format(self.dataclose[0]))
                self.order=self.buy()

        #warning :this is not the same level of sell condition.
        elif (self.rsi[-1]<80) & (self.rsi[0]>80):
            self.log('Sell Signal : {:.2f}'.format(self.dataclose[0]))
            self.order=self.sell()

    def notify_order(self, order):
        if order.status in [order.Accepted,order.Submitted]:
            return
        if order.status in [order.Completed]:
            if order.isbuy():
                self.log('BUY Executed : {:.2f}'.format(order.executed.price))

            if order.issell():
                self.log('SELL executed {:.2f}'.format(order.executed.price))
        if order.status in [order.Rejected,order.Canceled,order.Margin]:
            self.log('order Rejected/Canceled/Margin, please check margin!')
        self.order=None

    def notify_trade(self, trade):
        if trade.justopened:
            self.log('Trade Size {:.2f}, Value {:.2f}'.format(
                trade.size,trade.value))
            self.tradesize=trade.size
            self.tradeprice=trade.price
        if trade.isclosed:
            self.log('Trade size {:.2f}, Gross {:.2f}, Net {:.2f}'.format(
                trade.pnl,trade.pnl,trade.pnlcomm))

    '''
    def notify_cashvalue(self, cash, value):
        self.log('Cash {:.2f}, Value {:.2f}'.format(cash,value))

    def notify_fund(self, cash, value, fundvalue, shares):
        self.log('Cash   {:.2f},   Value   {:.2f},   fundvalue   {:.2f},   Shares
{:.2f}'.format(
            cash,value,fundvalue,shares))
    '''
```

此处增加了 notify_cashvalue 和 notify_fund 方法，这两种方法结果基本类似，主要是查看每天的资金和股份等内容。请读者自行测试结果。

（3）触发 cerebro 并增加一系列对象。

```
cerebo=bt.Cerebro()
data=cf.Custom().read_local_xts(type='stock',symbol='300003')
feeds=bt.feeds.PandasData(dataname=data)
cerebo.adddata(feeds)
cerebo.addstrategy(RSIStats)
cerebo.addanalyzer(btanalyzers.DrawDown,_name='myDrowdown')
print('the start portfolio value :{:.2f}'.format(cerebo.broker.getvalue()))
```

（4）策略运行与结果分析。

```
test=cerebo.run()
print('the final portfoli value : {:.2f}'.format(cerebo.broker.getvalue()))
print('DrowDown :',test[0].analyzers.myDrowdown.get_analysis())
```

此处，进一步增加了分析器（addanalyzer）的回撤统计指标，并且还要命名，不会直接显示结果，使用 print 输出。其中，最后部分的结果如下：

```
2020-11-16, Trade size 0.21, Gross 0.21, Net 0.21
2020-11-25, Buy Signal :28.15
2020-11-26, BUY Executed : 28.35
2020-11-26, Trade Size 1.00, Value 28.35
the final portfoli value : 10003.95
DrowDown : AutoOrderedDict([('len', 155), ('drawdown', 0.0820002876502268),
('moneydown', 8.210000000000946), ('max', AutoOrderedDict([('len', 155),
('drawdown', 0.10287490411658698), ('moneydown', 10.299999999999272)]))])
```

也就是说，统计结果以一个字典的形式出现，对应有 6 个回撤的内容。

更有意思的是，为查看 test[0]中包含的内容，在最后增加一行，使用 dir 方法进行查看：

```
print(dir(test[0]))
```

得到的结果如下：

```
['IndType', 'ObsType', 'PriceClose', 'PriceDateTime', 'PriceHigh', 'PriceLow',
'PriceOpen', 'PriceOpenInteres', 'PriceVolume', 'StratType', '_OwnerCls',
'__abs__', '__add__', '__bool__', '__call__', '__class__', '__delattr__',
'__dict__', '__dir__', '__div__', '__doc__', '__eq__', '__floordiv__',
'__format__', '__ge__', '__getattr__', '__getattribute__', '__getitem__',
'__gt__', '__hash__', '__init__', '__init_subclass__', '__le__', '__len__',
'__lt__', '__module__', '__mul__', '__ne__', '__neg__', '__new__', '__nonzero__',
'__pow__', '__radd__', '__rdiv__', '__reduce__', '__reduce_ex__', '__repr__',
'__rfloordiv__', '__rmul__', '__rpow__', '__rsub__', '__rtruediv__',
'__setattr__', '__setitem__', '__sizeof__', '__str__', '__sub__',
'__subclasshook__', '__truediv__', '__weakref__', '_addanalyzer',
```

```
'_addanalyzer_slave', '_addindicator', '_addnotification', '_addobserver',
'_addsizer', '_addwriter', '_alnames', '_clk_update', '_clock', '_dlens',
'_getanalyzer_slave', '_getline', '_getminperstatus', '_id', '_lineiterators',
'_ltype', '_makeoperation', '_makeoperationown', '_mindatas', '_minperiod',
'_minperiods', '_minperstatus', '_next', '_next_analyzers', '_next_observers',
'_next_open', '_nextforce', '_notify', '_oldsync', '_once', '_oncepost',
'_oncepost_open', '_operation', '_operation_stage1', '_operation_stage2',
'_operationown', '_operationown_stage1', '_operationown_stage2', '_opstage',
'_orders', '_orderspending', '_owner', '_periodrecalc', '_periodset',
'_plotinit', '_plotlabel', '_roperation', '_settz', '_sizer', '_slave_analyzers',
'_stage1', '_stage2', '_start', '_stop', '_tradehistoryon', '_trades',
'_tradespending', 'add_timer', 'addindicator', 'addminperiod', 'advance',
'alias', 'aliased', 'analyzers', 'array', 'backwards', 'bind2line', 'bind2lines',
'bindlines', 'broker', 'buy', 'buy_bracket', 'cancel', 'cerebro', 'clear',
'close', 'csv', 'data', 'data0', 'data0_0', 'data0_1', 'data0_2', 'data0_3',
'data0_4', 'data0_5', 'data0_6', 'data0_close', 'data0_datetime', 'data0_high',
'data0_low', 'data0_open', 'data0_openinterest', 'data0_volume', 'data_0',
'data_1', 'data_2', 'data_3', 'data_4', 'data_5', 'data_6', 'data_close',
'data_datetime', 'data_high', 'data_low', 'data_open', 'data_openinterest',
'data_volume', 'dataclose', 'datas', 'ddatas', 'dnames', 'env', 'extend',
'forward', 'frompackages', 'getdatabyname', 'getdatanames', 'getindicators',
'getindicators_lines', 'getobservers', 'getposition', 'getpositionbyname',
'getpositions', 'getpositionsbyname', 'getsizer', 'getsizing',
'getwriterheaders', 'getwriterinfo', 'getwritervalues', 'home', 'incminperiod',
'l', 'line', 'line0', 'line_0', 'linealias', 'lines', 'log', 'minbuffer', 'next',
'next_open', 'nextstart', 'nextstart_open', 'notify_cashvalue', 'notify_data',
'notify_fund', 'notify_order', 'notify_store', 'notify_timer', 'notify_trade',
'observers', 'once', 'oncestart', 'order', 'order_target_percent',
'order_target_size', 'order_target_value', 'p', 'packages', 'params', 'plotinfo',
'plotlabel', 'plotlines', 'position', 'positionbyname', 'positions',
'positionsbyname', 'prenext', 'prenext_open', 'preonce', 'qbuffer', 'reset',
'rewind', 'rsi', 'sell', 'sell_bracket', 'set_tradehistory', 'setminperiod',
'setsizer', 'sizer', 'start', 'stats', 'stop', 'tradeprice', 'tradesize',
'updateminperiod', 'writers']
```

不可思议，里面包含的对象达 248 个！读者可以一一查看这些对象里面的内容，从而方便理解和学习。

需要指出的是，上述绩效分析可以说是这个框架中最需要完善的地方。例如，在知乎专栏中，已经有人对此做过优化，使绩效统计呈现出一个表格化的展示结果。

进一步，还可以对仓位各方面进行管理，最好的办法是根据官方文档进行测试。

5.4 微软 Qlib 库投资框架

5.4.1 框架简介

前面的 Backtesting 和 Backtrader 库专注于择时策略，即固定某只股票或外汇，采用何种策略（均线、MACD 策略），并对参数进行优化，使绩效最大化。而 Qlib 库则专注于投资组合，即选择哪些股票构建投资组合，投资组合中每个股票资金分配多少，才能达到投资组合结果最优化。总体而言，这个库与前面的库相互补充，是 Python 量化投资中应该重点学习的库。

Qlib 库是微软亚洲研究院打造的一个人工智能量化投资研究、开发和交易平台，可以实现量化投资流程的人工智能闭环，包括数据处理、机器学习模型训练和回测的全过程，从寻求 alpha 收益、风险建模、投资组合优化到订单执行，覆盖了整个量化投资链。通过 Qlib，用户能够非常容易地对新想法和新理念进行测试。

Qlib 库大大降低了使用人工智能算法的门槛，其内部集成了十几个人工智能算法在金融场景下的使用样例以供参考，并且为整个金融行业提供了一个适应人工智能算法的高性能基础设施和数据、模型管理平台。作为一个开源工具包，该平台可供金融机构、从业个人使用，以提升投资者的技术储备和综合水准，提高整个市场的效率，从而在投资领域形成更大规模的良性循环。

Qlib 库总共分为基础框架、多层工作流和接口三层。

（1）基础框架。基础框架包括数据服务（Data Server）、训练（Trainer）和模型管理（Model Manager）三个模块。该层为量化研究提供了基础支持。其中，数据服务模块为用户管理和检索原始数据提供了高性能的基础架构，数据可以来自本地或远程。大多数通用数据库在加载数据上花费了太多时间。Qlib 发现在通用数据库解决方案中，数据要经过较多的接口层和不必要的格式转换。这大大地减缓了数据加载过程。Qlib 的数据以一种紧凑的格式存储，对金融数据和运算进行了存储和计算优化，这种格式可以有效地组合成数组，用于计算科学。相比传统的 IT 平台，Qlib 的计算性能快了数十倍！

训练模块提供了灵活的接口来定义模型的训练过程（如机器学习方法），同时也为分布式训练提供了接口，同时允许算法控制模型训练的过程。在这个模块中，内置了常见的金融人工智能模型（如 LightGBM、GRU 和 GATs 等十几个模型，见表 5-2），用户可以基于平台和自己的数据，甚至是引用最新的外部论文来创建全新的模型，挖掘差异化的投资因子，针对不同的数据和目标训练相应的预测模型，并构建自己的投资组合。

表 5-2　Qlib 常用模型

分　　类	模　　型
线性模型	Linear（OLS 普通最小二乘、nnls、ridge 脊回归、lasso 套索回归）
Boosting 集成学习模型	LightGBM、Cartboost、Xgbboost
时间序列相关模型	GRU、LSTM、ALSTM（Attention-Based Long Short-Term Memory Model）、SFM、TFT
图神经网络模型	GATS
其他神经网络模型	MLP、DNN

模型管理器模块可以让用户更好地管理繁杂的人工智能模型，更快地迭代其人工智能算法。由于管理过程中涉及众多模型、复杂参数、海量数据，以及难以管理追踪和复现等问题，Qlib 提供了专门的模型管理器，以模块帮助用户更加系统化地管理自己的人工智能模型。只有管理有序，才能在需要时找到最适合的模型，提高预测分析的效率和准确率。

（2）多层工作流。多层工作流分为交易单位和可执行环境。该层涵盖了量化投资的整个工作流。信息抽取（Information Extractor）模块为模型提取数据（文本信息、图数据和事件）。预测模型（Forecast Model）模块侧重于为其他模块产生各种预测信号（如 alpha 信号、风险信号），利用这些信号，投资组合产生（Portfolio Generator）模块将生成目标投资组合，并由订单执行（Order Executor）模块执行交易（如风险管理、选股和订单执行）。超控制（Meta Controller）模块可以在不同时期解决调整模型、策略、执行的问题，辅助用户进行操作。

（3）接口。接口分为分析器、模型解释和在线服务三部分。接口层提供一个用户友好型的系统接口，为用户提供详细的预测信号、投资组合和执行结果的分析报告。

将 Qlib 与其他几个数据存储解决方案进行比较（见图 5-10），包括 HDFS、MySQL 和 MongoDB 等形式，通过相同任务来评估其性能。该比较方案从股票市场（2007—2020 年每日约 800 只股票）的基本数据（开盘价、最高价、最低价、收盘价和成交量）创建一个数据集（14 个特征/因子），可以发现，在单个 CPU 中 Qlib 的速度最快，同时根据是否结合了（E、D）的功能，速度也存在差异。

Qlib 库还在不断开发中，未来也将持续地改进和完善。总体而言，Qlib 是微软开发的库，权威性不容置疑，但要使用这个库，首先的难题就是安装。一般而言，最好基于台式机安装，如果是笔记本（特别是内存小的笔记本），在运行过程中可能会比较卡。

	HDF5	MySQL	MongoDB	InfluxDB	Qlib -E -D	Qlib +E -D	Qlib +E +D
Total (1CPU) (seconds)	184.4±3.7	365.3±7.5	253.6±6.7	368.2±3.6	147.0±8.8	47.6±1.0	**7.4±0.3**
Total (64CPU) (seconds)					8.8±0.6	**4.2±0.2**	

图 5-10　Qlib 数据处理性能对比

PyCharm 官网主要介绍的是基于 Linux 系统的安装和运行过程，但大多数投资者会使用 Windows 系统。基于此，本章重点介绍基于 Windows 系统的 PyCharm 开发环境的安装过程。

5.4.2 PyCharm 的安装与运行

Qlib 的运行依赖于 Microsoft Visual C++ 14.0，若直接安装，则会出现以下错误：

```
error: Microsoft Visual C++ 14.0 is required. Get it with "Build Tools for Visual Studio": https://visualstudio.microsoft.com/downloads/
```

也就是说，这个库的安装需要依赖于上述工具。顺便说一下，对于没有安装 Anaconda 的用户，安装 Pandas 和 Talib 等库也需要上述工具。

在安装 Microsoft Visual C++时，仅安装运行组件（Microsoft Visual C++ Redistributable）无法解决此问题，需要安装完整版 Microsoft Visual Studio，或者参考报错信息，安装 Microsoft C++生成工具。在安装生成工具过程中，需要点选部分选项，如图 5-11 所示。

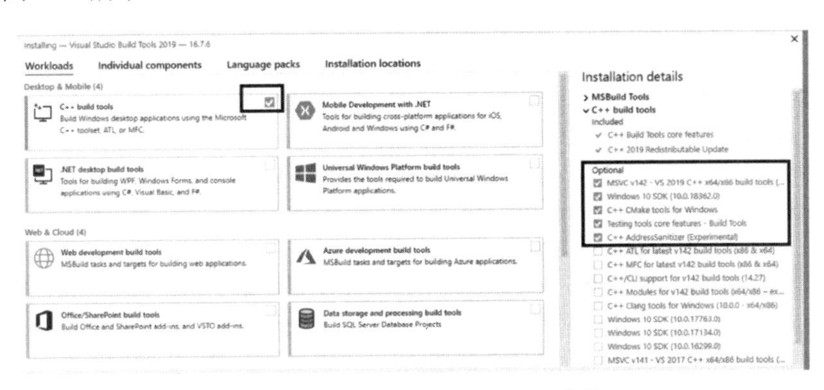

图 5-11 Microsoft C++生成工具安装

上述下载安装完毕后，还需要安装 Qlib 库。其中，Qlib 库在 PyCharm 的 Terminal 终端安装。

准备工具安装成功后，还需要做如下准备工作。

第一，安装新版 CPython，确保 CPython≥0.28。

使用以下命令进行安装：

```
>pip install --upgrade CPython
```

可发现得到的版本并不满足要求，需要用以下命令进行安装：

```
>pip install Cython --install-option="--no-cython-compile"
```

或者指定版本安装：

```
pip install Cython==0.29.21
```

第二，CPython 安装完毕后，进一步安装 Qlib 库。根据官网提示，对应命令为：

```
(venv) E:\Python>Python scripts/get_data.py qlib_data --target_dir ~/.qlib/qlib_data/cn_data --region cn
```

此时会出现如下错误：

```
D:\Program files\Python\Python38\Python.exe: can't open file 'scripts/get_data.py':
[Errno 2] No such file or directory
```

意味着安装路径不对，需要更换路径。

第三，切换目录，保证正常安装。

考虑到 Qlib 在 D 盘根目录下，需要将 E:\Python 路径变为 D:\qlib 路径才行。具体操作如下。

（1）(venv) E:\Python>cd..

（2）(venv) E:\>d:

（3）(venv) d:\>cd qlib

路径更改成功。当然也可以一次性更改，在两者之间增加“/d”，即

```
(venv) e:\Python> cd /d d:/qlib
```

第四，进一步安装。

在此基础上，进一步使用刚才的下载数据命令：

```
(venv) d:\qlib>Python scripts/get_data.py qlib_data --target_dir ~/.qlib/qlib_
data/cn_data --region cn
```

则会显示下载数据。

有时偶尔会出现如下错误：

```
Traceback (most recent call last):
  File "scripts/get_data.py", line 5, in <module>
    from qlib.tests.data import GetData
ModuleNotFoundError: No module named 'qlib.tests'
```

这意味着没有 qlib.tests 模块。此时，需要卸载 Qlib 库重新安装才会成功，或者使用下面命令重新安装：

```
>pip install --upgrade pyqlib
```

第五，下载数据。

在安装好 Pyqlib 后，还需要准备数据，官方提供了从 Yahoo Finance 爬数据的方法，具体命令如下。

```
Python scripts/get_data.py qlib_data --target_dir ~/.qlib/qlib_data/cn_data --region cn
```

其中，target_dir 为保存路径，对应为“~/.qlib/qlib_data/cn_data”，即本地用户名文件夹下，并设置为中国区域（region cn）。

从而能够正确地下载数据，如图 5-12 所示。

数据下载速度确实很快，比 R 语言的 Quantmod 和 Python 的 Yfinance 库的下载速度快了很多。数据下载后，在本地查看数据，具体位置如图 5-13 所示。其中，用户名 fwushi815 为本地用户，读者需要根据自己的用户名进行更改。

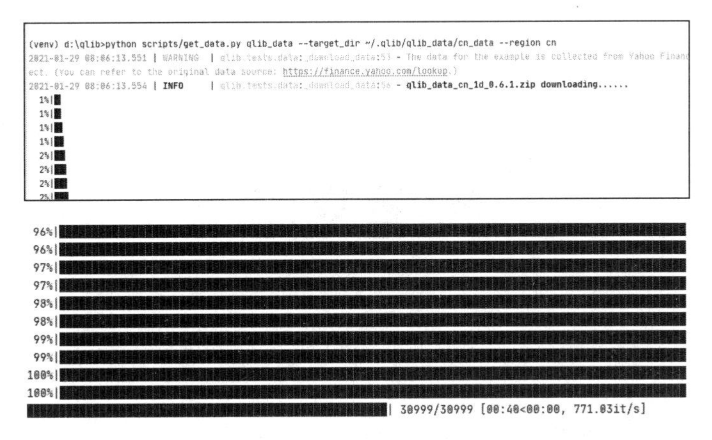

图 5-12 PyCharm 终端下载数据开始和结束部分截图

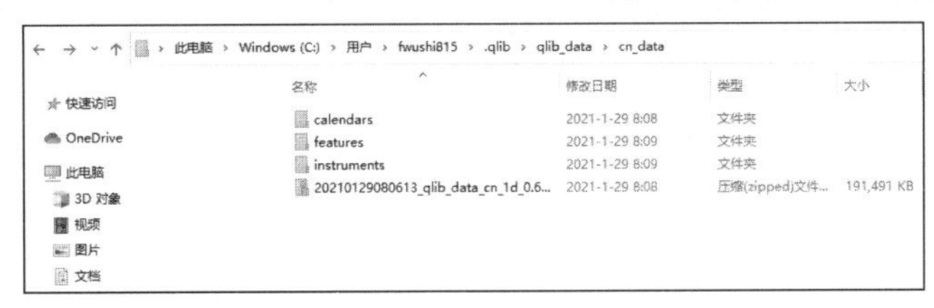

图 5-13 本地数据位置

安装后，运行 demo 所示的案例。

在此基础上，进一步更改路径到 examples：

```
(venv) d:\qlib>cd examples
```

然后运行 Lightgbm 案例，具体为：

```
d:\qlib\examples>qrun benchmarks/LightGBM/workflow_config_lightgbm_Alpha158.yaml
```

经过一段时间的运行，得到如图 5-14 所示的结果，即 2017 年初，我们选择的 5 只股票和对应的得分。

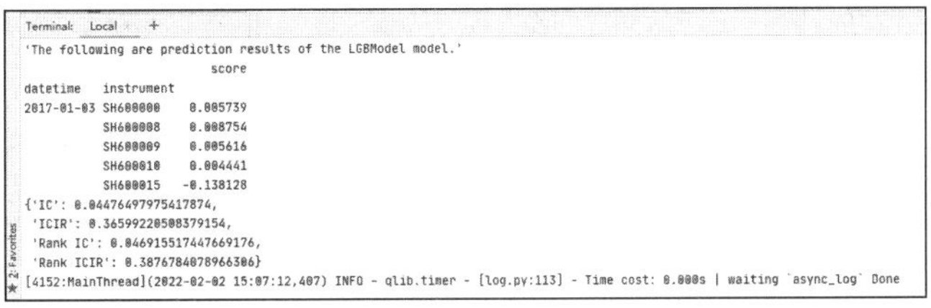

```
Terminal: Local
'The following are prediction results of the LGBModel model.'
                          score
datetime   instrument
2017-01-03 SH600000    0.005739
           SH600008    0.008754
           SH600009    0.005616
           SH600010    0.004441
           SH600015   -0.138128
{'IC': 0.044764979754l7874,
 'ICIR': 0.36599220508379154,
 'Rank IC': 0.046915517447669176,
 'Rank ICIR': 0.3876784078966306}
[4152:MainThread](2022-02-02 15:07:12,407) INFO - qlib.timer - [log.py:113] - Time cost: 0.000s | waiting `async_log` Done
```

图 5-14 PyCharm 部分运行结果展示

参考文献

[1] David H. Bailey，Jonathan Borwein，Marcos Lopez de Prado，et al. The probability of backtest overfitting[J]. Journal of Computational Finance，2016.

[2] David H. Bailey，Stephanie Ger，Marcos Lopez de Prado，et al. Statistical overfitting and backtest performance[M]. Quantitative Finançe Elsevier，2016.

[3] Ernest P. Chan. Machine trading: deploying computer algorithms to conquer the markets[M]. Wiley，2008.

[4] YVES HILPISCH. Python for finance: mastering data-driven finance[M]. O'Reilly Media Inc，2019.

[5] PERRY J. Kaufman. Trading systems and methods + website[M]. Wiley. 5th ed. 2013.

[6] STEFAN JANSEN. Machine learning for algorithmic trading[M]. Packt Publishing Ltd，2020.

[7] PIERRE BRUGIÈRE. Quantitative portfolio management with applications in Python[M]. Springer Nature Switzerland AG，2020.

[8] 付志刚，沈慧娟. 量化投资基础、方法与策略. 北京：电子工业出版社，2019.

[9] 罗伯特·D. 爱德华兹，约翰迈吉，巴塞蒂. 股市趋势技术分析. 郑学勤，朱玉辰，译. 北京：机械工业出版社，2010.

[10] 罗伯特·哈格斯特朗. 巴菲特之道. 杨天南，译. 北京：机械工业出版社，2021.

[11] 马丁. 代码整洁之道. 韩磊，译. 北京：人民邮电出版社，2020.

[12] 史蒂夫·尼森. 日本蜡烛图技术. 吕可嘉，译. 北京：地震出版社，2019.

[13] 威廉·欧奈尔. 笑傲股市. 宋三江，等，译. 北京：机械工业出版社，2018.

反侵权盗版声明

举报电话：（010）88254396；（010）88258888

传　　真：（010）88254397

E-mail：　dbqq@phei.com.cn

通信地址：北京市万寿路 173 信箱

电子工业出版社总编办公室

邮　　编：100036